南开百年学术文库

法国符号学论集

张智庭 著

南开大學出版社

天　津

图书在版编目(CIP)数据

法国符号学论集 / 张智庭著. —天津：南开大学
出版社，2018.7
(南开百年学术文库)
ISBN 978-7-310-05565-4

Ⅰ.①法… Ⅱ.①张… Ⅲ.①符号学－法国－文集
Ⅳ.①H0－53

中国版本图书馆 CIP 数据核字(2018)第 047094 号

南开大学出版社出版发行
出版人:刘运峰
地址:天津市南开区卫津路 94 号　　邮政编码:300071
营销部电话:(022)23508339　23500755
营销部传真:(022)23508542　　邮购部电话:(022)23502200

*

三河市同力彩印有限公司印刷
全国各地新华书店经销

*

2018 年 7 月第 1 版　　2018 年 7 月第 1 次印刷
230×155 毫米　16 开本　32.75 印张　6 插页　381 千字
定价:168.00 元

如遇图书印装质量问题,请与本社营销部联系调换,电话:(022)23507125

张智庭，笔名怀宇，南开大学外国语学院法语教授，回族。1944 年 4 月 16 日（阴历）生于今河北省黄骅市刘皮庄，中华人民共和国成立后随父母迁居天津，并在天津完成了小学、初中、高中学习。1964 年被国家选派赴阿尔及利亚阿尔及尔大学文学院攻读法国语言文学专业。毕业后，就职于交通部援外办公室，先后担任我国援建几内亚和马达加斯加公路项目翻译、援外办公室业务组（处）负责人。1979 年调回天津，转入大学执教。1993-1998 年在我国驻法国大使馆担任商务一等秘书，2002-2005 年担任国内公司驻法国马赛代表。已翻译出版法国文学和符号学著述 30 余种，出版有符号学专著两部、法国研究论文集一部和个人诗集三部。法国政府"紫棕榈教育骑士"勋章获得者（2002），中国作家协会会员。符号学专业刊物《符号与传媒》顾问和《语言与符号》编委。

法国符号学理论的渊源，是玉以及丹麦语言学家叶姆斯列夫和法学理论的发展。

法国符号学研究可分为两个阶段出现在上个世纪 50 年代，被认为是与结是延用索绪尔的用名。这一阶段的研和符号系统。这一阶段出现过多种探索拉康、巴特和福科等人的研究工作和成热奈特两位学者坚持和发展的"叙述…

第一个阶段中已经出现的格雷马斯的发展，并形成了以他为代表的"巴黎符名称来定名自己的研究。该学派不再自己的研究对象，而是倾心于探讨符

前　言

　　这部《法国符号学论集》，由两部分内容组成：一部分是我此前出版的《论法国符号学》一书（不包括其"前言"），另一部分是论文选编。它们代表了我对于符号学的认识和理解过程。

　　我学习符号学，除了得益于早先积累的一点普通语言学基础知识外，主要还是从翻译和阅读法国符号学著述起步的，至今，我仍未中断研究法国符号学，并且依然沿用了这种基本学习办法。所以，这里的文字，均是谈论法国符号学基本原理及其应用实践的。

　　法国符号学理论的渊源，是瑞士语言学家索绪尔的结构语言学，以及丹麦语言学家叶姆斯列夫和法国语言学家本维尼斯特对于这种结构语言学理论的发展。不过，美籍俄裔语言学家雅各布森则是法国符号学研究起步时的"总指挥"，因为正是他在美国与法国学者列维-斯特劳斯的相遇相知，以及在巴黎与精神分析学家拉康的结识与交流，推动了早期法国符号学研究的形成与发展。

　　法国符号学研究可分为两个阶段，但它们不是截然分开的。第一个阶段出现在 20 世纪 50 年代，被认为是与结构主义同一的 sémiologie（语义符号学）的研究，这是沿用索绪尔的用名。这一阶段的研究，其主要特征是研究符号、符号性质和符号系统；这一阶段出现过多种探索方向，其主要代表学者是列维-斯特劳斯、拉康、罗兰·巴特和福柯等，而以罗兰·巴特最为突出。托多罗夫和热奈特两人坚持和发展的"叙述学"，同样是结构主义发展的一个分支。《结构主义史》一书的作者多斯（Dosse F.）将 sémiologie 明确为"结构论符号学"（sémiotique structurale），这一称谓也是这本书中的用名。作为"运动"或"活动"，原本意义上的结构主义到了 1968 年后便偃旗息鼓，之后的情况被称为"后结构主义"。在"后结构主义"时期，也出现了像德里达的"解构论"、阿尔都塞的"马克思主义符号学"和克里斯蒂娃的"符义分析"等有影响的重要研究成果。在第一个阶段中已经出现的格雷马斯的符号学研究，在 1970 年以后得到了发展，并形成了以他为代表的"巴黎符号学学派"（École de Paris），该学派采用了 sémiotique（话语符号学）名称来定名自己的研究。该学派不再以符号、符号性质及符号系统作为自己的研究对象，而是倾心于探讨符号之间的关系即"意义赖以得到表达的各种形式"（Courtés 语），从而开启了法国符号学以研究"叙述语法"或"陈述活动"为主要内容的新的阶段即第二个阶段，并建立起了"话语符号学"。当前，巴黎符号学学派已经成为法国符号学研究的主流。不过，在联合国教科文（UNESCO）总部 2017 年 5 月 30 日至 6 月 2 日于巴黎举办的"今天的格雷马斯：结构的未来——纪念格雷马斯 100 周年诞辰（1917-1992）"国际研讨会的宣传材料中，巴黎符号学学派承认在现时的话语符号学研究中，仍然有 sémiologie 语义符号学的研究内容，而且该学派也以"结构论符号学"自居，并称今天的巴黎符号学学派是对于当年"结构主义"的真正继承。这是法国符号学研究在认识上的一种"趋同"变化。应该说，巴黎符号学学派的理论基础也是"结构论的",但这并不妨碍我们继续把在两个名称下进行的研究看作是在研究对象和研究方法上明显有别的两个不同阶段。至于法国符号学的未来,我在相关的文字中写道,在我看来,法国符号学将会是在统一的 sémiotique "符号学"名下,对于包括符号、符号性质、符号系统和符号之间关系的一种总体研究,就像我们汉语中对于符号学这一学科的理解一样。

格雷马斯 1973 年曾经认为,符号学研究很可能是一种只有三年热度的"时髦问题",但他后来更正了这一说法。现在,符号学正在成为一门独立学科,其在各个领域的应用成果已经显示出它具有广阔的发展前景。符号学越来越成为人们认识和分析社会及各种文化对象的一种有用工具,并在继续完善着自己的理论和方法。

书中较多地谈到了对于罗兰·巴特的解读,他是我最早翻译和研究的法国符号学家。需要说明的一点是,Roland Barthes 这一姓名在我国现有两个译名,我都使用过。一个是这位学者最早被介绍到我国时译者使用的"罗兰·巴特",另一个是有些出版社(比如北京的几家出版社)使用的、在《法语姓名译名手册》中也找得出的"罗兰·巴尔特"。但是,我在以往投寄文章时,包括我不久前交付的《罗兰·巴特传》译稿,编辑均要求我使用前者,给我的理解是似乎前者更为通用一些。所以,除了已有的书名(例如《罗兰·巴尔特自述》《罗兰·巴尔特最后的日子》)外,我采用了"罗兰·巴特"译名。

这部书,提供了法国符号学研究的基本历史与概况,可供我国符号学研究者在建立自己的理论和拓展自己的研究领域时进行参考。

　　在庆祝南开大学建校 100 周年之际，我的这部书稿在"南开百年学术文库"中出版，是我最大的荣幸。我感谢学校各级领导的关心和南开大学出版社所做的付出。我决意，在有生之年，继续把符号学研究做下去，争取获得更多成果，从而为推动我国的符号学研究尽个人的绵薄之力。

张智庭（怀宇）

2018 年 1 月 15 日

于南开大学西南村舍内

目　录

第二部分　论文选编

第一部分　论法国符号学

第一章　普通语言学与符号学

自索绪尔开始的结构语言学，是法国结构主义和结构论符号学（sémiologie）和后来的巴黎符号学学派产生和发展的根本理论基础。索绪尔有关符号、语言与言语的划分、符号学的定义、共时性与历时性、句段关系和联想关系的论述，成了法国符号学在很长一段时间内使用的工具性概念。本章拟简明勾画自索绪尔起结构语言学和后来形成的不同学派的相关主张及其对于法国符号学不同学派的影响。

第一节　索绪尔的符号学思想

1916 年，在索绪尔去世之后三年，由其两位弟子沙·巴利（Charles Bally）和阿·薛施蔼（Albert Sechehaye）并在同为弟子的阿·里德林格（Albert Rieldlinger）的协助下依据同学们的课堂笔记一起整理和编辑的署名为索绪尔著《普通语言学教程》（*Cours de linguistique générale*）一书出版了（在本文中，我们以其中文译本为依据，以下称《教程》，高名凯译，商务印书馆，1982 年版，引文后面括号中的数字为页码）。这本书的出版，引起了欧洲及世界语言学研究及人文社会科学研究的重大变革。在此书出版 100 余年后的今天，书中体现的索绪尔有关语言学和符号学的基本理论构架，继续发挥着巨大影响力，而后来发现的索绪尔一些资料和手迹对《教程》中的某些论点又有了很大补充和修正。本节拟对《教程》相关内容和后来很晚才发现与出版的《普通语言学札记》（*Écrits de linguistique générale*，Gallimard，2002，以下称《札记》）围绕着语言学与符号学相关概念做点介绍，并加入些许个人看法。

一、《教程》基本思想

《教程》介绍了索绪尔有关语言学研究的众多领域，我们在此不去一一述说，而只想谈及其与欧洲、特别是与法国符号学后来发展有关联的几个方面：

关于"言语活动"（langage）。在法语中，只是从 19 世纪中叶开始，"语言"（langue）才从"言语活动"中分离出来。索绪尔继承了这一划分，并将"言语活动"视为"语言"（langue）与"言语"（parole）的集合。索绪尔说："语言现象总有两个方面，这两个方面是互相对应的，而且其中的一个要有另一个才能有它的价值"（28），"言语活动有个人的一面，又有社会的一面；没有这一面就无从设想另一面"（29），"任何时候，言语活动概念既包含一个已定的系统，又包含一种演变"（同上），从这几段引文中，我们可以概括出两点：1）"语言现象"或"言语活动"中有两种需要分离开来的东西：一是"社会的一面"亦即"一种已定的系统"，那便是"语言"；二是"个人的一面"亦即"一种演变"，那便是"言语"；2）这两者之间的关系是"互相对应的"，亦即它们相互依存才有"价值"。这样的划分有什么用呢？"把语言与言语分开，我们一下子就把（1）什么是社会的，什么是个人的；（2）什么是主要的，什么是从属的和多少是偶然的分开来了"（35）。

关于符号学的定义。索绪尔告诉我们："我们可以设想有一门研究社会生活中符号生命的科学，……我们管它叫符号学（sémiologie）。它将告诉我们符号学是由什么构成的，受什么规律支配"（38）；索绪尔进一步说，语言符号是由"能指"（signifiant）与"所指"（signifié）两个部分构成的，"我们把概念和音响形象的结合叫做符号，但是在日常使用中，这个术语一般只指音响形象"（102），"能指与所指的联系是任意的"（同上）。那么，有哪些东西属于符号呢？《教程》告诉我们："把礼仪、习惯等看作符号……人们将会感到有必要把它们划归符号学，并用这门科学的规律去进行解释"（39）；符号一经确定，它便具有"不变性和可变性"。这些论述告诉我们，符号学最终将研究社会生活中涉猎广泛的各种符号，而不单单是语言符号，这就为符号学最终将以自然语言和自然语言之外的社会事实即"自然世界"为研究对象打下了理论基础；关于语言符号的"任意性"，后来曾引起过不少争议。其实，索绪尔强调的是声音与概念之间的最初结合（去除拟声词语，也去除象形表意文字）；至于到了符号的使用阶段，其能指与所指之间的结合情况便几乎无任意性可言。

关于语言学与符号学的关系。《教程》在开卷不久，就明确地告诉我们："语言学只不过是这门一般科学的一部分，将来符号学发现的规律也可以应用于语言学，所以后者将属于全部人文事实中一个非常确定的领域"（38）；他又说："语言的问题主要是符号学的问题"（39）；"语言学可以成为整个符号学中的典范，尽管语言也不过是一种特殊的系统"（103）。据此，我们想到，由于语言是一种确定的社会事实，说研究这种确定事实的语言学属于研究广泛社会生活事实的符号学，是讲得通的。这里涉及的是一般与特殊或上位词与下位词之间的关系：一般可以指导特殊，而特殊又可以丰富一般。

关于"形式"与"实质"的关系。《教程》告诉我们："在语言里，我们不能使声音离开思想，也不能使思想离开声音。……所以语言学是在这两类要素相结合的边缘地区进行工作的；这种结合产生的是形式（forme），而不是实质（substance）"（168），而在此稍后的文字中，他又强调说："语言是形式而不是实质"（169）。这一论点在语言学和符号学理论中意义重大。在西方传统哲学思想中，"实质"对立于"偶性"（accident）。实质指在一个有可能变化的主题中那种稳定不变的东西。亚里士多德就将实质看成生命存在的内在原因。但是，在《教程》中，索绪尔却从否定的意义上引入了"实质"概念（我们似乎可以将其做"物质表现"或"内容表现"来理解），并将其与"形式"相对立。那么，为什么语言是"形式"呢？索绪尔说："语言是一个系统，它的任何部分都可以而且应该从它们共时的连带关系方面加以考虑"（127），"在语言里，各项要素都由于它同其他各项要素对立才能有它的价值"（128）。可见"语言"是一种关系，因此也就是一种"形式"，而这种"形式"，格雷马斯（Greimas A.J.，1917-1992）后来说就"接近于我们的结构概念"①。在这一方面，后人做了这样的论断：既然"语言"是"形式"，那么，与之相对的"言语"也就自然是"实质"。由于言语是对于语言的运用，也就是说，言语表现语言，那么，说"实质"表现"形式"也就顺理成章了。这样一来，"形式"反而是内在的、"实质"却是外在的了。有关"形式"与"实质"的关系，我们在后面还将做进一步的阐述。

---

① 格雷马斯（Greimas A.J.）、库尔泰斯（Courtès J.）合著：《符号学，言语活动理论的系统思考词典》（*Sémiotique, dictionnaire raisonné de la théorie du langage*, Hachette Livre, 1993），p. 155.

　　中文译本《教程》对于原著第二编第四章《语言的价值》的开头文字是这样翻译的：“谈到词的价值，一般会首先想到它表现观念的特性，这其实是语言价值的一个方面。但如果是这样，那么，这价值与人们所称的<u>意义</u>又有什么不同呢？这两个词是同义词吗？……价值，从它的概念方面看，无疑是<u>意义</u>的一个要素，我们很难知道<u>意义</u>既依存于价值，怎么又跟它有所不同。……首先，且就一般所设想的和我们在第 101 页用插图所表示的<u>意义</u>来看，它正如图中的箭头所指出的……一切都是在听觉形象与概念之间……”（重点号为笔者所加，159-160）。这里所说的“意义”，在原文中就是 signification（现在译为“意指”或“意指过程”），而这个词与索绪尔术语中的另一个词“sens“（译为“意义“）通常不加区别地使用。我们来看一下《教程》第 101 页的插图：

　　这个图示告诉我们：1）作为符号的单词，其能指与所指在结合时是处于一种关系（形式）之中的；2）单词作为符号在被使用的过程中，总会出现从能指到所指或从所指到能指之间关系的某种变化。由于书中是借助于两个箭头来表示这些变化的，所以，将 signification 翻译成“意指”或“意指过程”是比较合适的；3）由于如上所述，“语言学是在这两类要素相结合的边缘地区进行工作的；这种结合产生的是形式”，所以“意指”（或“意义”）只与“形式”有连带关系。指出这一点是重要的，因为正是由于后人把对于符号学的研究集中在符号系统或集中在符号的"意指"方面，而形成了不同的符号学研究方向。

二、《札记》对于索绪尔思想的完善和补充

我们一开始就指出，《教程》是索绪尔三位弟子根据他们同学们课上所做笔记整理而成的。但是，"这几位整理者并不是当年的直接听课者"，"书中有不少断缺、不少突然的过渡、不少偏离、不少推理上的跳跃"[①]，所以，笔者很看重自己手中这本法文原版的《札记》对于了解索绪尔全部思想的重要性。需要说明的一点是，《札记》也收录了索绪尔生前在日内瓦大学所做的几次报告，其内容已为人所知和流传。当然，我们的介绍将主要选取与上面所述《教程》内容和与符号学后来发展有关的部分。

我们首先来看一下《札记》中对于"言语活动"的论述。索绪尔说："言语活动是一种现象；它是对于存在于人身上的一种能力的实施。语言是这种现象在由个体组成的集体方面于一个特定时代所采取的全部相符形式"（p. 129），他又说："言语活动就如同一种人类制度，……对于作为人类事实的言语活动的研究，是完全或几乎完全包含在对于语言的研究之中了，……想在忘记语言主要是由在言语活动中概括出的某些原则所主导的情况下去研究语言，是一项更缺乏意义和没有任何真正科学基础的工作"（p. 148），语言学家"最终的和主要的目的"就在于"验证和寻找言语活动的普遍规律和手段"；他又说："语言和言语活动只不过是同一种事物；其中一种是另一种的概括化"（同上）；而语言学的目的就是"从通过在比较语法所积累

---

① 德佩凯尔（Loïc Depecker）：《理解索绪尔》（*Comprendre Saussure*, Armand Colin, 2009），p. 6.

起来的结果总和之中找出有关言语活动的某种东西"（p. 204）。在这些引言中，作者不仅把"言语活动"与"语言"画上了等号，而且既然"语言"就是从"言语活动"中概括出来的原则，那么按照今天的定义，"语言"就该是研究"言语活动"的一种"元语言"。显然，这比《教程》中有关言语活动、"语言"和"言语"三者之间关系的论述明确了许多。

有关符号的论述。《教程》把符号的能指与所指或外在形式与观念之间的关系，比作"一张纸"的正面与反面。这当然是恰当的。在《札记》中，索绪尔对于这一比喻做了更为细致的阐述。他把符号的能指与所指的结合说成是"声音-观念组"（groupe son /idée），也就是说，声音与观念是融合在了一起，形成了一个不可分离的组合，由此形成一种语言"事实"，因此"把形式与意义对立起来是错误的（是不可取的）。相反，正确的做法是，把声音外在形象与形式-意义对立起来"（p. 17）。索绪尔又说："在语言中，没有任何对于观念和对于形式的确定，而只有通过形式对于观念的确定和通过观念对于形式的确定"（p. 39），由于"我们不在一种形式的<u>价值</u>、<u>意义</u>、<u>意指</u>、<u>功能</u>或<u>使用</u>之间、甚至也不在与作为一种形式之<u>内容</u>的<u>观念</u>之间做任何严格的区分"（p. 28），所以，我们可以通过一种形式的各种实质表现来研究这种形式，自然这就脱离不开意指；《札记》在多处对于"意指"做了明确："说符号便是说意指，说意指便是说符号；把（唯一的）符号作为基础不仅是不正确的，而且就根本毫无意义，因为在当符号失去其所有意指的时刻，它便仅仅是一种声音外在形象"（p. 44），也就是说，研究符号，不能脱离意指，而研究意指便可以研究符号。这种对于"意指"的强调，突出了意指理论在符号学理论中的重要性，这便为后来从语义入手来进行符号学研究提供了理论基础。

关于符号学与语言学之间的关系。《札记》中有这样的文字：
"在所有符号学系统中，'语言'这种符号学系统（连同文字，……）是唯一曾经需要面对时间在场之考验的系统……"
（p. 263），他又说："任何使语言脱离另一种符号学系统的东西，都是最无重要性的东西"（p.288）。这就告诉我们，"语言"也是一种符号学系统，研究"语言"的语言学，自然也是一种符号学。这样的论述，与《教程》中的论述是一致的，但更为明确了些。

但是，符号是一种"纯粹的意识事实"（p. 19），那么，如何来辨认一个带有意识的符号呢？那就不仅需要"精神"和"意识"，而且需要"说话主体"（sujet parlant）（《教程》中译为"说话人"）。《教程》中对于"说话主体"论述不多，但我们在《札记》中见到了较为详细的阐释："最近几年的收获，在于最终不仅只在被看作是人或社会之人的说话主体中确定了属于言语活动和语言的一切东西的真正发源地……"，"一个单词，只有当其不停地从使用它的人们那里得到确认的时候，才在人们所处位置的视点上真正地存在"（p. 83），显然，言语活动是离不开说话主体的。此外，"真实的情况是，说话主体的意识是有某种程度的区别的"（p. 183），"正像我们所知道的那样，在意识或潜意识的意志中，有着多种为人所知的程度"（在日内瓦大学所做第一次报告，1891 年 11 月，《札记》，p. 150），"我重申：现实 ＝ 出现在说话主体意识中的事实"（同上，p. 187），而正是在这种现实基础之上，建立起具体的东西，"在说话主体的意识上，一切都是具体的"（关于第三次授课的说明，1911 年春天，《札记》，p. 327）。这些足以说明，"主体性"在语言学和符号学研究中是不容忽略的，而接触这种研究并为之做出重大贡献的就是后来的法国著名语言学家本维尼斯特。

在有关作为"符号系统"的符号学论述上，索绪尔的诸多观点更使我们眼前一亮。他说："我们以符号学名义所想象的，就是完全独立于准备了它的那种东西的一种符号系统，并且，它就像在说话主体精神中那样存在着"（p. 43）。他为我们开列了一个与语言学所属的符号学范围有关的学科名单："符号学=形态学、语法、句法、同义性、修辞学、文体学、词汇学等"（p. 45），他又指出"言语活动只不过是符号系统的一种特殊情况"（p. 220），这就等于把言语活动也包括进了符号系统，而不仅仅是"语言"。在相关论述中，有一点是非常重要的，那就是有关符号的"变化"思想：他告诉我们，"充当符号的东西，从来不会在两次出现时是相同的"（p. 203），"符号的一个新的方面，便是要知道，只有当人们看到它不仅是一种可转移的事物，而且也是在本质上就用于被转移的事物的时候，它才开始被真正地认识"（p. 231），这就说明，符号"从本质上"是"可改变的"，是可"转移的"。这种论述，让我们想到了美国符号学奠基人皮尔斯（Charles Sanders Peirce，1839-1914）有关符号是处在"行动中的符号"（«signe en acte»）的论述，只不过索绪尔是围绕着"符号系统"来进行研究，皮尔斯则是围绕着"符号范畴"来工作，因此，走出了不同的道路，形成了不同的传统。

对于索绪尔的《札记》，我们还需要做更全面、更深入的研究，这里，只是围绕着其有关语言学及符号学的论述。

索绪尔的结构语言学理论和其有关符号学的思想是奠基性的，它是后来结构语言学各个流派和结构论符号学与巴黎符号学学派发展和深化的基础。

第二节　雅各布森：法国结构主义的总指挥

索绪尔的《普通语言学教程》出版之后，首先引起了语言学研究的重大变化，随后其结构理论便进入了人文社会科学的研究之中，再到后来，以索绪尔符号学思想为基础的不同符号学研究成了自 20 世纪 50 年代开始的重要理论研究领域。在这一过程中，最早继承和发展了索绪尔结构语言学理论的语言学家，当属俄裔美籍语言学家雅各布森（Jakobson R., 1896-1982）。

一、基本理论贡献

我们尚不清楚地知道《普通语言学教程》一书是怎样在欧洲流传开来的，根据有的资料介绍，雅各布森是在 1920 年于捷克布拉格时就读到了这本书。如果说他此前只是关注诗歌的语言学特征的话，那么从此之后，他便在不放弃诗歌语言特征研究的同时，真正开始了对于语言学基本理论的研究，并参与了结构论语言学的发展与建设。我们从资料上获悉，1926 年由雅各布森参与创立布拉格语言学学派时就已经接受了索绪尔的结构学说，该学派从 1929 年开始将其研究工作重心明确地放在结构语言学计划上："它[该学派]赋予了自己结构主义的名称，因为它的基本概念是被设想为一种动态集合的结构"①。

雅各布森对于法国符号学的贡献，可以概括为几个方面：

1. 他对于各种对立关系的研究，是对于索绪尔二元对立关系的进一步探讨，并为法国结构主义建立最初的理论框架奠定

---

① 弗朗索瓦·多斯：《结构主义史 I》（*Histoire du structuralisme 1*, Éditions La découverte, 1992），p. 76.

了基础。他对于制定二元关系富有浓厚的兴趣，因为在他看来，任何被分析为区别性特种的音位（phonème），都可以被看作是一种特性的肯定价值与否定价值两个方面，由此，任何对立关系，不论多么复杂，都可以归为带有诸多最为简单无对称性的一种关系束，例如最少与最多之间的关系束。雅各布森认为，无对称性是对称性中的一种特殊情况，当为寻求最为简单而进行分析的时候，对称法则就会让人联想到最为复杂；而当向着最为复杂进行分析时，这种法则便会让人联想到与之构成连对（couple）的对立项，例如编码与讯息、隐喻与换喻、选择与比邻、相关性与析取，这些对立关系都在不停地重复着音位学上的二元对立关系。任何语言特性，一旦进入到这些结构中的这一种或那一种之中的时候，都将会围绕着一种轴或一个中心，而被很容易地得到规则性的安排，例如，编码概念与讯息概念。此外，他为特鲁别茨柯伊（Troubetzkoy N.，1890-1938）在音位学上的研究成果建立了带有 12 种音位二元对立的图表，而这些对立被认为可以阐述所有的语言，他的这种研究方法也为后来法国符号学建立二元连对范畴提供了参考。

2. 他对于言语活动的功能的确定，使人们对于这种自然对象有了较为清晰的认识。我们在 1963 年出版的法文版的雅各布森的《普通语言学论集》(*Essais de linguistique générale,* Minuit, 1963）的《语言学与诗学》(《 Linguistique et poétique »）一文中，看到了他对于言语活动之功能所做的六种区分：

1）指称功能：一种陈述在说明世界和实现"对于一种指称对象的考虑"（p. 214）；

2）情感功能：该功能"对于主体所谈论的事物直接表达态度"（p. 214）；

3）意向功能：该功能面向接收者，目的在于在对话者一侧起作用；

4）维系功能（或呼唤功能）：该功能在于维持对话者之间的接触，在于发送一种讯息，该讯息用于"建立、延长或中断沟通，用于检验渠道是否在起作用……，用于引起对话者的注意或确信注意力没有松弛"（p. 217）；

5）元语言功能：一种陈述在提供有关该陈述被产生之方式、其被产生之编码的一些情况："每当接收者和（或）发送者认为有必要验证它们是否在正确使用编码的时候，话语便集中在编码方面：该话语便在完成一种元语言功能"（p. 217-218）；

6）诗学功能：一种陈述成为某种带有价值的一种生产活动，该功能"显示符号的感人方面"（p. 218）。

雅各布森明确地指出，一个讯息并非只属于一种功能，而是可以属于多种功能；在后者的情况下，其中有一种功能是主导性的，因此，功能具有层级特征。

尽管雅各布森的这些功能曾经引起不少争议，但至今也没有哪位学者给出更确定的并被一致认可的功能分类。不容置疑的是，这六种功能的提出加深了人们对于言语活动的认识，它们构成了法国符号学发展必不可少的概念性工具。

3. 他后来把音位学原理应用在了对于失语症的研究方面。他在言语活动的这种错乱之中区分出两种类型的变异情况，而这两种情况可以让人重新了解在失语症的情况下言语活动及其规律的获得机制。他把符号间的结合与词语间相互替代的选择加以对立，从而发现替代相当于隐喻的修辞格，而结合则相当于换喻的修辞格。这种发现极大地丰富了对于索绪尔横向组合关系与纵向聚合关系（联想关系）的认识与理解。

二、法国符号学诞生的总指挥

人们之所以说雅各布森是法国符号学诞生的总指挥，是因为他与法国结构主义初期的两位重要学者在不同时期的相遇，也因为他成了继这两位学者之后另一位结构主义学者的重要参照。他们是：列维-斯特劳斯、拉康和巴特。

在第二次世界大战中，克洛德·列维-斯特劳斯由于自己的犹太人血统，而不得不于 1941 年辗转逃到美国。在美国，他于第二年与雅各布森相遇，先是成为"酒友"，遂成为学术研究上的合作伙伴，最终成为亲密兄弟，以至雅各布森在去世前夕出版的一本书中，还写着"献给我的兄弟克洛德"的献词。列维-斯特劳斯在美国期间，雅各布森与其进行了很好的合作。他们两人共同撰写的《波德莱尔的〈猫〉的分析》成为诗歌结构分析的典范。也正是在雅各布森的影响之下，列维-斯特劳斯形成了自己的结构人类学观点，并成为法国结构主义的鼻祖。

雅各布森对于拉康的影响也是通过接触产生的。雅各布森多次到过巴黎，他与拉康的第一次接触是在 1950 年，以后又多次接触。这种接触促使拉康从 1953 年开始"重返弗洛伊德"。这种"重返"，意味着通过结构语言学理论重新解释弗洛伊德，从而开启了结构精神能分析学的研究历程。

现在，还没有资料显示雅各布森与罗兰·巴特有过什么接触。但是，我们从巴特 1971 发表于《世界报》（*Le Monde*）上的《很好的礼物》（«Un très beau cadeau»）一文中明确地看出，巴特从雅各布森那里学习到了什么：学习，就意味着接受影响。他指出："雅各布森给了文学一件很好的礼物：他赋予了它语言学。……雅各布森从三个方面对于**文学**付出了努力。首先，他在语言学内部创立了一个专门的领域即<u>诗学</u>（Poétique）；这个领域（而这正是他的研究的新内容，也是他的历史贡献），他并没有根据<u>文学</u>来给予确定（就好像诗学总是依赖于"诗性"或是"诗歌"那样），而是根据对于言语活动的各种功能的分析来确定的：任何强调讯息之形式的陈述活动都是诗学的；于是。他<u>根据一种语言学立场</u>，而得以汇聚<u>文学</u>的所有至关重要的形式（而通常是那些最为自由的形式）：朦胧意义享有的权利、替代系统以及各种修辞格（隐喻和换喻）编码（code）。随后……他提出建立一种泛符号学（pansémiotique），即有关符号的一种广泛的（而不仅仅是一般化的）科学；不过在此，他的立场在两方面仍然都是前卫的：一方面，他在这门科学中为分节的言语活动保留了一种优势位置（他知道，言语活动<u>到处</u>存在，而不仅仅是在<u>身边</u>）；另一方面，他直接地为符号学增加了与<u>艺术</u>和<u>文学</u>有关的领域，并因此随即设定符号学是有关意指（意指过程）的科学，而非有关传播的科学……。最后，他的语言学理论自身也令人赞赏地准备了我们今天可以对于<u>文本</u>所思考的东西：即一个符号的意义实际上仅仅是它向着另一个符号的转述，这就是不将意义确定为最后的所指，而是确定为<u>一个新的</u>意蕴层（niveau signifiant）；亦即最为通常的言语活动包含着数量可观的元-语言陈述，对于人来讲，<u>这些</u>元-语言陈述证实了就在他说话的时刻必须考虑其言语活动……他借助于智慧，最终使我们一直坚持的一些非常值得尊重的事物落入<u>过去之中</u>"①。

　　雅各布森的语言学理论对于法国结构主义或结构论符号学三位开拓性人物的影响，不论是直接的或间接的，都是很大的，说他是符号学这一包罗众多乐手的"总指挥"并不过分。我们还要特别指出，雅各布森在其理论中关注意指（或意指过程），这可以说是对于索绪尔只关注语言（即形式）的重大突破，这

————
　① 巴特：《全集 II》（*Oeuvres complètes, tome II*, Paris, Seuil, 1994），p. 1192-1193.

也导致了列维-斯特劳斯和巴特从他们的初期研究中就赋予符号的语义特征以一定的位置，并使他们亦成为继结构论符号学之后的巴黎符号学学派的先驱者。

第三节　叶姆斯列夫：“系统”与“过程”和 “表达”与“内容”

叶姆斯列夫（Hjelmslev L., 1899-1965）关于索绪尔语言学理论的阐述和他自己创立的语符学（glossématique）理论，可以说对于巴黎符号学学派的形成与发展可以说是关键性的，是其理论建构链上的重要一环。“在格雷马斯于 1958 年将叶姆斯列夫的被翻译成英文的《言语活动理论导论》搞到亚历山大之前，他已经完成了他的《结构语义学》第一稿。阅读《言语活动理论导论》一书所带来的冲击波，使他立即毁掉了自己大约 200 页纸的手稿”[①]，可见叶姆斯列夫的理论对于格雷马斯的影响之大。

一、对于索绪尔语言学的阐述

后人至今不清楚，叶姆斯列夫和他的合作者们是如何接触到索绪尔的著作的，但是，他 1943 年出版的这本《言语活动理论导论》（实际上是与 Udall 共同完成），完全以他们个人的认识与方式重述了索绪尔研究过的大部分论题，而且某些重述则是对于很晚才发现的索绪尔部分手稿内容的回应。例如：“一种理论正借助于一种完全形式的前提系统试图达到言语活动的一

---

① 埃诺：《符号学简史》（*Histoire de la sémiotique*, Paris, PUF, 1992），p. 102.

种特定结构的水平，这种理论必须在考虑言语变化的同时拒绝
赋予其一种支配权的角色，而寻求并不扎根于语言之外的一种
现实中的不变内容；这种不变内容可以使不论什么语言都成为
一种语言，可以使一种语言在其最多样的表面现实之中仍然是
其自身”①。这显然是在论述“语言”的主导地位和其与“言
语”之间的关系，并明确指出“语言”是不变内容，而“言语”
是可变内容。这与索绪尔的相关论述没有太大差异。

　　不过，有些重述，无疑是对于索绪尔思想的进一步推演与
突破。叶姆斯列夫在索绪尔“语言是一种符号系统”的论述基
础上，提出“任何语言都是一种符号系统，也就是说是一种由
与诸多内容联系在一起的诸多表达单位构成的一个系统，……
语言是一种开放的和富有创造性的符号学系统”②，“它是借助
某些规则而相互结合的各种要素的一种系统”③，而与这种“系
统”概念相对应的则是“实施”（exécution）和“使用”（usage），
即叶姆斯列夫后来归一为“过程”（procès）的概念，它是通过
应用各种功能来实现的。叶姆斯列夫在 1947 年于伦敦大学执教
时写的、后来作为最后一部分被加到法文版《言语活动理论导
论》中的《言语活动的基本结构》（《 La structure fondamentale
du langage »）一文，首次提到了“系统”与“过程”的划分：
“我现在来谈……两个新的不同的方面，人们将其称为过程与系
统。我把这两个方面叫做言语活动的两个轴：在任何言语活动
和任何相似结构中，有一个过程轴——用一条向右延伸的横向
线来表示是恰当的，还有一条系统轴——我们可以用一条与前
者相切的纵向线来表示。……在接受言语活动具有一个系统的

<hr />

① 叶姆斯列夫：《言语活动理论导论》（*Prolégomènes à une théorie du langage*,
Paris, Les Éditions de minuit, 1971），p. 15.
② 叶姆斯列夫：《新论集》（*Nouveaux essais*, Paris, PUF, 1985），p. 81.
③ 叶姆斯列夫：《新论集》（同上），p. 82.

情况下，我们不应该忘记，可直接观察到的东西不是系统，而是过程，或者有必要说明，当涉及到是语言的时候，这便是文本。因此，在语言的情况下，过程即文本就是我们应该分析的对象。分析将依靠把文本分离成其构成成分来进行；文本的每一个构成成分，一个系统的情况下，我们不应该忘记，可直接观察到的东西不是系统，而是过程，或者有必要说明，当涉及到是语言的时候，这便是文本。因此，在语言的情况下，过程即文本就是我们应该分析的对象。分析将依靠把文本分离成其构成成分来进行；文本的每一个构成成分，不论长短，都将被叫做语链（chaîne）"①。由此，叶姆斯列夫建立起了"系统"与"过程"的连对，而这一连对正好与索绪尔的"聚合关系"与"组合关系"概念相重合。这无疑是对索绪尔"语言"与"言语"的连对、"共时性"与"历时性"的连对的推演，而这种推演所带来的结果则是对于分析对象的明确和分析的可操作性。其实，他早在 1939 年就提出了"分析的对象当然是文本"②这样的主张。格雷马斯曾对叶姆斯列夫的"文本"概念做过明确概括："叶姆斯列夫使用文本一词来指一种语言链的整体，这种整体因系统的能产性而成为无限的"③，这就说明，叶姆斯列夫的"文本"概念已经是一种动态概念，后来人们把这样的文本看作与"行动中的话语"是同义词，应该就是源自叶姆斯列夫的观念。可以说，是叶姆斯列夫首先提出了"文本分析"的概念。由于文本是由"言语"发展而成的或者它就是言语的表现形式，所以，叶姆斯列夫的文本分析已经属于有关"言语的

---

① 叶姆斯列夫：《言语活动理论导论》（*Prolégomènes à une théorie du langage*, Paris, Les Éditions de minuit, 1971），p. 191.
② 叶姆斯列夫：《新论集》（*Nouveaux essais*, Paris, PUF, 1985），p. 77.
③ 格雷马斯、库尔泰斯合著：《符号学，言语活动理论的系统思考词典》（*Sémiotique, dictionnaire raisonné de la théorie du langage*, Hachette Livre, 1993），p. 390.

语言学"。那么，如何来分析一个文本呢？按照叶姆斯列夫的主张，那就是将文本分为两个平面，即"内容平面"和"表达平面"，而与这两个平面密切相关的概念则是"实质"和"形式"。这两个概念在叶姆斯列夫那里变成了基本概念：实质被确定为不进入结构系统的所有东西，而语符学的目的就是具体展现语言学形式与实质之间的关系。这与索绪尔把语言学的研究对象仅限于作为形式的"语言"相比，显然是一种突破。叶姆斯列夫曾经花费多年时间来研究"实质"与"形式"，并在与"内容平面"和"表达平面"相结合的情况下最终形成了一整套关于语言的理论构架，即建立起一种严密的、相互确定的元语言。我们顺便指出，叶姆斯列夫有关"实质"与"形式"之间的关系，较之索绪尔的论述深入了许多：在叶姆斯列夫看来，"形式"独立于"实质"，但后者却不能独立于前者；一种语言形式可以不被一种语言实质表现出来，但是，一种语言实质必然表现一种语言形式。他的结论是："实质仅仅取决于形式，人们在任何情况下都不能赋予它独立的存在方式"[①]。他的这一思想，在格雷马斯的《结构语义学》中以如下的表述得到了进一步肯定："内容实质不应被视为一种语言外的即心理的或物理的现实……形式与实体一样是有意蕴的"[②]。更需要指出的是，叶姆斯列夫将自己的"实质"概念之外延明确地划定为"语音、字体和语义"[③]，这对于我们把握这一概念和在"表达平面"与"内容平面"中正确区分"形式"与"实质"至关重要。

---

① 叶姆斯列夫：《言语活动理论导论》（*Prolégomènes à une théorie du langage*, Paris, Les Éditions de minuit, 1971），p. 68.
② 格雷马斯：《结构语义学》（*Sémantique structurale*, Paris, Larousse, 1966），p. 34.
③ 叶姆斯列夫：《新论集》（*Nouveaux essais*, Paris, PUF, 1985），p. 68.

二、对于"内容"与"实质"关系的论述

叶姆斯列夫认为,"内容与表达完全是根据相同原理组织起来的,它们有着完全相同的功能,并包含着可能相同的范畴"[①]。"根据这种完全相同的功能,并包含着可能相同的范畴"[②]。根据这种观念来看待语言符号,"符号既是内容实质的符号,也是表达实质的符号……,符号这个词将指取决于意蕴功能的那种单位,并包括着内容之形式与表达之形式"[③]。于是,表达平面和内容平面,便与形式和实质建立起了关系。叶姆斯列夫将这两个范畴中的四个术语写成了三个连对:内容之实质和内容之形式,内容之形式与表达之形式,表达之形式与内容之实质。他也把这三个连对称作三个层次,指出内容之实质、表达之形式、表达之实质之间存在着一种类比关系,并认定这种类比关系每一次都源自表现的各种关系:表达之实质表现表达之形式、内容之实质表现内容之形式,最后是内容之形式与表达之形式之间的关系。对于这最后一层关系,"这一次,是一种可逆的关系:人们更习惯于在'表达之形式表现内容之形式'这样的意义中考虑表现关系"[④]。在叶姆斯列夫看来,这三个连对就构成了文本表现的等级化或层级化。他还告诉我们,表达对立于内容比形式对立于实质意义更为重大,因为前者通过多种因素决定着后者。在所有这些关系中,对于巴黎符号学学派的理论与实践最具指导作用的,是文本具有实质层次表现特征和"内容之形式"两个方面:层次概念使巴黎符号学学派探讨文本的层级结构有了理论依据,"内容之形式"概念的确立使符号学

---

① 叶姆斯列夫:《新论集》(*Nouveaux essais*, Paris, PUF, 1985),p. 8.
② 叶姆斯列夫:《新论集》(同上),p. 8.
③ 叶姆斯列夫:《新论集》(同上),p.183-184.
④ 埃诺:《符号学简史》(*Histoire de la sémiotique*, Paris, PUF, 1992),p. 65-66.

研究从意指入手在各个层次上来探知这种意指赖以产生的形式（结构）成为可能，因为巴黎符号学学派的"符号学计划就在于制定有关意指系统的一般理论"①，而巴黎符号学学派最终在这些方面为符号学自立地位的确立做出了历史性贡献。

第四节　本维尼斯特："主体性"与"陈述活动"

本维尼斯特（Benveniste É.，1902-1972）是 20 世纪法国著名语言学家。他继承了自索绪尔以来的结构语言学传统，在阐述索绪尔的语言学观念、发展结构语言学和构建符号学基础理论方面做出了自己的努力。笔者注意到，他的影响显然还没有出现在格雷马斯（Greimas A.J.）的《结构语义学》中，但他有关"主体性"和"陈述活动"的论述，从 20 世纪 70 年代中期开始已经成为巴黎符号学学派对于"文本"或"行动中的话语"（discours en acte）②进行分析的重要理论参照。格雷马斯指出："我们把第一次将陈述活动表述为索绪尔语言概念中的'话语建立'（mise en discours）阶段的功劳归功于本维尼斯特……，本维尼斯特的革新贡献，已经引起了许多形而上学的或精神分析学的注释，这些注释都在激发不为人所希望的主体的重现，并使人拒绝把言语活动看作——和不看作——一种集体制约系统的'无个性'概念"③。与格雷马斯共同撰写《符号学，言语活动理论的系统思考词典》一书的库尔泰斯在其《话语的符号

---

① 科凯（Coquet J.-C.，又译：高概）：《符号学：巴黎学派》（*Sémiotique : École de Paris*, Paris, Hachette, 1982），p. 5.

② 丰塔尼耶（Fontanille J.）：《话语符号学》（*Sémiotique du discours,* Limoges, PULIM, 2000），p. 4.

③ 格雷马斯、库尔泰斯合著：《符号学，言语活动理论的系统思考词典》（*Sémiotique, dictionnaire raisonné de la théorie du langage*, Hachette Livre, 1993），p. 126.

学分析——从陈述到陈述活动》（*Analyse sémiotique du discours. De l'énoncé à l'énonciation*）(1991)专著中也说："……陈述活动就像是'语言'的'话语建立'（本维尼斯特），并由此引起主体间交流的全部基本问题"[①]。可以说，本维尼斯特的语言学理论，就是有关"话语"的理论，从而推动了话语符号学的创立。

一、关于"主体"的论述

人们公认，言语活动是交流的工具。但是，从索绪尔到叶姆斯列夫，他们都没有对于交流活动的主体投注更多的注意。而在他们权威理论的影响之下，于 20 世纪 50 年代兴起的法国结构主义则把谈论"主体"和"主体性"看作是大忌，巴特后来甚至宣布了作为主体之一的"作者的死亡"[②]。正是在这个时期，本维尼斯特发表了《论语言中的主体性》（« De la subjectivité dans le langage »）(1958)一文。该文首先论证了言语活动与"说话主体"之间的关系，指出："人在语言中并且通过语言自立为**主体**。因为，实际上，唯有语言在其作为存在的现实中，奠定了'自我'的概念。我们在这里论述的'主体性'，是指说话人自立为主体的能力"[③]，"但是，我们坚持认为，尽管我们可以随心所欲地把这一主体性放到现象学和心理学范畴，那只不过是语言的一个基本特性在人身上的体现。**言说**的'自我'即存在的'自我'（"Est'ego'qui *dit*'ego'"）。我们由此可以发现'主体性'的根本所在，它是由'人称'的语言学地

---

① 库尔泰斯：《话语的符号学分析：从陈述到陈述活动》（*Analyse sémiotique du discours : de l'énoncé à l'énonciation*, Paris, Hachette, 1991），p. 11.
② 巴特：《全集 II》（*Oeuvres complètes, tome II*, Paris, Seuil, 1994），p. 491.
③ 本维尼斯特（Benveniste É.）（著）：《普通语言学问题》，王东亮（译），北京，生活·读书·新知三联书店，2008, 293.

位确定的①。这就是说，主体性不能脱离言语活动，同时"语言之所以成为可能，正是因为每一个说话人都自立为**主体**"②。他继续说道："'主体性'在语言中的建立，在语言之中并且——我们认为——也在语言之外，创设出人称的范畴"③。而在较早的《语言结构与社会结构》（《 Structure de la langue et structure de la société »）（1970）一文中，他认为"语言工具确保了话语的主体性和指涉性两种运作：这便是在任何语言、任何社会或任何时代都表现出我与非-我之间必不可少的区分"④，该文遂论述了"我-你"和"他"（"它"）之间的对立关系，指出两者之间是"人称与非-人称之间的对立"。这些论述及本维尼斯特在其他文章中的相关表述，在科凯（Coquet J.-C.）的专著《话语与其主体》（*Le discours et son sujet*）(1984)中被 18 次引用并得到进一步的阐释。在这部专著中，科凯结合自己的论题，以心理色彩更浓的"ego et non-ego"表达方代替了本维尼斯特的"人称与非-人称"（personne et non-personne）和"我与非-我（le moi et le non-moi）。在此基础上，他更参照符号学家克里斯蒂娃（Kristeva J.）有关"零度逻辑主体"（sujet zérologique）⑤的思想和格雷马斯的符号学矩阵的相关词项概念首次确立了"非-主体"（non-sujet）概念，指出"我们在建立组合观念的四种基本关系的同时……，我们并没有不去考虑我们有关行动元类型学的命题，这种类型学把包含三个或四个谓语的一种结构的一种**主体**与依靠一个零度谓语、一个单一的谓语甚至两个有序的

---

① 本维尼斯特：《普通语言学问题》，王东亮（译），北京，生活·读书·新知三联书店，2008，293-294.
② 本维尼斯特：《普通语言学问题》（同上），294.
③ 本维尼斯特：《普通语言学问题》（同上），298.
④ 本维尼斯特：《普通语言学问题》（同上），99.
⑤ 克里斯蒂娃（Kristeva J）：《符号学：符义分析研究》（*Semiotiké :Recherches pour une sémanalyse*, Paris, Seuil, 1969），p. 274.

或无序的谓语的一种**非-主体**结合在了一起"①。我们在科凯于北京大学所做的讲演《话语符号学》中，更为清楚地了解到引入"非-主体"的依据："在'我知'、'我思'之前，还有某种属于能力的东西，即'我能'，因而，在主体一旁，应该引入'非-主体'的概念。这是显示身体在构成意义方面作用的唯一办法"②。在科凯的主体性理论中，他是将两种主体与格雷马斯当时阐述的各种"模态"放在一起加以阐述的，指出了"主体"与"非-主体"的各种模态表现。他在后来出版的《寻找意义》(*La quête du sens*)(1997)一书中继续对于两者之间的关系做了论述，指出"非-主体"就是"激情"主体，"身体即非-主体以最佳形象化展示自主性、因此也是自由性的堡垒" ③。

二、关于"陈述活动"的论述

本维尼斯特有关"陈述活动"(énonciation)(即下面文章题目和引文中采用的"陈述"译名)的论述，是与他的"主体性"观念分不开的。他于 1970 年发表了《陈述的形式配置》(«L'appareil formel de l'énonciation»)一文，在他看来，陈述活动"就是通过个体使用行为实现的语言的实际运用。……这一行为是说话者依自身需要发动语言的事实。说话者与语言之间的关系决定着陈述的语言特征" ④。而对于这种行为的研究，主要可以在三个方面来进行。第一、借助于"语言的声音之实现"，因为发送的和感知的声音总是源于个体的行为。不过，即便是同一主体，也不会产生完全相同的声音，同一性也只能是

---

① 科凯：《话语与其主体》(*Le discours et son sujet*, Paris, PUF, 1984)，p. 104.
② 科凯：《话语符号学》，王东亮(译)，北京，北京大学出版社，1997，4.
③ 科凯：《寻找意义》(*Quête du sens*, Paris, PUF, 1997)，p. 18.
④ 本维尼斯特：《普通语言学问题》，王东亮(译)，北京，生活·读书·新知三联书店，2008，159.

近似的，这是由于产生陈述活动的情景的多样性所致。第二、陈述活动产生的机制，则是以个体将语言转换成话语为前提，这便涉及到了如何理解"意义"形成为"单词"、如何在这两个概念之间做出区分和如何描述它们之间相互作用的问题。这个问题尚缺少研究而且很难研究。可见，陈述活动仍然脱离不开语言的语义过程，而这种语义过程又涉及到有关符号的理论和有关意指活动（signifiance）的分析。第三、是根据陈述活动的形式范围来确定陈述活动。对于这第三点，本维尼斯特用了大量篇幅给予阐述。他坚持在语言内部和根据陈述活动所显示的个体表现来概述陈述活动的形式特征。这些特征有些是必要的和常在的，有些是偶然的和与所选择的习惯语的特殊性相联系的。在陈述活动中，"我们将依次考察陈述的行为本身，这一行为实现的情境，以及完成这一行为所借助的工具"①。关于行为本身，他认为，"人们使用语言所借助的个体行为首先引出了说话者，作为陈述的必要条件中的一个参数。……陈述之后，语言就在话语时位被实现了，它来自一个说话者，以声响的形式到达受话者，并引发另一个陈述作为回应"②，这显然是说陈述活动具有交流功能，并且"主体"概念也在扩大。他继续明确指出，作为个体的实现过程，"陈述可被定义为将语言**占为己有**（appropriation）的一个过程。说话者把语言的形式配置占为己有，通过一些特定的标志并借助某些辅助手段，来陈述自己作为说话者的立场。但是，一旦他标明自己为说话者，并承担起语言，他立刻就在自己对面树立了一个**他者**，不管他授予这个他者的在场程度如何。任何陈述都是一次明显或隐含的交

---

① 本维尼斯特：《普通语言学问题》，王东亮（译），北京，生活·读书·新知三联书店，2008，161.
② 本维尼斯特：《普通语言学问题》（同上），161.

谈，它预设了一个受话者"①。显然，这里出现的"说话者"和"受话者"，就是后来巴黎符号学学派称为"陈述发送者"和"陈述接收者"的两种"行为者"（actant，又译"行动元"）。最后，"在陈述中，语言被用于表达与世界的某种关系。动用和占有语言的前提条件，在说话者那里是通过话语进行指涉的需要；而在另一方，则是在使每个说话者都成为会话者的语用协调中，同时进行共同指涉的可能。指涉参照是陈述不可或缺的组成部分"②。这些论述，无疑为巴黎符号学学派将话语或文本分析作为其符号学分析的对象和把"语境"作为重要参照要素提供了理论依据，并且也在后来的研究中得到了拓展。格雷马斯的弟子——著名符号学家丰塔尼耶（Fontanille J.）——在其《话语符号学》（*Sémiotique du discours*）（2000）一书中就这样说过："根据一种动态和辩证的观点重新考虑陈述活动……就可以管理话语中所有陈述的出现方式。在陈述活动实践中，行动中的话语和潜在的系统处于相互作用之中……。借助于陈述活动实践，话语既可以使系统的各种潜在性得以现时化，也可以在使用中恢复一些固定的和可能的形式，或者是发明新的形式"③。

三、关于"模态"的论述

与本维尼斯特的主体性和陈述活动理论有直接联系的，则是其有关"模态"（modalités）的论述。法国语言学对于"模态"的研究由来已久，传统上将其理解为"改变一个陈述之谓语的

---

① 本维尼斯特：《普通语言学问题》，王东亮（译），北京，生活·读书·新知三联书店，2008，161.
② 本维尼斯特：《普通语言学问题》（同上），161-162.
③ 丰塔尼耶：《话语符号学》（*Sémiotique du discours*, Limoges, PULIM, 2000），p. 185.

东西"①。这自然首先让人想到修饰动词的各种"副词"，但这只是一个方面。在法语和许多西方语言中，有一类动词叫"助动词"。在法语中，除了表明动词时间性的相关助动词之外，还有一些助动词被称为"半-助动词"，它们直接与现代的"模态"概念有关，甚至就被称为"模态动词"。我们似乎可以说，本维尼斯特是对于这类"模态动词"进行研究的先驱。他的研究成果最早见于他 1965 年发表、后收入《普通语言学问题》第二卷中的《助动词关系之结构》(《Structure des relations d'auxiliarité》)一文。他首先把"模态"定义为"对于某种关系之陈述的一种补充性肯定"②。他认为，作为逻辑范畴，模态包含着"可能性""不可能性"和"必然性"，而从语言学观点来看，这三种"方式"可归为两种，即"可能性"与"必然性"，因为"不可能性"可看作是对于"可能性"的否定。他指出，"有关模态的语言学范畴首先包括 pouvoir（能够）和 devoir（应该）两个动词。此外，语言通过相同的助动词结构已经将模态功能扩展到了其他动词的部分使用之中；主要有：aller（作为半助动词，表示'即将'之意）、vouloir（想要）、falloir（必须）、désirer（意欲）、espérer（希望）"③。这些动词，基本上等同于我们汉语中的"能愿动词"。他继续分析道，在"过分模态化"的情况下，还应该考虑动词 croire（认为，相信）。我们注意到，这其中已经包括格雷马斯后来深入阐述的"能够""应该""想要"和"认为"四个动词，唯一没有加进去的是动词 savoir（懂得）。"模态理论"是格雷马斯从 70 年代中期开始倾注大量心血研究

---

① 格雷马斯、库尔泰斯合著：《符号学，言语活动理论的系统思考词典》(*Sémiotique, dictionnaire raisonné de la théorie du langage*, Hachette Livre, 1993)，p. 230.
② 本维尼斯特：《普通语言学问题 II》(*Problèmes de linguistique générale, 2*, Paris, Gallimard, 1974)，p. 187.
③ 本维尼斯特：《普通语言学问题 II》（同上），p. 188.

和建立起来的理论系统，它涉及到以"应该"为谓语来主导状态陈述的"真势模态"（modalité aléthique）、以"应该"为谓语来主导作为陈述的"道义模态"（modalité déontique）、以一个状态陈述来主导另一个状态陈述的"诚信模态"（modalité véridictoire）以及位于陈述接收者一侧的"认识论模态"（modalité épistémique）等，它是巴黎符号学学派理论体系的重要组成部分，它直接联系着后来有关激情符号学（sémiotique des passions）和张力符号学（sémiotique tensive）的探讨。而这一切，我们似乎可以说，与本维尼斯特的开拓性研究有着直接的联系。

第五节　马蒂内的"功能"论

马蒂内（Martinet A.，又译马丁内，1908-1999）的功能论语言观，没有脱离索绪尔语言学理论的结构主义的发展方向，是根据布拉格语言学学派、特别是依据特鲁别兹柯伊研究成果形成的。马蒂内从研究印-欧语言学体系和音位学，随后将其研究工作扩展到了普通语言学。他的最为人所了解的著作是《普通语言学纲要》（Éléments de linguistique générale, 1960）。他首先追求的是，将正确的描述从言语活动现象中解脱出来，他的最主要的语言学理论基础是，把语言定义为"双重分解式衔接和语音表现的交流工具"[①]。他为其功能主义语言学理论制定了一系列概念，我们仅对其在符号学研究中经常被使用的概念做些介绍。

---

① 马蒂内：《普通语言学纲要》（*Éléments de linguistique générale*, Paris, Aramand Colin/VUEF, 2003），p. 21.

一、关于"功能"概念

关于"功能",马蒂内在其《普通语言学纲要》第三章"音位分析"中提到了语音成分的三种主要功能,它们是:区别性功能(fonction distinctive)或对立功能(fonction oppositive),指出"每一个音位都具有区别功能,不同于可能出现在同一语境中的其他音位"[①];对比功能(foction contradtive),该功能可以帮助听话人将语句分析为连续单位;表达功能(fonction expressive),该功能可以让听话人明白说话人处于一种什么精神状态。而在他 1989 年出版的《言语活动的功能与动力》(*Fonction et dynamique des langages*)中,他对于他的功能性研究给出了综合定义:"'功能'这个术语,取用的是该词最通常的意义,它包含着,言语活动的陈述是在参照这些陈述在交流过程中的贡献方式而被分析的。对于功能观点的选用,出自这样的确信,即任何科学研究搜是建立在制定一种相关性的基础上的,并且,正是这种交流上的相关性可以更好地让人理解言语轰动的本质与动力。因此,所有的言语活动特征都首先是在参考它们在信息交流之中所起得作用来被找出和被分类"[②]。

显然,这种定义是从布拉格语言学学派那里继承而来的,它是建立在马蒂内语言学理论中的一个关键概念——相关性——基础之上的。按照这种定义,符号学只是有关交流功能的理论。这种定义,适用于结构主义或结构论符号学将符号学确定为传播学理论的观点,例如穆楠(Mounin G., 1810-1993)的符号学理论。

---

① 马蒂内:《普通语言学纲要》(*Éléments de linguistique générale*, Paris, Aramand Colin/VUEF, 1970, 1996, 2003),p. 61.
② 马蒂内:《言语活动的功能与动力》(*Fonction et dynamique des langages*, Paris, Armand Colin, 1989),p. 53.

二、关于"相关性"

在马蒂内看来，交流的"相关性"（pertinence）就是有关"对象"的某种视点，是理解该对象的一种方式。从交流观点来看，任何其功能旨在释放一种信息的属于形式结构的或单位的对象，都将被看作是"相关的"。

他还告诉我们，每一门科学，都是因对象的某些特征而被体现出来的，很少是因选择对象而得到具体体现的。每一门科学都是建立在一种相关性基础上的。在功能语言学上，我们认为，相关性就是交流的相关性①。

马蒂内特别看重最为广泛的功能，即强调交流的两个人之间沟通的功能，而不局限于交流过程中某个要素。他区分出两种相关性：区别性相关性即音位相关性和语位（monèmes）相关性即意义相关性。

不过，"相关性"概念后来在语言科学中有了多方面的应用，它首先主要被用来指明一个语言单位的一种功能性质。例如：在音位学上，它标志一种特征的区别性功能；在语义学上，义素分析也在对于词汇意义的研究中使用相关性概念和区别性特征概念，以便找出功能性特性。有的学者将这一概念看成体现合作原则的会话之基础，按照这一概念的要求，交流活动应该适合于会话的目的性。也有的学者认为，任何交流行为都表达其自己的最佳相关性，换句话说，任何陈述发送者都在寻求对方的注意力，因此都在想方设法使对方相信他说出的话是相关的。于是，在这种语境之下，"相关性"便被确定为一种语境效果和一种认知效果：一种陈述越是产生效果，它越是改变语境，它就越是相关的。

①　马蒂内：《普通语言学纲要》（*Éléments de linguistique générale*, Paris, Aramand Colin/VUEF, 1970, 1996, 2003），p. 61.

三、关于"双重分节式连接"

这可能是现在被使用得最多、也是理解语言结构最为重要的概念之一。"双重分节式连接"（double articulation）或直接称为"双重分节"，是人类言语活动的一种区别性特征。实际上，人类的语言是根据一种编码活动在两个阶段上构成的，而"取决于第一个层次分节式连接的所有单位中的每一个单位，又被分节式连接成另一个层次的各个单位"（1996, 13）。

第一个层次的分节式连接，使得一些最小的意义单位相互结合在一起，以便"对于一个语言团体的所有成员来说是共同的经验"（1996, 14）得到排序。同时，这种无限的结合可能性为每一位对话者提供了产生陈述的能力。第一层次的分节式连接的所有单位，都具有一种意义和一种语音形式，这便是带有两个面——能指与所指——的一些符号。马蒂内称这些符号为语位（他有时也用"符号"一词来代替语位）。他建立这种概念，是为了确定带有一种交流相关性的单位或结构，同时，他也认为语素（morphème）概念并不是操作性的，因为在马蒂内的观念中，语素是指语法要素。他还认为，语位并非一定是带有稳定意义的具有区别性的语言片段，而是一种形式上的区别。

第一个层次的分节式连接，只是因为语位自身还可以由不带有意义的更小的单位构成才是可能的，那些更小的单位就是音位。音位层，便是第二个层次的分节式连接。当一种语言的所有语位呈开放状态的时候（因为任何语言都处在演变之中），音位系统便是封闭的，既是说起音位数量是固定的。

"双重分节式连接"可以产生无数可能的讯息，因为非常经济的语音系统可以构成无数语位，而语位又可以构成无数陈述（句子）。不难看出，这一概念对于理解符号的结合规则是重要的。

第六节　乔姆斯基的"生成"概念

美国语言学家乔姆斯基（Chomsky N., 1928- ）的生成语法，是 20 世纪后半叶对于语言学理论的最大贡献。"生成"（génération）一词，用来具体表示一种语言学描述类型，而这种描述类型是建立在语言是依据一整套指令和规则、而在一种已知语言中对于这一套指令和规则的应用可以产生诸多语法陈述的一种形式系统的假设基础上的。一种生成语法，就是体现说话主体之语言能力（compétence）的语法，其可形式化的对象确保了这种语法的明显特征，极大地推动了翻译活动的自动化进程。

一、基本理论与概念

乔姆斯基的研究成就，主要集中在句法方面。他 1957 年出版了《句法结构》（*Structures syntaxiques*，1957）。该书在其法文译本出版（1969）之前就已经影响了法国语言学和符号学在一些观念上的变化。

乔姆斯基在书中提出了一种转换与生成理论，其特点之一便是演变。人们把他在 50-60 年代的理论称为"标准理论"，把其 70 年代的理论称为"扩展标准理论"，后来，他的理论又经过不断修订，终于形成一整套句法操作理论与模式。

在他的"标准理论"中，他认为，句法是对于一种语言进行分析的中心，它应该可以让人们"构建有关语言学结构的一种被形式化的总体理论，并可以发掘这样的一种理论的所有基础"（1957，p. 7），并且他将句法的定义和功能做了这样的确定：

"句法就是有关原理和过程的研究,而句子就是根据这些原理和过程在特殊语言中构成。对于一种已知语言的句法研究,其目的就是构建一种语法,该语法可以被看作是产生被分析的语言的各种句子的一种语法"(同上,p. 13)。他非常强调句法相对于意义的"语法独立性",他的目的是制定一种模式,该模式可以在句法结构上阐述一种语言的所有语法句子。

他所主张的是一种"转换语法"(即 GT),并为之引入了一些新的规则,被其称为"语法转化方式":"一种语法转换方式 T 作用于具有既定句法结构一个已知序列,并将这一序列转化为具有新的因派生而来的句法结构的一个新的序列"(同上,p. 50)。他为这种语法提出了建立在三个层次上的一种结构:

1. 句法结构:这是构建按照指令组织起来的语素序列的层次;

2. 转换层:由语素序列转换成单词序列的层次;

3. 形态学层:单词序列转换成音位序列。

1965 年,乔姆斯基又出版了《句法理论的若干问题》(*Aspectsde la théorie syntaxique*),提出了普遍理论(是对于标准理论的细化)。在这一理论中,他引入了在语言学上成为中心的两个概念连对:语言能力与语言运用、深层结构和表层结构。这两个连对为其模式提供了一种心理维度,因为它们包含着先于句子生产并内在于主体的一些图示的出现。语言能力与语言运用的连对,可类比于索绪尔的语言与言语的连对。像索绪尔一样,乔姆斯基也是不考虑作为言语之结果的陈述(语句),而是直接去考虑作为语言系统之一的句法结构的语法。关于深层结构和表层结构的连对,乔姆斯基的转换语法假设存在着一些核心句子,而根据这些核心句子便可以实现转换。他认为,实际上,表面上(表层结构)不同的两个句子,在它们转换之前，可以建立在对于它们是相同的一种深层结构上。反过来，也是一样的：表面上类似的句子可以获得两种不同的深层结构。

《句法理论的若干问题》一书提出的模式包含着三个构成成分：

1. 句法构成成分：包括由产生句法图示的所有重写规则和根据深层结构能够产生表层结构的重写规则；

2. 语义构成成分：它属于解释，因此是静态的，它包括全部的对于理解是必要的条件；语义构成成分在句法层上与深层结构层相联系；

3. 音位构成成分：它同样属于解释，是对于表层结构的配置；正是这种构成成分与特殊语言最有联系，而它们的变体因此也是最为重要的。

乔姆斯基理论后来的变化，则趋向于更为抽象：在他的扩展的标准理论中，他赋予了表层结构模式以最大的相关性。

从总的情况来看，生成语法理论与 1968 年之前的结构主义一样，是不关心语义的，但其与后来引入语义分析的后结构主义则相去甚远，这也导致法国符号学对于生成理论的接受是有限的。

二、对于法国符号学研究的影响

乔姆斯基被介绍到法国和得到研究是与吕威（Ruwet N., 1933-2001）的贡献分不开的。作为具有比利时和法国双重国籍的吕威 1962 年来到巴黎，决定加入到当时的法国结构主义的研究潮流之中。他去听本维尼斯特、马蒂内和列维-斯特劳斯的研讨班。在一次偶然的机会，他在拉康的办公室看到了乔姆斯基的《句法结构》一书，兴趣萌生。过了两年，他从一位朋友那里看到了刚刚出版的波斯塔尔（Postal P.）撰写的《成分结构：

当代句法描述模式》(*Constituent Structure. A Study of Contemporary Models of Syntactic Description*)一书，该书介绍了乔姆斯基的语言学观点，遂下定决心研究生成语法。他先是于 1966 年发表文章介绍乔姆斯基的句法理论，随后又出版了《生成语法导论》(*Introduction à la grammaire générative*, Plon, 1967)，从而使"生成"观念和"转换"观念在法国传播开来。

几乎与吕威同时，结构主义语言学家迪布瓦（Dubois J., 1920-2015）也推崇乔姆斯基的理论，并极力主张将功能结构主义、分配主义和生成论融合在一起。克里斯蒂娃也很快接受了"生成"的观念，她说："我怀着极大的兴趣接受了乔姆斯基，因为那是比音位学更富有动力的一种模式。我的感觉是，这种模式适合我当时所考虑的意指是处于过程之中的观点"①。于是，她在自己的"符义分析"（sémanalyse）中，建立了"现象-文本"（phéno-texte）与"生成-文本"（géno-texte）概念，并从此赋予了文本以"能产性"（prodductivité）特征。但是，克里斯蒂娃并未接受乔姆斯基的整套语法理论，因为"乔姆斯基试图创立作为数学表述方式的技术性和科学性之符号的一种新的语法理论，而不借助于语义学"②，所以，这种新的语法理论无法与克里斯蒂娃有关"符义"的系统研究相结合。

乔姆斯基的理论也为结构人类学研究带来了新的动力。曾经参与撰写《何谓结构主义》(*Qu'est-ce que le structuralisme*)一书的《人类学的结构主义》(*Le structuralisme en antropologie*, 1968, 1973)分册的斯皮尔贝尔（Sperber D.），在他的这个分册中，引入了"语言能力"与"语言运用"概念，对于列维-斯特

① 弗朗索瓦·多斯：《结构主义史 II》(*Histoire du structuralisme 2*, Éditions La découverte, 1992)，p. 24.
② 克里斯蒂娃：《陌生的言语活动》(*Langage, cet inconnu*, Paris, Seuil, 1981)，p. 251.

劳斯所坚持的结构主义方法做了重新审视，从而将"认知"（cognition）活动纳入了人类学研究。

参照乔姆斯基生成理论最多的，要算是巴黎符号学学派的研究工作，但也只限于采用其一些概念，而不是语法理论，因为这一学派的符号学研究对象是意指活动及其形式。现在，我们根据格雷马斯与库尔泰斯合著的《符号学，言语活动理论的系统思考词典》，择其引入的两个主要概念做简单介绍。

关于"生成"概念：该词典介绍说："生成一词，不论是在生物学意义上，还是在认识论意义上，都是指生发行为，即生产行为。正是在数学上通常使用的认识论意义上，被乔姆斯基重新用在了语言学上，并在符号学上得到了发展"[①]；至于这一概念在符号学上的应用，作者告诉我们，它可以被用来对于一种符号学对象借助于生成进行定义，即通过对象的生产方式来解释对象；也可以进行"生成研究"，亦即对于生成过长的研究。"结论便是：一种理论在并不完全是显性的情况下，就可以是生成性的（按照该词的投射性意义），另一方面，一种语法在不需要时转换性的情况下，就可以是生成性的：这尤其是我们正在尝试构建的符号学理论的情况"[②]。

关于生成和转换语法：该词典介绍说，这种语法"是由乔姆斯基和一组美国语言学家制定的，这种语法构成了一种复杂的集合……我们只保留其更为基本的特征，这些特征在一些比较符号学研究中都占有其位置。……它不将语言看成是一种社会事实(索绪尔)，而看成属于主体的活动：由此产生了乔姆斯基的语言运用/语言能力的二分法。这种二分法对应于所采用的认识论观点。

---

① 库尔泰斯：《话语的符号学分析：从陈述到陈述活动》（*Analyse sémiotique du discours : de l'énoncé à l'énonciation*, Paris, Hachette, 1991），p. 161.

② 库尔泰斯：《话语的符号学分析：从陈述到陈述活动》（同上），p. 161-162.

这种语法谈的是陈述，而不是陈述活动"①。这种介绍，一方面明确了生成语法的本质和研究对象，同时也使之与以研究陈述活动为主要对象的巴黎符号学学派之间有了明确的区别。

需要补充的一点是，巴黎符号学学派的理论中也使用"转换"（transformation）概念，但它与乔姆斯基的"转换"概念有着根本的不同。在巴黎符号学学派的理论中，"转换"一般地被理解为"两个或多个符号学对象间的关联性：句子、文本片段、话语、符号学系统等"。从其起源上讲，在欧洲传统中，转换这一术语指语言的比较论；而在美国的背景中，它参照在数学上指定的程序"②。

---

① 库尔泰斯：《话语的符号学分析：从陈述到陈述活动》，（*Analyse sémiotique du discours : de l'énoncé à l'énonciation*, Paris, Hachette, 1991），p. 162.
② 库尔泰斯：《话语的符号学分析：从陈述到陈述活动》（同上），p. 399.

第二章　普通符号学散论

这里汇集的文字，涉及巴黎符号学学派的研究内容居多，因为这一学派已经是法国符号学研究的主流。通过这些文字，读者可以了解法国符号学的发展简史和在不同名称之下的符号学研究情况，了解有关"人物"的符号学分析，了解除"叙述学"之外法国符号学的另一重大成果——"话语符号学"的基本内容，以及法国诗歌的各种符号学分析方法。

第一节　法国符号学概述

我们很难用一个词来称谓法国符号学，因为其最早使用sémiologie，没有过多久，又出现了巴黎符号学学派使用的sémiotique，而且前面的名称继续存在着。现在，我们按照《结构主义史》（*Histoire du structuralisme*）一书的作者多斯的定名，把 sémiologie 称为"结构论符号学"（sémiotique structurale）或"符号学的结构主义"（structuralisme sémiotique），这样，似乎就可以用 sémiotique 一词来统一冠名"法国符号学"了。不过，我们在理解这一冠名的时候，一定不要忘记它所包含的不同的研究工作。"结构论符号学"萌生于 20 世纪上半叶，是伴随着结构主义在法国的出现而形成的。不过，其得到真正意义上的发展，还是在 20 世纪 60 年代和以后的时间。巴黎符号学学派出现较晚，但它现在已经成为法国符号学研究的主流。今天，法国符号学，已经作为人类在 20 世纪人文社会科学研究领域所取得的重大成果之一载入史册，并将继续得到发展。

一、社会科学基础

符号学在法国的发展，得益于多种学科在 20 世纪获得的重大进步。这当中，语言学、人类学和现象学是其三个主要的渊源。

1. 现代语言学是法国符号学获得理论构架和研究方法的主要依据。我们在第一章中专门介绍了自索绪尔以来结构语言学各个流派对于法国符号学发展的影响，我们不再累述。现在的情况是，符号学的概念和研究方法，已经靠近了包括词语世界和自然世界在内的各种言语活动的实际情况。符号学已经从关注"社会生活中符号的生命"、关注"符号及其系统"，发展到了关注"意指及其方式"或"产生意指的结构"。可以说，符号学理论的每一新的发展无不得益于语言学研究的进步。

2. 文化人类学为符号学提供了部分研究对象。由于文化人类学与符号学都关心话语中影响个体言语的文化习惯（风俗，习惯，沉淀在集体的言语活动实践中的动因等），所以它们在这些方面多有交叉。而对于主导话语的跨文化形式即叙事文形式的规律性研究，早在符号学介入之前就由文化人类学家们开始了，当然，这种研究也首先得益于语言学的理论启发。莫斯（Mauss M.，1872-1950）是这种研究的开拓者，他 1925 年出版的《论赠品，古代交换形式》（*Essai sur le don, forme archaïque de l'échange*, 1925）一书，系统地论述了价值物品与财富在社会的循环中的相互关系。列维-斯特劳斯（Lévi-Strauss C.，1908-2009）

在 1950 年发表的《莫斯著述导论》(《Introduction à l'oeuvre de Marcel Mauss》)一文中指出，莫斯的研究是一种超越经验观察并达到深层真实的努力，从此，社会性变成了一种系统，而在这个系统的各个部分之间，人们可以看到衔接、等值和蕴涵关系。列维-斯特劳斯本人也在这方面有非常出色的分析实践。迪梅齐（Dumézil G.，1898-1986）在《神话与史诗》(*Mythologies et épopées*)中以相近的术语解释了印欧宗教中众神的"三种等级功能的意识形态"。于是，一种总的结构，在不考虑个别的情况下出现了，而在这种结构中，特殊的问题也在其中找到了它们的准确位置。显然，这种原理，与符号学在话语中的研究极为相似。罗兰·巴特在 20 世纪 50 年代开始的社会神话研究和继而进行的叙事文的结构研究，使我们对文化人类学与符号学的关系有了进一步了解，他写道："世界范围内的叙事文就太多了。……叙事以无限的形式出现在一切时间、一切地点、一切社会之中；叙事是与人类的历史同步的"[①]。俄国形式主义文论家普洛普（Vladimir Iakovlevitch Propp，1895-1970）于 1928年出版的《故事形态学》(*Morphologie du conte*)，于 60 年代初被翻译成法文在法国出版，极大地推动了法国符号学的研究，格雷马斯就在其基础上深入而又全面地研究了叙事语法，提出了完整的既可用于文学叙事文又可用于社会叙事文的符号学理论，建立了另一种类型的"叙述学"。因此，在方法论方面，人们经常把符号学与结构人类学和比较神话学联系在一起，也就不足为怪了。

3. 在哲学方面，符号学从现象学研究理论中吸收了其有关意指（signification）的概念的大部分内容。符号学概念中的"意

---

① 巴特：《叙事文的结构分析导论》(《Introduction à l'analyse structurale des récits》)，见于《符号学历险》(*L'Aventure sémiologique*, Paris, Seuil, 1985)，p. 167.

义显现"表达方式，就源自现象学的启发。格雷马斯曾多次引用这种表达方式，例如"显现的风帆"①、"显现的银幕"②等。这种表达方式，在感觉的范围之内于感觉主体与被感觉对象之间互为基础的关系之中，把意指形式的地位确定为可感觉的与可理解的、幻觉与分享的信仰之间的一种关系空间。格雷马斯在《结构语义学》（*Sémantique structurale*）中明确地写道："我们建议把感知确定为非语言学的场所，而对于意指的理解就在这个场所内"③。符号学的现象学特征越来越明显。但是，它远离哲学范式，而被明确地确定为有关话语意指的一种描写性理论：当它谈论<u>存在</u>的时候，在语法上就是指一个状态谓语，而不带任何本体论考虑。符号学对于现象学的借鉴，主要得益于德国哲学家胡塞尔（Husserl E.，1859-1938）的《现象学的主导观念》（*Les idées dominantes de le phénomologie*，于 1950年译成法文）和梅洛-蓬蒂（Merleau-Ponty M.，1908-1961）的《感知现象学》（*La Phénoménologie de la perception*，1945）。他们术语中的"相象性"（semblance），可以说就是叙事作品中的外在形象性（figurativité）。甚至有些研究者认为，这两门学科的研究界限眼下已经出现模糊。在法国的某些符号学家方面，我们还应该指出源自美国哲学家与逻辑学家皮尔斯（Peirce C.S.，1839-1914）的影响。

　　我们还应该想到来自精神分析学方面的影响力，例如其对于巴特和克里斯蒂娃的影响。但这种影响无法与上述三个方面的影响相比。特别是自拉康（Lacan J.，1901-1981）开始，精神分析学更多地采用了结构语言学的理论，这就使其对于符号

---

① 格雷马斯：《论意义 I》（*De sens I*, Paris, Seuil, 1980），p. 100.
② 格雷马斯：《论不完善性》，（*De l'imperfection*, Pierre Fanlac, Périgueux, 1987），p. 78.
③ 格雷马斯：《结构语义学》（*Sémantique structurale*, Paris, Larousse, 1966），p. 8.

学的影响难以显现出来。

由于符号学研究尚处于形成过程之中，在最初的一段时间里，这种研究师出多门，流派也很繁多，即便在同一流派中也存在着多种不同的方法和主张。上述三种渊源，在不同的流派中表现程度也不同。但在随后的时间里，法国的符号学探索，从大的方面讲，主要分为在 sémiologie 名下进行的结构论研究和在 sémiotique 名下进行的巴黎符号学学派的研究。所以，有关符号学的定义和理论，应该分别根据在这两个名称下进行的工作来阐述。这两个术语的使用，在很长时间里没有根本性区别，而且 sémiologie 的使用早于 sémiotique。只是后来，sémiotique 一词在一段时间里用得多了起来，并在国际符号学学会（IASS）成立时被采用（1969 年在巴黎成立）。但从 70年代初开始，这两个术语所涵盖的研究内容和方法出现了较大的区别，从而使两个术语的不同有了实质意义。

二、结构论符号学研究

我们首先看一看在 sémiologie 名下进行的结构论符号学研究工作。该术语本来是指医学科学中对于"病相"的研究工作。索绪尔在《普通语言学教程》中第一次将其用来称谓对于"社会生活中符号的生命"和"符号系统"的总体研究。在认识领域，该术语先是指 20 世纪 60 年代在索绪尔、俄裔美国语言学家雅各布森和丹麦语言学家叶姆斯列夫影响之下围绕着法国结构主义（列维-斯特劳斯、迪梅齐、拉康、巴特等）进行的研究工作，而在结构主义结束之后专指至今继续存在的结构论符号学研究。

关于法国结构主义，我们首先想到的是这一新方法论的鼻祖列维-斯特劳斯。1948 年，列维-斯特劳斯在拉丁美洲和美国待了多年之后，返回了法国，进行他的博士论文《亲属关系的基本结构》（*Les structures élémentaire de la parenté*）和辅助论文《南比克瓦拉人的家庭与社会生活》（*La Vie familiale et sociales des Nanbikwara*）的答辩。两篇论文于次年以首篇论文名称由巴黎高等研究学院出版（1949），成了战后法国认识发展史上的重大事件，被认为是法国结构主义研究的奠基石，从此，其作者便被誉为"法国结构主义之父"。在其他人看来，列维-斯特劳斯在当时的影响中，"最为重要的、最为根本性的，是通过把科学意志引用到对于复杂社会的分析之中、通过寻找最具包容性的模式来阐述初看似乎并不属于相同分析范畴的诸多现象、以及通过从一种亲缘问题过渡到一种结合问题，而写成的《亲属关系的基本结构》"[①]。

拉康（Lacan J., 1901-1981）是继列维-斯特劳斯之后在自己的领域开展结构主义研究的结构精神分析学家。1953年他以一篇《罗马报告》（«Rapport de Rome»）正式宣布他"重返弗洛伊德"，而这种重返则需要对于言语活动给予一种特殊关注：精神分析学，"只有一种媒介：患者的言语"[②]。1957年，拉康又发表了在其"返回弗洛伊德"路途上的另一重要文章：《无意识中的文字阶段或弗洛伊德以来的理性》（«L'instance de la lettre dans l'inconscient ou la raison depuis Freud»）。他在文章中，完全地采用了结构语言学的理论，多处引用索绪尔和雅各布森的观点。不过，他对于索绪尔的概念也有所变动，使之更适合被用于精神分析学之中。他在这期间开设的"研讨班"，吸引了不少专业或非专业的学着，极大地扩大了结构主义在非语言学领域的影响。

---

① 弗朗索瓦·多斯：《结构主义史 I》（*Histoire du structuralisme 1*, Éditions La découverte, 1992），p. 34.

② 拉康：《文集》（*Écrits*, Paris, Seuil, 1966），p. 246.

一直使用该词定名自己在相当长时间内的研究工作，而且也是在此领域做出过重大贡献的，是罗兰·巴特。他于 1964 年在《交流》（*Communication*）杂志上发表的《符号学基础》（«Éléments de sémiologie»）是对索绪尔的符号学思想及其继承者叶姆斯列夫理论的进一步系统性阐述。符号学，被罗兰·巴特表述为"所有符号系统的科学"[①]，同时，他又结合服装、膳食和汽车等具体符号系统提示性式地为人们展示了符号学基本理论的应用。他认为，按照介入交流的实体来看，服装可以划分为三个系统：书写服装系统、图片服装系统和实物服装系统，并分析了在这三个系统中"语言"与"言语"的表现情况。他在膳食系统中也发现了语言与言语的区分，其"语言"由排除规则、有待确定的意义单位的对立情况、组合规则以及用餐方式构成，其"言语"包括烹饪活动中的家庭和个人差异。

汽车的"语言"由其形状与细部的综合构成，其"言语"由车子的舒适度和对车型选择的自由度来构成。他与此同时对于时装进行的深入分析见于他历经多年研究完成的《服饰系统》（*Système de la Mode*），这部著述是对出现在时装杂志上的时装描述语言进行的符号学分析，其中贯穿着对于语言与言语、能指与所指这些基础符号学概念的运用。这一成果为在 sémiologie 名下进行的研究提供了经典范例。我们注意到，这种符号学研究，其方法的落脚点却不是直接的对象，而是描述这种对象的语言表述。它强调的是索绪尔概念中的"系统"，而不去注意有什么"过程"的存在。除此之外，罗兰·巴特在摄影方面的符号学论述，也为摄影符号学研究奠定了一定的基础。他把摄影看成是由发送者、传递渠道和接收者组成的一种传播学讯息，认为摄影是一种"类比性再现"，它可以"产生真正的

---

① 《交流》杂志（*Communication, N°4, Paris, Seuil, 1964*），p. 92.

符号系统，而不仅仅是一些简单的象征的凝聚"①。摄影包含着三种讯息：语言讯息，编码的象似讯息和非编码的象似讯息（即审美讯息），从而使对于摄影作品的分析得到了深入。

在罗兰·巴特之后，一些人狭隘地理解了索绪尔为sémiologie所确定的定义，而把自己的工作局限于对符号本身的探讨，从而摆脱不了对于"语言符号"模式的机械性的运用。他们排除与其他人文科学的认识论的一切联系。这种研究为传播学理论所包括，最终成为语言学的附属学科。从研究内容上讲，他们的符号学研究不关心语义问题，他们把对于能指的描述当作一种通常的释义活动来对待。在这方面，乔治·穆南的研究工作很有代表性。在他看来，符号学（sémiologie）是关于"通过信号、符号或象征标志进行的所有传播系统的一般科学"②，"符号学，作为正在产生甚至还是极为模糊的科学，其目的是分析和描述人与人之间、甚至动物与动物之间的所有传播系统"③。据此，他对戏剧做了符号学的论述，分析了读者与戏剧文本之间、演员与观众之间、布景设计与观众之间、在演出大厅里的观众之间的各自传播方式和特点：读者与戏剧文本之间具有一种交替的传播关系，演员与观众之间具有一种"参与，也许可以称为是认同，也许可以称为是投射的关系"④，观众与演员扮演的人物之间在参与的、认同的、投射的关系之外还有一种复杂的文化关系，布景设计与观众之间、导演与观众之间、观众与观众之间也具有有待进一步分析的特定的传播关系，等等；他还研究了哑剧，说"对于哑剧的分析，至少在法国是这样，

---

① 巴特：《显义与晦义》（*L'obvie et l'obtus*, Paris, Seuil, 1982），p. 25.
② 穆楠（Mounin G.）：《符号学导轮》（*Introduction à la sémiologie*, Paris, Minuit, 1970），p. 7.
③ 穆楠：《符号学导论》（同上），p. 88.
④ 穆楠：《符号学导论》（同上），p. 90.

代表了对于索绪尔符号学通常概念的最为大胆的应用"①，认为在哑剧动作中应该区分功能性动作与非功能性动作、相关性动作与非相关性动作，哑剧演员"尤其利用动作的外延价值来为我们讲述一个故事，来告诉我们关于一个人物的事情。他为我们重新建构一个事件，通过这个事件，他想告诉我们一个讯息"②，因此哑剧属于传播学范畴；他还分析了徽章、交通信号、化学象征符号系统，等等。穆南固守其对于符号学研究的狭隘理解，致使其甚至对于列维-斯特劳斯、拉康、巴特等人超出语言学模式而在更广泛意义上与其他社会科学结合的尝试颇有微词，认为他们的探讨是"危险的"。

在哲学领域，福柯（Foucault M., 1926-1984）和德里达（Derrida J., 1930-2004），都是在法国当代哲学思想界占有重要地位的哲学家。在结构主义思潮之中，福柯的理论被说成是"无结构的结构主义"③，而"他并不把哲学归入人文科学；他以哲学家的身份根据人文科学的意指来进行思考"④。后人把他放在"后结构主义"代表人物之中，因为他既"解构"历史，也"解构"社会。集中代表他的结构思想的著述是他的博士论文《古代疯癫史》(1961)、《词与物》(1966) 和《知识考古学》(*Archéologie du savoir*, 1969)。德里达的"解构论"（déconstruction）见于他 1967 年出版的《写作与区别》(*L'écriture et la différence*) 和《论文字学》(*De la grammatologie*) 两书。正是从他开始，结构主义开始出现了多元化的发展。他的"解构论"在美国影响很大，以至在美国 80 年代的文学批评界产生

---

① 穆楠：《符号学导论》(*Introduction à la sémiologie*, Paris, Minuit, 1970)，p. 169.
② 穆楠：《符号学导论》(同上)，p. 179.
③ 皮亚杰（Piaget J.）：《结构主义》(*Le structuralisme*, Paris, PUF, 1968, 2004)，p. 108.
④ 巴拉坎（Baraquin N）、拉菲特（Laffitte J.）合著：《哲学家词典》(*Dictionnaire des philosophes*, Paris, Armand Colin, 1997, 2007)，p. 151.

了 "解构主义" (déconstructionnisme)，而法国人则称之为 "超-结构主义" (ultra-structuralisme)。阿尔都塞 (Althusser L.,1918-1990)，出生于当时尚属于法国海外省的阿尔及利亚，1939 年进入巴黎高等师范学院，就读哲学，毕业后在该学院担任学生的应试教师。在列维-斯特劳斯、福柯和拉康等结构主义思想的影响之下，1965 年，他以出版《保卫马克思》(*Pour Marx*) 和与他人合写的《读〈资本论〉》(*Lire Le Capital*) 两书而跻身于当时著名的哲学家和结构论学者之列。阿尔都塞依据结构主义理论，把马克思主义介绍为唯一能够综合人类知识和立足于结构论概念中心的学说，而他对于马克思的属于结构论的 "症状" 和 "科学" 的解读，也主要体现在这两部著作中。

热奈特 (Genette G.，1930-) 与托多罗夫 (Todorov Tz.，1939-2017) 可以说是结构主义研究的 "新生代"，他们都参与了结构主义在 60 年代的发展，只是把自己的研究限定在文本的 "词语表现" (manifestation verbale) 方面，并且托多罗夫 1969 年提出的 "叙述学" (narratologie) 一词，已经被广泛采用，并促成了符号学领域内一个特定的分支，也可以说这是结构主义或结构论符号学最富有成就的一个分支。但是，他们自己却不喜欢在 sémiologie 和 sémiotique 这两个术语之间去做划分，例如托多罗夫在《言语活动科学百科词典》(*Dictionnaire encyclopédique des sciences du langage*, 1972) 中就将这两个术语都作为有关 "符号的科学" 来介绍，在我们看来，这正与他们的研究工作是处于两者之间有关。

克里斯蒂娃 (Kristeva J.，1941-) 是保加利亚裔法国符号学家，她创立的认识论符号学研究，亦称 "符义分析" (sémanalyse)，是参照结构语言学、生成语法概念和精神分析学理论而建立的。生成语法理论要求建立在这一理论基础上的符号学思想不再把意义当作只阐明其结构的一种已知，而是看成等待再生的一种句法。这样就必须把说话主体看作是与这种再生句法不可分的。"符义分析"符号学从掩盖着意义和主体的表面出发，一直追究到意义的孕育、活动和产生之所在。在符义分析中，作为被分析对象的文本，被当作一种结构过程，它具有一种"能产性"（productivité）。克里斯蒂娃认为，"文本"是一种"超语言过程"，虽然意义不存在于语言之外，但又不完全受语言的限制。这种观念导致她采用了"现象文本"（phéno-texte）和"生成文本"（géno-texte）概念。前者指文本的表面情况，后者指现象文本掩盖之下的意义生成过程，这种过程在生成语法的深层结构中进行。由于这种分析还与主体和"跨语言过程"有关，于是便产生了"互文性"（inter-textualité）。在符义分析中，主要的研究对象是"意指活动"。克里斯蒂娃对这一概念的论述是："我们以意指活动来定名区分出层次和进行对比的工作，这种工作在语言中进行，并在说话主体的线上放置一条属于传播学的和在语法上是结构的意指链。符义分析将研究文本中意指活动及其类型，因此它需要借助能指、主体和符号，以及话语的语法结构"[①]。她后来又写道："对于文本的研究属于符义分析，这意味着不再用符号来封锁对于意指实践的研究，而是把符号分解并在其内部开辟一个新的外部，'即一种新的可能进一步讨论和组合的场所空间，也就是意指活动的空间'（索莱尔斯）。在不忘记文本表现一符号系统的情况下，符义分析在这一系统之内又打开了一个新的场面"[②]。符义分

[①]　克里斯蒂娃：《符号学：符义分析研究》（*Semiotiké : Recherches pour une sémanalyse*, Paris, Seuil, 1969），p. 9.

[②]　克里斯蒂娃：《符义分析和意义的产生》（《 *Sémanalyse et production du sens* 》），后收入格雷马斯主编的《诗学符号学论文集》（*Essais de la sémiotique poétique*, Larousse, 1971），p. 210.

析的最小单位"意指微分",即每一个词语。克里斯蒂娃告诉我们,"意指微分"具有两方面的特点:1. 它是能指与所指的"重新融合",即它是一个符号;2. 它包括:1)所有的同音异义词或同形异义词,2)所有的同义词,3)该词语在不同语言和不同意指系统中所具有的各种神话的、宗教的和社会的意义。不难想象,对于文本的"意指微分"的分析会使文本"活跃"起来,从而成为"动力对象"。马拉美的一首诗《骰子一掷》中的一句诗"骰子一掷将永远消除不了偶然",在克里斯蒂娃的分析里,其每一个词语都引发出了多方面的阐释,这样的分析大大超出被分析的原文。它甚至影响了巴特在其第三阶段的研究工作,我们从《S/Z》一书中看到了它的身影。克里斯蒂娃的"符义分析"符号学,被认为是"后结构主义"的杰出代表;但由于操作复杂,尚未形成较大研究阵容。需要说明的一点是。克里斯蒂娃很早就使用 sémiotique 一词来称谓"符号学",但这并不影响她属于"结构论符号学家"。

　　在电影符号学研究方面,梅斯(Metz Ch.,1915-1995)做过权威性研究。他先是使用 sémiologie 一词,随后使用 sémiotique 一词,但其主要研究方法还是属于结构论符号学的。他 1966 年发表的《电影符号学若干问题》(«Questions sur la sémiotique en cinéma»)一文首先确定了电影符号学的研究范围(大影片即叙事性影片),随后论述了电影符号学中的外延与内涵的关系,电影中所表现的聚合关系与组合关系等。他指出,外延是通过镜头中再现的场面或是"声带"再现的声音的表面含义即能够直接感知的含义来体现的。至于在一切审美言语活动中起着重要作用的内涵,它的所指就是文学或电影的某种"风格"、某种"样式"、某种"象征"、某种"诗意",其能指就是外延的符号素材,它既是能指,又是所指,而且只有在内涵的能指同时利用了外延的能指和外延的所指的情况下，内涵的所指才能确立。在组合关系与聚合关系上，他认为，电影符号学主要将研究前者，而不是后者。他随后又相继出版了《言语活动与电影》（*Langage et Cinéma*, 1971）、《电影意指论集》（*Essais sur la signification en cinéma*, Tome 1, 1971; Tome 2, 1972）、《符号学论集》（*Essais sémiotiques*, 1977）、《想象的能指：精神分析与电影》（*Le signifiant imaginaire: psychanalyse et cinéma*, 1977）、《无人称陈述活动或电影遗迹》（*L'énonciation impersonnelle ou site du film*, 1991）等著述，对于电影符号学和普通符号学的研究和发展都做出了贡献。但从总的方面来看，克里斯蒂昂·梅斯的研究还是比较严格地限于罗兰·巴特开创的模式的。

　　在戏剧研究方面，科夫赞（Kowzan T.）的符号学探索很值得一提。他的研究很受索绪尔、皮尔斯、莫里斯和雅各布森的影响。他在他 1992 年出版的《戏剧符号学》（*Sémiologie du théâtre*）一书中，探讨了戏剧符号的种类、戏剧的传播、戏剧符号的功能模式、戏剧中的指涉对象与指称关系、戏剧符号的多价特征及含混性、戏剧中的隐喻及转换性、戏剧中的象征符号与象征活动、戏剧符号的审美价值与情感价值等。需要一提的是，与穆南不同，科夫赞并没有把戏剧仅仅限于传播活动，他还指出，在戏剧中，除了传播之外，还有"意指过程"。他认为，"传播行为或传播过程，关系到发送者对于接收者之间的一种信息传递，从定义上来讲，它是一种动力现象。意指，有时被看成是（动力的）过程，有时被看成（静止的）状态，它关系到能指与所指联合的运作，它与意义有关。但不管怎样，传播与意指都与符号有关：一个与其运作的机械方面有关，另一个与其'内容'方面有关；一个涉及到生产者（创作者，发送者），另一个涉及到消费者（接收者，解读者，解说者）……既然对于符号的研究应该考虑发送者与接收者两个方面，那么，传播概念与意指概念就会经常相遇、相互补充，这两个概念都应该在我们提出的符号活动的模式之中"[①]。而考虑意指即考虑意义，这就与在 sémiotique 名下进行的符号学研究有所接近了。

到 1966 年，结构主义发展到了顶峰。但自德里达出版他的两部书籍之后，结构主义开始出现多元化的发展。1968 年的"红五月运动"极大地冲击了结构主义，致使其声誉和研究工作一落千丈，人们的热情大减，有的学者甚至不再承认自己是"结构主义者"了。但是，这一运动也使得真正的结构研究在稍做镇定之后继续健康地发展了起来，形成了"后结构主义"时期。拉康、巴特、福柯、阿尔都塞的后期研究、克里斯蒂娃的"符义分析"，以及哲学家德勒兹（Deleuze G., 1925-1995）和波德里亚（Baudrillard J., 1928-2007）的研究，均属于"后结构主义"。如果说前期的结构主义可以与"结构论符号学"概念同一的话，那么，后结构主义时期的结构论符号学则与结构主义有了明显"断裂"。概括说来，这种"断裂"主要体现在两个方面：1)结构主义看重对于"能指"与"所指"的研究，看重"符号系统"的研究，看重对于"不连续体"的研究；后结构主义将"能指"与"所指"看做一个整体，并看重对于"连续体"的研究；2)结构主义不考虑"主体"，而后结构主义是"主体回归"的时期。

在 sémiologie 名下进行的有关符号及符号系统的研究，是极富成果的。它使人们洞悉了各类符号的特点以及其组成系统的方式。由于人类社会生活的丰富性，sémiologie 的研究内容及方法还是有其存在价值的。

---

① 科夫赞：《戏剧符号学》（*Sémiologie du théâtre*, Paris, Nathan Université, 1992），p. 51-52.

三、巴黎符号学学派的研究

术语 sémiotique 源自英文 semiotic，最早由英国哲学和逻辑学家洛克（Locke J., 1632-1704）用来指对于符号的研究，19世纪末 20 世纪初美国符号学鼻祖皮尔斯也用它来指自己创立的符号学理论，在这个意义上，它与索绪尔使用的 sémiologie 在指向上没有什么区别。

可以说，到 60 年代末，sémiologie 与 sémiotique 在研究内容上无重大区别，人们也经常混合使用这两个名称。巴黎符号学学派（École de Paris）是从 70 年代初才统一使用 sémiotique 一词的，原因是国际符号学学会于 1969 年在巴黎成立，使用的就是 sémiotique 一词，再就是这一学派的研究内容从那时起与在 sémiologie 名下的研究内容出现了很大不同。巴黎符号学学派的研究并不看重语言符号，而是更看重语义研究，努力探讨意指方式，认为符号学应该成为一种有关意指系统和意指方式（结构）的理论，他们研究的领域是作为意指实践结果的各种文本。从这种意义上讲，"巴黎符号学派"也是结构论的。

巴黎符号学学派的理论基础，是瑞士语言学家索绪尔和丹麦语言学家叶姆斯列夫以及法国语言学家本维尼斯特的符号学思想。该学派采用的最基本的符号学操作概念是索绪论尔提出的"语言/言语""能指/所指"两个连对和叶姆斯列夫提出的"系统/过程"连对，这三种连对概念有助于了解任何意指系统中的聚合与组合形式，它们在社会科学研究方面的应用使研究工作获得了全新的结果；在此之后，本维尼斯特包括"主体性"在内的"陈述活动"理论，则极大地推动了该学派构建"话语符号学"的努力。

"巴黎符号学派"研究阵容大，成果颇丰，已经是法国符号学研究的主流：这一学派以"法语研究学会"（SLF：Société d'études de la langue française）的成员为主。该学派的发展，大体可以分为三个时期。1. 60 年代，即"法语研究学会"成立（1960）后的初期活动时期。该学会成立时的宗旨，是试图采用一些不寻常的方法来研究自然语言。他们中的一些人在努力"确定语言的形式系统"，这便是迪布瓦（J. Dubois）进行的工作，他出版了《法语结构语法》（*Grammaire structurale du français*），主要内容是研究法语名词与代词，其重点放在了对于分配方法的应用方面。迪布瓦设想是"通过一种语言的各种成分之间的相关性来描述这些成分"，因此，语言也就成了包括一些可数单位的编码系统。格雷马斯于 1962 年加入这一学会的研究工作，并在 1966 年出版了《结构语义学》一书，从而使这一学派正式得以确立。这部书被认为是第一部全面阐述语言符号学的著述，有关意指的基本理论在这部著述中都得到了论述。2. 70 年代，这一时期，是在 sémiotique 名下进行的符号学研究大发展的时期，这一时期，出版和发表了大批重要的符号学著作和论文，如格雷马斯的《论意义——符号学散论》（*Du sens, Essais sémiotiques*, 1970）、《符号学与社会科学》（*Sémiotique et sciences sociales*, 1976）、《莫泊桑，文本符号学：实践练习》（*Maupassant, la sémiotique du texte: exercices pratiques*, 1976），夏布罗尔（Chabrol C.）和马兰（Marin L.）的《叙事符号学：〈圣经〉故事分析》（《Sémiotique narrative : récits bibliques》，1971，见于《言语活动》杂志[*Langage*], N°22, Larousse），科凯的《文学符号学》（*La sémiotique littéraire*, 1973），拉斯蒂埃（Rastier F.）的《话语符号学论集》（*Essais de sémiotique discursive*, 1973），埃诺（Hénault A.）的《符号学的赌注》（*Les enjeux de la sémiotique*, 1979），而格雷马斯与其学生库尔泰斯合著的《符号学，言语活动理论的系统思考词典》则使巴黎符号学学派的符号学研究达到了一个新的高度，也产生了更大的影响。3. 80 年代以后，这是巴黎符号学派出现多方向和多专题研究的时期，在这一时期，出现了齐贝尔伯格（Zilberberg C.）的张力研究，科凯的主体符号学研究，托姆（Thom R.）与坡蒂托（Potitot J.）的对于含蓄形式的图示化研究，而格雷马斯也将自己的研究推向了行为模态。概括说来，巴黎符号学学派的主要研究领域如下：

1. 神话与民间故事的叙事研究。在西方文化中，神话属于对于宗教中各种"神"，尤其是与宇宙起源说有关的神即文明创造者的历险叙事，神话研究就是探讨神话与社会文化之间的关系，并且由于神话更是可以根据一些文化碎片能够重构的对象，所以它属于符号学研究范围。

2. 宗教话语的研究。这里指的是对于《圣经》而主要是对于《新约全书》（Évangile）的研究与分析。《圣经》一般也被认为是一部文学作品，因此，对于它的分析从大的方面来讲无异于文学符号学。但是长时间以来，宗教话语也被认为是一种特殊领域。一方面，文人们对于宗教都有一种"敬畏"心理，不敢触及；另一方面，对于宗教文本进行分析，总会直接或间接地涉及到现有宗教社会内部的一些事件，这也可能带来麻烦。但是，第一批对于宗教文本的分析研究工作却带来了新的理解与成果。

3. 文学符号学。对于文学进行符号学研究，是结构论符号学从一开始就涉及的领域，巴黎符号学学派自然继承了这一传统，格雷马斯 1974 年 6 月 7 日在《世界报》对于他的一次访谈录中说道："这是一个有着许多研究者都在研究的一个领域，它也是具有很大复杂性和有可能承受时尚影响的领域"。所不同的是，巴黎符号学学派的研究，已经不再考虑文学符号的特性，而是考虑整个文学言语活动。此外，关于文本的概念，也逐渐扩展到了"话语"。由于"话语"被看作是由"言语"的接续所构成，所以更容易理解其开放性。从 80 年代开始的对于激情和随后的"张力"的研究，进一步丰富了对于文学话语的符号学分析。

4. 关于权力话语。这类话语自然属于社会符号学范畴。自符号学研究于 70 年代开始过问社会话语以来，"权力话语"或"政治话语"就是很快被涉及的一个方面。这种话语指的是与"政治空间"即政治"场面"有关的所有类型的话语。符号学认为，有关政治话语的各种理论已经是理解这些话语的"元-话语"，而阐明这些话语的分类原则就等于是显示出辨认和确定"政治话语"的各种标准。法国符号学一般将政治话语分为"功利性话语"（或"政治学话语"）和"自由话语"。这两种话语，其深层次的符号学组织机制，可以提供一整套形式方面的相似性和实质方面的区别性。顺便指出，在社会符号学范畴内，社会心理符号学的研究也得到了长足的发展。

5. "平面言语活动"符号学。"平面言语活动"指的是使用一种双维能指的言语活动。这种言语活动的平滑表面即图像被理解为一种意义的潜在性表现，而由此定名的视觉符号学则在于建立有关图像的表达编码和特定的视觉范畴，以便考虑它们与内容之形式之间的关系。这样一来，寻找平面的表达系统便在于借助于简化程序来制订可以产生各种外在形象的一种要素范畴总表，而这些外在形象透过图像的视觉表面使得意义的连接和表现成为可能。找出深层次（要素范畴层）与表面层（外在形象层）和建立两个层次之间的连接，就是平面言语活动符号学的研究内容。这种符号学研究的对象是一种形式，而非一种"实质"。

在长期的理论探讨和实践中，巴黎符号学派逐渐地形成了自己的理论体系。这一体系主要包括以下几个方面：

1. 符号学（sémiotique）应该是关于意指系统的一般理论，其研究对象是"意指系统"和"意指方式"（或结构），而不是符号本身的性质及种类。在该学派看来，符号是一种已经构成的对象，而不再是可观察的对象。

2. 符号学是一种"元语言"等级系统。元语言是一种词语确定和单义的语言，它可以描述自然语言，也可以描述非语言事实。这种元语言可以分为三个层次：1）描写层，即运用符号学理论对言语活动对象进行理解和赋予其形式的层次；2）方法层，即对描写层采用一定的分析方法进行分析的层次；3）认识论层，即检验在第二层上使用的方法与模式是否具有"匀质性"和"一致性"的层次。

3. 巴黎符号学学派认为，言语活动对象有两种能指整体，一种是自然语言构成的"词语世界"，一种是由自然世界构成的"非词语世界或超语言世界"即人类社会生活的各种传播方式，在这个意义上，符号学包括传播学而不是等于传播学。因此，一种普通符号学应该能包括这两种言语活动对象。

4. 普通符号学的研究材料是"文本"，文本被看成是一种或多种意指系统，它可以是写出来的，也可以是口头的，它可以是词语性的，也可以是非词语性的。不过，从 80 年代开始，巴黎符号学学派的研究者们根据格雷马斯的主要理论已逐步从"文本"转向了作为"言语"之连续体的"话语"，并建立起了多种类型的"话语符号学"。可以说，一如"结构论符号学"中的"叙述学"一样，"话语符号学"则是巴黎符号学学派献给人类的又一突出成果。

四、格雷马斯的贡献

我们从上面的介绍中看出，巴黎符号学学派在 20 世纪 60 年代以后的发展中，是离不开格雷马斯个人的贡献的。这位祖籍为立陶宛的法国符号学研究者，1917 年出生，1945 年来到巴黎，于 1949 年进行了他的博士论文《1830 年的时装——论当时时装杂志的服饰词汇描述》（*La mode en 1830. Essai de description du vocabulaire d'après les journaux de mode de l'époque*）的答辩，1951 年获得法国国籍。后来，他去了埃及的亚历山大大学讲授法语史。再后来，他又去了土耳其的安卡拉大学，担任教授。1962 年，他担任法国普瓦捷大学的教授，讲授结构语义学，从此，他便正式进入了法国大学教育体系。不久，他与巴特、迪布瓦、吕威等人合办《言语活动》（*Langages*）杂志，这个杂志一下子就超出了严格的语言学范畴，从一出现就包含了整个符号学领域。他于 1965 年被任命为高等研究学院（Ecoles des Hautes Etudes）的主任，从此，他终于可以全心地投入对于言语活动的研究之中了。到他 1992 年逝世之前，他一直主持着由高等研究学院主办的一个研讨会，这个研讨会为他论阐述新的言语活动理论提供了条件。

格雷马斯的贡献是多方面的，他的成果为法国符号学的每一次综合研究提供了可能。他从 1966 年发表《结构语义学》起，逐渐地建立起一整套"文本分析"理论即现在所说的"话语分析"理论。这套理论，除了我们已经熟悉的行为者模式、符号学矩阵、诚信模态之外（这些内容也会在下面的文字中涉及到），他还在其他一些方面功绩卓著。为此，我们再补充以下几点：

1. 关于文本的形象、主题和价值分析。这种分析是建立在格雷马斯的语义理论和语义类型学基础上的。根据他的语义理论，一个所指（义位）是由一个或多个义素构成的，一个义素的重复构成一种同位素性。在一个文本中，是各种同位素性在组成形象、主题和价值。那么，形象、主题和价值之间又是一种什么关系呢？按照格雷马斯的语义类型学理论，内容的一个要素（一个义素或一个同位素性）可以是形象性的、主题性的或价值学的。形象性包含着一切可以感知的东西，主题性具体表现为纯粹概念性的方面，而一个文本的所有外在形象和所有的主题则属于一种价值。形象与主题会在各种模态情况里相互关联。

2. 关于"模态"（modalités）理论。格雷马斯 1976 年发表的《建立一种模态理论》（《 Pour une théorie des modalités 》）一文，对于模态理论的建立意义重大。他把"模态"定义为"主语对于谓语的改变"，而这种定义"可以使我们一下子就辨认出两个谓语的主从结构：做（或'进行'）vs 是（或'存在'）"[①]。他在这篇文章中首次提出了建立在对于叙述话语的分析和几种欧洲语言的描述基础上的四种"临时"的"作为模态"：/想要/、/应该/、/能够/和/懂得/（也可翻译成"会"）（作者后来又在《懂得与相信》一文中把"懂得"与"相信"做了比较，后来有人也把"相信"确定为一种模态）。他由此出发，确定了两种基本陈述，即"作为陈述"和"状态陈述"：这四种"临时"模态都可以与"做"和"是"进行组合，并借助于"符号学矩阵"连接成多种模态存在方式。模态理论是格雷马斯符号学理论的重要组成部分，这一理论丰富了话语内容的符号学分析。

3. 关于情感分析的理论。格雷马斯与他的学生丰塔尼耶（Fontanille J.）合著的《激情符号学》（Sémiotique des passions）一书，开启了符号学对于情感领域进行形式分析的先河。他们

---

① 格雷马斯：《论意义 II》（Du sens II, Paris, Seuil, 1983），p. 68.

的理论基础，就是格雷马斯 1976 年建立的"模态理论"和 1979
年发表的《论存在的模态化》一文中阐释的模式。所谓激情符
号学，就是不把激情视为影响主体实际存在的心理因素，而是
将其看作进入言语活动并在其中结合一定的历史和文化内涵及
审美标准强化或降低这样或那样的激情价值从而使之得以表现
和被规范的意义效果。激情符号学填补了符号学研究空白，并
成为继符号学的认知维度和语用维度之后的又一重要维度。

　　1973 年在巴黎举行的一次有关"空间符号学"的研讨会上，
格雷马斯曾经不无担心地说，符号学可能只是一个"时髦问
题"①，但是他未能料到，没过几年，包括他自己的努力在内
的法国符号学研究取得了长足的发展，从此便没有人再怀疑符
号学的存在与价值。法国的符号学研究，从起步到今天，已经
形成了基本的理论框架，并向确立"普通符号学"独立地位迈
出了可喜的一步。

第二节　"叙事"结构研究：普洛普、
列维－斯特劳斯和格雷马斯

　　在我国，对于国外叙事理论的介绍和研究已经有一定的历
史了，现在为人所知的就是"叙述学"。但是，按照法国学者的
说法，"叙述学"研究的是文本（texte）的"词语表现"结构，
与探究深层语义结构的叙事结构研究有着很大的不同。叙事结
构研究，属于话语符号学研究领域。为了搞清楚这种结构研究，
了解不同时期从事叙事结构研究的代表人物之间的承袭关系，

---

① 科凯:《符号学:巴黎学派》(*Sémiotique : École de Paris*, Paris, Hachette, 1982),
p. 5.

大体厘清这种研究的发展脉络，是有益的。

格雷马斯说过："对于叙事本质的思考，是从急促地研究普洛普的《故事形态学》开始的。"①本文拟从《故事形态学》谈起，然后谈及在普洛普理论的影响下两位法国学者的研究与实践。这种实践，除师承的成分之外，自然也包括对前者理论的批判与修正、补充与发展。

一、普洛普的贡献

要认识普洛普的理论贡献，有必要对人们在普洛普的《故事形态学》之前做的研究工作有所了解。在普洛普 1928 年发表《故事形态学》之前，俄国的叙事研究基本上有两种倾向：一是故事分类研究，二是已经开始了对于故事的结构及形态进行的初步描述。

大多数俄国学者是从对故事进行分类开始其对于故事结构进行研究的。当时，存在着三种分类方法。一是习惯的分类法，即只把故事分成传奇故事、风俗故事和动物故事。二是依据德国心理学家旺德（Wundt W., 1832-1920）的划分，把故事分成神话故事、纯粹传奇故事、生物故事和生物寓言、纯粹动物故事、"起源"故事、幽默故事和幽默寓言、说教性故事。这两种分类的最大弊病，是无法克服类别之间的相互包容情况。三是主题分类，普洛普认为，由于一个故事的构成成分可以在毫无改变的情况下被移用到另外的故事上，因此，这些分类法无法克服这种转移性；而且，他认为，对于上述的每一种主题，均可做另一种确定，例如："被追逐的无辜者"可以看作是由情节确定的，"普通的精神"可以看作是由英雄的性格确定的，"三

① 库尔泰斯：《叙述与话语符号学》（*Sémiotique narrative et discursive*, Paris, Hachette, 1976），p. 5.

兄弟"可以看作是由英雄的数目确定的，等等。

另有一些学者，在当时莫斯科语言学派和与此有关的形式主义理论影响下，已经注意到了故事的结构与形态方面的描述性探讨。在这种描述中占统治地位的是原子概念：母题或主题在各自总体上被视为不可再分的"叙述单子"。

在这些学者中，我们首先要提一提维斯洛夫斯基（Veselovski A．N．）的研究成果，维齐洛夫斯基是根据母题（motif）来进行研究的。他把主题看作是母题的组合（这一观点已为当代符号学家所接受），并主张一系列母题就是一个主题，母题发展成主题，主题都是可变的，因为它们包含着某些母题。他要人们在研究中首先要区分母题问题与主题问题，并把把母题理解为对于叙事的最简单描写性研究的"一般原则"。普洛普也同意从母题开始研究，但他同时指出，母题象主题一样多是可分的，例如"龙抢走了国王的女儿"这一母题，它就可以再分成龙、抢走、国王和女儿这四种成分，而且每一种成分又都可以换上其他内容，从而使母题发生多种不同的变化。母题的变化自然要引起主题的改变，因此，很难为主题规定十分有把握的确定标准。

我们还要提一提尼基伏洛夫（A．Nikiforov）的研究成果。与普洛普同时、甚至比他还早一些，形态研究在尼基伏洛夫的一些文章中已经占有突出的位置。他注意到故事中有一些形态规律，如动力成分的重复规律、组合轴规律等。此外，他还建议根据词语在语言中的形成模式来研究"叙事动作"及其组织情况。根据他的论断，只有人物的功能及其在故事中的作用才是唯一固定不变的成分。这一论断已经很接近普洛普的概念。此外，他还指出，故事中的主要人物承担着"传记功能"，次要人物承担着复杂化功能。这些观念内涵是很丰富的，遗憾的是，它们没有发展成为对于叙事的组合关系的系统性研究。

普洛普就是在总结和借鉴上述各种研究的基础上确定了自己的研究方法和建立起自己的分析理论的。《故事形态学》的写作和出版，是民间故事研究进入结构分析阶段的标志。

他在《故事形态学》开篇不久为自己确定的方法是，"根据人物的功能来研究故事。……人物的功能代表了故事的基本成分，我们应首先分离的就是这些功能。……这种确定应该是两种考虑的结果。首先，它不应考虑具体的执行人物。在多数情况下，这种确定将由一个表现动作的名词来定名……再就是，这种动作不能在叙事过程之外来确定。……我们把它理解为是一个人物的动作，这种动作是根据其在情节展开之中的意义来确定的。"[①]普洛普把他的理论概括为四点：1. 故事的固定不变的成分是人物的功能，不管这些人物怎样，也不管这些功能赖以完成的方式如何，因为功能是故事的基本构成成分；2. 传奇故事所包含的功能数目是有限的；3. 功能的续接总是相似的；4. 所有的传奇故事在结构上都属于相同类型。

普洛普从阿法纳西耶夫（Afanassiev A.N.）选编的故事中截取了其中 100 个故事。他对故事文本所进行的首要工作就是划分，即切分成一系列连续的动作。这样做的结果，便是我们已经有所了解的那 31 种功能。为了后面介绍的方便，我们只好在此把它们及其代表符号重写出来：1. 离家出走（β）2. 禁止（γ），3. 违反禁止（δ），4. 询问（ε），5. 提供情况（ζ），6. 欺骗（η），7. 共谋（θ），8. 损害（A）[或缺乏（a）]，9. 调解（B），10. 相反动作的开始（C），11. 出发（↑），12. 提供者的首次功能（D），13. 英雄的反应（E），14. 接受神奇之物（F），15. 在

① 普洛普：《故事形态学》（*Morphologie du conte*, Paris, Editions du Seuil, 1970），p. 29-31.

两个王国之间移动，旅途中有一向导（G），16. 斗争（H），17. 英雄的标志（I），18. 胜利（J），19. 补救缺乏（K），20. 英雄返回（↓），21. 追踪（Pr），22. 救助（Rs），23. 隐姓埋名地出现（O），24. 撒谎意图（L），25. 困难的任务（M），26. 完成任务（N），27. 认出（Q），28. 骗局被揭穿（Ex），29. 改变面貌（T），30. 惩罚（U），31. 结婚（W）。这些功能，因为是按先后顺序接续的，因此便构成了某种线型的句法序列。在此基础上，普洛普又分析了故事中人物的类属情况，他用七种角色概括了各种人物：1. 对立面（侵犯者），2. 提供者，3. 助手，4. 公主或其父亲，5. 委托者，6. 英雄，7. 假英雄。各种角色都有其动作范围，即包含上述一个或几个功能。根据这种分析，普洛普把故事看作是由各种"功能接续"构成的叙事文。

　　对于上述功能，普洛普做过详细的说明。他不把一定数目违反顺序的情况看作是叙事语链的断裂，而是看成部分相反续接的插入。这些功能不一定都出现在一个故事中，但是原则上讲，一种功能会引出另一种功能。这种情况，普洛普解释成为"一种形式被另一种形式同化"①。

　　从结构观点来看，普洛普对于大多数功能的二元特征的揭示具有特殊的重要性：例如，缺乏与对缺乏的补救，禁止与对禁止的违反等。故事中的这种二元特征，后来被人确定为"连对"（couplage）。根据我们在第一章中介绍的索绪尔的观点，他并在"功能""意义""价值"之间做严格的区分，我们说，考虑"功能"已经即是在"语义"的形式方面做研究工作了。

　　普洛普还告诉我们，有两对功能［斗争（H）与胜利（J），困难的任务（M）与解决困难（N）］它们几乎不会在同一个故

---

① 普洛普：《故事形态学》（*Morphologie du conte*, Paris, Editions du Seuil, 1970），p. 81.

事中相遇，而且，它们在功能序列中占据着差不多相同的位置。此外，他还建议用功能 A（损害）或 a（缺乏）的各种变化形式来区分故事类别，因为这种功能是任何故事中不可或缺的。

普洛普根据对各种功能的特点的分析，并且在排除了一些重复成分之后，为我们开列出了故事的总体结构序列：

$$ABC{\uparrow}DEFG \left| \begin{matrix} HJ \\ I \\ MN \end{matrix} \right| K{\downarrow}Pr\text{-}PsOLQExTUW^o$$

"在 20 年代，人们对艺术形式而尤其是民间文学形式具有极大的兴趣，但普洛普是唯一深入地研究了故事的形式直至弄清了其结构的人。"[①]但是，他的研究成果后来一段时间在苏联未得到足够的重视，只是随着结构语言学的发展和《故事形态学》被介绍到欧美之后，才得到了广泛的注意，并且，由普洛普开创的叙事结构的研究也才同时得到了进一步的发展。在这当中，法国学者列维-斯特劳斯和格雷马斯做出了卓越的贡献。

二、列维-斯特劳斯与普洛普

在西方国家里，故事结构与形态的研究到 20 世纪 50 年代才开始。这当中，旅居美国的原莫斯科语言学派的一些语言学家对传播俄国形式主义理论起了重要的作用。法国著名人类学家列维-斯特劳斯就是在其影响之下确定了自己对神话研究的结构主义观点的。

---

① 梅雷坦斯基（Mélétinski E.）：《故事的结构与类型研究》（*L'étude structurale et typologique du conte*），引自《故事形态学》（*Morphologie du conte*, Paris, Editions du Seuil, 1970），p. 202.

我们从列维-斯特劳斯的履历中可以推断，他在 1941 至 1947 年于美国讲学和担任法国驻美国大使馆文化参赞期间对普洛普就已经有所了解。因为在此期间，他较早地结识了原莫斯科语言学派青年学者雅各布森。他们的关系非常密切，经常在一起讨论问题，列维-斯特劳斯的论文《语言学结构与人类学结构分析》（1945）就是在雅各布森创办的《纽约语言学集团杂志》上发表的。至于雅各布森对于列维-斯特劳斯的影响，法国语言学家乔治•穆南做过这样的介绍："他主要是接触雅各布森及其他语言学家，并且，列维-斯特劳斯也极好地吸收了他的思想。"①此外，我们从梅雷坦斯基写的《故事的结构与类型研究》一文的一条注释中了解到，雅各布森在为《俄国民间故事选》的美国版本（1945）所写的评论中，提醒人们注意尼基伏洛夫而尤其是注意普洛普的形态研究价值，特别还要注意这些研究与结构语言学完成的成果在理论上的相似性。因此，我们似乎可以进一步说，列维-斯特劳斯就是首先从雅各布森那里对普洛普有所了解的。

但是，列维-斯特劳斯的结构分析与普洛普的结构分析有很大的不同。列维-斯特劳斯努力把结构语言学的原理用于神话，而且，他把神话看成是一种言语运用现象。他 1945 年用英文写的《神话的结构分析》（《 The Structural Study of Myth 》）一文就具有了明显的科学的特征。

他在这篇文章一开始就提出，神话属于索绪尔的两种范畴：语言和言语。他认为，作为对于过去的叙述，神话在时间里是历时的和不可逆转的，而作为对于现在和将来的解释，它又是共时的和可逆转的。他提出，神话的基本单位是神话素（mythème），神话素是一些在句子层次上可以找出的较大的单

①　穆楠：《符号学导论》（*Introduction à la sémiologie*, Paris, Minuit, 1970），p. 201.

位。他的具体做法就是，把神话文本分成短句，再把它们写到卡片上，这样，一些确定的成分（神话素）就会显示出来。并且，他还告诉我们，神话素具有一种关系特征，即每种神话素都归属于一个特定的主题。这里，我们看到，在确定分析的单位方面，列维-斯特劳斯的做法与普洛普的做法还是有些接近的。

　　然而，普洛普的故事分析，基本上是在表达与内容（按照叶姆斯列夫的划分）这两个层次中的表达层面上进行的，而列维-斯特劳斯的神话分析却是在内容层面上进行的。列维-斯特劳斯认为，神话仅仅是内容的一种形式，从神话的"元语言"方面来讲，其词语是某种人造的自然，因此，把语言学分析的某些原则用于神话分析是无可非议的。话语有两种组合方式，一种是在句法轴上通过线性组合或链式连接进行的，另一种是在聚合轴（亦称选择轴）上通过在同一体系词语中进行的选择来进行。聚合轴是这样一种轴，它包含着在其内部是等值的一些联想关系群体。列维-斯特劳斯认为，神话的构成单位（神话素）不是作为独立的成分存在的，而是作为组合体即作为关系的组合而存在的，这种组合既是历时的，又是共时的，神话分析"必须精确地从有关的关系中找出同时性"[1]。从方法论上讲，这些关系组合体只有在神话的各种变体上下叠写的情况下才会显示出来。这样，对于神话的水平方向的分析，就获得了一种关系"束"，其意义在每种神话变体内部独立于事件的续接。在列维-斯特劳斯看来，水平维度对于阅读神话是必要的，竖直方向对于理解神话是必要的。格雷马斯对于列维-斯特劳斯的这种探索给予了很高的评价，说他的研究"明确地阐述了话语的深层组织结构，但这种结构是潜在地存在于普洛普的表面叙述

---

[1] 列维-斯特劳斯：《生与熟》（*Le cru et le cui*, Paris, Plon, 1964），p. 22.

性的表现之中的"[①]。

正是根据这种方法，列维-斯特劳斯研究了俄狄浦斯神话的不同变化形式。他先找出了 11 个"组合体"，然后又把它们按照关系上下聚合在一起，从而获得了四个"纵列"即四个关系"束"。每一束都说明一个方面的内容，而且构成 I、II 两束观念对立，III、IV 两束观念对立。由此，列维-斯特劳斯获得了过去意想不到的结论：俄狄浦斯神话的一般思想是，不承认人是由男人与女人所生，即一个是由两个所生这种事实。足见，这种分析无疑是对线型分析的深化。这种分析方法极好地帮助了他理解美洲印第安人的神话，并且，他认定，神话解决了生与死的二难推理，是克服二律背反的一种逻辑手段。据此，他把神话思维确定为一种从确立两个矛盾的项逐渐走向中介调解的过程。在他看来，中介调解过程，与神话人物或故事人物，尤其是与一些恶作剧人物的作用分不开，于是他建议用一种调解过程模式来解释神话的结构：

$$\frac{Fx(a)}{Fy(b)} \cong \frac{Fx(b)}{Fa\text{-}l(y)}$$

其中，a 和 b 是两个项，a 项与一种纯粹的负功能（Fx）有关，b 项与一种正功能（Fy）有关，但它也可以具有负功能（Fx），于是，它就变成了 Fx 和 Fy 的中介调解者。公式的前后两部分代表了两种情境，它们具有某种近似的等值性，但在功能价值和两个项方面却是颠倒的。

---

① 库尔泰斯：《叙述与话语符号学》（*Sémiotique narrative et discursive*, Hachette, 1976），p. 6.

应该指出，列维-斯特劳斯关于神话及故事结构的分析理论，是与其深刻的美学思想一致的。在美学领域中，列维-斯特劳斯以其对于科学、神话和艺术之间关系的精辟论断而为人称道。他认为，科学以其理论的结构来制造事件，神话则根据事件来制造结构，而艺术作为借助于符号的一种认识是处于科学与神话之间的。不过，"艺术更可以说是把结构的秩序与事件的秩序汇合起来"①。在论述艺术与神话的关系和艺术类型起源上，他说："文学是寓言的后继者"②。列维-斯特劳斯的寓言观，基本上是一种减弱的即松弛的神话结构，他的这一思想在后来的《神话学》第三部《宴席方式的起源》中又得到了阐发，他认为小说是从神话的疲惫中产生的。我们似乎可以这样说，列维-斯特劳斯从结构分析方面进一步证实了小说产生于神话。正是基于这种考虑，他认为，结构分析亦可以应用于一般文学作品。尽管他在这方面的实践不多，但我们从他与雅各布森于1960年写作的开创性的《波德莱尔的〈猫〉的分析》一文中，已经看出了这种探索的有效性。他在这篇文章的开头的话中就写道："也许，有人对一种人类学杂志发表论述19世纪的一首法国诗的研究感到惊异。然而，解释是简单的：一位语言学家和一位人种志学家之所以认为应该联合起来尽力搞懂波德莱尔的一首十四行诗的构成，乃是因为他们各自都遇到了一些可以互补的问题。在诗歌作品中，语言学家区分结构，而这些结构与神话分析揭示给人种志学家的结构是那样相似。在人种志学家一侧，他不能不了解，神话甚至不完全在于概念的排列，它们还是艺术作品，它们在听神话的人身上（也在记录它们的人

---

① 列维-斯特劳斯：《结构与形式，关于普洛普的一部作品的思考》(《La structure et la forme, réflexions sur un ouvrage de Vladimir Propp》)，见于《应用经济科学学院学报》(Cahier de l'Institut de science économique appliquée, Série M., n°7, mars 1960)，p. 37.
② 列维-斯特劳斯：《结构与形式，关于普洛普的一部作品的思考》(同上)，p. 37.

种志学家身上）激起深刻的审美感受。那么，这两个问题难道不可以说是一个问题吗？"①需要指出的一点是，他们在分析波德莱尔的《猫》时采用的是仅在线型的句法排列中寻找聚合项的作法，这与列维－斯特劳斯分析神话时从同一种神话的不同变体之中寻找聚合项的作法有所不同。他们的理论根据就是雅各布森提出的诗学理论，"诗学功能在于把选择轴的等值原则投射到组合轴上。"②这是因为"每一种单独考虑的诗学作品，都在自身包含着其变异"，而对于神话来讲，其变异系统"由对于同一种神话的多种解释来提供"③。

有意思的是，列维-斯特劳斯与普洛普有过一场笔墨官司。列维-斯特劳斯在他的《结果与形式，关于普洛普的一部作品的思考》一文中肯定了普洛普的研究成果，但同时也对他提出了几点批评。他主要批评普洛普忽视人种志的关系域以及尽力把所有的故事简化为一种的做法，普洛普后来在《故事形态学》的意大利文版（1966）的后跋中回答了列维-斯特劳斯的批评。他解释说，《故事形态学》是他对于传奇故事所进行的比较研究和历史研究的第一部分，却又是整体中不可缺少的一部分，英译本（1958）中缺乏一种统一的术语，而且存在着疏漏与错误，这些都不知不觉地损害了对某些观点的正确解释。作为第三者的苏联学者梅雷坦斯基则认为，他们之间的看法不同主要是由于他们各自侧重的研究对象和做法不同所致，此外，普洛普在其后来的《传奇故事的历史起源》（1946）一书中对人种志关系域给予了充分注意，而这本书，列维-斯特劳斯并不了解。至于

---

① 德尔克鲁瓦（M. Delcroix）和热尔（W. Geerts）编选：《波德莱尔的〈猫〉论文集》（*Les Chats de Baudelaire. Une confrontation de méthodess*, Paris, PUF, 1980），p. 19.
② 雅各布森：《普通语言学论集 I》（*Essais de linguistique générale*, tome 1, Éditions de Minuit, 1963），p. 220.
③ 德尔克鲁瓦（M. Delcroix）和热尔（W. Geerts）编选：《波德莱尔的〈猫〉论文集》（*Les Chats de Baudelaire. Une confrontation de méthodess*, Paris, PUF, 1980），p. 19.

普洛普尽力把故事都简化为一种的做法，乃是他达到其确定目标的必要条件，因为他在《故事形态学》中规定给自已的任务就是确定故事的特征性，描写并解释其一致的结构。笔者认为，列维-斯特劳斯对于普洛普的批评是结构观念深化的反应，他们两人作法的不同正体现了结构分析的重大改变：列维-斯特劳斯的努力当之无愧地代表了结构分析的第二个阶段，即深层结构分析的阶段。

三、格雷马斯的贡献

格雷马斯在叙事结构理论的建设方面，贡献是多方面的。概括地说，似乎可以归为两个方面：首先是他批判和完善了普洛普和列维-斯特劳斯的理论和方法，其次是他为发展叙事结构所做出的特殊努力及获得的成果。当然，这两个方面是密切关联的和难以截然分开的。

格雷马斯是根据《故事形态学》英译本对普洛普有所了解的。因此，他对普洛普的研究先于他同时代的其他法国学者。其研究成果主要集中在《结构语义学》（*Sémantique structurale*, 1966）和《论意义 I》（*Du sens I*, 1970）等论著中。他对普洛普有过中肯的批评，这些批评最后概括在他为库尔泰斯《叙述与话语符号学》一书所写的序中。他说："并不贬低普洛普发现的重要性，但必须说，他的分析结果的介绍方式缺乏严格性，并具有明显的不足。"我们似乎可以对此做两方面概括。一是普洛普提出的各种功能的表达方式使人感到困惑："要是'英雄的出发'被认为是与一种活动方式对应的一种'功能'，那么，'缺乏'则远非表现一种动作，它更可以说是一种状态，而不能被认为是一种功能。"为纠正这一情况，格雷马斯提出以动词来定名功能名称。这种改动，不是方法上的简单变化，而是对功能观念的进一步界定。二是他认为普洛普对自己的功能表的规则性缺乏进一步的认识:"我们已经看到,对于被表达为叙事陈述的普洛普的'功能',只需进行简单的规范化,就可以使我们在按照普洛普的观点构成的故事的'续接'内部看出一定数目的规则性来。"首先,他认为,从普洛普的功能表中还可以找出一出一定数目的远距离的功能"连对",例如"出发"与"返回","缺乏"与"消除缺乏"等。这些连对,实际上是一种聚合方式,它们在文本中也起着组织叙事的作用。在组合关系的功能之间建立聚合关系,也就是说把普洛普的原则与列维-斯特劳斯的原则结合起来,这一直是格雷马斯的着眼点。其次,他认为普洛普的功能表还揭示了叙事文中比陈述更大的句法单位即考验的复现特征,他为此区分出了双重复现(失败的考验之后紧跟着成功的考验)和三重复现(品质考验、决定性考验与荣誉考验相续)。这些复现,实际上也是一些句法关系,也可以起到组织叙事的作用。基于以上的考虑,格雷马斯对普洛普的功能表做了较大的改造,使之从 31 个压缩到 20 个,对普洛普总结的故事总体结构序列做了转换,他把普洛普确立的七个人物角色,改为有六个行为者的"神话行为模式"。

格雷马斯高度评价列维-斯特劳斯的研究成果:"列维-斯特劳斯是第一位提醒研究者注意掩盖着普洛普式的叙事句法展开的聚合关系投射的存在和强调必须对'功能'加以连对的人。"[①]实际上,他在对普洛普功能表的批评意见中,就已经包含着列维-斯特劳斯对他的启发了。不仅如此,他在最初进行的神话研究中,所使用的方法甚至仅仅是列维-斯特劳斯的方法。当然,他也不认为列维-斯特劳斯的方法就没有什么再可以改进的了。

---

① 库尔泰斯:《叙述与话语符号学》(*Sémiotique narrative et discursive*, Paris, Hachette, 1976),p. 8.

我们从他的一些分析文章中看到，他有时也还在用普洛普的方法来补充列维-斯特劳斯的方法。除此之外，他把列维-斯劳斯的调解过程模式简化为 A/非 A≌B/非 B，这也是他对列维-斯特劳斯的分析方法的一种完善。

格雷马斯并不满足于对普洛普和列维-斯特劳斯的研究成果进行修正和完善，他的主要目的在于"理解叙事作品在总体上的组织原则"。格雷马斯终生都在做着名为"叙述语法"的研究，这里，我们重点介绍他所做三个方面的努力。

首先，是他对叙事单位的研究。

为了确定这种单位，他先是确定了状态主体和作为主体。状态主体是价值对象的占有者（这种对象与主体具有"合取"与"析取"之特点；作为主体即动作主体，它主导和改变着状态主体。一般说来，主体在多数情况下处于占有或失去价值对象的状态，格雷马斯把文本中对这种情况的描写称为状态陈述，与此对应的则是作为陈述，它是由作为主体在状态之间带来的转换。作为陈述主导并改变着状态陈述。格雷马斯认为，由于作为陈述并不实际表现为一种行为，而是表达阐述作为的一种句法组织，因此，最好把它定名为"叙述程式"（programme narratif，代表符号为 PN）。"叙述程式是表层叙事句法的基本组合单位。"[1]"叙述程式是这样一些单位，它们属于可适用于所有话语的一种行为句法；它们表述叙事总体各个分段的组织情况。"[2]其表达公式如下：

$$PN = F[S_1 \rightarrow (S_2 \cap Ov)]$$

---

① 格雷马斯、库尔泰斯合著：《符号学，言语活动理论的系统思考词典》（*Sémiotique, dictionnaire raisonné de la théorie du langage*, Hachette Livre, 1993），p. 207.
② 库尔泰斯：《叙述与话语符号学》（*Sémiotique narrative et discursive*, Paris, Hachette, 1976），p. 15.

$$PN = F[S_1 \rightarrow (S_2 \cup Ov)]$$

其中，F 代表功能，S_1 代表行为主体，S_2 代表状态主体，Ov 代表价值对象，[ ]代表作为陈述，（）代表状态陈述，→代表作为效果，∩代表合取，∪代表析取。第一式表示作为主体使状态主体与价值对象合取的陈述，第二式表示行为主

体使状态主体与价值对象析取的陈述。

叙述程式是一些简单的单位，他们可以通过本身增加倍数（例如《三顾茅庐》就是"为求贤而寻找贤士"这一叙述程式的三次重复），增加价值对象的聚合情况（例如战斗中的不断夺取各种目标）等方式来进行扩展，从而具有形式上的复杂性，其变化的结果，便是叙事文本情节上的曲折跌宕。我们看到，格雷马斯的这种叙事单位，比之于普洛普的"功能"和列维-斯特劳斯的"神话素"更具有动态的性质。这种确定，为他进行行为模态的研究创造了条件。

接着，我们来谈一谈他在行为模式（modèle actantiel）和行为模态上的研究成果。行为模式，即上面提到的"神话行为模式"，它是在修订了普洛普的七种人物角色并参照法国美学家 E，苏里约的六种戏剧角色之后制订的：

这一模式，其用途远远超出了神话范畴。他后来也说过："尤其是带六个行为者的行为模式获得了某种成功，它常被人使

用，人们几乎把它当作文本的一致的组织形式。"[①]行为模式是怎样建立起来的呢？它是"依据行为者的聚合结构建立起来的"[②]。我们举例来说明这一点。比如："皮埃尔收到他叔叔安德烈一封信"和"安德烈寄给他侄子皮埃尔一封信"。这两个句子中皮埃尔的作用虽然不同，但地位是一样的，即他处于"接收者"的地位；同样安德烈在两个句子中的作用也是不同的，但地位也没有变，他是"发送者"；而信件，则在两个句子中一直是他们之间的"对象"。这种固定的地位就是它们的聚合依据，而不同的作用则是聚合项。从这里我们看到，格雷马斯的行为者是大于普洛普的人物和人物角色的。这里的"发送者"可以包括普洛普确定的"委派者"和"公主的父亲"两个角色，"助手"可以包括"神秘的助手"和"提供者"，"接收者"与"英雄"难以区分，而"英雄"又被认为是"主体"，"对象"则是"公主"了。此外，更为重要的一点是，格雷马斯为这行为者中的三个连对确定了行为模态。他认为，与发送者和接收者对应的是"懂得"的行为模态，与助手和对手对应的是"能够"的行为模态，与主体和对象对应的是"想要"的行为模态。

那么，什么是"行为模态"呢？格雷马斯把它确定为"可以改变一陈述的谓语的东西"[③]。经过详细的论证，格雷马斯把人的所有行为归纳为四种模态价值："想要""应该""能够"和"懂得"，并且，他根据索绪尔的语言学理论，又使这些模态价值与不同的存在层次结合。这些层次包括"潜在中的存在""现时中的存在"和"实现中的存在"。这样，便得到了下表：

---

① 《法语杂志》（*Le Français*, N°61, 1984），p. 123.
② 格雷马斯：《结构语义学》（*Sémantique structurale*, Paris, Larousse, 1966），p. 189.
③ 格雷马斯、库尔泰斯合著：《符号学，言语活动理论的系统思考词典》（*Sémiotique, dictionnaire raisonné de la théorie du langage*, Hachette Livre, 1993），p. 230.

行为模态	潜在中的	现时中的	实现中的
外趋划分	应该	能够	进行
内趋划分	想要	懂得	存在

　　其中，外在划分表明一种转让关系，它能够连接具有不同主体的陈述；内在划分表明简单的行为模态，它能够连接相似的或混合的主体。但是，由于"想要"与"应该""很接近的"[①]，因此，一般的行为模态就表现为"想要""能够"、"懂得"与"进行"和"存在"之间的关系。由此看来，格雷马斯为行为模态中的三个行为者连对确定的行为模态就可以算是全面的了。这样，行为模态常被人用于一切叙事文本，也就不足为怪了。

　　最后，我们介绍一下他为理解叙事作品的总体结构而建立的符号学矩阵，它是对行为模态分析的一种有力的补充。这种矩阵，近年来被人誉为"在人文科学中唯一站得信脚的模式"[②]。

　　格雷马斯把符号学矩阵定义为"某种语义范畴可见的逻辑连接表现方式"[③]。这种方式是意指的最基本的结构，因此也被称为意指的"构成模式"。格雷马斯是根据语言学界在两次世界大战之间发现二项对立关系概念进行研究的。当时，人们已经建立起来的两种二项对立关系是 A/A（出现与不出现）和 A/非-A（不同形式的两种出现），这两种对立关系为人们进行关系类型学研究奠定了基础。

　　那么，如何来建立一种符号学矩阵呢？格雷马斯的实践告诉我们：

　　1. 首先要在一篇文本中确立一种语义轴 S，这样，这种轴必

---

　　① 库尔泰斯：《叙述与话语符号学》（*Sémiotique narrative et discursive*，Hachette，1976），p. 75.
　　②《法语杂志》（*Le Français*，N°61，1984），p. 124.
　　③ 格雷马斯、库尔泰斯合著：《符号学，言语活动理论的系统思考词典》（*Sémiotique, dictionnaire raisonné de la théorie du langage*，Hachette Livre, 1993），p. 29.

然与-S 相对立。-S 被看作是绝对的没有意义，并且与 S 相矛盾。

2. 找出语义轴 S 在内容表现层次上的两个相反的义素，这样，S 轴就可以写 $S_1 \leftarrow \cdots\cdots \rightarrow S_2$。

3. 由于 S 与-S 对立，那么，S_1 和 S_2 的对立项便是-S_1 和-S_2 以此，我们就可以得到包括四个项的符号学矩阵：

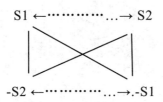

这四个项可以有下列三种关系：

S_1 和 S_2：相反项之间的对比关系；

S_1 和-S_1，S_1 和-S_2：矛盾项之间的矛盾关系；

S_1 和-S_2，S_2 和-S_1：连带关系（或互补关系）

比如，有一"指令"语义轴，既然是指令性的东西，那它必然包括对某些东西的规定，也会包括对某些东西的禁止。"指令"轴的负的方面便是"随意"，于是，便获得一种符号学矩阵：

此外，由于任何符号学系统都是一种等级关系，因此，符号学矩阵各项之间还可以建立更高层次的关系。这一点，我们从格雷码斯为存在模态确定的"诚信模态过程"（modalisation véridictoire）就可以清楚地了解到。"诚信模态过程"是对于"懂得"模态的一种深入研究。不过，它不是对于"懂得进行"的研究，而是对于"懂得存在"的研究。格雷马斯告诉我们："真实与失望的关系（这种关系在口头文学和其他方面应用很广），依靠一种语法范畴，即存在对于显现的语法范畴（我们知道，这种范畴构成了系词命题的第一种语义连接）。"①根据这种基本的二分法，格雷码斯获得了下面的矩阵：

这个矩阵的"存在""显现""不存在""不显现"四项是第一层；"存在"与"显现"之间的结合与分离可以获得四种状态，即"真实""谎言""秘密"和"虚假"，这便是第二层；有人还设想有第三层的存在，不过，至今尚无明确的研究结果。在 1986年出版的《符号学，言语活动理论的系统思考词典》第二卷中，主编者将其中的"谎言"改为"幻觉"，从而使得这一矩阵可以适应更达范围的"诚信"分析。

从对叙事结构研究的实际情况来看，人们至今进行的大量工作还不是在"懂得进行"的模态方面，而是在"懂得存在"的方式方面，因此，"诚信状况模态"矩阵，就成了经常被采用

① 格雷马斯：《论意义 I》（*De sens I*, Paris, Seuil, 1980），p. 192.

的符号学矩阵了。这个矩阵的第一层各项可以根据叙事文本的具体情况而改变内容，但第二层的状态不会改变。

在笔者看来，这种分析委实有其新颖独到之特点，其关键在于语义轴选译的正确和 S_1 与 S_2 两项的语义确定的恰当。

不难看出，采用符号学矩阵，可以深化叙事结构分析，其所带来的结果，便是语义上的丰富。至此，我们似乎可以说，格雷马斯的努力又使叙事结构分析进入了第三个阶段，即确定行为模态和进行符号学矩阵分析的阶段。

格雷马斯从 80 年代末又开始了对于"激情符号学"的研究，他和他的学生丰塔尼耶合著的《激情符号学》（*Sémiotique des passions*，1991）是这一研究的重大成果，并进一步推动了叙事结构研究的深入和丰富了这一理论的内容。

对于叙事结构理论，我们似乎可以做如下概括：这种理论的探讨始终不脱离"语义"这个中心，其最后的成果便是自 80 年代末开始出现和逐渐形成的"话语符号学"。话语符号学。以建立普通符号学为宗旨，以研究话语（包括话语之间）的语义（或意指）结构方式为对象，它是法国主流符号学研究集大成者。关于话语符号学研究所包含的内容，法国几位重要的符号学家在这方面都做出了自己的尝试和概括。库尔泰斯的《话语的符号学分析》（*Analyse sémiotique du discours*，1991），应该说是这种综合研究的第一本专著，书中，首先阐明"话语"是一种言语活动的产物，接着介绍了话语语义的"叙述形式"（其中包括表层叙述结构、深层结构）、叙述形式与语义形式（包括宏观与微观语义层、语义句法和语义投入）、陈述活动形式与陈述（句子）形式。丰塔尼耶的《话语符号学》（*Sémiotique du disxours*，2000）是一部有关"意指"理论的硕士与博士教材，更是一项综合研究成果，其中包括：符号与意指、基本结构研究（含有符号学矩阵)、张力结构、话语范围、行为者、情节-激情-认知、陈述活动几大方面。还有，贝特朗（Bertrand D.）的《文学符号学概论》（*Précis de sémiotique littéraire*, 2000）也是关于文学话语的专题研究成果，书中主要介绍了话语与陈述活动、形象性、叙述性、情感性即个方面。笔者注意到，赵毅衡先生在其 2013 年出版的《广义叙述学》一书中也谈及了格雷马斯的"模态理论"和"符号学矩阵"，这说明"话语符号学"与"叙述学"在涉及"语义逻辑"这一点上有其共通之处（当然应用方式可以有所不同），但是它们还是有许多方面是不同的。不过，笔者认为，它们都属于普通符号学这一大的范畴，而且，在有关话语的符号学分析同时包括"词语表现"的结构分析和"语义"的结构分析的情况下，普通符号学的地位也就更加确立了。

第三节　人物的符号学探讨

作品中人物的问题，是现代诗学中频繁涉及的问题。围绕着"人物"这一概念，传统的修辞学看重肖像描写和主人公业绩的描述，心理学文论看重人物的心理模式，关心故事情节的人则侧重于了解某个人物到底是个什么人，而精神分析学文论则主要通过人物来研究写作的主体。当代以阐明文本叙事结构为主要特征的俄国形式主义和法国结构主义，对于作为叙述结构重要内容的人物更是十分关切，在这方面，普洛普的《故事形态学》一书和列维-斯特劳斯的《内容与形式》一文已成为经典著作。那么，近些年来，在这两种不同文论基础上发展起来的从更广泛意义上探索文学文本意指系统的文学符号学，又是如何看待人物的呢？关于人物的符号学探索都研究了哪些问题呢？本文试图就此做些介绍。

一、人物的符号学概念

对人物进行符号学探讨，首先是把人物当作一种符号，一种进入作为传播活的和类似由语言学符号构成的讯息中的符号，也就是说，从信息传播的角度来看待人物这一对象。这样，人物便自然被看成讯息构成的一种"词汇"单位。既然是"词汇"，那么它就符合"义素分析"的规则。

从符号学角度看，作品中的人物：

1. 不单单是一个"文学的"概念。人物在文本中，总的来说具有两种意义：1）在文本的叙述中所起的一种特殊"单位"的作用，即人物的"字面意义"（littéralité），它是叙述的一个组成部分；2）它的"文学性"（littérarité）意义，这是一种文化的和审美意义。人物符号学更看重前一种意义。

2. 不一定具有人的形体。凡是构成叙事文发展变化过程中的单位的，都可被视之为人物，寓言中的花、草、动物，科普读物中的病菌等，都是人物。

3. 不只与一种符号学系统（尤其是语言学符号系统）有关。戏剧、电影、连环画等，都有自己的人物，而这些系统却不是语言学符号系统所能包括得了的。

4. 并不是给定的，而是读者在阅读过程中逐渐建立起来的。

像对待任何现象的符号学研究一样，人物的符号学探讨，必须遵从以下几项原则：

1. 人物必须进入一种带有人的意愿并能传递的传播过程之中，独立于传播过程的人物是无法分析的。这就是说，人物是作品创作者动机的产物，而且，通过必要的分析，从反向推论可以发现这种动机。

2. 人物必须具有一定数量的符号区分单位，即人物所特有的一种词汇。

3. 人物的聚集和结合方式必须遵循一定的规律，即一种"句法"。

4. 讯息具有无限性和复杂性，而人物的符号学探讨，则不考虑进入传播过程中的人物具有这种无限性和复杂性，否则，便无法确定。

为了满足这些条件，人物符号学必须制订自己的单位，必须有自己的编码，也称"语法"。但由于在文学文本中，编码与讯息是偶合的（它不像莫尔斯电报系统那样，需具备密码本才能了解讯息的内容），因此，关于人物的符号学探讨就有着一定的困难。然而，经过人们的努力，人物的符号学分析不仅是可能的，而且也初步有了自己的模式。符号学家们一般把人物符号分为三种：指称符号、标示符号和照应符号。为了分析的方便，人物的符号学探讨也把人物分成三种：

1. 指称性人物：历史人物（如拿破仑）、神话人物（维纳斯、宙斯）、社会人物（工人、骑士）都属于这一类。这类人物，带有直接指称的特征，具有在某一文化中得以确定的完整而固定的意思。对于这类人物的理解，取决于读者对于这种文化的了解程度。

2. 标示性人物：这类人物是作者、读者或其代表在文本中出现的标志，如"代言者"人物、古代悲剧中的唱诗班、进入故事之中的叙事者和作者，大侦探福尔摩斯的助手华生医生，作品中以画家身份出现的人物，以作家身份出现的人物，以饶舌者身份出现的人物等。一般来说，这类人物的言行并不完全说明他们自己，而是带有外延性特点。由于传播活动的多样性，对于这类人物的意义的直接解码是困难的。

3. 照应性物。这类人物符号依靠作品所特有的系统。它们在叙述中借助等值重复、替代和前后照应方式编织成提醒人和使人回忆某些片断的一种网络，从而增强了文本的内聚性。作品中的预言家、记忆力极好的人，都是这类人物。文本中先兆性的梦境、预言、回忆、密谈场面，电影中倒叙往事的镜头等，都是这类人物的特征和形象。通过这类人物，作品形成前后照应的整体。

有两点需要说明：1）一个人物可以同时属于这三种类型，也可交替地属于其中一种，由于人物在语境中所具有的多功能性而决定了其特征是多方面的；2）在文学作品中，显然是第三种人物使研究者更感兴趣，而且，关于人物的符号学探讨的一般理论，至今仍建立在等值重复、替代和照应这三种概念的基础上。

二、人物符号的能指与所指

人物作为符号，是能指与所指的结合体。能指，即其表现部分；所指，即其内容部分。

就能指而言，与语言符号不同，人物的能指不是一次性给定的，而是断续出现的。它表现为一组分散的标志，其一般特征在很大程度上由作者的审美选择来确定。我们以用第三人称写出的文学文本为例，来说明一下人物符号的能指的特点。在这种文本中，人物能指的标志集中于专有名词（即人物的姓名）的使用方面，它表现为这种名词的重复程度、表达的丰富性和被采用时由作者赋予的动机程度。专有名词的稳定复现，确保了信息的固定性，是文本内聚性和可理解性的基本因素。如果一个人物在一个文本中经常改变其姓名的话（如经常采用化名），无疑会增加理解文本的困难。但是，现代一些文学文本却有意打破这种稳定性，爱尔兰作家贝克特（Samuel Beckett）和法国阿兰·罗伯-格里耶（Alain Robbe-Grillet）的作品中，就常有同一人物具有不同姓名、不同人物却有着相同姓名、同一人物先是男后是女等情况。

人物能指标志表达的丰富性，主要表现为对于同一人物的不同称谓方面，它体现了语言学上的同构和词汇上的异质。例如：他/朱立叶/我们的英雄/年轻人，这些不同的表达方式都指同一个人物，但使用的词汇却不同。从这一点我们可以联想到，人物能指的标志实际上是一种等值聚合关系项，它可以包括最经济的标志（卡夫卡作品中单独出现的字母 K，18 世纪西方文学作品中的 P 公爵、N 夫人）和最费精力的标志（例如人物的肖像描写）。

判断人物能指标志的动机性对于理解作品是很有意义的。在多数情况下，人物名称的选定都带有创作者的动机。左拉在写作《卢贡—玛卡尔家族》时曾开列过好几个人物姓名名单，曾多次试用过一些谐音、节奏、元音群和辅音群，足见他用心良苦。在西方文学中，赋予人物能指以动机性标志的方式有以下几种：1）视觉方式，即在选定一个人物的姓名时，以加入字母"O"来指胖人，以加入字母"I"来指瘦人；2）听觉方式，即采用拟声词；3）词形变换，即采用一些可见的派生方式来建立专有名词，读者可以从中辨认出一些具有确定意义的成分；4）与其他人物的能指标志对比来确定与之对立的一个人物姓名。例如左拉《莫雷教士的过失》中，纯洁的少女叫阿尔比娜（Albine，该词本身就是"洁白的一种东西"），但与之对立的人物却是穿黑袍的教士塞尔日（Serge，该词原意为"哔叽布"）；当然，为了增强作品的感染力，也可以反用这种方式，例如莫泊桑《两个朋友》中的星期日钓鱼人，作为友谊的化身叫作索瓦热（Sauvage，原意为"野蛮人"），另一位叫阿尔比娜（Albine），却是个心灵阴暗的人物。

人物符号的所指，即其内容（或称"语义"）部分，是人物分析的重要方面。既然人物的能指表现为断续的标志，那么，其所指便是一种断续的词素。作为词素，它也就构成了意指系统的一种单位。其实，人们常说的人物，也主要是指人物符号的所指部分和它构成意指系统的一种单位的作用。在这方面，自俄国形式主义文论以来已有不少论述。威莱克（Wellek R.）早已说过："小说人物，仅仅根据意义单位而产生，是由他或关于他所发出的一些句子来构成的"①。苏联符号学家洛特曼（Lotman Y. M.，1922-1993）称"人物是区别特征和个别特征的汇合"，"性格是一种聚合关系项"②。在法国符号学家格雷马斯看来，"角色是一些词汇单位，它借助句法关系组成单义的陈述"③。但是，人物的语义性质，不是先验地给定的一种稳定的"已知"，而是一种逐渐进行的建构活动，"它是一种空的形式，是由各种谓语（动词和表语）来充实的"④。因此，人物符号的所指，一直就是文本中的语义关系与读者进行的记忆活动的一种合作的结果。文本中的语义关系，就是文本中出现的语境，从理论上讲，这种语境可以帮助读者在多种可能的意指中选定其中一种。

人物的语义确定，在文学文本中常出现两种情况：1）依靠历史和文化背景；2）依靠意指的累加。

---

① 威莱克、沃伦（Warren A.）合著：《文艺理论》（*Théorie littéraire*, Paris, Éditions du Seuil, 1971），p. 208.

② 洛特曼：《艺术文本的结构》（*Structures de textes artistiques*, Paris, Gallimard, 1973），p. 346，349.

③ 格雷马斯：《论意义 I》（*Du sens I*, Paris, Seuil, 1970），p. 188-189.

④ 托多罗夫：《散文诗学》（*Poétique de la prose*, Paris, Seuil, 1971），p. 28.

　　第一种情况，指历史人物或神话人物在作品中的出现。这种出现，常采用回想和幻觉的照应形式，从而使其作用变成可预见性的。在这一方面，我们还会看到一些其他方式。例如，把一历史人物的姓名稍加改造（换掉其一二个音素），有助于指出人物的命运。这些方式都进入作品的内在关系系统中，对它们的解读，

　　组成"混合姓名"，这种姓名既具有现实的指称作用（指作品中具体的某个人），又能使读者结合这一姓名赖以产生的某一历史人物的命运来预测采用这一姓名的人物的命运。再就是，在文本中把人物的能指置于特定的地理环境专有名词之中（巴黎、纽约、香港，唐人街），一方面可以避免不必要的赘述，另一方面也有助于指出人物的命运。这些方式都进入作品的内在关系系统之中，对它们的解读，都要求读者具有一定的文化素养。

　　大量的文学作品则属于第二种情况，即其人物的姓名都是非历史的专有名词。这种情况的特点，是在文本开始时向文本引入一种"语义空白"，例如左拉的《小酒店》中，开篇第一行就出现了朗蒂埃这个人物，人们并不知道他到底是何许人。这种"空白的"符号通过一系列的肖像描写、社会职务的介绍，尤其是通过与其他人物的相似性比较和区别性比较，才具有语义。这种过程就是意指的累加过程。一般说来，最初是"空白的词素"（即人物），只有在文本最后一页也就是在其充当叙述支柱和行为转换支柱结束之后，才充实起来。

　　那么，如何分析人物的相似性与区别性呢？按照托多罗夫的主张，"最好把每个意象分析成区别性特征，把这些特征与同一叙事文其他人物的区别性特征建立关系。于是，便可获得数目不多的对立轴线，其各种结合方式将把这些特征重新组成人

物的有代表性的方面"①。例如，我们选定一个文本的恰当轴
线是"性别""地理起源""意识形态""钱财状况"等，文中的
所有人物均据此加以比较，于是，便可粗略地看出哪几个人物
可以算是"同类人物"，哪几个人物可以算是"对立人物"。单
单这样还不够，人们还能通过建立功能图表来加以补充。所谓
功能，就是人物在叙事过程中承担的各种动作。我们从下表中
大致可以看出这种分析的情况。

功能\\人物	接收一助手	发出指令	同意一契约	接收一信息	接收一财富	胜利的斗争
1	+	+	+	+	+	+
2	+	+	+	+	+	+
3	+	+	+	+	−	−
4	+	−	−	−	−	−
5	+	−	−	−	+	−
6	+	−	−	+	+	+
N……						

　　从表中可以看出，人物 1、2、3 比人物 5 活动能力要强。
这样的分析有助于我们分出哪些是主要人物，哪些是次要人物。
　　在补充功能分析之后，还可能有些人物难以分开，有些甚
至似乎具有完全相同的语义。这时，可从以下几个方面做进一
步的分析：1）把上面提到的轴线一一再分成"次级逻辑束"，
例如"意识形态"还可分成"进步人士"和"反动人士"；2）
人物具有某种品质的程度；3）对人物介绍的频率；4）人物的
品质是由人物直接表现出来的还是间接地由旁人介绍的；5）人
物的"所是"与其"所为"是否一致等。

---

　　① 托多罗夫：《散文诗学》（*Poétique de lu prosa*, Paris, Seuil, 1971），p. 15.

法国文艺理论家菲力普·哈蒙（Philippe Hamon）对于人物的语义分析做了如下总结，对我们从整体上把握这种方法是有益的：

1）找出恰当的语义轴线以及这些轴线内部的恰当的特征；

2）根据叙述"效率"（品质或功能）来为这些轴线和特征分类；

3）研究这些恰当的轴线和特征是怎样在文本发展中得以多方确定和出现变化的；

4）研究哪些特征是叙事文内部正在形成和不断重复的不变特征。

三、人物的描写层次

把人物看作符号，那么，它就具有两方面特点：1）它是被构成的，即它还包含不同成分；2）它还是构成性的，即它可以作为更大单位的构成成分。这样，人物的"描写层次"问题也就提出来了。"描写层次"是符号学的基础概念。一般说来，任何一个符号除了与同一层次的单位建立关系，还与其高一层次和低一层次的单位建立关系。高层次单位更为抽象、更为"深在"，低层次单位就是符号的各种区别特征。人物符号的描写，也有三个层次。实际上，我们前面已经接触到了它的同一层次描写（利用语义轴线描写不同的人物）和低层次描写（语义轴线中的各种区别特征）。从总的方面来看，人物主要是靠与其高层次单位的关系来确定。这种高层次就是"行为者"层，它是人物描写的主要层次，同样具有抽象和深在的特点。

行为者，即完成或承受行为的"人"，它可以是一组角色（或一组"人物"），它由一组固定的功能和特殊的品质及其在叙事过程中的分配所确定。我们来看下面这个句子：

皮埃尔和保罗给玛丽一个苹果

句中有三个行为者：一个发送者（皮埃尔和保罗）、一个对象（苹果）和一个接收者（玛丽）。但句中有四个角色（或四个"人物"）：皮埃尔、保罗、苹果、玛丽。由此可见，一个语序中的行为者是相对稳定的一种结构，是大于角色（人物）的一种单位。它不要求角色非具备人的形体不可（苹果与人一样），不受角色数目的限制（一行为者可以包括一个甚至数个角色），不受语序倒置的影响（把句子变成"玛丽从皮埃尔和保罗那里接过一个苹果"也并不改变各个行为者的作用），句式转换对其无妨（被动态句："一个苹果被皮埃尔和保罗拿给了玛丽"），夸张或强调手段也与之关系不大（"是玛丽，是的，是她从皮埃尔和保罗那里接过了一个苹果"）。作为叙事文"语义骨架"的行为者，与角色有以下几种关系：对等关系（一个行为者对立于一个角色：苹果），减变关系（两个角色［皮埃尔和保罗］来承担一个行为者［发送者］）和同时混合关系（一个角色对立于几个行为者：普洛普分析的俄国民间故事中，一个主人公［角色］同时是他所进行的动作的接收者和受益者）。

自 20 世纪初以来，不少学者为建立叙事文的行为者模式付出了心血。苏里约（Etienne Souriau）的行为者模式包括六个行为者（或行为单位）：狮子星座（主导力量），太阳（代表所希求的利益），地球（利益的持有者），火星（对立面），天秤星（裁判，利益的分配者），月亮（上述"上物"中一种"人物"的助手）。我们在前面介绍过，普洛普的类型人物（即行为者）七个。格雷马斯的行为者模式是：主体——对象，发送者——接收者，助手——对手。这些模式虽然是依据不同的语言材料（戏剧、民间故事、句法关系）得出的，但它们何其相似！无疑，他们都在试图建立叙事文的一种类型学。需要说明一点的是，这种类型学是为了在宏观上掌握叙事文的整体而建立的，至于各模式在具体的叙事文中出现的情况，却是千变万化的。

对于叙事文的人物分析，应尽力去建立其行为者模式，因为正是行为者之间的关系组织了每一种叙述语序。那么，如何确定一篇或一组叙事文（当然应该是同一类或同一作者的作品）的行为者呢？这就要依靠文本中的典型行为（对立、交换、考验、契约等）。为此，依据行为出现的频率及其在文本中的分配（即其出现的各个位置）来选定典型行为是极为重要的。根据参与典型行为的程度，分析者便可获得行为者出现的各种情况。不仅如此，典型行为还可以帮助分析者了解为典型行为服务的各种典型语序，即其"不变的叙述单位"。对立、交换、考验、契约等，均有自己的典型语序。例如"契约"的典型语序，在聚合关系上可以确定为几个行为者之间建立的相对稳定的关系，而在句法关系上，它可做如下分配：1）发送者的一种指令；2）接收者接受或拒绝这种指令；3）在接受的情况是，出现了意愿的转移，从而使接受者成为实现这一意愿的主体。典型行为是人物的思想和行为模态的具体体现，因此，进一步了解人物的思想和行为模态也是有益的。一般认为，人的思想和行为模态可概括为"想要-做""懂得-做"和"能够-做，它们分别体现主体的"意愿""智慧"和"能力"。此外，人物的社会职能对于了解作品中的典型行为和行为者以及行为者之间的关系也大有帮助。

概括起来，人物在行为者层张的描写应考虑如下内容：

1. 他与他所承担的各种功能的关系方式；

2. 他进入类型人物即行为者之列的特殊方式（对等方式、减变方式、混合性方式）；

3. 作为行为者，他与其他行为者在典型语序中的关系，例如在一种"寻找"语序中，主体由它与一对象的关系所确定；

4. 他与一系列思想和行为模态（想要-做、懂得-做、能够-做）的关系以及获得这些方式的先后顺序；

5. 他在整个叙事文中的分配情况；

6. 他的社会职能。

西方学者很重视行为者层的描写。他们认为，正是角色（人物）与行为者层的各种关系往往决定了一位作者的写作风格。

关于人物的符号学探讨，目前所接触到的问题只是一些大的方面，许多细节尚有待于深入研究。

第四节　《赵氏孤儿》与《中国孤儿》的人物分析

伏尔泰的《中国孤儿》虽然是根据纪君祥的《赵氏孤儿》改编的，但从思想内容到艺术形式都做了全新的安排，其中尤以人物的变化最为突出。因此，对《中国孤儿》（下称伏剧）和《赵氏孤儿》（下称纪剧）的人物进行分析比较，对于全面把握和理解这两部作品有着十分重要的意义。

人物的符号学研究，是把作品中的人物（也可以是起一定人物作用的物件）当作一种符号，当作构成叙述过程中的一种单位来看待。目前，这种研究集中在人物符号的类属、描写层次、行为模态及其所反映的创作者的动机等方面。那么，纪剧与伏剧中的人物符号是一种什么情况呢？笔者在此试做分析与比较。

一、符号的类属分析与比较

我们在上文中已经介绍，符号学家们通常把文学作品中的人物分为三类：1. 指称性人物；2. 标示性人物；3. 照应性人物。而且，一个人物可以同时属于这三种类型，也可以交替地属于其中一种。

下面，我们分别看一看纪剧与伏剧人物的符号类属情况。

纪剧的人物可按赵家与屠家分为两大部分。

在赵家一侧，有：赵盾，晋灵公文官，与屠岸贾不和，被屠谋算暗害；赵朔：赵盾之子，灵公驸马，屠诈传灵公之命将其害死；公主，灵公之女，赵朔之妻，为保护程婴救孤自缢而死；灵辄，赵盾救过的饿夫，在赵盾危难之际又帮助赵盾；程婴，草泽医生，驸马门下常客，是他一直保护着赵氏孤儿并帮助他报了家仇；提弥明，殿前太尉，"一爪槌打死了獒"，从而帮助赵盾逃走；公孙杵臼，灵公位下中大夫，见屠岸贾专权，罢职归农；赵氏孤儿，赵朔与公主之子；画卷，在剧中起着代人为言的作用。

在屠家一侧，有：屠岸贾，晋国大将，曾杀赵盾一家三百余口，又追杀赵家唯一的根苗赵氏孤儿；灵公，晋王，昏君，听信屠的谗言，助屠灭赵；韩厥，下将军，在屠岸贾麾下，为救孤而自刎；钮麑，勇士，被屠派去追杀赵盾，因不忍做不义之士"触树而死"；神獒，西戎国进贡的大犬，屠对其驯练之后用来陷害赵盾。

根据我们上面确定的类属定义，我们可以得出下面的结果：

1. 纪剧中可以说无指称性人物。虽然，赵盾、赵朔、公孙杵臼和程婴四人史书上确有记载，但他们在剧中已不同于《史记·赵世家》中所记载的诸公，所以，他们不是指称性人物。

2. 纪剧中的标示人物是赵盾、赵朔、公主、饿夫、公孙杵臼、提弥明、赵氏孤儿、灵公、神獒、画卷、韩厥和钮麑，共十二个。他们从正面或反面显示着屠岸贾的凶残和奸诈，这种强化了的标示作用可以使人预想到屠岸贾的最后结局。当然，公主、公孙杵臼和画卷也起着显示程婴的美德和智慧的作用。

3. 程婴和屠岸贾是剧中的两个照应性人物，正是他们两人之间的救孤与搜孤的斗争，构成了全剧前后照应的整体。

我们再看伏剧中的情况。伏剧中的人物可分为大宋一侧和成吉思汗一侧。

在大宋一侧，有：张惕，宋朝儒臣，伊达梅之夫，受大宋皇帝之托保护皇孤；伊达梅，张惕之妻，成吉思汗旧日向她求过婚；阿塞莉，伊达梅的女侍官；艾当，张惕的侍官；中国孤儿，大宋皇帝之遗孤。

在成吉思汗一侧，有：成吉思汗，原名铁木真，入侵者首领，曾向伊达梅求过婚；奥斯曼，鞑靼武士；奥克塔，鞑靼武士。

不艰看出，伏剧的人物符号类属包括了下述三种：

1. 成吉思汗是指称性人物，因为在 18 世纪的欧洲，人们对他已经有了较多的了解，这种了解已经构成了剧中这个人物的内涵的一部分。

2. 大宋一侧的标示性人物有阿塞莉、艾当和中国孤儿，在成吉思汗一侧的标示性人物有奥斯曼和奥克塔。他们均以自己的言行（中国孤儿以自己处境）显示着所属主人的态度与精神，同时起着某种叙事组织者的作用。与纪剧的异侧标示相比，伏剧具有标示人物少和同侧标示的明显特点。

3. 伏剧中的照应人物是张惕夫妇和成吉思汗。后者虽然首先以指称性人物出现，但由于他的品质和性格在剧中是逐步具体化的，因此他又是照应性人物。这是各类作品中历史人物的特点。当然，如果我们在张惕夫妇之间做进一步分析的话，我们还会发现，张惕在某种程度上起着标示伊达梅的作用，这一点是与伏剧主题的变化紧密相关的。

这里，我们有必要为标示性人物的作用多说几句。一般说来，标示性人物多，剧情动作就多，时间跨度也会大，反之则是另一种情况。这从纪剧和伏剧中可以清楚地看出这一点。伏尔泰对《赵氏孤儿》的重大改动之一，就是压缩标示性人物的数目。这是因为伏尔泰在进行戏剧创作时比其同代人更坚持"三一律"，减少标示性人物，正是实现"时间一致""地点一致"和"动作一致"所必要的。当然，这种减少又无一不与主题的变化相关联。

二、人物的行为者层的分析比较

行为者，是法国符号学家格雷马斯在修订了法国美学家苏里约的六种戏剧角色和俄国文艺理论家普洛普的七种人物角色之后提出的概念，并为之建立了包括六个行为者的"行为者模式"。我们在前面已有介绍。

这一模式，格雷马斯本来是用于分析神话的，但现在，"人们几乎把它当作文本的一致的组织形式"[①]。行为者，即功能的承担者。行为者的确立，依据的是功能的聚合关系，即凡是承担着相同功能的人物，便属于同一个行为者，而这一切又是围绕着作品中行为对象（即价值对象）的人物进行的。主体是价值对象的持有者，他们之间维系着一种合取或析取关系。在主体与价值对象析取时，主体就变成了发送者，而此时与价值对象合取的人物则成了接收者（或"第二主体"）。助手是主体与价值对象合取或析取的协助者，对手则是其阻碍者。人物与行为者可有三种关系：对等关系（一个人物对应于一个行为者）、减变关系（几个人物对应于一个行为者）和同时混合关系（一个人物同时对应于几个行为者）。纪剧和伏剧在行为者层是一种

---

① 《法语杂志》（*Le Français*, N°61, 1984），p. 123.

什么情况呢？

在纪剧中，赵氏孤儿是"价值对象"，这是明显的。我们首先从主体与这一价值对象的合取与析取情况来看。这一价值对象最初持有者是驸马与公主，在驸马赵朔死后则是公主，因此，在托孤之前，公主是第一主体。托孤之后，程婴成了第二主体，而屠岸贾自认已经杀死了赵氏孤儿时则成了第三主体。在这一过程中，公主由主体转为发送者，程婴由接收者转为主体遂又转为（假的价值对象的）发送者，屠岸贾是最后的接收者和主体。

我们再从"助手"（当然也是对立面人物的"对手"）这方面来看。最初帮助赵氏孤儿逃出的是公主，她为了让程婴带孤"去的放心"自缢而死。接着是韩厥，他也为了让程婴"去的放心"而拨剑自刎。然后又是公孙杵臼，他为了救孤而舍生取义。在屠岸贾一侧充当"助手"的只有几个作用相同的士卒，因而可视为一个"助手"人物。

我们不难看出，纪剧在"助手"方面的一个明显特点：程婴一侧的"助手"人物众多，甚至包含了屠岸贾一侧的韩厥下将军，而屠岸贾的"助手"人物很少。指出这一点是有意义的，因为它有力地体现了"得道多助，失道寡助"这一中国的传统道德与审美观念。如果我们再联系托孤前赵盾的命运，这一点便看得更加清楚：饿夫灵辄、勇士钼麑和太尉提弥明都是赵盾的"助手"，而在屠岸贾一侧，则只有不具人形的神獒。这一情况很可使我们预想到全剧的结局。

我们再看伏剧中的情况。

伏剧中与赵氏孤儿对应的价值对象是"中国孤儿"。在伏剧中，我们可以把张惕夫妇直接看作第一主体，虽然在伊达梅的言辞中也有中国大宋皇帝和皇后"他们把小儿子托付给我们照

管"一语，但他们并未真实地出现。成吉思汗最后发现了中国
孤儿，拥有了中国孤儿，他可以看作第二主体。这当中，张惕
夫妇由主体变成了发送者，成吉思汗由接收者变成为主体，但
随后他又把中国孤儿还给了张惕夫妇，由主体变成了发送者，
而张惕夫妇又变成了接收者和主体。这一情况与纪剧大不相同。

在剧伏中，我们还注意到另一价值对象的出现：张惕夫妇
的儿子。价值对象是由对象与价值两部分构成的。中国孤儿是
"历代君王留下的儿子"、是"帝国的继承人"，这是一种民族的
价值；张惕夫妇的儿子"那是我的血肉"、是"上天赐予的权利"，
这是一种人性的价值。这两种价值与赵氏孤儿（赵家的"命根"，
长大后"给赵家报仇"）所体现的道德价值是不同的，因此，伏
剧的主题出现了多向发展便自然可以理解。

在"助手"方面，伏剧也呈现出一种新的情况。张惕夫妇
一侧的"助手"是阿塞莉和艾当，成吉思汗一侧的"助手"是
奥斯曼和奥克塔及几名士卒。不难看出，伏剧中的"助手"是
同侧相助，而且与标示人物一致。

三、人物的行为模态的分析比较

与行为者和行为者模式有关的是行为模态。格雷马斯把它
确定为"可以改变陈述的谓语的东西"。他把人的行为归纳为"想
要进行""能够进行""懂得进行"三种"作为模态"和"想要
存在""能够存在""懂得存在"三种"存在模态"。对于上面提
到的行为者模式，格雷马斯明确地指出了各个行为者连对之间
的行为摸态：主体与对象之间表现为"想要"关系，发送者与
接收者之间表现为"懂得"关系，助手与对手之间表现为"能
够"关系。

我们下面先来分析和比较一下两剧在"作为模态"方面的

异同。

首先是主体与对象之间的"想要"关系，纪剧中，主体程婴"甘将自己亲生子，偷换他家赵氏孤，这本程婴义分应该得"，这是一种"想要进行"的摸态。而伏剧中，由于张惕与伊达梅共同构成主体而且态度有别，便出现了复杂的情况：张惕的态度是"我唯一的责任就是拯救皇孤，我们的生命和整个人，一切，直至亲生儿子都属于他"，伊达梅则主张"每个人的痛苦自己去承担"，这便给张惕的"想要进行"带来了困难，终使中国孤儿被发现。

再看发送者与接收者之间的"懂得"关系。"懂得"是智慧的体现。在纪剧中，程婴与公孙杵臼设下骗局，使屠岸贾收真正的赵氏孤儿为义子，又以画代口教导长大后的赵氏孤儿报仇雪恨，充分体现了"懂得进行"的智慧。在伏剧中，张惕把皇孤藏在了墓穴之中，而以子替孤去死，这与程婴不相上下。但这种"懂得进行"的表现被只靠眼泪和感情化的伊达梅打乱了，终使张惕的计谋归于失败。

最后，我们看一看"助手"与"对手"的"能够"关系。"能够"是一种能力。在纪剧中，程婴一侧的"助手"在协助他保护赵氏孤儿方面，表现出了"成功的"能力。而在屠岸贾一侧的"助手"（当然也是程婴的"对手"）只是一些作用相同的士卒，他们始终没有找到真正的孤儿，表现出一种"失败的"能力。这对理解纪剧的结局是有帮助的。在伏剧中，张惕夫妇一侧的"助手"的能力都可以说是"失败的"，而成吉思汗的"助手"的能力都可以说是"成功的"，这对理解剧情和结局也是很有帮助的。

下面，我们再分析一下两剧在"存在模态"方面的情况。在这方面，目前的研究主要集中在"懂得存在"这一模态方面，这里我们采用格雷马斯确定的"诚信状况模态"理论。格雷马斯认为,"真实与失败的关系（这种关系在口头文学和其他方面应用很广），依靠一种语法范畴，即存在对于显现的语法范畴"①。他根据这种基本的二分法，为诚信状况模态制订了在前面已经介绍过的符号学矩阵。矩阵分两层：第一层（内层）是存在状态，它可根据具体文本的语义轴来确定；第二层（外层）是存在关系，这是一种逻辑-语义关系，它是不变的。那么，两剧中两孤儿的"诚信状况模态"各是怎样一种情况呢？

在纪剧中，全剧的语义轴是掩护赵氏孤儿和最后由赵氏孤儿为全家报仇，于是其矩阵便是：

这一矩阵可以做如下描述：赵氏孤儿在开始时一直处于"屈辱"＋"暴露"的地位，这一地位对于由驸马和公主所生的孩子来说，自然是"虚假"的。但是，在程婴等人的掩护之下，他逐渐地从"屈辱"走向"复仇"，也就是说由"虚假"的地位走向"真实"。但这中间必须经过"谎言"阶段。纪剧中，程婴舍子救孤（即以假乱真）就是这种"谎言"过程。正是借助于这种谎言，屠岸贾才认了假的程婴之子（即真的赵氏孤儿）为养子，从而使其得以成长为"甚有机谋、熟娴弓马"的程勃，

---

① 格雷马斯：《论意义 I》（*Du sens I*, Paris, Seuil, 1970），p. 192.

为他复仇创造了条件。

伏剧的语义轴是"掩护—解救"，于是，中国孤儿的符号学矩阵便是：

对这一矩阵的描述可以是这样的：中国孤儿在开始时也处于"屈辱"＋"暴露"的不利地位，这与他作为皇孤的身份来比，自然是"虚假"的。在张惕与艾当的掩护下，他开始走向"解救"，即从"虚假"走向"真实"。由于伊达梅不肯舍子，致使张惕以假乱真的计谋未得以成功地实现，也就是说，中国孤儿的最后解救没有经过实际的"谎言"阶段。他的最后得救靠的完全是"人性"的力量。

把赵氏孤儿的诚信状况摸态与中国孤儿的诚信状况摸态加以比较，我们得到这样的结论：赵氏孤儿从"屈辱"到"复仇"的过程具有真实的存在性。指出这一点是重要的，它可以帮助我们认识伏尔泰在剧中所宣扬的"人性"的抽象的实质。

四、《中国孤儿》人物符号的动机性

人物符号的选定带有创作者的动机，这是很容易理解的。伏剧在这方面具有明显的特点。

像其他符号一样，人物符号也是由能指与所指两个部分结合而成的。能指是其文字和声音即表现部分，所指是其内容部分。

首先来看其能指部分，它包括两个方面。

1. 名称的拼读构成特点。伏剧中的人物都是东方人，除成吉思汗一人的名称之外，其余的人物名称都是伏尔泰杜撰的。那么伏尔泰是根据什么确定这些名称的呢？我们似乎可以从人物名称的拼读构成方面推想出伏尔泰的确定依据。我们注意到，伏剧中国孤儿一侧的人物名称，除艾当（ETAN）之外，张惕（ZAMTI）、伊达梅（IDDAME）和阿塞莉（ASSELI），他们的名字中都有字母"I"，而无一字有字母"O"。而成吉思汗一侧的两位武士奥斯曼（OSMAN）和奥克塔（OCTAR）的名字中有字母"O"，无一字有字母"I"。这种安排绝非偶然。我们知道，按照西方人的审美习惯，"字母 O 可以与一位肥胖和强壮的人物相联系，字母 I 可以与一位瘦人相联系"。[①]这种安排的结果，就会在西方人的想象中出现三个瘦人面对两个胖而壮的人的场面。艾当的名字中由于没有这两个字母，则会以一个不瘦不胖的形象出现。

"瘦"可以产生两种视觉效果。一是美，这主要是女性（伊达梅和阿塞莉）的情况，成吉思汗在其对伊达梅的多数赞颂中就包含着对这种美的肯定。但是，我们必须想到，在中国宋朝，仕女们并未完全摆脱自唐朝沿袭下来的以胖为美的旧习，因此，伏剧中的女子更像是欧洲人。我们说，伏尔泰是按照欧洲人的审美习惯确定了剧中东方女子的名字，这并非毫无道理。二是弱，这是两位女子和张惕共有的情况，（艾当可视为不强不弱的人），而这正是剧中两侧的力量对比所需要的。

---

① 阿蒙（Hamon Ph.）：《人物的符号学地位》（《Statut sémiotique des personnages》），见于《叙事诗学》（*Poétique du récit*, Paris, Seuil, 1977），p. 148.

2. 人物称谓的丰富性。人物符号的能指不是一次性给定的，它表现为一组分散的标志即各种不同的称谓。伏剧在这方面是很有特点的。我们举两个人物名称为例：

成吉思汗：暴君、王中之王、傲慢的成吉思汗、斯基泰人、铁木真、流浪汉、这头雄师、无人管束的鞑子、北方的骄子、我们的征服者、杀人不眨眼的魔王，等等。

中国孤儿：小儿子、年幼的孩子、王子、不容侵犯的孩子、孤儿、历代君王留下的孩子、皇室的儿子、我们的君王、圣物、宋王的孩子、可怜的孩子、皇孤，祭品，等等。

能指的这种丰富性，除了反映作者的审美要求和习惯之外，也是作者意欲在伏剧中反映新的主题动机的体现。

我们再来看所指部分。

由于所指一直是语义关系与读者记忆活动相互作用的结果，因此，对人物符号所指的确定通常依据两点：一是依靠历史和文化背景，二是靠语义关系的累加。这里，我们举两个人物为例。

我们先来看成吉思汗这个人物。伏尔泰在选用这个人物时，显然是依靠了当时人们对这个人物已有的历史了解的。伏剧一开始，伊达梅和阿塞莉的对话就反映了18世纪人们对成吉思汗的了解程度："人们称此暴君为王中之王"，"他一来，国家将加速灭亡"等。但是，剧中成吉思汗的形象主要是靠语义关系的累加树立起来的。他由立誓杀死皇孤到把皇孤归还给张惕夫妇，由想报复伊达梅拒绝他的求爱到在张惕夫妇的美德感化之下自认"你们终于将我战胜"，有了这些，成吉思汗的形象就丰富了。那么，伏尔泰为什么要杜撰这些毫无历史根据的内容呢？这是与他一心要塑造一位"开明的"专制王的思想分不开的，因为他认为世上并无暴君，"所谓暴君，是指除了自己的私欲以外不知有法律、侵夺臣民财产、然后把臣民编成军队去侵夺邻国财产的主权者。这样的暴君，在欧洲根本没有"①。

伏剧中的伊达梅，在纪剧中并无对应角色。对于这个人物的设立，人们有着各种说法。从符号学角度看，这个人物在《赵氏孤儿》中已有其原型，因为，如果马若瑟神父的法文译本在删去了唱词之后确保了其余所有内容的话，那译文中必应有下面这些话的意思："俺一家死了也罢"，"念程婴年近四旬有五，所生一子，未经满月"，这些话的指涉意义告诉我们，程婴的妻子当时活着，至于伏尔泰塑造这个人物的用意，我们根据伊达梅在剧中的全部语义关系并结合伏尔泰的有关言论，似乎可以认为伏尔泰是在把伊达梅当作自己的代言人。我们看，伊达梅声称"不管哪个民族，人性都能使之信奉宗教和这至高无上的主宰"，伏尔泰则说："说人性是坠落的，这是不真实的……人性不曾坠落；因此，它不需要救世主"②。

从上面的分析中可以看出，人物的符号学方法可以帮助我们了解到一些对理解作品有益的东西。我们似乎可以这样说：

1.《中国孤儿》虽是根据《赵氏孤儿》改编的，但从人物到剧情来看，它是一部真正的法国剧。

2.《中国孤儿》对《赵氏孤儿》在主题上有继承、有扩展。

3.《中国孤儿》过分宣扬人性，把它夸大到改变侵略者初衷的地步，降低了它的真实性和艺术感染力。

① 商务印书馆：《十八世纪法国哲学》，北京，1979，102.
② 《法国文学史教程》(*Manuel de l'histoire littéraire de la France*, Éditions sociales, 1971), p. 246.

第五节　法国诗歌的符号学分析

自 60 年代初以来,随着结构主义思潮在许多人文科学领域兴起, 符号学作为一门新的学科, 或者按着多数人的说法, 作为一个新的方法论, 一时得到了迅速的发展。它现在已用于人类文化实践的许多方面。文艺符号学的出现, 就是这一发展的重要标志之一, 而诗歌的符号学研究又是这一标志的引人注意的一个方面。下面, 我们试着对于这种研究的初步理论和主要实践操作做一些简单介绍。

一、诗歌语言符号的特征

像其他文学类型一样, 诗也是由语言符号构成的。表面上看, 语言符号的链式连接就可以构成诗的句子, 其与叙事文不同的是, 它句子短促, 有韵律, 还有空间位置的要求。但是仔细研究起来, 它与其他文学体裁的区别之大, 以致有人主张把它归为独立于文学的一种语体, 格雷马斯就说过:"在今天, 把诗歌事实归于文学的一般理论, 并视之为文学本文的一种次生整体, 是不可能的了"①。我们且不去论述这种看法是否很恰当, 但它在强调诗与一般文学作品有着较大区别这一点上, 我们是同意的。这种区别, 我们在对于诗歌语言的符号学研究中看得更清楚一些。

最早、也是较为全面从语言学上对于诗歌的语言符号特征进行探讨的雅各布森, 早在 20 世纪 20 年代当他作为俄国形式

---

① 格雷马斯主编:《诗学符号学论文集》(*Essais de sémiotique poétique*, Paris, Librairie Larousse, 1972), p. 6.

主义发起者时,他就把语言学的理论用在诗歌语言的分析上了。他在 1919 年写的《什么是诗》一文中就有这样的话:"诗不是别的,而是目的在于表达的一种陈述"①。后来,他到了布拉格,成为布拉格语言学派的著名人物,这期间,他仍在写作从语言学角度论述诗歌的文章。再后来,他到了美国,直到 1960 年,他发表了著名的《语言学与诗》一文,全面奠定了诗的语言学分析的基础。而他 1962 年与列维-斯特劳斯合写的《波德莱尔的〈猫〉》(《*Les Chats* de Baudelaire》)一文,则是对与其理论的具体应用。

《语言学与诗》原是他那一年在印第安那大学举办的关于风格问题的多学科国际讨论会上的发言。首先,他为我们列出了任何词语传播的一种简图。

语　境

发送者　……　讯　息　……接收者

维　系

编　码

他告诉我们,这六种成分的每一种都可产生一种语言学功能。因此,与之对应的,便有:

指称功能

情感功能　诗学功能　指令功能

交际功能

元语言功能

他对诗学功能的确定是这样的:"讯息的目的,在于为自己

---

① 雅各布森:《诗学问题》(*Questions de poétique*, Paris, Seuil, 1973),p. 20.

而强调讯息，这便是言语活动的诗学功能"①，换句话说，诗学功能就是"讯息与其自身之间的关系。这种功能尤其被称为美学功能：在艺术中，指涉对象就是讯息，这时，讯息已不再是传播工具，而是成了对象"②。这就是说，语言的艺术集对象与讯息为一体，讯息由此而得到了加强。雅各布森还告诉我们，诗学功能并不是语言艺术的唯一功能，它只不过是主导的和决定性的功能。他还说："任何把诗学功能的范围仅限于诗的企图……最后只能导致过分的和骗人的简化"③，这意思是说，诗学功能集中于诗，但却不为诗所独有。

　　他在这篇文章中的著名论断是："诗学功能把选择轴的等值原则投射到组合轴上"④。对于这一论断，可以做这样的解释：语言是由组合关系（亦称组合轴）和聚合关系（亦称联想关系或选择轴）两大关系来支配的。组合关系是语链的线型结合关系，聚合关系是词语间、结构间的同义、近义、同韵以及同构等的等值关系。同一聚合关系内的所有成分等值。雅各布森认为组合关系具有一种对比功能。聚合关系具有一种映衬功能。所谓"把选择轴的等值原则投射到组合轴上"，即是说，诗学功能的声音形象把一种映衬功能重叠到语链上这些或那些对比功能上，结果，处于等值关系中的等值成分亦出现在组合轴上。雅各布森在这同一篇文章中对这一论断的具体解释是："等值进入了语序构成之列。在诗歌方面，每一个音节都与同一语序中的其他音节处于等值关系；每个单词重音都被认为与任何别的一个单词重音等值；同样，非重音等于非重音；长音（从诗律上

---

　　① 雅各布森：《普通语言学论集》（*Essais de linguistique générale*, Paris, Editions de Minuit, 1963），p. 218.
　　② 吉罗：《符号学概论》（*Sémiologie*, Paris, PUF, 1983），p. 14.
　　③ 吉罗：《符号学概论》（同上），p. 14.
　　④ 雅各布森．《普通语言学论集》（*Essais de linguistique générale*, Paris, Editions de Minuit, 1963），p. 220.

讲）等于长音，短音等于短音；词界等于词界。无界等于无界；句法停歇等于句法停歇，无停歇等于无停歇"①。按着罗杰·法约尔的简明解释，等值原则就"意味着音素、重音、节律、词、语法结构的重复和复现，……分析这样的本文，就在于尽可能详尽地开列出一个包括语音、音位、格律、句法，还有语义复现的单子"②。雅各布森和列维-斯特劳斯在分析波德莱尔的《猫》时首先采用了这一原则；法国尼古拉·吕威等人后来进行的大量诗歌分析，也都使用了这一原则。这种原则，也可解释为语言形式的重复原则，而这种重复，诗歌以外的其他语言形式（包括其他类型的文学体裁）中则较少出现，有的方面则根本不出现。

我们再从普通符号学的一般理论来看一看诗歌语言符号的情况。

首先，我们来看一看诗歌的语言符号的性质。接着索绪尔的符号学理论，任何语言符号都是能指与所指的结合，能指是声音形象，所指是概念。能指与所指之间的关系，产生意指过程（signification），或译为"意指"。能指与所指之间的结合分为任意的和动机的两种。语言符号，一般都是任意结合的（派生词带有一定的动机），例如 chat 的发音[ʃa]和"猫"的结合就是人为地任意约定的。但是，人类的交流若只使用符号结合的这种特征，那么感情的东西便无法传播。于是，人们便通过赋予任意结合的符号一定的动机，来传播更为复杂的信息。巴特认真地研究了符号的动机性这一情况，指出，任意结合的符号属于第一系统符号，被赋予了动机的符号是第二系统符号，第二系统就是"内涵"系统，它是建立在第一系统之上的：[ʃa]

---

① 雅各布森:《普通语言学论集》(*Essais de linguistique générale*, Paris, Editionds de Minuit, 1963)，p. 220.
② 法约尔（Fayolle R.）:《批评：方法与历史》(*La critique*, Paris, Armand Colin, 1978)，p. 216.

和"猫"的概念的结合，只是指猫这种动物，属于第一系统，但 chat 一进入了波德莱尔 1840 年 3 月份写的《猫》诗中，却因作者的精心安排（即赋予动机）转而指女人。一个讯息可以根据其包含第一个系统的符号多还是第二个系统的符号多而被确定为不同的类别：科学论著由第一系统的符号构成，文学作品主要由第二系统的符号构成——诗歌作品则包含着最多的第二系统符号，诗的隐喻就是依靠第二系统符号建立起来的。

此外，符号之间都必须有机地组合在一起才具有意指。诗歌的语言系统是一个多层次的符号整体：诗歌语序的任何一点都几乎同时重叠语法平面、语音平面、语义平面以及韵律平面、节奏平面和空间安排的规则，后三者在其他讯息中一般是不存在的。这每一个平面在一首诗中各自组成一个系统，正是这些不同的层次，不同的系统的和谐一致，产生一首诗的意指和审美价值。按着丹麦语言学家叶姆斯列夫的理论。任何讯息都可分为表达平面和内容平面，内容平面就是语义平面，其余则属于表达平面。显然，诗歌讯息的表达平面所包含的层次比任何其他讯息都多。

当然，诗歌符号的特点还有许多可以细说的方面，在此就不面面俱到了。

随着对于诗歌符号特征的深入研究，特别是通过对于诗歌文本的越来越多的具体分析实践和这种实践所获得的丰富成果，人们对于诗歌符号学的定义也逐渐明确了起来。下面，我们拟概括地介绍一下在诗歌符号学分析方面受到重视的几种分析模式，并简要地介绍一下格雷马斯有关建立诗歌符号学的总体构想。

二、结构分析

结构分析，就是对于诗歌本文潜在系统的发掘。

这种探讨，开始于雅各布森与列维-斯特劳斯合写的《波德莱尔的〈猫〉》一文。这篇文章发表于 1962 年的一期《人类》（L'Humanité）杂志上。对于他们俩人的合作，列维-斯特劳斯在文章开篇文字中这样写道："一位语言学家和一位人类学家之所以认为他们有必要携起手来。以便搞清楚波德莱尔的一首诗是怎样构成的，这是因为他们各自面临的问题之间具有互补性"①这篇文章，当时引起了人们极大兴趣，它适应了法国思想界反对萨特"介入"文学观念和极不关心形式研究的某种马克思主义的一股强大的形式主义力量，成了"富有好奇心的大学生们学习'新批评'的启蒙书"②。一时间，模仿者鹤起，出现了不少诗歌结构分析方面的行家。他们在效仿，但也在修正这种结构分析方法，不过总的来讲，并没有离开《波德莱尔的〈猫〉》所开创的模式。格雷马斯在谈及雅各布森和列维-斯特劳斯对于波德莱尔的《猫》一诗的分析时说，他们的分析构成了"具有意义的事件"，并且在由他作序的《诗歌符号学论文集》中的作者们"都参照了他们的分析，把其当作了研究工作的假设和一种典范的操作模式"③。我们还是来看一看雅各布森和列维-斯特劳斯是怎样分析的吧。

Les chats

1. Les amoureux fervents et les savants austères

---

① 引自德尔克鲁瓦（M. Delcroix）和热尔（W. Geerts）编选：《波德莱尔的〈猫〉论文集》（*Les Chats de Baudelaire. Une confrontation de méthodes*, Paris, PUF, 1980），p. 19.
② 法约尔：《批评：方法与历史》（*La critique*, Paris, Arman Colin, 1978），p. 211.
③ 引自德尔克鲁瓦（M. Delcroix）和热尔（W. Geerts）编选：《波德莱尔的〈猫〉论文集》（*Les Chats de Baudelaire. Une confrontation de méthodes*, Paris, PUF, 1980），p. 9.

2.　*Aiment également, dans leur mûre saison,*

3.　*Les chats puissants et doux, orgueil de la maison,*

4.　*Qui comme eux sont frileux et comme eux sédentaires.*

5.　*Amis de la science et de la volupté,*

6.　*Ils cherchent le silence et l'honneur des ténèbres,*

7.　*L'Erèbe les eût pris pour ses coursiers funèbres,*

8.　*S'ils pouvaient au servage incliner leur fierté.*

9.　*Ils prennent en songeant les nobles attitudes,*

10.　*Des grands sphinx allongés au fond des sollitudes,*

11.　*Qui semblent s'endormir dans un rêve sans fin,*

12.　*Leurs reins sont pleins d'étincelles magiques,*

13.　*Et des parcelles d'or, ainsi qu'un sable fin,*

14.　*Etoilent vaguement leurs prunelles mystiques.*

参考译文：《猫》

1. 狂热的恋人和严谨的学者，
2. 也都喜欢成熟季节中的猫，
3. 它们强壮、温柔，是家中的骄傲，
4. 又像他们一样怕冷和深居简出。
5. 作为科学与享乐的朋友，
6. 它们寻求安静与黑暗中的恐怖，
7. 如果它们放下高傲听从差遣，
8. 冥王早该让它们作报丧使者。
9. 它们浮想联翩，一心想做出，
10. 尽享孤独的威严人面狮的高贵姿态，

11. 人面狮似乎沉睡在无限的梦中。

12. 它们的腰部满是魔幻的火星，

13. 而那些细沙般的金色的碎光，

14. 于模糊中点缀了它们神秘的双眸。

（读者可参阅钱春绮译《恶之花·巴黎的忧郁》相关译文，人民文学出版社，1991 年，第 150 页）

1. 诗韵

分析者告诉我们，这是一首标准的十四行诗，采用的是 aBBa，cddc，eefgfg 的韵脚（大写字母表示阳韵，小写字母表示阴韵）：不存在两个平韵相续的情况，偶数行诗句与其前一行诗句阳阴韵交替，相邻的两节诗尾韵基本上阴阳交替（第 8 行与第 11 行的情况除外）。可以看出，这种分析就是一种描述。但分析者的工作不限于此，他们还看出了韵脚的分布与语法种类的选择之间的关系；阳韵多由名词构成，并为单数名词；阴韵多由形容词构成，并且是复数。分析还指出，第 11 句和第 13 句结尾处为同音韵，这个同音韵的使用使一个阴性名词和一个阳性形容词形成了对立。这里边的等值关系极简单，所有阳韵韵脚等值，所有阴韵的韵脚等值。

2. 句法

这首诗包含着三个复合句，即第一节四行诗，第二节四行诗和两节三行诗的整体，三个句子在使用动词的数量上表现出一种递进关系，第一句使用了一个变位动词（Aiment），第二句使用了两个变位动词（cherchent 和 eût pris）。第三句使用了三个变位动词（prennent，sont，étoilent），这三个复合句都包含一个从句，从句中只有一个变位动词。此外，第一节与第二节，第三节与第四节，在句法上存在着明显的平行特点，全诗主语的语义性质更加强了这种平行性。除了这种水平方向的平行之外，还有竖直方向的平行，两节四行诗的直接宾语都是无生命名词（les nobles attitudes，Leurs prunelles）。诗的开头和结尾具有明显的一致性，都是双主语共一个谓语和一个直接宾语，并都有一个限定词（leur, leurs）。分析者还指出，在语法的构成方面，有两句诗把全诗分为大体上同构的两部分，从而打破了全诗的自然分节和有生命与无生命的秩序，其功能使人想到了音乐作品中转调的功能，这便是第 7 句和第 8 句。这方面的等值，便是平行成分。

3. 音位

分析者发现，鼻化元音[ã]、[ɔ̃]等在全诗中使用极多。在第一节四行诗中，每行有 2-3 个鼻化元音，在第一节三行诗中出现上升趋势：第 9 行 3 个，第 10 行 4 个，第 11 行 5 个：Qui semblent s'endormir dans un rêve sans fin。气流音位在诗中也是一大特点，在第二节四行诗中，主导音位从元音过渡到了辅音音位（尤其是气流辅音[l]、[r]，一共 23 个）。[r]的数量在两节四行诗中比[l]多，而在两节三行诗中[r]比[l]少：按照格拉蒙（Grammont）的说法，[r] 与[l]相间出现，[l]就可以提供既不刺耳，又不生硬，而是流畅和透明的声音。此外，前额擦音[ʃ]的重复出现，增强了猫的柔媚感。

4. 对于语义关系的分析

分析者尽力使对语义的探讨不离开上述表达平面的特征。我们仅举一例。

全诗第一句的两个主语（"恋人""学者"）共用一个谓语（"喜欢"）和一个宾语（"成熟季节中的猫"），这种结构使两个不同性质的主语在同一个中间物（猫）的身上找到了共同的东西；再者，猫是具有人类的（但却是对立的）双重条件的二律背反特征的动物，它集性欲的（"狂热的"）和智力的（"学者"）两个条件于一身，从此，主语的角色便由猫来承担，因为它既富有智慧又多情。L'Erèbe（冥王）与猫对于"l'horreur ténèbres"（黑暗中的恐怖）的倾慕之间的联系（它们的发音 [lɛrɛb] 与 [tenɛbr] 相近也加强了这一效果），几乎把主角猫与 coursiers funèbres （作报丧使者）的可怕的工作联在一起，从而使语义进一步深化。等值在中体现为词汇意义的部分重叠。

当然，分析者还分析了其他一些方面，如词法和修辞等。分析者告诉我们，形式的分配都有其语义基础。至于猫如何转指女人，分析者是采用了从旁印证来进行探讨的（包括引用波德莱尔自己写的另外两首诗）。

如果说人们后来对于这一分析模式有什么改进的话，那就是更为明确地强调了表达平面与内容平面的相互关系。我们来看法国学者梅吉奥对于马拉美的一首小诗中的一句诗的分析：

> *Au seul souci de voyager*
> *Outre une Inde splendide et trouble*
> *——Ce salut soit un messager*
> *Du temps，cap que ta poupe double*

（参考译文：
为你只想去光明而
模糊的印度之外做游侠
——愿这敬意成为时间的使者
时间，即你船尾要绕过的海岬）

这是一首八音节诗，是马拉美为勉励青年诗人而写的，他把青年诗人比作快帆，把青年人必须经受的时间考验比作快帆必须绕过的一处危险的海岬。诗中最后一句因句中停歇是在两个音节之后而属于不合音节情况，但是，分析者告诉我们，该句清闭塞辅音的集中由于只在最后一词（double）上才让位给浊辅音，这极能引起联想，而且，句中的两个 a（cap...ta...），其两侧都是辅音，这种情况也是功能性的，它在句尾韵脚那个词中消失，这和全句的意义配合极好——因为船尾最终"绕过了"比之于时间的海岬，这样，语言学上的不和谐音节，变成了诗意的和谐[①]。

　　结构分析方式，成了后来人们对于诗歌进行分析的多见方式，并且，这一方法得到了进一步的完善和丰富。阅读这样的分析文章，使人觉得作者似在揭示使人产生美感的全部物质基础。结构分析在法国已经进入大、中学的文学教学之中，形成了一种公式化的东西，不仅如此，这种方法也已应用到了英语诗歌符号的分析方面。法籍华人程抱一先生甚至已经用它来分析李白的《玉阶怨》一诗[②]。

三、"同位素"分析

　　在对于诗歌的符号学分析中，拉斯捷（Rastier F.）对于马拉美《敬礼》（Salut）一诗的"同位素"（isotope）分析引人注目。我们知道，这一术语，是格雷马斯从物理学和化学名词中借用而来的，并将其移用在了语义分析之中。我们在他第一次提到这一概念的《结构语义学》一书中，没有见到他对于这一概念直接给出明确的定义，而是不止一次地提到了"同位素"出现的条件："讯息的同位素性"建立在"形态范畴的多次重复基

---

① 梅吉奥（Merquior J. G.）：《列维-斯特劳斯美学观》（*Esthétique de Lévi-Strauss*, Paris, PUF, 1977），中文译本，怀宇（译），天津人民出版社，2003，111.
② 参阅周英雄、郑树森合编：《结构主义的理论与实践》，台湾黎明文化事业公司出版，1980，95-106.

础上"①，"因此，组合体在至少结合了两个义素外在形象的情况下，便可以被看作是能够建立一个同位素性的最小的语境"②。

到了 1979 年，格雷马斯与库尔泰斯合著《符号学，言语活动理论的系统思考词典》，

书中，明确地将其确定为"同位素性这一概念带有操作特征，它首先指那些承担着其话语-陈述的同质性的类义素在组合关系链上的重复性。根据这种词义，显然，至少将两个义素外在形象结合在一起的组合体，可以被看作是允许建立一种同位素性的最小语境"③。拉斯捷是巴黎符号学派的重要成员，其主要研究内容和成果集中在符号学的认知维度。他在被收于《诗歌符号学论文集》中的《同位素性的系统分类》(« Systématique des isotopies ») 一文中，对于这一定义给予了扩展和分类，并用在了对于马拉美一首诗的分析上。

拉斯捷把"同位素"定义为"任何重复出现的一个语言单位"④。这里说的"语言单位"，已不限于格雷马斯和库尔泰斯指出的"类义素"。关于"同位素"的建立与出现情况，拉斯捷告诉我们："一个同位素性可以建立在小于、等于或大于句子维度的一种语言序列之中。它可以出现在文本的任何一个层次上；我们可以很容易地在音位层找出例证：半谐音、叠韵、韵脚；也可以很容易地在句法层上找出例证：重复标志的一致性；还可以在语义层上找出例证：定义的等值、叙述的三次重复等。由此，可以建立一种同位素的文体学"⑤。下面，是他依据"义

---

① 格雷马斯：《结构语义学》(*Sémantique structurale*, Paris, Larousse, 1966), p. 69.
② 格雷马斯：《结构语义学》(同上), p. 72.
③ 格雷马斯、库尔泰斯合著：《符号学，言语活动理论的系统思考词典》(*Sémiotique, dictionnaire raisonné de la théorie du langage*, Hachette Livre, 1993), p. 197.
④ 格雷马斯主编：《诗学符号学论文集》(*Essais de sémiotique poétique*, Paris, Librairie Larousse, 1972), p. 82.
⑤ 格雷马斯主编：《诗学符号学论文集》(同上), p. 83.

位的"或横向同位素和隐喻的或纵向同位素从内容方面来分析
的马拉美的一首十四行诗：

Salut

Rien, cette écume, vierge vers

A ne désigner que la coupe;

Telle loin se noie une troupe

De sirènes mainte à l'envers.

Nous naviguons, ô mes divers

Amis, moi déjà sur la poupe

Vous l'avant fastueux qui coupe

Le flot de foudres et d'hivers;

Une ivresse belle m'engage

Sans craindre même son tangage

De porter debout ce salut

Solitude, récif, étoile

A n'importe ce qui valut

Le blanc souci de notre toile.

我们还不能对其进行翻译，因为不搞清它所包含的同位素
性情况，是很难兼顾其他含义的。

1. 我们首先看一下横向同位素性的情况。根据拉斯捷的分
析，这首诗包含着两种同位素性：一是"宴请"，二是"航海"。
这两种同位素性，是由诗中一些"义位"间相同"类义素"决

定的。对于第一种，诗歌作者自己就说过"这首十四行诗，是为最近在《笔谈》（*Plume*）杂志组织的一次宴会上祝酒而写的，我有幸主持了这次宴会"。但他可能没有想到，后人在他诗中却读出了其他意指。

我们来看拉斯捷是如何找出属于"宴请"的各个"义位"的：

/Salut/（敬意）：好客举动

/Rien/（没什么）：指这些诗句（暗指主持人的谦虚态度）

/écume/（泡沫）：香槟酒的气泡

/vierge/（处女的）：从未宣读过的（在这样的场合读出的诗是此前未发表过的，这是很合适的，）

/vers/（诗句）：简短祝酒词

/ne désigner que (la coupe)/（只指明）：（习惯上，祝酒词都是指向陈述活动的情景；属于描述状态的文本，类似于："我举杯"）

/la coupe/：香槟酒杯

/nous/：我们

/moi/（我）：主持人

/déjà/（已经）：暗指主持人的年纪（宴会是在 1893 年）

/foudres, hivers/（雷声，冬天）：指的是情景（宴会是在冬天）

/poupe/（船尾）：餐桌子的一头，主持人的座位

/avant/（前面）：餐桌的另一头，对话者的座位

/fastueux/（阔绰的，豪华的）：暗指给予在座听众的高贵地位，相反，也像后来暗指的谦逊那样

/ivresse/：醉意

/tangage/（摆动）：醉意的表现

/porter(ce)salut/（端起酒杯）：主持人的动作

/debout/（站立）：主持人的姿势

/souci/（关心）：宴会的目的

/toile/：台布

/blanc/：台布的颜色

　　紧随在每一个"义位"后面括号中的译文是该词原义，为本文笔者所加，其余则是拉斯捷的解释。不难看出，这些义位的选择都是为说明那是一次宴请。其中有一处把"雷声"与"冬天"放在了一起，是因为法国每年从 10 月份到第二年的 4 月份是"雨季"，冬天有雷声是很自然的。

　　第二种同位素性是"航海"。我们看：

/Salut/：救助

/écume/：大海的浪涌

/sirènes/（汽笛声）：不做评论

/se noie/（淹没）：不做评论

/nous/（我们）：海员

/moi/：（船尾的）掌舵人

/naviguons/：航行

/poupe/（船尾）：不做评论

/avant/（船头）：不做评论

/coupe/（斩断）/le flot/（浪涛）：不做评论

/foudres...hivers/（雷声……冬天）：航行中的危险

/tangage/（摆动）：不做评论

/solitude/（孤独）：在海上

/récif/（暗礁）：不做评论

/étoile/（星星）：指明一种方向

/souci/（关心）：航行的目的

/toile/：帆

/blanc/：帆的颜色

作者对于这两种同位素性做了一些说明，概括起来：1）有些出现在两种同位素性中的义位，是因为它们有着多个义素，比如"poupe"（"船尾"），但由于它有着"端部 + 后面"两个义素，所以，也可以被解读为"餐桌的一端"，因此可以放进第一种同位素性中，而在第二种同位素性里它恢复其本义；2）诗中某些义位未被列入，是因为它们同时可以用于两种同位素性之中，而解读的工作只在于选择与一种同位素性有联系的；3）如果对两种同位素性做一下比较，会发现第一种同位素性是主导性的，因为从可选入的义位数量来看，第一种同位素性中有21 个，而第二种同位素性中有 18 个。

2. 我们再看一看纵向同位素性的情况。

纵向同位素性是一种隐喻关系。拉斯捷告诉我们，在一个义位场中，显示一个义位的所有义素相当于核义素来讲，都是外围的，这些外围义素在被解读过程中可以中断，而让位于核心义素。"同位素关系（这种关系标志着一种等值：它是一种合取关系）建立在中心核义素层上；相反，对立关系（析取关系）建立在外围核义素层上[①]。隐喻，便是建立在属于不同义位场两个义位或两个义位群之间的任何一种基本同位素或任何一束基本的同位素，隐喻同位素性是两种义位同位素性之间的聚合重叠关系。我们来看一下马拉美这首诗中的隐喻情况：

---

① 格雷马斯主编：《诗学符号学论文集》（*Essais de sémiotique poétique*, Paris, Librairie Larousse, 1972），p. 88.

义位		
同位素性（2）	同位素性（1）	
/avant /（前部）	/tête de table/（餐桌上座）	端部+前部
/poupe/（船尾）	/bas-bout de table/（餐桌下座）	端部+下部
/tangage/（摆动）	/titubation/（摇晃）	动作+重复
/se noie dans une Troupe de sirènes/（淹没在一阵汽笛声中）	/écome(de champagne)/ [（香槟酒的）泡沫]	繁复+起落动作
/timonier/（舵手）	/président/（主持人）	高级活动

拉斯捷对此表做了如下解释：

1）同位素性（1）是在解读过程中产生的符号学事实；

2）义素分析可以推至很远；

3）根据表中最后的举例，隐喻同位素关系可以在不相等的语言序列之间建立。比如为了说明"timonier"，我们只需注明"舵手"即可，但是为了说明"président"，那就需要指明是哪一方面的"主持人"，因为它还有"主席""总统""会长"等意义，所以，它们之间在语言序列上是不相等的。

由此，拉斯捷提出了建立隐喻同位素性关系的一种类型学的基本要素：

1）根据义位包含义素数量的多少，隐喻同位素性有强有弱。诗中"écume"（泡沫、浪涛）一词的隐喻同位素性相对于/se noie une troupe de sirènes/（淹没在一阵汽笛声中）的隐喻同位素性就强得多——当然，还要考虑到处于同位素性关系中的各个义位的义素密度；

2）通过明确核义素、多余义素内部的等级情况来建立隐喻的（高级、恰好）等级。本诗中，/tête/（头）一词，如杲将其同位素性"端部"看作是"高级"的话，那么，其同位素性

"顶部"就可以被看作"恰好"——当然，这种确定不排除个人好恶标准的存在；

3）根据所描述的语义领域的价值系统，借助于明确处于同位素性关系的所有义位场各自的情况，来阐述隐喻间距——这当然要涉及到不同文化背景的价值取向。在这首诗中，两个义位场之间最大的距离，是由"loin"（远）一词来标志的，它似乎可以暗指宴会主持人的一种幽默表示。

但是，我们从上面的举例中可以看到，横向同位素性和纵向同位素性常常是相互交叉的。作者告诉我们，如果在一些已知义位场域中找出了隐喻关系，那么，在认识可能的隐喻同位素性的同时，就应该可以辨别出语义同位素性。在这过程中，文本之外的信息也会对于同位素性的确定起着一定的作用。由于作者知道这首诗是写给《笔谈》杂志的作家们的，所以，他还假设诗中有第三种同位素性出现：即"写作"（écriture），因为对于同位素性（1）和同位素性（2）的解读还留有几点需要明确：

/Rien/（没什么）：未出现在同位素性（2）中，而在同位素性（1）中只有内涵意义。

/vierge/（处女的）：与上相同。

/vers/（诗句）：未出现在同位素性（2）中。

/solitude/（孤独）：未出现在同位素性（1）中，因为若在其中出现，便会引发不悦（在"各位朋友"的聚会中，出现孤独是不可能的）。

拉斯捷认为，这四个义位可以放进同位素性（3）之中。除了"vers"（诗句），另外三个义位虽然与写作没有关系，但它们都表现出"剥夺"的"意义效果"。这种效果中又都包含有"否定性"之义素，而"否定性"义素是马拉麦所有诗歌中表现写作的场合几乎都有的成分。拉斯捷随后列举了同位素性（1）和同位素性（2）在马拉美从 1866 至 1899 年 33 年中其他诗歌文本中分别让人解读出同位素性（3）（"写作"）的情况，从而重新解释了这首诗的相关义位：

/Salut/：拯救灵魂

/Rien/：文本（因为文学被确定为否定性）

/écume/：笔（参阅："停下的有节奏的"笔"从不幸落入最初的泡沫之中"，《全集》，p. 473 页）；共同的义素：白色 ＋ 间断性 ＋ 重复性 ＋ 位于水平表面（参阅 "在地面上的这种天真游戏"，参阅《全集》，p. 76，及《精力旺盛的男子》，《全集》，p. 67）

/vierge/：理想的

/vers/：文学

/ne désigner/：没有参照（参阅/Rien/；由此产生自省性：指墨水瓶）

/coupe/：墨水瓶（见上面）

/sirènes/：对立于艺术（参阅 "在反面"，《全集》，p. 18 注释）；与怪物相同的事物，或是被否定的理想性（参阅 "怪物身上闪耀着鳞片"，《全集》，p. 347，和 "怪物……借助于最后的不耐烦的鳞片"，《全集》，p. 470）

/naviguons/：我们写作（参阅前面）

/moi/：作家

/amis/：作家们

/coupe le flot/：否定物质性（参阅 "撕破……这种坚固的

湖泊",《全集》，p. 67）

　　/ivresse/：思想的表现（与上同，"振动一下醉意的翅膀"；与漫漫隆起有联系，参阅下面内容，或"思想的跳动"）

　　/belle/：对于思想的确定，即对于写作的确定

　　/tangage/：笔的动作（参阅"停下的有节奏的/笔/从不幸落入"，《全集》，p. 473；"晕旋的羽毛"，《全集》，p. 471）

　　/debout/：起身向着理想（任何漫漫隆起都是向着理想的一种动作，就像写作一样："许多人以难以理解的文字自我颂扬，等待着展示羽毛的惯常抖动"，《全集》，p. 71）

　　/salut/：这些诗句（献给写作事业的献词；关于这种自省性，参阅上面：笔[泡沫只指墨水瓶]，《全集》，p. 71）

　　/Solitude/：作家的处境（参阅"疯狂的孤独的笔"，《全集》，p. 468）

　　/récif/：失败（指写作方面的，参阅同上；"面对险阻的苦恼王子"，他头上戴着插有羽毛的帽子"这种可笑的刚性白色对立于天空"——因此达不到理想）

　　/étoile/：成功（指写作方面的；也指思想的产生，参阅"一种汇集"，《全集》，p. 477）

　　/souci/：写作事业

　　/blanc/：纸张的颜色

　　/toile/：纸张（参阅上面）

　　如果从义位数量来看，这第三种同位素性的义位是 23 个，多于第二种同位素性义位，也多于第一种同位素性义位。按照作者在前面的推论，这第三种同位素性更应该是主导性的，这也许正是作者写作这首诗的真正目的、真正用意，也就是我们中国文化中说的"言外之意""画外之意"。不难看出，这第三

种同位素性实际上是符号学中所说的文本之间"互文性"的作用。如果第一种同位素性和第二种同位素性可以让我们更为深入地解读一首诗的话，那么，这第三种同位素性则会让我们了解一个作者的总体的写作主题和写作风格。我们下面尝试给出这首诗的译文，当然，笔者尽可能考虑到了包容三种同位素性：

《敬意》
没什么，为了祝酒，这点气泡
表明的，只是这个高脚杯
远看，就像有无数鱼怪
在水中混乱无序地翻腾

啊，我们行动起来，各位朋友
我凭着年事已高早在尾部就座
你们就座的豪华的船头
正辟开冬季雷电与严寒

我酒力袭身，醉意浓浓
但不害怕这东摇西摆
我要挺身举杯祝酒

虽然伴有孤独、暗礁、星光
但我要为值得我们扬帆
远航的一切事业献上敬意。

按照我这样的翻译，第一种同位素只是提供了一个机会，第二种同位素性只是第三种同位素性的一种隐喻表现手法，第三种同位素性则是作者要表达的真正用意。最早说，诗歌是不能翻译的，那是强调诗歌原有的韵律无法翻译过来，其实，最难的可能还是准确地把握原诗的真正意义。在这方面，"同位素性分析"是不是可以帮助我们更好地去理解呢？

四、"符义分析"

克里斯蒂娃创立的"符义分析"（sémanalyse），受到了人们的极大关注。我们在前面已经介绍了这种分析理论的主要依据和主张。

"符义分析"的重要一点，就是对于文本进行理解。在结构分析中，文本被当作一个结构整体，被当作一个完成的和封闭的词语系统，而在"符义分析"中，文本却被当作一种结构过程，即具有一种"能产性"。在"符义分析"中，主要的研究对象是"意指活动"。

"符义分析"主要应用于文学作品的分析，因为文学"是一种特殊的号学实践。它比其他实践更能使人掌握意义产生的问题"①。在克里斯蒂娃的"符义分析"实践中，对象又多是诗。下面，我们就来概述一下她对于马拉美《骰子一掷永远消除不了偶然》一诗的题目本身的分析②，以便领略这种方法的大致情况。该题目为：un coup de dés jamais n'abolira le hasard

这是一个完整的句子，具有主语和谓语。这个句子包含几个"义蕴微分"（différentielle signifiante）

Un（一，一次，一个）：指示一种不可分的整体，起着向复数转化的作用：Un coup de des（一次掷骰）→ deux coups de

① 克里斯蒂娃：《符号学：符义分析研究》（*Semiotiké : Recherches pour une sémanalyse*, Paris, Seuil, 1969），p. 41.
② 格雷马斯主编：《诗学符号学论集》（*Essais de sémiotique poétique*, Paris, Librairie Larousse, 1972），p. 229.

dés（二次掷骰）等。

　　Coup（击，触）：标志暴力、思维，标志趋向思维、趋向行动。进一步说，就是向着意指活动靠近。马拉美经常使用这个词来指 Lumière（光明）。然而，在神话文本中，光明与诗歌思维都用一个词来表示。他也常把 coup 一词与音乐和光明联在一起，例如，瓦莱里曾回忆道，他让我看到了夏天的霞光染红的平原，说："你看，这是秋天在大地上第一次击响（coup）铙钹"（le premier coup de cymbale）。马拉美在《文学的秘密》（Le mystère dans les lettres）中，说他以把 idée-dé-coup-éclat-soleil（思想-骰-击-明亮-太阳）组织在一起来开始写作。Des：它还是带有"否定"或"剥夺"之意的前缀。这种剥夺概念，即把诗歌文本当作"所剩"（reste）之概念。在马拉美作品中常见的 dé，从词源学上讲，来自 datum（被赋予的）：诗歌作为意指活动的产物，是一种赠予，是一种礼物（"de"，是"来自"之意）：这并非完全是给接收者的一种礼物，而是一种光荣的牺牲——说话主体通过这一次牺牲而消失（s'abolir），从而实现了能指的无限性，而这种无限性却永远不会消失："永远不消除偶然"。

　　Jamais：ja 和 mais 都具有"plus"（更多）之意，这与 des 的剥夺之意相反。这种"更多"打破了时间界限，而步入意指活动在时间和主体之外发挥作用的外在时间。对马拉美来说，jamais 是线型时间存在的对立面，我们在他写给勒东（Redon）的信（1889 年 2 月）中可以看到："但是，我向伟大的魔术大师致以全部敬意，他是他知道并不存在、但他却穷追不舍的一种神秘之难以劝阻和固执的探索者，他永远不会因此而成为失望哀叹的探索者：因为这兴许过去就是真理！"

　　N'abolira："abolir"（消除）一词在引起马拉美的注意，他似乎在把 abolir 与 bol（碗）、bassin（盆地）、récipient creux（空

心器具）联在一起，作为义蕴微分的"abol"，带有"空""空心""深"之义素。因此，又与全诗开头部分的"深渊"（abîme）和最后的"深坑"（gouffre）连在了一起。马拉美在别处也用到过 abolir 一词：

"*Quel sépulcral naufrage...abolit le mât dévêtu*"
（"何等倒霉的沉没……<u>不见了</u>赤裸的桅杆"）
（《马拉美《全集》，p. 76）

"*ronds de fumée*
Abolis en autres ronds"
（"圆圆的烟圈
<u>消散成</u>异样的圆圈"）
（《全集》，p. 73）

"Abolira"还包含 lira（rage：疯狂）、ira（folie：癫狂），lyra（lyrique：抒情）几方面的联想。因此，该词想必是指现存表面的空心底部，这里是能量的汇集之地，在这个地方，疯狂地、当然是富有诗意地进行着意指活动的工作。

Hasard：当然是指运气、命运、不可预见和无限的机遇，这与通常的理智是不同的。但从词源学上讲，hasard 就是 dé 的意思，因此，原句就成了"骰子一掷永远消除不了偶然"，这是一种同语重复。

不过，hasard 也是一种 jeu（游戏），因此，有排列、变化的问题，在其排列和变化之中将出现数字。对于马拉美来讲，数字是他思想的不可缺少的"扮演者"：数字在掷骰中出现，数字的产生与文本结构的产生是一样的。因此，一如数字有限的主体借以安排无限的偶然之规则行为一样，一篇诗就成了理性的建构，成了一种建筑术、一种可调的正常现象。马拉美所说的数字，使人想到了迪卡儿的数字。《骰子一掷永远消除不了偶然》这首诗，以马拉美方式提供的理解意指过程的这种叙述，就是一种建筑型的和现象学的意识。

　　那么，如何来理解全诗提供的这种意识呢？那就要依据对于这篇文本所有的义蕴微分的分析来重组一篇新的"叙述文字"！

　　这种分析，真是有点叫人摸不着头脑。但是，我们不难看出，它离不开语言学单位，离不开主体（即作者）、离不开"互文性"（作者的其他作品与社会文化背景），并夹以词源学上的论述和精神分析学上的推论。这种分析，不像结构分析那样形式化，但其复杂性却也令人望而生畏，无怪乎罗杰·法约尔惊叹道："现在，关心评论方法的编年史家们不得不承认，他们无力对付一种其抱负大大超过文学评论本身之雄心的事业……对于马拉美的一个句子进行逐字的评述……在我这样的训练无素的读者看来，非但没有消除过去那种费力的释义性说明的麻烦，反而却是增加了"[①]。也许，正是这种原因，"符义分析"的普及，受到了严重的影响。但是，作为符号学的一种新的探索方式，它有其重要的意义，并影响着一些行家们的研究工作。罗兰·巴特后期的文艺符号学就明显地受到了"符义分析"的影响，他本人也这样承认。

　　不管是结构分析，还是"同位素"分析或"符义分析"，它们对于人们认识诗歌文本都起到了一定的作用，并都成为与传统的印象评论并存的分析方法。我本人倒觉得，我们不妨拿来用一用。我相信，我们一定能会在使用中发现以往诗歌研究中

---

① 法约尔：《批评：方法与历史》(*La critique*, Armand Colin, 1978), p 200-221.

未被发现的东西。

五、格雷马斯有关诗歌符号学的总体构想

格雷马斯有关诗歌符号学的总体构想，我们最早见于他1967 年发表、遂被收集在 1970 年出版的〈论意义〉（I）一书中的〈语言学与诗学〉一文，再后来见于他 1972 年为《诗歌符号学论文集》所写的绪论中。两文相比，后者比前者更系统，并且对前者的某些提法有了修订。绪论总结了人们已有的实践，并进一步明确了诗歌符号学的研究对象和研究内容。

首先，格雷马斯为诗歌符号学的确定是："诗歌的符号学，应能建立表达平面与内容平面相互关系的类型学，并通过推理而建立一种诗歌对象类型学。"[①]。这一定义基本概括了诗歌符号学的实践活动，并确定了这一学科的主要任务。

他认为，为寻求阐述诗歌话语和建立诗歌符号学的理论，最初应该能够面对两类问题：

1. "承认诗歌话语是使其各种连接在表达平面和内容平面这两个平面上展开的一种双重话语，同时，诗歌话语应该为自己构筑一种概念机制，该机制可以建立和验证对于这两种话语的各种连接的辨认方法"。

2. 在获得对于每一个平面的多种各自一致的语言学层次的前提下，"诗歌符号学就应该能够在表达平面与内容平面之间建立可能的关联性类型学，并因此能够制订一种诗歌对象的类型学"[②]。

其次，在分析层次上，格雷马斯主张用"韵律层"来代替

---

① 格雷马斯主编：《诗学符号学论文集》 *Essais de sémiotique poétique*, Paris, Librairie Larousse, 1972），p. 7.
② 格雷马斯主编：《诗学符号学论文集》（*Essais de sémiotique poétique*, Paris, Librairie Larousse, 1972），p. 7.

"表达平面"，用"句法层"来代替"内容平面"。前者表现为单
词重音、陈述的变化技巧、复合句和词语间隔的变化等"超音
段"表现成分，而"超音段变化研究不多，但它是现代诗歌话
语、后现代诗歌话语连接方式的不可忽视的构成成分，这种成
分的特点是放弃约定的基本排列"；后者指的是"各方面内容连
接的系统化"，因为这种系统已经摆脱了自然语言的制约。格雷
马斯指出，这两个层次之间存在着"对应性"，即关联性，但它
们"并非必然是同构的"。他还指出：在属于句法连接、跨句子
连接的情况下，句法标准似乎主导着韵律标准；而在属于单句
单位连接的情况下，这些单位处于韵律连接的主导之下。

最后，他还建议，对于诗歌的分析也可以与对于叙事文的
分析结合起来。同位素概念、主体的陈述活动概念、互文性概
念同样在诗歌文本中存在着。

格雷马斯自己写的有关诗歌的符号学分析文章，我们目前
只见到了一篇，那就是他收入《论不完善性》（De l'imperfection,
Paris, 1987）一书中的《茉莉花的香味》（《 L'odeur du jasmin 》）
一文。他分析的是一首从德文翻译成法文的诗歌，题目是《钢
琴练习》，作者是奥地利著名诗人里尔克（Rilke R. M.,
1875-1926）：

> *Etude au piano*
> *Murmures de l'été. L'après-midi endort;*
> *Elle aspirait, troublée, la fraîcheur de sa robe*
> *Et mettait dans l'étude précise*
> *Toute l'impatience d'une réalité*
>
> *Qui pouvait advenir: demain, ce soir＿＿ ,*

Qui peut-être était là, mais qu'on dissimulait;

Et devant la fenêtre, haute, possédant tout,

Elle sentit soudain le parc choyé.

Elle s'interrompit; regarda au-dehors,

Joignit les mains ; eut envie d'un long livre et

Repoussa soudain, irritée, le parfum

Du jasmin. Trouvant qu'il l'offensait. [①]

参考译文:《钢琴练习》

夏日在怨声不断。下午让人发困；

她精神惶惑，呼吸着长裙带来的新鲜空气

随后，一边练习着确定的钢琴曲

一边却充满对于现实期待的不耐烦

这种现实可能突然出现：明天，今晚——，

它也许已经出现，但被人藏匿；

她在高高的窗前，并具有着一切，

她突然感觉到被人喜欢的花园。

她停止了练习；向外面看去，

合上双手；很想去读一本厚书，并

突然气愤地厌恶花园的茉莉花香。

她发现茉莉花让她受到了侵犯。

---

① 格雷马斯:《论不完善性》(*De l'imperfection*, Périgueux, Pierre Fanlac, 1987),
p. 37.

对于这样一首短诗，格雷马斯认为可以对其做各种分析。也许由于是一首从德文翻译过来的诗歌的缘故，格雷马斯无法进行韵律上的分析。他所做的分析，可以说只是"句法层"分析。

他首先注意到了时态的运用。第一句诗采用的是现在时，"夏日在怨声不断。下午让人发困"，这就告诉我们，这一句说的是一种日常生活同位素性，其中包含着审美经验。随后，诗的其余部分采用的是过去时，而"未完成过去时"占大部分，根据这种时态的功能效果，它把读者带进了一个梦境。于是，"便展示出两种场景：在陈述方面，是年轻的姑娘面对花园的经验；而在（被陈述的）陈述活动方面，是借助于梦境所获得的对于我们想象力的组织有序的形式"。

其次，他注意到了诗中多种同位素性的存在。除了我们上面提到的日常生活的同位素性外，作者告诉我们，诗中还有着：以"一种有声响的、富有音乐性的内容"为基础的"期待"同位素性，一种表现"身体的动作，触觉和嗅觉"的"感觉上的同位素性"、使她产生"伤感的气味同位素性"。这些同位素性的存在说明了这首诗内涵的丰富性，也为多种解读提供了条件与可能。格雷马斯认为，对于这首诗，人们可以概括出三种基本的解读：1."展示审美理解（其形象施事者是少女）"，2."被夏日沉重的下午所麻木的诗人的梦境"，3."是出现在作为读者的我们面前的以审美对象显示的诗歌本身"。

再其次，作者在分析这首诗时，采用了他的"模态"理论。这首诗大体分为两部分，中间被作为审美对象的"花园"隔开。前半部分是对于"现实"的期待，表达的是一种"合取"的愿望；后半部分则是对于"现实"的拒绝，是一种"析取"关系。表达"合取"的愿望，是一种"想要-存在"："不耐烦地期待一种现实的到来，对于正在学习钢琴的女孩来说，就是希望与对

象实现一种'真实的'合取"。显然，对于诗人来说，唯一的现
实就是梦境"。在分析者看来，"期待"包含着"耐烦"与"不
耐烦"两方面内容。实际上，全诗讲述的，就是从前者到后者
的一种过渡。这种过渡，"在接近完整的合取时，已经表现的现
实却转换成隐蔽的现实，即从'能够存在'，经过'可以存在'
（可以是），最后到达了隐蔽的'存在'"。因此，格雷马斯认为，
这种诗展现的"是时间延续的一种体态变化的情况，实际上是
以一系列真势模态和诚信模态的转换为基础的"。

最后，分析者根据这首诗"在颂扬期待之美的同时，把期
待看作是自己审美理解的对象"，这一点，不可避免地让人联想
起保罗·瓦莱里以感觉到接吻临近时刻为题所写的一首广为传
诵的诗。这显然，是一种"互文性"的解读。

诗歌的符号学研究，最初曾作为确立结构主义方法的重要
内容，后来经过许多学者完善和补充，从只注重表达平面过渡
到兼顾表达与内容两个方面，已经作为一种阅读和分析诗歌文
本比较成熟的方法进入了大学教学之中。笔者希望，我们中国
学者能从中获得启发，从而丰富我们对于中国诗歌的分析与
研究。

第六节　谈散文诗的符号学特征
——谈《巴黎的忧郁》

这本小小的《巴黎的忧郁》，是我在 20 年前开始翻译、并
作为《波德莱尔散文选》中的一部分于 19 年前出版的。

在当时的译后记中，我写道："《巴黎的忧郁》，是作者除《恶

之花》之外的另一力作，甚至有人认为它比《恶之花》更具有思想和文学价值……在借鉴之外，我大胆地保留了自己对原作的理解，坚持了个人的译文风格"。这一次再版，我对译文没有做任何改动，因此，读者看到的还是那时的译本。

我曾经考虑，散文诗，作为一种文学体裁，是偏向于散文，还是偏向于诗？我的结论是，它更是诗。这首先从这一体裁的名称上来看，"散文诗"，从汉语上讲，"散文"是修饰语，中心词是"诗"；而从法语的表达（poème en prose）上讲，poème 是诗，是中心词，en prose（"以散文出现"）是呈现形式，属于补语成分，即不具备诗歌通常的分行和押韵的表现形式（在法语中，小说文本也属于散文作品），所以，"诗"还是中心，是实质。散文诗早在波德莱尔之前就已经出现。这一概念和形式的出现，改变和加深了人们对于诗歌本质的认识，也就是说，一些以散文形式出现的文本，也可以是诗。按照波德莱尔的总结，它是"一种充满诗情、富有音乐美、没有节奏和韵律、文笔灵活而刚健、正适合于心灵的激荡、梦幻的曲折和良心惊厥的散文"[1]。根据这些标准，《巴黎的忧郁》的写作，是非常成功的。它成了在这一体裁历史上的经典之作，也因此推动了散文诗的写作与发展。随后，在法国又有兰坡、洛特雷阿蒙都写出了杰出的作品，俄国的屠格涅夫也做了成功的尝试。进入 20 世纪后，写作散文诗的各国诗人越来越多，这其中也包括我国的一些诗人。

那么，结合《巴黎的忧郁》提供的素材，我们现在从符号学的角度，能否对散文诗做更进一步的认识呢？译者尝试着提出以下看法：

---

[1]　波德莱尔：《巴黎的忧郁》（*Spleen de Paris*），怀宇（译），新星出版社，2011，见《致阿尔塞纳·乌赛》篇.

　　首先，它像任何文学体裁那样，是一种二级符号的结合体。一级符号，是能指（单词的发音或书写形式，即表达平面）与所指（指涉对象，内容平面）的直接结合。二级符号则是把一级符号作为一个新的能指再与一个新的所指结合，从而构成新的符号和获得新的意指，这便是一般所说的"隐喻"的最初起因。法国的罗兰·巴特先是在其《神话集》（1957）一书的《今日之神话》部分、后又在《文艺批评文集》（1964）一书中对于文学符号的特征做过详细阐述。至于从一级符号如何转换成二级符号，丹麦语言学家叶姆斯列夫（1899-1965）有关表达平面和内容平面的形式与实质的论述，为其提供了有力的证明。由于这种论述比较复杂，我们在此就不去赘述了，读者可参阅我为罗兰·巴特《文艺批评文集》写的"译者序"（中国人民大学出版社，2010）。根据这种浅显的介绍，我们在这本《巴黎的忧郁》中，可以看到以词语出现的这种二级符号的大量的存在：双层屋，维纳斯，糕点，钟表，黄昏，假币，绳子，酒神杖，窗户，月亮，镜子，汤与云，光环等，它们都已不再是指实际存在的对象，而是带有着一种新的"寓意"。至于一句话、一个段落乃至一篇文章的层层"寓意"，这是书中每一篇散文诗都具有的。这是与一般意义上以叙事为主的散文的根本区别，也是与诗歌最接近的地方。

　　其次，它失去了分行和押韵这些诗歌固有的东西，但却具有了很大的抒情自由度。不论是我国，还是外国，诗歌最初都是伴随着音乐产生的，或者就是为了能唱出而写的。所以，长时间以来，各国的诗歌都是分行和有韵律的，并且随着历史的发展，各种分行和韵律都获得了确定的"意义效果"。在语言学和符号学上，这些方面均属于诗歌语句的"超音段"成分，它们参与着意义和审美的构成。例如，在我国诗歌传统中，律诗中的平仄，起着增加节奏感的作用；而韵脚则给人以不同的意义联想："江杨韵"给人以高亢和雄壮气魄，"一七韵"则让人感到压抑或嬉戏，等等。法语诗歌也讲求韵律，并且也极为复杂。法语诗歌通过三个方面得以确定：1. 诗行的音节数量（六音节诗、八音节诗、十音节诗、十二音节诗或亚历山大体）；2. 节奏，即重音现象的重复出现；3. 韵脚，韵脚又分为阳韵、阴韵、贫韵、富韵等 10 余种。这些方面都与诗是史诗、抒情诗、歌剧和悲剧等的体裁紧密关联的，而体裁又无不与内容相系。总之，这些属于"超音段"的东西直接参与着诗的意义效果。那么，在散文诗无这些东西的情况下，它的意义效果是否就受到了严重损害呢？答案是否定的。首先，由于没有了这些成分的限制，文字的运用更为自由，因此，其意义表达更为灵活；其次，音节的重音节奏，让位于句子的节奏，也并没有完全丢掉了节奏感。例如："我曾向二十来个人问过安，其中十五人是我不认识的；我曾和同样多的人握过手，而没有预先考虑到没有手套……我曾讨好过剧院经理，他用这样的话来轰我…我曾沾沾自喜于我从未干过的几次丑陋行为，我也曾厚颜无耻地否认了我高兴地做过的几件坏事，我曾拒绝帮一位朋友做一件很容易做到的事，我曾向一位十足的怪人提供过书面建议……"[①]。再如："你的头发包容着一个完美的梦，梦中满是风帆桅影；你的头发包容着无数的大海，海上季风把我们带到环境迷人的地方……"[②]。自然，这样的句式还有很多、很多。我们的感觉是，句子的对仗式或排比式结构与重复所带来的效果，就是节奏，而且是很强的节奏。它充满着激情，也富有音乐美，更适

---

① 波德莱尔：《巴黎的忧郁》（*Spleen de Paris*），怀宇（译），新星出版社，2011，见《凌晨一点钟》篇.
② 波德莱尔：《巴黎的忧郁》，同上.

合于心灵的激荡，梦幻的曲折和良心的惊厥。俄裔美籍语言学家雅各布森指出，诗学功能就在于"为自己而强调讯息"。《巴黎的忧郁》中，几乎每一篇都有这种形式的语言表达，它们不正起到这种强调作用吗？。

再其次，它属于描写，而没有叙述。本书一开头，作者在《致阿尔塞纳·乌赛》的卷首文字中就写道："我寄给您一本小书，对它，人们不能平白无故地说其既没有开头又没有结尾，因为相反，书中的每一篇都交替地互为首尾……我们可以随意地在任何地方中断，我中断我的梦幻，您中断您的稿件，读者中断他的阅读；因为我不打算把读者不想再前进的意愿系在一根没有尽头的多余的情节线上……"①。这就告诉我们，在这些散文诗中，没有时间和故事的接续，每一篇都像是在一个时间点上铺展开来，"现在的时间是永恒"。从符号学上讲，"在话语的组织形式层次上，我们也把对立于对话、叙事、画面等的一种表面序列称为描写"②。描写，是抒情的手段，而这种抒情则无不依靠修辞学上的换喻和隐喻。按照雅各布森著名的直觉理论，这些修辞手段就"在于诗学话语对应于聚合关系在组合关系轴上的投射"③。所谓聚合关系，简地说，现在就是指同一范畴的词语即同义词、反义词、近义词其各个词项在语链的确定位置上的替代关系，由此引起诗歌话语中经常出现同位素性的成分，这便是描写的最大特点。例如："有一个美好的国度，传说就是理想中的乐土……那里是一个奇异的地方……那是一处真正的乐土，那里，一切都是美好的、绚丽的、宁静的、

---

　　① 波德莱尔：《巴黎的忧郁》(*Spleen de Paris*)，怀宇（译），新星出版社，2011，见《凌晨一点钟》篇.

　　② 格雷马斯、库尔泰斯合著：《符号学，言语活动理论的系统思考词典》(*Sémiotique, dictionnaire raisonné de la théorie du langage*, Hachette Livre, 1993)，p. 92.

　　③ 格雷马斯、库尔泰斯合著：《符号学，言语活动理论的系统思考词典》(同上)，p. 283.

宜人的；……那里，生活显示着丰富与甜蜜；那里，混乱与意外均被排斥干净；……我告诉您，那是一处真正的乐土，那里，一切都是富足的、清洁的和光亮的……"①。可以看出，这里使用的所有词语都是为了说明那个"国度"之"美好"的，而在"那里"一词之后的所有词语要么是相近的（"美好的""丰富""甜蜜""富足的"等），要么虽是上述词语的反义词（"混乱"和"意外"），但由于"被排斥干净"而又返回到近义词。这就是文本中的同位素现象。

最后，我们再从陈述活动方面来看一看波德莱尔散文诗的特点。陈述活动属于说话者对于语言的语用关系，其中，最重要的方面便是其主体的"意愿性"。而意愿性又与表达这种意愿性的"模态"直接相关。所谓"模态"，指的是可以改变谓语的成分，即真正谓语前面的"半-助动词"成分。法国符号学家格雷马斯于20世纪70年代对"模态"做了深入研究，总结出了陈述活动的几个最基本的模态，它们是"想要""应该""能够""懂得"，并且，他进一步论证了"想要"是最可以表达主体主观情感性的模态。重读译本，我特意留心波德莱尔在抒发主观情感方面的"模态"习惯。自然，是"想要"（或"想要-是"）居多。但我也注意到，"应该"（或"使-应该"）模态也不乏存在。作为前者，有许多动词都可以与之联系在一起，例如"渴望""被……赞美和爱慕""寻找""希望""点燃……渴望""恳求"，等等；作为后者，例如"应该永远陶醉……为了感觉不到那压垮您的肩膀和使您向地面垂倾的重负，您应该无休止地陶醉"，"最宜人的快乐，是为其提供超出其所希望的东西，以便使其惊讶"，"让那些园艺学的炼丹士们去寻找、去一再地寻

---

① 波德莱尔：《巴黎的忧郁》（*Spleen de Paris*），怀宇（译），新星出版社，2011，见《遨游》篇.

找……", "让我长久地衔住你乌黑组大的辫子吧", 等等。但仔细思考, 这种 "应该" 难道不也是一种变相的 "想要" 吗? 对于 "模态" 使用习惯的研究, 可以帮助了解一位作者抒发主观情感性的特点, 而作者在不同时期的 "模态" 使用习惯, 也可以有助于了解作者写作的发展脉络。

我在《波德莱尔散文选》的译后记中, 曾经对作者在其诗集 *Fleurs du mal*（《恶之花》）中使用的 "mal" 一词做过辨析, 认为它真正的意思是 "痛苦"。这一点, 我们通过《巴黎的忧郁》会理解得更为清楚: 从词义上讲, 忧郁是痛苦的一种表现, 而书中那些 "愿望"（"想要"）的无力实现和破灭, 即始终与 "对象" 保持着 "析取" 的状态, 又为 "痛苦" 之解提供了符号学上的论证依据。

第七节　谈激情符号学

对于人的 "激情" 的符号学研究, 始于 20 世纪 80 年代, 从此, 符号学研究进入了一个新的阶段, 而在这一阶段中, 格雷马斯、丰塔尼耶、柯凯和埃诺等学者在不同的方面都做出了自己的努力, 并获得了人们的肯定。而在此之前, "20 世纪 50、60 年代, 在言语活动领域里谈论情感、感觉、激情和心灵状态, 不止是一种错误, 而且是一种审美缺陷, 甚至是一种严重的科学愚蠢行为"[1]。我们都还记得, 巴特正是在 60 年代宣布了 "作者的死亡": "一个事件一经讲述……作者就步入他自己的死亡, 写作就开始了"[2]。用现代符号学的观点来看, 他当时说的 "作

---

[1] 埃诺主编:《符号学问题》（*Questions de sémiotique*, sous la dir.d'Anne Hénault, Paris, PUF, 2002）, p. 601: 丰塔尼耶（Fontanille J.）的文章《激情符号学》（«Sémiotique des passions »）.

[2] 巴特:《全集 II》（*Oeuvres complètes, tome II*, Paris, Seuil, 1994）, p. 491.

者"，应该是"叙述者"或"发送者"。但是，过了没有多长时间，随着语言学与符号学研究领域的扩大和可操作工具性概念的增多，这种禁忌就被打破了，甚至被巴特在自己的《恋人絮语》中采用的带有"结构"特征的分析方法打破了。今天，形式分析即符号学分析从不同方面进入了主体（包括叙述者）的情感领域，从而形成了符号学研究在语用维度和认知维度之外的另一新的维度：情感维度或激情维度。下面，笔者拟简要介绍一下人们对于激情的符号学研究现状在探讨主体时所采用的激情符号学分析方法。

一、模态理论的建立

激情符号学研究之基础，是格雷马斯提出的相关理论。

格雷马斯从着手对于"激情"进行研究，就承袭了他在动作符号学即叙述句法方面的研究方法。所谓叙述句法，是指借助于对所希求之价值对象的获得、剥夺和分享而进行事物状态转换的一种基本句法。而叙述句法的发展依据，则是模态理论的建立与应用。格雷马斯1976年发表的《建立一种模态理论》一文，对于模态理论的建立具有阶段性的意义，模态理论已经成为他的符号学重要组成部分。在文章中，他把"模态"定义为"主语对于谓语的改变"，而这种定义"可以使我们一下子就辨认出两个谓语的主从结构：做（或'进行'）vs 是（或'存在'）"[1]。他由此出发，确定了两种基本陈述，即"作为陈述"和"状态陈述"；"作为陈述"的逻辑功能就是"转换"（transformation），"状态陈述"的逻辑功能就是"附连关系"（jonction），后者包括"合取"与"析取"关系。他在这篇文章中首次提出了建立在对于叙述话语的分析和几种欧洲语言的描

---

① 格雷马斯：《论意义 II》（*De sens II*, Paris, Seuil, 1980），p. 67.

述基础上的四种"临时"的"模态"：/想要/，/应该/，/能够/和/懂得/（也可翻译成"会"）（作者后来又在《懂得与相信》一文中把"懂得"与"相信"做了比较①，后来有人也把"相信"确定为一种模态）。其实，这几种"模态"，就是法语中从前称之的"半-助动词"，它们今天被称为"模态助动词"②。1989年5月23日格雷马斯在与里科（Ricoeur R.）就建立激情符号学进行的辩论中这样说过："我说，想必有某种前提，我最早将其称之为'情绪体'，随后，这种情绪体分解为与之相连接的多种模态"③。这四种"临时"模态都可以与"做"和"是"进行组合，并借助于"符号学矩阵"连接成多种模态存在方式，其中"应该-做"和"想要-做"是"潜在中的模态"，"能够-做"和"懂得-做"是"现时中的模态"，"使-做"和"使-是（存在）"是"实现中的模态"；并且，前两种模态属于"语言能力"，后四种属于"语言运用"。该文尤其对于"应该""想要"与"做"的结合做出了分析，指出，各种"应该"构成"道义符号学"，而各种"想要"构成"意愿符号学"，并且，它们"可以帮助阐述文化类型的某些方面，更准确地讲，可以帮助描述相对于社会的个人的'态度'"④。模态与主体便由此建立了关系。

　　格雷马斯于1979年发表的《论存在的模态化》一文，使得建立激情符号学的研究工作向前迈出了一大步。该文开篇就告诉我们："一种语义范畴借助于在符号学矩阵上投射情绪范畴可以具有价值，而情绪范畴的两个相反项便是/惬意/vs/不悦/。这

---

① 格雷马斯：《论意义 II》（*De sens II*, Paris, Seuil, 1980），p. 115-133.
② 里格尔、佩拉、里乌（Riegel M., Pellat J-Ch., Rioul R.）合著：《法语系统语法》（*Grammaire méthodique du français*, Paris, PUF, 1994, 2009），p. 453.
③ 埃诺：《能够就是激情》（*Le pouvoir comme passion*, Paris, Seuil, 1994）后面所附《格雷马斯与里科 1989 年 5 月 23 日辩论整理》一文（«Transcription du débat du 23 mai 1989 entre A.J.Greimas et P. Ricoeur»），p. 203.
④ 格雷马斯：《论意义 II》（*De sens II*, Paris, Seuil, 1980），p. 93.

可以说是一种本体感受范畴，人们就借助于这种范畴来非常概括地寻找生活在一种场合或属于一种场所的任何人赖以'自我感觉'或对其环境做出反应的方式"[1]。而情绪范畴通常被看作语言学上/有生命（活）/vs/无生命/（死）范畴中的/有生命/项。作者随后又对"情绪空间"与"模态空间"做了分析，指出，"情绪空间，在抽象结构层次上，被认为再现活着的人的各种基本表现与其环境的关系……而模态空间在覆盖同一场所的同时，表现为情绪空间的一种载体和一种多方连接方式"[2]。因此，在价值的转换之中，除了需要在符号学矩阵上选择适当对象即价值的义素术语之外，还要选择情绪术语，也就是要"投身于连接主体与对象的关系之中"，即"附连关系"之中。于是，主体与对象的关系便具有一种"多余的意义"，即"情感性"意义，而主体的存在则被一种特殊方式所模态化。作者随即为我们开列了"存在"的多种"模态结构"：想要-存在（"希望的"）、应该-存在（"必须的"）、能够-存在（"可能的"）、懂得-存在（"真实的"）以及它们各自的"相反项"和"矛盾项"，并且明确："所谓潜在中的'想要'和'应该-存在'更为'主观'、更为接近主体，而与之同时的所谓现时中的模态'能够'和'懂得-存在'则更为'客观'"[3]。不难想象，这些模态与"对象"的合取或析取，将会产生丰富的情感表现。格雷马斯在1981年发表的《论愤怒》(«De la colère»)一文就把"愤怒"这一情绪表现从模态方面做了出色的分析，指出，"愤怒"是人从"期待"（想要合取或想要被合取）、到"不高兴"（一直处于非-合取即析取的状态）、再到"报复"（对于受到"侵犯"的反应）的过

---

① 格雷马斯：《论意义 II》(De sens II, Paris, Seuil, 1980)，p. 95.
② 格雷马斯：《论意义 II》(同上)，p. 95.
③ 格雷马斯：《论意义 II》(同上)，p. 100.

程，从而让人们看到了激情的模态分析之前景。

二、激情符号学的建立

有关激情维度的符号学，概括说来，就是不把激情视为影响主体实际存在的心理因素，而是将其看作进入言语活动并在其中结合一定的历史和文化内涵及审美标准强化或降低这样或那样的激情价值从而得以表现和被规范的意义效果。

在后来的 10 年中，格雷马斯及其学生围绕着"激情"做了大量研究工作。格雷马斯与丰塔尼耶 1991 年出版的《激情符号学》一书，代表了这种研究的里程碑性的成果（这本书是丰塔尼耶在其老师格雷马斯拟定的提纲基础上完成的）。该书依据格雷马斯的符号学原理全面地论述了激情的认识论基础，指出："激情并不是主体所专有的特性，而是整个话语的特性……激情借助于一种'符号学风格'的作用发端于话语的结构，而这种符号学风格可以投射到主体上，或者投射到对象上，或者投射到他们的附连关系上"[1]。在此，我们对其主要内容做如下概括：

1. 明确了激情主体："在整个理论组织中，激情关系到主体的'存在'……被激情所情感化的主体，最后总是根据'存在'而被模态化为主体，也就是说被看作是'状态主体'，即便他也担负着一种作为"[2]，但是，这并不排除"在分析时，激情被揭示为像是一种作为链接：操纵、诱惑、折磨、调查、展现"[3]。

---

① 格雷马斯、丰塔尼耶合著：《激情符号学》（*Sémiotique des passions*, Paris, Seuil, 1991），p. 21.
② 格雷马斯、丰塔尼耶合著：《激情符号学》（同上），p. 53.
③ 格雷马斯、丰塔尼耶合著：《激情符号学》（同上），p. 54.

2. 确定了主体的存在模态：叙述行为者的存在模态建立在"附连关系"基础上，它们是"潜在中的主体"（非合取）、"现时中的主体"（析取）和"实现中的主体"（合取）①，这是根据话语表现从深层到表层的过程来确定的，于是，话语主体就是"实现中的主体"，叙述主体就是"现时中的主体"，操作主体就是"潜在中的主体"，而"想要与应该确定'潜在中的主体'，懂得与能够确定'现时中的主体'"②。

3. 确立了激情的"模态机制—模态安排—道德说教"的展示模式：所谓"模态机制"，就是进入"话语领域"之前的各种条件，包括主体的"情绪张力度""符号学叙事的范畴化准备"等；所谓"模态安排"，指的是起用一定模态后的各种"体态表现"；而所谓"道德说教"，指的是面对集体或集体对于激情"从伦理到审美的判断"，它是模态动词"懂得-存在"的体现；因此，这一展示模式也可以概括为"构成—安排—关注"这种话语句法（"关注"包含"道德说教"）③。

4. 为法语文化中的一般激情表现总结出了术语表，它们是"情感""激动""心情""敏感""爱好""脾气""性格"，这些激情表现会随着所使用的模态和情感活动而出现程度上的变化，从而引起上述各个名称下的次生激情，并且在不同的历史时期社会的和个人的表现也不同。

5. 为一些激情表现做出了模态解释："愿望"是围绕着一种价值对象而动的"想要-存在"，"冲动"是"想要-做"与"能够-做"的某种结合，"固执"表示的是"想要-存在"与"不能-存在"和"懂得-不-存在"相互间的关系，"希望"建立在"应

---

① 格雷马斯、丰塔尼耶合著：《激情符号学》（*Sémiotique des passions*, Paris, Seuil, 1991），p. 56.
② 格雷马斯、丰塔尼耶合著：《激情符号学》（同上），p. 57.
③ 格雷马斯、丰塔尼耶合著：《激情符号学》（同上），p. 162.

该-存在"与"相信-存在"的基础之上,是一种"持续的情感","失望"的模态表现是"应该-存在""想要-存在"与"不能-存在"和"不懂得-存在"相结合的产物,"吝啬"是"能够-存在""懂得-存在"和"不能-不存在"的相互关系,"嫉妒"是出现在两个主体间的"竞争"与"爱慕"的复杂结合状态:主体 S1的"应该-存在"和"相信-存在"与主体 S2的"应该-不存在"是一种"排他的爱慕",主体 S1的"能够-不存在"和"不相信-存在"与主体 S2的"能够-存在"之间是一种模糊的不信任,主体 S1的"不能-不存在"和"相信-不存在"与主体 S2的"相信-存在"之间是一种嫉妒的危机,主体 S1的"想要-存在"和"想要-做"与主体 S2的"想要-不存在"之间是一种反应性爱情/仇恨①。这些模态解释,无不增强了人们对于激情的符号学分析的信任度。

可以说,这是一部开创性、奠基性的著作,它使人们看到了激情符号学具有的广阔前景。至此,我们似乎可以做如下的总结:激情话语是建立在"作为模态"和"存在模态"相结合和相互作用基础上的,但不论是哪一种模态,它们都脱离不开"价值对象";因此,主体与价值对象之间的"附连关系",便构成了"激情空间";激情的发展显示出一种"变化",而这种变化即为"张力度"的各种表现。

后来,丰塔尼耶继续在这一领域进行着专注的研究工作。他在 1998 年又与齐贝尔伯格合作出版了《张力与意指》一书,对于在《激情符号学》一书中已经提出的"张力"概念所涉及的方方面面做了从组合关系和聚合关系两种结构方式上的确定,而尤其对"张力度"(tensivité)概念做了进一步探讨。他们

---

① 格雷马斯、丰塔尼耶合著:《激情符号学》(*Sémiotique des passions*, Paris, Seuil, 1991), p. 255.

认为，张力度可以根据两种范畴来连接，那便是属于组合关系
的"强度"的范畴（力量，能量，感觉等）和属于聚合关系的
"广度"的范畴（数量，展开，空间与时间，认知等）；"激情"
概念也依据这两种结构方式得到了进一步的确定："一种激情首
先是一种话语外形，它同时具有句法特征（话语的一个组合体）
和它所汇集的多种构成成分（模态、体态、时间性等）"[①]。丰
塔尼耶在 1999 年出版的《符号学与文学》一书，对于文学作品
中的激情表现给予了更为明确的阐述。首先，他明确了模态组
织产生的条件：他以"她想跳舞，但她不会跳"这一陈述（句
子）来说明："产生情感效果的一种模态组织，应该至少包含被
看作是具有方向性梯度的相互结合的两种模态过程"[②]：一种
是"激情"模态，一种是"动作"模态，它们之间的关系是"激
情既不对立于动作，也不与之不可共存：激情是动作的起因或
延长"[③]。其次，他依据叶姆斯列夫将音节分解成构成成分（音
位）和表露成分（重音和音长）两个方面的做法，也把对话语
中激情的探讨划分为构成成分和表露成分："构成成分是叙述性
谓语的各种模态，表露成分是具有张力性质的话语出现的各种
变化（前景、身体表达和形象表达），而更为一般地讲，表露成
分是张力度和广度的各种表达。因此，每一种情感效果都应该
在两个平面上得到分析：一种是模态分析，它可以具体说明激
情主体的能力，即它的情感安排；另一种是张力分析，它主要
涉及到情感表达的强度价值和广度价值"[④]。最后，他完善了
激情展示的模式，将《激情符号学》一书中确定的模式扩展为

---

① 丰塔尼耶、齐贝尔伯格（Zilberberg C.）合著：《张力与意指》（*Tension et signification*, Bruxelle, Mardaga, 1998），p. 224.
② 丰塔尼耶：《符号学与文学》（*Sémiotique et littérature*, Paris, PUF, 1999），p. 67.
③ 丰塔尼耶：《符号学与文学》（同上），p. 69.
④ 丰塔尼耶：《符号学与义学》（同上），p. 75.

"情感萌发—位置—激情中轴—激动—道德说教"①。"情感萌发"
指的是主体为感受某种东西而"进入状态"（情感表露阶段），
"位置"指的是主体为感受某种激情所接受的模态（构成成分得
以建立），"激情中轴"是主体对于其所感受到的激情有所认识
的阶段（接受一种模态以便感受特定的激情）；"激动"指的是
由身体所做出的各种反映和表现（"蹦跳、激奋、轻微颤抖、剧
烈颤抖、抽动、惊跳、慌乱等……这还是张力表露成分，而尤
其是通过处于激动中的身体编码所表现出的强度"）②；"道德
说教"指的是重新返回到集体性，是控制和限制激情的"蔓延"，
并且也可以是对于前几个阶段的评价和度量。时隔三年，他又
为埃诺主编的《符号学问题总论》一书写了《激情符号学》一
文，该文除了是对于激情符号学研究的历史及现状的总结和梳
理之外，又更为明确地指出"构成成分是模态过程的散在单位，
表露成分是强度和数量在一个不能再切分的相关平面上的连续
变化"③，同时总结出激情表露的六种编码，从而使激情的符
号学分析更具操作性，也更接近现象学的维度：身体（和趋向）
编码（因为强度与数量的变化会引起身体动作的变化）、情绪编
码（强度与数量所引起的惬意与不悦以及在它们相互交替方面
的变化）、模态编码（强度与数量的变化所引起的模态语义的转
换）、视角编码（"情感的突发或数量可以使一位行为者成为一
个过程的视点中心……这种位置是通过'编码'表现出来的：
语态、主题的进展、几何的或环境的视角等"④）、节奏编码（"强
度张力与数量张力借助于一种真正的体态形式与一种速度之间

---

① 丰塔尼耶：《符号学与文学》（*Sémiotique et littérature*, Paris, PUF, 1999），p. 79.
② 丰塔尼耶：《符号学与文学》（同上），p. 80.
③ 埃诺主编：《符号学问题》（*Questions de sémiotique*, sous la dir. d'Anne Hénault, Paris, PUF, 2002），p. 510.
④ 埃诺主编：《符号学问题》（同上），p. 624.

的结合而产生新的作用"①）和形象编码（"张力变化投射到形象场面、它们的行为者和它们的时空形式上，会引起……以某种方式描述过的一些意义效果"②）。我们看到，借助于这些编码，激情的意义效果变得越来越可以被观察和被描述。

三、科凯的"激情主体"研究与埃诺的"感受"研究

在激情符号学研究方面，科凯（又译：高概）和埃诺另辟蹊径，也做出了自己的贡献。他们都是巴黎符号学学派中有影响的学者，科凯根据与判断主体相对立的激情主体来建立对于激情维度的研究，埃诺通过"感受"无情感词语表现的文本来发现激情。

科凯多年来一直从事文学话语"主体"方面的研究工作，而且尤其看重正在进行中的话语，因为这种话语承担着主体在世界上的"出现"方式，并以此奠定主体的身份。我们现在以他较后出版的《寻找意义》一书的观点来介绍一下他的研究成果。他认为，意指世界与既是言语主体又是感知主体（他们可以说是连在一起的）的一位主体相关，而这种世界是由一种行为者机制支配的，"该机制由三种"行为者"承担：第一种行为者（非-主体和/或主体），第二种行为者（对象世界），第三种行为者（是内在的或超验的）"③ ——而第三个行为者就相当于叙述者（发送者）。在这三种行为者中，科凯认为，第一种行为者是主导性的，因为正是它在体现着话语主体的"出现"方式，所以，它也是激情主体。关于这个行为者即激情主体，"话语符号学建议区分与非-主体的活动相连接的'为主项宾词增加属性

---

① 埃诺主编：《符号学问题》（*Questions de sémiotique*, sous la dir. d'Anne Hénault, Paris, PUF, 2002），p .624.
② 埃诺主编：《符号学问题》（同上），p. 626.
③ 科凯：《寻找意义》，（*Quête du sens*, Paris, PUF, 1997），p. 7.

的活动'与主体所特有的'断言活动'……"①，并且，激情主要体现在"非-主体"方面，因为是它承载着外来的"闯入"，而"主体"则"控制着意义"②。那么，"非-主体"具体地表现为什么东西呢？"身体即非-主体在最好地形象化地展示自主性、因此也是自由性的堡垒"③，他说：话语活动"是两个方面的：在身体方面，是主体在为主项宾词增加属性，并在为主项宾词增加属性的同时，揭示它的真实情况；随后，在人称方面，由主体恢复自制能力（即准确地表达理性思维）"④。关于"非-主体"的确定标准，有的学者做了这样的归纳："有三种标准在确定非-主体：没有判断、没有历史、他作为执行者的过程之数目不多"⑤。不过，非-主体与主体之间的关系是辨证的："非-主体只有在主体给它让出位置的情况下才得以表现，反之亦然"⑥，"主体在明确激情结构的同时，确保着对于非-主体的控制"⑦。为了说明科凯的论述，我们这里转引他在书中分析的普鲁斯特《追忆似水年华》中的一段文字，其背景是，斯万在意外地听到万特伊再一次表示其对于奥黛特的爱情的奏鸣曲短句时，相反感受到了一种"巨大的恐惧"，他竟然撞到了"这个神秘世界"一直关着的门上，因为在这个世界里，他早先经历过这种快乐：

"斯万面对着重新体验到的快乐一动不动，他瞬间看到一位叫他怜悯的不幸之人，因为他没有立刻认出这个人来，因此，

① 科凯：《寻找意义》（*Quête du sens*, Paris, PUF, 1997），p. 8.
② 科凯：《寻找意义》（同上），p. 9.
③ 科凯：《寻找意义》（同上），p. 12.
④ 科凯：《寻找意义》（同上），p. 13.
⑤ 贝特朗（Bertrand D.）：《文学符号学概论》（*Précis de sémiotique littéraire*, Nathan HER, 2000），p. 229.
⑥ 科凯：《寻找意义》（*Quête du sens*, Paris, PUF, 1997），p. 14.
⑦ 科凯：《寻找意义》（同上），p. 16.

他不得不低下头，好不让人看到他两眼充满泪花。这个人正是他本人。当他明白了之后，怜悯也就停止了。"[1]

科凯分析道，这段文字中的"情感融合"是在两个"非-主体"（"明白"之前的斯万与"不幸之人"）之间进行的，并且是"怜悯"将他们联系在了一起，而当"主体"（"明白"之后的斯万）重新找回到他的判断角色后，这种怜悯也就结束了。根据科凯的上述理论和这个例证，我们似乎可以做这种理解："非-主体"是想象情境中的主体，而"主体"是回到现实中的主体。结合我们的分析对象，我们完全有理由说，我们前面所举巴特"哀痛"中属于"互文照应"和"托梦"的两个例子，其情感沟通实际上都是在两个"非-主体"之间进行的，读者可自行体会，这里就不再复述了。一般认为，科凯的"主体性"理论是对于格雷马斯激情模态理论的一种补充，因为后者在论述激情时只谈模态，而不涉及主体本身。

埃诺曾在七年当中对于主体的"感受"进行认真研究，最后以《能够就像是激情》一书作为成果出版。她在该书《前言》中概述的基本方法是：面对表面上无感情的话语，找出不取决于情感性的词语化过程的一种激情维度和在"感受"（l'éprouver）的"内在颤动"于语言学上出现的地方，标记这些颤动。在埃诺看来，"'体验'一种事件，就要求有一种态度，而这种态度并非必须属于回顾和明确的意识，它尤其被'感受'所确定……它是一种纯粹的体验，因此它完全地受内心的话语句法的最初安排所左右"[2]。为了进行这项研究，"我坚决地回到纸上的主体上来，并且另一方面，我认为必须从那些其激情

---

① 科凯：《寻找意义》（*Quête du sens*, Paris, PUF, 1997)，p. 17.
② 埃诺：《能够就像是激情》（*Le pouvoir comme passion*, paris, PUF, 1994)，p. 4-5.

构成成分不是张扬而是非常隐蔽、甚至是被克制的文本开始。这部专著是对于一种无人称和原则上是无情感表现的历史资料所进行的个人的和激情维度的研究"①。她为此规定了选择素材的三项标准：

1. 必须选择"那些表面上无情感表现、但是从感受上讲，却是（带有出现之'香味'）的文本"②，

2. "必须寻找那些'被感受对象'（l'éprouvé）只能通过推理才能标记出来的文本"③，

3. "必须汇集各种解读条件，以便使（被掩盖的、非暗语性和个人独白式的）激情维度成为可观察得到的"④。

按照这些条件，被作者选中的资料是 17 世纪法国国王亨利四世的国家财政顾问罗贝尔·阿尔诺·当蒂伊（Robert Arnault d'Antilly，1589-1674）写于 1614-1632 年间的多卷本日记。那么，在这样一部编年史的历史事件日记中，如何进行有关激情的符号学分析呢？或者说如何找到对于"被感受对象的"一种"绝非是间接的观察"呢？作者采用了两种"途径"：一种是"历时性的"，它在于在"如此长的日记中找出一个时代的发展速度，找出直接地和忠实地记录下的历史人物在现场时的情绪与脾气"⑤；另一种是"共时性的"，这一途径包括两个方面：一是"陈述"平面，正是在这一平面上，展示着"主体"与"对象"之间关系的一种新的变化，"对象被看作是具有引诱能力的，而主体在某种程度上是被对象所钝化和吸收的"⑥；二是陈述活动平面（"陈述"的组织过程），可是在路易十三时期，建立陈

---

① 埃诺：《能够就像是激情》（*Le pouvoir comme passion*, paris, PUF, 1994），p. 7.
② 埃诺：《能够就像是激情》（同上），p. 17.
③ 埃诺：《能够就像是激情》（同上），p. 17.
④ 埃诺：《能够就像是激情》（同上），p. 18.
⑤ 埃诺：《能够就像是激情》（同上），p. 19.
⑥ 埃诺：《能够就像是激情》（同上），p. 21.

述活动的个人激情的努力被认为是荒唐的，而按照对于符号学的建立做出巨大贡献的语言学家本维尼斯特的标准，以历史事件为主要记录对象的活动，所涉及的是历史陈述活动，它不属于"被感受对象"，所以，作者的分析便集中在"陈述"方面。

以上，我们粗线条地介绍了激情符号学的研究方法，我们将在第四章结合巴特在《哀痛日记》中的激情表现做出具体分析。不难看出，情感维度或激情维度已经无可争议地构成了符号学研究的重要内容之一。但是，相对于符号学研究的语用维度和认知维度，情感维度建立的时间尚短，需要进一步确立和探讨的内容也还很多。就此，笔者指出以下两点：

激情符号学研究仍在进一步深入与完善。继我们上面援引的那些著述之外，在法国，后来又有朗多夫斯基（Eric Landovski）的《无名称的激情》（*Passions san nom*, 2004）和丰塔尼耶的《符号学实践》（*Pratiques sémiotiques*, 2008）等著述出版，他们从不同方面进一步探讨了激情的本质与表现特征；同时，在英、美等国，也有学者进行着有关"激动"（或情绪）的研究和依据皮尔斯的符号学思想来从

事激情探讨。可以预见，有关情感性的符号学研究今后会有一个较大的发展。

第三章　结构主义美学

　　由汝信先生主编的《西方美学史》第四卷由中国社会科学出版社于 2008 年 5 月出版。我承担了其中第十二章"结构主义美学"的编写。这里汇集的文章，当时都是为这一章而写的，体例也是大体一致的。成书时，只收录了前四篇。此次，我一并将其放在这一章之内。

第一节　概　论

　　如果不考虑"结构"概念的确立历史的话，那么，作为一种被明确提出的新方法论的结构主义，是离我们并不太远的事情。从总的情况来说，其理论基础是瑞士语言学家索绪尔的语言学理论；其得到发展和在语言学领域之外的应用，则经历了差不多 30-40 年的光景；其形成一股潮流或主张，是 20 世纪 50-70 年代的重要事件；其影响和成果，则表现为它为符号学的发展打下了基础，并完全汇入了正在获得独立地位的这一学科之中。

　　把索绪尔的结构语言学的模式引入人文社会科学，首先是雅各布森和克洛德·列维-斯特劳斯的贡献。雅各布森对于语言学的研究是多方面的，但他尤为人所知的是他的言语活动的传播模式和他对于索绪尔联想关系与句段关系的阐述与发展。他的传播模式的提出为后来的传播学奠定了基础，他从对于失语症的两种错乱现象（相似性错乱和临近性错乱）的研究中发现了语言学上的联想关系和句段关系与诗学上的隐喻和换喻的一致性。克洛德·列维-斯特劳斯是在人类学研究方面实现了与结构语言学模式相结合的。他在 1945 年就发表了论文《语言学结构分析与人类学结构分析》，而他于 1949 年发表的博士论文《亲属关系的基本结构》（*Structure élémentaire de la parenté*）则是人文社会科学领域结构主义的奠基性著作。他在这部著作中告诉我们，"原始"社会中的亲属关系是由结合法则与分离法则主导的，这就像主导着一种语言所有发音的关系的法则那样。而且，正是在这部著作发表之后，结构主义在法国开始蓬勃发展了起来。

法国的结构主义兴起于 20 世纪 50 年代，一直延续到 70 年代。在这一时期，除了克洛德·列维-斯特劳斯之外，还出现了雅克·拉康在精神分析学上的结构主义探索、阿尔杜塞在马克思主义研究方面的结构主义探索、罗兰·巴特在文学艺术上的结构主义探索、福柯在哲学方面的结构主义探索等，随后还有格雷马斯、热奈特、托多罗夫等人在文学领域的研究。这些探索，都在不同的领域获得了一定有价值的研究成果。

尽管研究的领域不同，但是，我们却可以概括出结构主义研究在各个领域的共同特点。

在理论上，它们都强调结构对于事件或现象的重要性。他们认为，社会的各种程序都分布在其最基本的结构范围之中，而这些结构通常是潜意识的。在人们正在经历的东西与他们有意识地经历的东西之间，存在着某种差距（décalage）。正是这种差距在产生人们的话语，而无法恰当地阐述实际社会程序的人们就是靠这种差距来谈论他们的行为。就像语言借助于其区别性关系来产生意义那样，正是社会的组织情况在主导着人的某些实践活动和某些精神活动。

在应用范围上，按照克洛德·列维-斯特劳斯的话来说，是"提供某种系统特征的"一切东西，也就是说，是那些其一种要素的变化或被取消一定会带来整体变动的东西。因此，结构主义的方法，便在于根据一种现象在它所属的整体内部的位置来阐释这种现象，依据的原则是被认为相对地不变化的结合与分解活动，其具体做法就是"切分"出一些最小的单位，然后在它们之间确立各种关系。因此，结构主义尤其看重"共时性"研究，而不顾及"历时性"研究，即对于孤立要素的产生或历史的研究。按照结构主义观点，正是所有构成要素在同一个整体内的同时存在在提供可理解性。

结构主义在文学艺术上的应用，自然也是遵循上述理论和方法的。它把文学艺术作品看作一个独立的封闭整体，它将一种有关符号和意指的理论与作品中的一种接换/替代分析联系起来，它研究作品内部的稳定的关系系统。

在涉及文学事实的时候，结构主义研究不大考虑真实的文学作品的多样性，而是更关注作品的思维结构、叙述结构和它们的"文学性"。具体说来，结构主义把文学看作是由符号组成的一种言语活动，但这种符号却不是初级符号，而是由一个声音形象（能指）与一个概念（所指）组成的符号与另一个新的概念结合而成的"二级"符号；这种符号的能指常常是"不稳定的"（克洛德·列维-斯特劳斯语）或"无限变化的"（罗兰·巴特语）；符号之间的结合是依据索绪尔语言学理论中的聚合关系和组合关系来进行的，由此产生了文学创作的最为重要的两个修辞手段——隐喻和换喻，这是雅各布森的发现，而罗兰·巴特又对此做了更为简明的阐释:"与选择方面对应的,是<u>隐喻</u>,它是用一个能指取代另一个能指,而这两个能指具有相同的意义,甚至具有相同的价值;与结合方面对应的,是<u>换喻</u>,它是依据一种意义从一个能指向着另一个能指的滑动"[①];在叙述结构上,结构主义研究常为作品找出一种模式,例如格雷马斯在总结俄国学者普洛普的民间故事形态的基础上为整个叙事文找出的叙事模式:主体——对象、发送者——接收者、助手——对手,以及他总结出的符号学矩阵和陈述模态,还有罗兰·巴特为叙事文概括的"功能性句法"。这些模式,便把人带到了结构主义美学探索的一个重要概念——"文学性"(littérarité)上来。这一概念是雅各布森 1919 年在其《俄国新诗》一文中提出的,他说:"文学科学的对象,并不是文学,而是文学性,也就是说使一已知作品成为文学作品的东西",他又说,"如果文学研究要想成为科学,那就应该……找出操作手段"[②]。这样一来,对于作品所共有的言语活动方面的或文本构成方面的特征的辨认,便成为文学研究的主要对象。热奈特对于"叙事话语"的研究,便集中在了叙事文的"顺序""延续""频率""方式""语态"方面;托多罗夫对于"叙事诗学"的研究便集中在了叙事句法的转换方式和类型方面。

结构主义对于戏剧的研究,也是集中在了"戏剧性"(théâtralité)上,按照罗兰·巴特的定义,戏剧性"那就是减去文本之后的戏剧,就是依据所写出的剧情梗概而建立起的一定密度的符号和感觉,就是对于色情技巧如姿态、声调、距离、实质、灯光的普遍感知"[③]。

---

① 巴特:《文艺批评文集》(*Essais critiques*, Paris, Seuil, 1964),p. 241.
② 雅各布森:《诗学问题》(*Questions de poétique*, Paris, Seuil, 1973),p. 15.
③ 巴特:《文艺批评文集》(*Essais critiques*, Paris, Seuil, 1964),p. 45.

结构主义研究，对于传统审美价值提出了挑战。在结构主义者看来，"对于一部作品的价值判断就取决于这部作品的结构……价值被内含在作品当中"①。

结构主义在其发展过程中，明显地暴露出一定的不足或缺陷。

其一：结构主义研究局限于共时性，以便找出被研究对象的结构，因此结构主义研究者们都是在历史的一个既定时刻来研究结构的，并把这一时刻看作是不变的，这样一来，人与社会在历史中的沿革便被置于一旁而不顾。

其二：结构主义取消社会结构确定过程中的任何个体性、任何个体动作，只寻找集体潜意识的东西，而在文学艺术中，则取消创作的主体——作者。个体和个体之间的关系是由社会结构即某种集体潜意识决定的，这是正确的，不过这只是问题的一个方面。原始社会中，个体的意识只能通过集体意识表现出来，但在进化了的社会中，个体和个体之间关系的变化也在改变着社会的结构，这又是问题的另一个方面，同样也是正确的。所以，过分强调共性，便有碍于发展，也就无法使人正确理解变化着的事物。

其三：苛求共时，追求模式，难以摆脱形式主义的弊端。所以，人们有时将结构主义与形式主义画等号，也是可以理解的。

结构主义作为一种活动，或者作为一种方法论，其鼎盛时期已过。其研究成果已经汇入至今在发展的符号学之中，这是因为结构主义带有一定的科学特征，它部分地结揭示了事物的本质。格雷马斯在总结结构主义时这样说："我们一般将 20 世纪 60 年代在法国进行的全部受语言学启发的研究工作都排列在法国结构主义的名下，这些研究涉及到各个人文科学领域。

---

① 托多罗夫：《诗学》（*Poétique*, Paris, Seuil, 1968），p. 104.

由于它的成功，它不幸很快地就变成了某种时髦的哲学……作为科学态度，结构主义有它的价值。它的特征或者表现为对于内在结构的研究，或者表现为对于模式的构建：不管在哪一种情况里，它都保持着一种原则，即根据这种原则，被考虑的认识对象是关系（或结构），而不是术语或类别。结构主义的自发价值保留完整，而确定其特性的态度完全可以比之于例如搞活自然科学的态度。正是从结构主义起，符号学在它冲破语言学框架的时刻得以发展"①。

第二节　列维-斯特劳斯

一、生平及结构思想的形成

克洛德·列维-斯特劳斯（1908-2009），是 20 世纪西方著名学者，人文社会科学领域结构主义的奠基人。他是人类学家，但是，他的人类学注重理论探讨，而且研究对象又多是构成文化现象重要内容的神话与艺术，因此，又被称为文化人类学。

他 1908 年出生于比利时，父母都是法国人。父亲是位职业画家，家庭的熏陶使他从小就对艺术有着格外的兴趣。上大学时，他由于自己在数学方面很差而选择了哲学。尽管他不太喜欢哲学，但这一段的学习为他后来从事人类学研究打下了坚实的哲学基础。毕业后，他先是在一所中学教书，1935 年一个意外的机会使他得以到了巴西的圣保罗，在由法国创办的圣保罗大学讲授社会学。1938-1939 年，他曾得到法国政府的资助，

①　格雷马斯、库尔泰斯合著：《符号学，言语活动理论的系统思考词典》(*Sémiotique, dictionnaire raisonné de la théorie du langage*, Paris, Hachette Livre, 1993)，p. 359.

深入到巴西中部印第安人部落考察，获得了亲身的体验，搜集到大量资料，从此开始了他的人类学的初步研究工作。第二次世界大战爆发以后他返回法国，在法国军队中服役。1941 年，由于他有犹太人的血统，在纳粹分子对欧洲大陆的犹太人迫害有增无减的情况下，他在一位亲戚的帮助下西渡美国，先后在纽约新社会研究学院和高等研究院任教授，主讲社会学，并于 1946-1947 年担任法国驻美国文化参赞。其间，他结识了罗曼·雅各布森。他 1948 年返回法国，在国家社会科学研究中心担任研究员和人种学教授，后又在巴黎大学任教，1959 年担任法兰西公学（Collège de France）社会人类学教授。1973 年，他当选为法兰西学院（Académie française）院士。他 2009 年去世，享年 101 岁，似乎是最年长的大学者。

在几十年的学术研究和教学工作中，列维-斯特劳斯建立起了自己的理论体系，这一体系在 20 世纪文化思潮中占据着重要位置。他思想新颖，大胆创新，为人们都知晓的事实提出了新的观察方法。这种方法，即结构的方法，因此，他的人类学又被称作结构人类学。但是，这种人类学不是凭空出现的，它是在吸收了前人的研究成果、特别是 20 世纪初以来人文科学领域内重大理论研究成果的基础上建立起来的。从大的方面讲，列维-斯特劳斯主要接受了三方面的影响。

首先是现代语言学的影响。由索绪尔始创的结构语言学理论，是列维-斯特劳斯进行人类学研究的主要理论和方法依据，我们甚至可以说，他的方法从根本上讲，就是把结构语言学的原理运用到了非语言学的材料上。正如法国学者让·布甬所说：列维-斯特劳斯"正是从索绪尔的语言学、特鲁别茨柯伊（Troubetskoy）和罗曼·雅各布森的音位学方法中，得到了启发：不仅要研究有意识的现象，还要研究潜意识的基本结构；不仅要承认一系统各个要素具有独立实体的一种价值，而且要承认其位置意义，也就是说取决于连接这些要素和使之对立的各种关系的意义，并且把这些关系作为分析的基础；同时，也还要承认这些关系在可以找出其结构的一种相关系统中只具有一种位置意义"①。

其次是来自社会学方面的影响。在这一方面，似乎可以以他去美国避难为界

分为两个阶段。赴美之前，他主要接受了马塞·莫斯（Marcel Mauss，1872-1950）的社会学思想。莫斯是法国现代实证社会学主要代表人物迪尔凯姆（Emile Durkheim，1858-1917）的学生。他的社会学研究主要是从整体上把握社会现象，致力于阐述任何行为的物理特征、生理特征、心理特征和社会特征。他采用的研究方法与结构语言学的方法极为相似。受这一方法的启发，列维-斯特劳斯认为人类学研究的任务，应该是探讨"人们可以借助对于制度或言语活动的研究来实现的潜意识心理结构"②。他赴美之后，广泛地阅读了美国人类学家博厄斯（Franz Boas，1858-1942）、克罗伯（Alfres Louis Kroeber，1876-1960）、洛伊（Robert Harry Lowie，1883-1957）等人的著作，吸取了他们研究之长处，从而丰富了自己的研究。对于赴美之后的这段时间，列维-斯特劳斯自己是这样评价的，他说："正是在这些年内，我真正地学习了人种学"③

最后是来自精神分析学方面的影响。早在上大学期间，他就受一位同学的影响（其父亲是一位精神分析学家），阅读了当

① 布甬（Jean Pouillon）:《作品的结构》(《 Structure de l'oeuvre »)，载《文学杂志》(Magazine littéraire, N°223, 1985)，p. 31.

②《马塞·莫斯著作导论》(«Introduction à l'oeuvre de Marcel Mauss»)，见于马塞·莫斯所著《社会学与人类学》(Sociologie et Anthropologie, PUF)，1950.

③《文学杂志》(Magazine littéraire, N°223, 1985)，p. 21.

时翻译成法文的弗洛伊德的著述。潜意识概念在其人类学研究中尤其受到重视。我们还是引用他自己的话来说吧:"我不认为他(弗洛伊德)的解释是十全十美的,我仅看重他指出的如下事实,即潜意识可以引导到意识思维平面,并且,非理性可以是理性思维的结果。这才是主要的"①。

当然,若从更细的方面讲,列维-斯特劳斯在不同程度上,也受益于卢梭和马克思的思想以及地理学方面的知识。

列维-斯特劳斯从20世纪40年代就开始了其结构人类学的探索。他1945年8月发表在罗曼·雅各布森主办的《言辞:纽约语言学团体杂志》(*Word: Journal of the Linguistic Circle of New York*)上的论文《语言学结构分析与人类学结构分析》(《 Ananlyse structurale en linguistique et en anthropologie 》),就已经确定了其结构主义的基本原则。正像文章的题目所指出的那样,他正是在从索绪尔开始的结构语言学方面得到了启发,并用在了其对于人类学的研究方面。从此,他在一个系统的各种要素上,不去辨认各自独立的那些实体的一种价值,而是辨认一种位置价值,也就是说那种取决于将各个实体结合在一起或使之对立的关系的位置价值,并将这些关系当作分析的基础;他还承认这些关系在一种需要搞清其结构的相互联系的系统内部也只具有一种位置价值;同时,他也不再研究意识现象,而研究潜意识的基础结构。结构主义方法的使用,使他对于原始人的亲属关系、神话、图腾等的分析获得了全新的结论:亲属系统从形式上讲与音位系统相似;神话由"神话素"构成,神话之间有内在联系,它们共同组成神话网,以至不能随意截取其中的任何片断,神话中有着"完美的对称""精确的相似";

---

① 《文学杂志》(*Magazine littéraire*, N°223, 1985),《列维-斯特劳斯以33个词自解》(《 Lévi-Strauss en 33 mots 》), p. 27.

图腾是某种动物或植物与某个群体或个人之间的特殊关系所形成的信仰。

由于列维-斯特劳斯的人类学是一种文化人类学，所以，从其最初的研究开始，就不能不涉及到艺术的美学思考。尽管他没有系统的美学专著，但散见于其浩繁著述中的美学思想，已经受到人们极大的重视，并成为结构美学的重要理论依据。我们下面基本按照列维-斯特劳斯的不同研究阶段对其美学思想做一简要概述。

二、艺术与社会的关系

对于艺术与社会的关系的论述，主要见于列维-斯特劳斯1945 年至 1959 年所写的大量文章中，其中一部分已编入《忧郁的热带》（*Tristes Tropiques*，1954）和《结构人类学》第一卷（*Anthropologie structurale, I*，1958）。

在这些著述中，列维-斯特劳斯主要是借用心理学方法和形式的结构分析来比较不同的原始文化，进而说明艺术依赖于社会并表现社会。他提出的一个重要论断，就是原始文化都进行"二重性的表现"，或者，从艺术形式本身来讲，它们都是"二等分的表象"。

何谓"二等分的表象"呢？就是把原始人的艺术形式（以面部彩绘为主）既看作人从动物上升为文明人的条件，又看作人在社会内部地位的表现，也就是说，原始艺术既赋予人更高的意义，又表现为社会的等级结构。"面部彩绘首先赋予个人作为人的尊严"①，并且，它"服务于说明和肯定等级的级别"②。列维-斯特劳斯据此令人信服地解释了原始民族身体与面部的

---

① 列维-斯特劳斯：《忧郁的热带》（*Tristes Tropiques*, Paris, Plon, 1954），p. 166.
② 列维-斯特劳斯《结构人类学 I》（*Anthropologie structurale I*, Paris, Plon, 1958），p. 281.

各种表象变故，并且指出，具有一定风格技巧的面部彩绘，只出现在等级结构很强的面具文化之中。"二等分的表象"在其面具功能里似乎就是文化的工具。艺术，依靠面部彩绘来服务于社会和社会各个部分。不仅如此，这种服务还是一种补偿性活动，它成了社会各种矛盾的一种幻觉式解决方式，即一种想象的调节方式，它是其赖以产生的那个社会的乌托邦形式的隐喻。此外，列维-斯特劳斯出，原始艺术并不等于对现实的自然主义誊写，他的发现与博厄斯等人所说的在原始艺术中"形式重于自然"是一致的。

在这一时期，列维-斯特劳斯提出的另一重要概念，是艺术与"不稳定能指"之间关系的概念，这涉及到艺术的起源问题。

"不稳定能指"概念，是在列维-斯特劳斯为《马塞·莫斯著作选》所写的"序"中提出的，这一概念与象征概念不可分割。象征在人类生活的交往活动中占据着中心的位置。人类交往的特点是可表现的，并采用意指（signification）的方式。在这种情况下，交往的各种形式也就必然是一些象征系统，这些系统"旨在解释肉体实际与社会实际的某些方面，并进一步解释这两种实际之间、在象征系统的这一些与那一些之间建立的关系"①。

按照列维-斯特劳斯的观点，象征功能具有两种差距，一是象征功能的两个极即能指（signifiant）与所指（signifié）之间的差距，二是象征功能各个系统或不同象征平面之间的差距。第一个差距是与最初的象征系统即言语活动一起出现的。列维-斯特劳斯认为，"宇宙从一开始就包含着人类可能知道的整体"②，于是，人在过去和现在都生活在"一种基本的和属

---

① 列维-斯特劳斯：《马赛·莫斯著作导论》(«Introduction à l'oeuvre de Marcel Mauss»)，见于马塞·莫斯所著《社会学与人类学》(Sociologie et Anthropologie, PUF, 1950)，XIX.

② 列维-斯特劳斯：《马赛·莫斯著作导论》(同上)，XLVII-XLVIII.

于人类条件的境遇之中"，人"从其起源时起，就拥有他难于使之与（以原型出现的、但却不能因此而被认识的）所指相吻合的能指完整性"[1]，这就是说，能指与所指不完全对称。因此，人在社会实践和理解社会的活动中，总是拥有剩余的意指，象征思维就表现为对于这种剩余意指的分配，在这种情况下，能指呈现出一种自由状态，即"不稳定能指"。

列维-斯特劳斯认为，神话虚构和艺术创作就植根于这种不稳定能指之中，而艺术和神话产品的普遍性，就是由于不稳定能指不停地伴随着人的历史历程而形成的。这种提法新颖独特，它比笼统地把艺术起源归于社会实践的提法似乎更进了一步。

象征功能的第二个差距（列维-斯特劳斯有时也称之为第一差距的"第二次拆分"），是象征功能由各种象征系统来承担这一情况造成的。这些系统之间经常处于矛盾之中，加之它们是历史地形成的，相互间存在着"不可简缩性"，因此，"没有一个社会曾经是完整地和全面地建立在象征之上的；或者更准确地讲，社会从未能够向所有的成员同等地提供完全适用于建立一种象征结构的方式"[2]，于是，这便导致在任何社会中经常出现处于外围地位的个体，他们以其"外围"人的思维"形象地表现某些在集体平面上无法实现的妥协方式，去虚构一些想象的转换，去具体地表现一些不可并存的综合"[3]。这便是各个社会中具有非正常行为的那些人，于是，社会中的巫神、中魔仪式参加者，或者那些神经官能症患者的"象征流露"，就可以解释成为：这些人都怀有一种期望，他们期望以乌托邦的隐

---

① 列维-斯特劳斯：《马赛·莫斯著作导论》(«Introduction à l'oeuvre de Marcel Mauss»)，见于马塞·莫斯所著《社会学与人类学》(*Sociologie et Anthropologie*, PUF, 1950)，XLIX.

② 列维-斯特劳斯：《马赛·莫斯著作导论》(同上)，XX.

③ 列维-斯特劳斯：《马赛·莫斯著作导论》(同上)，XX-1.

喻进行"社会的平衡",而想象出来的事物便对社会之不足充当着弥补的作用。在这些论述中,列维-斯特劳斯是把潜意识概念视同为象征功能概念的,因此,他在巫神与精神分析学家之间、魔法与精神分析之间建立了可比性。

列维-斯特劳斯认为,象征功能的这两种差距是密切相关的:"外围"思维总是在抢占不稳定能指,"正常的思维总是所指不足,而所谓反常思维(至少是在某些表现之中)却拥有过多的能指"①。"外围"思维对于象征过程具有"活化"的作用,并产生象征性调节作用。

三、艺术创作的"压缩"模式

把艺术确定为特定文化的表现,这是《野性的思维》(*la Pensée sauvage*, 1962)一书中论述艺术的文字中的中心问题。列维-斯特劳斯首先比较了神话与科学,确定了它们之间的区别。神话是一种理智形式的修补术。即一种"零散活动",它伴随着符号进行,它通过使用时间(人类活动)的参与和碎屑来建立起结构;科学靠概念工作,它把结构(即其假说和理论)当作方法来创造事件(改造世界的举动)。然后,他又比较了艺术与神话、艺术与科学,指出"艺术位于科学与认识和神话思维即魔法思维之间"②,艺术可以说是把结构的秩序与事件的秩序汇合在一起,艺术家"用工艺方式来制作同时也是认识对象的一种物质对象"③,艺术创作是从一个整体(对象 + 事件)出发达到最终发现其结构。

列维-斯特劳斯在此下的一个重要论断是,艺术对象是一种

---

① 列维-斯特劳斯:《结构人类学 I》(*Anthropologie structurale, I*, Paris, Plon, 1958), p. 200.
② 列维-斯特劳斯:《野性的思维》(*la Pensée sauvage*, Paris, Plon, 1962), p. 38.
③ 列维-斯特劳斯:《野性的思维》(同上), p. 38.

压缩模式（modèle réduit）。这种压缩模式概念不仅包容以往的微型化风格论，而且也指造型艺术表现的整个领域，因为任何图示或造型的位移都不会是对于对象的完全遵照。

这种压缩模式，首先要求对象的比例改变。这种情况不仅出现在造型艺术中，而且也出现在词语艺术作品中，因为，在后者的情况里，人们把作品当作世界的缩影来对待，只有对这些作品进行原子论的考虑，才能看到各种感情之象征性反映的特点。"比例越小，对象整体似乎越容易把握。由于量的缩小，在我们看来，它们似乎在质上也简化了"[①]。

其次，按照这种压缩模式概念，艺术作品即便谈不上比例压缩，但其某些维度却不得不放弃。绘画放弃体积，雕刻放弃嗅觉和触觉的感受，而这些均放弃时间维度。

再就是，压缩模式是"人造的"，它不是对象的"投射或某种消极的相似物"，"它对于对象构成一种真正的经验"。这自然要涉及到创作手法即技巧问题，"挑选一种解决方法牵扯到其他解决方法……而且实际上同时呈现于观赏者的，是某一特殊解决方法所提出的一幅各种变换的总图"，掌握作品的制作方式，始终意味着要同时了解改变方式的可能性，而读者（或观者）在对作品的沉思中，是能够想到作品存在的其他可能的方式的，"这些方式对于已经搞出的作品，构成同样多的补充前景"[②]，这就是说，作品具有多种解释的可能性，而一旦读者（或观众）占有了同一作品的其他可能方式，那他也就成了施动者（agent），他就"模糊地感到自己是比创作者本人更称职的创作者"[③]。

---

① 列维-斯特劳斯：《野性的思维》（la Pensée sauvage, Paris, Plon, 1962），p. 38.
② 列维-斯特劳斯：《野性的思维》（同上），p. 36.
③ 列维-斯特劳斯：《野性的思维》（同上），p. 36.

依据压缩模式的理论来看待艺术创作,其过程就是与机会、材料和用途这三种偶然性建立联系。机会就是事件,它是创作行为之外和之前的偶然性。艺术家使用的材料之大小、形状、工具完善程度和艺术品的特殊用途也同样是创作行为不可缺少的两种偶然性。因此,"艺术创作的过程,在于寻求或与模式(实践)、或与材料、或与使用者的对话,而这要看处于工作之中的艺术家首先考虑的是哪一方面的讯息。一般说来,每一种可能性都对应于一种容易标记的艺术类型:第一种对应于西方的造型艺术;第二种对应于所谓原始的或远古时代的艺术;第三种对应于实用艺术。但是,要按字面来解释这些分法,那就会过于简单化。任何一种形式,都包含这三个方面,它只是以这三个方面相对的比例来区别于其他艺术"①。

列维-斯特劳斯进而把这三种偶然性(或称三种时刻)概括成为外在偶然性(机会、用途)和内在偶然性(以材料为依据的创作手法)。他认为,只有把外在偶然性融于创作手法因而使作品成为完美的审美对象时,才能使人动情,"如果说古代艺术、原始艺术和最富有技巧的艺术的'原始时期'是唯一不会老朽的,那么,它们就应该把这归于对于为创作手法服务的偶然事件的认可"②。列维-斯特劳斯在此还谈到了(尽管不是全面地谈到)艺术的认识功能。但是,审美认识由于是建立在解读按照压缩模式而创作的艺术作品基础上的,因而,它是一般认识过程的一种颠倒:"与我们尽力了解以真实大小存在的一件事物或单个人时出现的情况相反,在压缩模式里,对于整体的认识先于对于部分的认识"③。

① 列维-斯特劳斯:《野性的思维》(la Pensée sauvage, Paris, Plon, 1962), p. 40.
② 列维-斯特劳斯:《野性的思维》(同上), p. 43.
③ 列维-斯特劳斯:《野性的思维》(同上), p. 35.

需要进一步说明的是，列维-斯特劳斯的压缩模式概念不同于传统的模仿说，压缩模式论是一种结构论概念，其明显的特征就是把作品置于思考的中心，而且又主要是突出其技巧-语义维度和作为人造事件的品质。压缩模式也依靠模仿，缩模式论是一种结构论概念，其明显的特征就是把作品置于思考的中心，而且又主要是突出其技巧-语义维度和作为人造事件的品质。压缩模式也依靠模仿，但它所求助的恰恰是模仿的复杂性。

有人为列维-斯特劳斯有关艺术的思考做了如下概述：

"1. 艺术，可以在与文化不可分的象征过程的论证本身之中获得，而特别是在'不稳定能指'现象的连续浮现之中获得，这种连续的浮现具体地体现在进行想象综合的个人行动之中，其意义依附于构成社会生活各种象征系统的持续的相互不可压缩性。

2. 这种起源，由艺术和神话、宗教等一起来分担。相反，从其特定的存在方式来看，艺术就像是处于科学与神话之间的一种活动。它是依靠符号而非依靠概念来进行的一种思维形式；它产生的对象，是真实实体的一种压缩，这便在隐喻方面把审美认识与科学认识区分了开来。

3. 这后一点特征显示了艺术作品的手工方面和它的人造品质，不管是从作者这方面，还是从观众这方面来看，都是这样的。

4. 最后，像神话一样（而与科学不同），艺术意欲模仿真实之现象的面貌，但是，神话思维是从一种结构出发，然后赋予对象-事件这一总体以形象，艺术的路径却与此相反：它借助与偶然性的形式建立对话来赋予一种结构以形象，即是说，有时要和作品创作手法的各种困难建立对话，有时则和模式的历史特点建立对话，还有时是和艺术对象用途的变化建立对话——在这一点上，较之于与创作经验的其他偶然性对话，与创作手法偶然性的对话更为合理"①。

四、艺术与文化

列维-斯特劳斯的研究工作，并不限于原始艺术，他还对艺术史而尤其是"热"社会的艺术钟情不已。由于艺术基本是与各种偶然性的对话，所以它无法躲避历史为其带来的多样性。列维-斯特劳斯在这方面的论述，可见于他的许多著述，而尤其见于他与乔治·夏博尼埃（Charbonnier G.）的谈话和四卷本的《神话学》（*Mythologiques*，1964-1971）。这些著述重提艺术与文化间各种关系的意指，并指出，艺术潜在地表现为对于文化的一种批评。

这种论述是建立在对于"冷"社会和"热"社会的特点的区分基础上的。列维-斯特劳斯在《野性的思维》一书中这样提道："我在别处指出过，人们在'无历史的种族'与其他种族之间所做的笨拙的区分，可以更恰当地以（为方便起见）'冷'和'热'社会之间的区别来取代：前者通过它们的机制企图以半自动的方式消除历史因素对其平衡和连续性的影响；后者坚定地使历史过程内在化，从而把它变为这些社会发展的动力"②。"热"社会的特点就是不能使用曾经使原始社会抵抗其结构变化的三种智慧：1. 节约需求和保护自然资料，2. 限制人口增长，3. 把政治紧张压缩到最低点。在这样的社会里，借助于"外围"思维来使用象征功能，就是在原始文化（按照列维-斯特劳斯的观点，就是意大利文艺复兴之前的文化）依靠一种"社会神话"

---

① 梅吉奥：《列维-斯特劳斯的美学观》（*Esthétique de Lévi-Strauss*，Paris，PUF，1977），中文译本，怀宇（译），天津人民出版社，2003，p. 33-34.
② 列维-斯特劳斯：《野性的思维》（*la Pensée sauvage*，Paris，Plon，1962），p. 310.

的地方，利用一种"个人神话"。在这样的社会里，艺术生产出现了两种情况："一方面，是艺术的个体化；另一方面，是其越来越形象或越来越表象化的特征"①。

列维-斯特劳斯提醒我们，艺术生产的个体化并非指艺术家与社会其他成员之间密切联系的解体，它是近现代文化标志的各种意识普遍"单体化"的结果，是由"个人的"神话诗学引起的。艺术生产越来越形象化的特征，伴随着"意指的一种损失或减弱"。列维-斯特劳斯认为，原始艺术中，"模式总是超出其意象"②，原始人的艺术之所以不是形象的，这是因为他们的艺术浸润着对于一种真正的"对象过剩"的感觉。而近现代艺术，却是对于"复制品"热烈追求的艺术，这是因为，近现代人相信"人们不仅可以和存在交流，而且可以通过模拟象把存在占为己有"③。

列维-斯特劳斯告诉我们，这两种情况是密切相关的，它们"在功能上连在一起"④，它们都是社会分化的结果。

在这一部分内容中，列维-斯特劳斯对于词语艺术也做了深入的探讨，指出，意指的减弱同样出现在这些艺术里。他论证说，意指与结构实际上是一个问题的两个方面，意指的减弱自然伴随结构的无力。因此，按照列维-斯特劳斯的观点，文学（以小说形式为例）就像是为了获得神话所特有的结构力量而做的一种堪称勇敢的努力，它不顾一切，力求在重建意指和结构、并在社会中寻求不存在的真正价值：真实的小说，在叙述本质上是揭示社会存在秩序的一种追求，这种追求既可以认为是机

---

① 夏博尼埃（Charbonnier G.）：《和列维斯特劳斯的谈话》（Georges Charbonnier, *Entretien avec Claude Lévi-Strauss*, Paris, Plon-Julliard, 1961），p. 63.
② 夏博尼埃（Charbonnier G.）：《和列维斯特劳斯的谈话》（同上），p. 89.
③ 夏博尼埃（Charbonnier G.）：《和列维斯特劳斯的谈话》（同上），p. 69.
④ 夏博尼埃（Charbonnier G.）：《和列维斯特劳斯的谈话》（同上），p. 66.

械文明的社会条件的反映，又可以认为是为了超越这些条件所进行的一种异乎寻常的努力。从这个意义上讲，文学艺术一直是在与"热"社会即机械文明的精神做斗争。

此外，列维-斯特劳斯在四卷本的巨著《神话学》的"开篇"和"尾歌"中阐述的音乐理论，也极为深刻地代表了他的美学思想，同时也使我们进一步了解了他关于艺术与文化之间关系的思考。

列维-斯特劳斯首先认为，音乐是像神话一样具有言语活动的事实，音乐的特点之一是以系统的方式求助于"生理的甚至肺腑的时间"，音乐使用两种"栅网"（grille），一种是自然的，属于人的器官节奏内容，另一种是"外在的，或文化的栅网，是由音程的等级和音符之间的等级关系构成的，它依靠一种潜在的不连贯性：即乐音的不连贯性。这些乐音……已经完全是文化的对象。"① 为重视瓦格纳的音乐作品，这一方面是因为他年少时"就了解瓦格纳的作品"。列维-斯特劳斯认为，"文化的栅网"极为重要，因为它服务于表达与交流；音乐具有高度调解功能，它比其他艺术既"更富于自然性"，又"更富于文化性"，它在自然与文化之间架设了最牢固的桥梁。但是，由于文明中固有的苦恼意识伴随着任何文化形式，那么，在与机械文明的斗争中产生的艺术，自然也就构成了对于文化的批评。

列维-斯特劳斯极为重视瓦格纳的音乐作品，这一方面是因为他年少时"就了解瓦格纳的作品"②，另一方面则是因为他

---

① 列维-斯特劳斯：《神话学 I》：《生与熟》（*Mythologiques, I - Le Cru et Le Cuit*, Paris, Plon），p. 36.
② 《文学杂志》（*Magazine littéraire*, N°223, 1985），《列维-斯特劳斯以 33 个词自解》（«Lévi-Strauss en 33 mots»），p. 18.

发现瓦格纳可以堪称"神话的结构分析之父"[1]，瓦格纳的音乐是以日常的色情忘却的形式出现的对于文化的批评。他对瓦格纳美学体系的深刻理解，揭示了结构主义观念的一个基本特点：它与近现代即后浪漫主义的艺术传统具有相似性，而这种传统本身也是围绕着对于文化的批评观念形成的。《神话学》四部曲的"尾歌"[2]比较综合地反映了列维-斯特劳斯的美学思想，它不仅对前面提到的论题做了进一步的论证，而且又提出了与音乐美学有关的不少新观点。这些观点丝毫不缺乏逻辑的严密性，较集中地反映了列维-斯特劳斯后来的美学思想的发展。例如，音乐与神话在结构和听觉经验上的类比性，笑与象征功能的节约过程密切相关的理论（这种理论脱离了柏格森关于笑的起源即器官与机械力之间的对比的著名理论），艺术形式转生说，等等。这些观点新颖独特，大大丰富了当代美学的理论。

20 世纪 60 年代之初，列维-斯特劳斯与罗曼·雅各布森于 1962 年在《人类》（L'Humanité）杂志上发表的《波德莱尔的〈猫〉》一文，从诗的语音、韵律和句法方面做了详尽的分析，这种分析让人们看到了从前没有看到的一些方面，从而对当时开始形成的结构主义潮流起到了一定的推动作用。

结束语

在列维-斯特劳斯的卷帙浩繁的著述中，不乏丰富的美学思考。但我们在此同时指出，其结构主义人类学的某些关键性概念，也是借助于艺术领域的概念类比得以确定的，对于这一点，人们很容易联想到他有关神话处理方式和解释方式的特征描述，而这种描述则是建立在与音乐的比较基础上的。

---

① 《文学杂志》（*Magazine littéraire*, N°223, 1985），《列维-斯特劳斯以 33 个词自解》（«Lévi-Strauss en 33 mots»），p. 18.

② 列维-斯特劳斯：《神话学 IV》：《裸体人》（*Mythologiques IV, L'Homme nu*, Paris, Plon, 1971），p. 559-520.

列维-斯特劳斯的研究影响了一代学者。由他开创的结构主义人类学方法论，在后来的发展中出现了不同的方向，这些方向补充和完善了这种研究，并使之向着符号学迈进。在推动建立符号学这一方面，列维-斯特劳斯也有着不可磨灭的贡献，因为他早已告诉人们如何借助符号来看待艺术，所以，他的结构人类学很早就参与了符号学的活动。人们认为，象征理论过渡到卡西尔的理论或荣格的理论，过渡到对于符号的更为特定的探索，是一个重大的进步，而这种进步则主要是由于结构人类学的进步带来的。

当然，人们也不时地指出列维-斯特劳斯结构主义人类学研究的缺陷。列维-斯特劳斯也一直关注人们的不同意见，但他坚持自己的做法。他 1984 年在法国《新观察家》（*Nouvelle Observateur*）杂志上发表谈话，说"我希望人们不要光谈论结构主义，而应该更多地将其用在各个方面……我们以前怎么做，今后还将怎么做"。

第三节　雅克·拉康

拉康（Jacques Lacan，1901-1981），这位一度被称为"故弄玄虚之人"的精神分析学家，在 20 世纪法国的结构主义思潮中，是继克洛德·列维-斯特劳斯之后的重要代表人物。他在自己的精神分析研究领域引进结构语言学理论，并以此对弗洛伊德的理论重新做了"评述"，使他成了独树一帜的结构精神分析学创始人。拉康一生的研究工作可以分为两个阶段：从 1932-1952 年，是他在弗洛伊德的影响之下独立进行探索的阶段，从 1953 年起，他致力于"返回弗洛伊德"，进行了近二十

年的重新解释弗洛伊德的工作。本文拟依据这两个阶段而尤其
是结合其与审美有关的研究内容做些概述。

一、第一阶段的研究

拉康的第一个研究阶段，又大体分为三个时期：研究"偏
执狂"时期，"镜相阶段"和发现"偏执狂结构"时期。

拉康研究"偏执狂"开始于 1931 年，那时他还是正在准备
博士论文的精神病学的大学生，其间，他师从吕多夫·洛温斯坦
（Rudoph Loewenstein ），并为了研究精神病学而开始接触精神
分析学。一年后，他的论文《论偏执狂心理及其与人格的关系》
得以通过，并随后出版。但他并没有停止这方面的研究，而是
将其延续到 1935 年。他的研究意在向人们表明偏执狂是源于自
恋的一种病疾和一种自恋变态。他的贡献在于将弗洛伊德的自
我与自恋结合在了一起。他把弗洛伊德意义上的自我解释成为
自恋的基础，而不是弗洛伊德原先主张的是认识客观的原则，
他说自恋不是"感觉-意识的系统"或"肌体借以适应现实原则
的全部机制"[①]。他在其博士论文中明确告诉人们：有无智力
欠缺并不重要，精神病基本上就是精神综合的一种紊乱。这种
综合就是人格，而偏执狂性的精神病就是对于人格的一种伤害。
在拉康的概念中，人格被确定为一种综合与统一过程的结果与
表现，而偏执狂精神病就是对于这种综合与统一的破坏。但是，
拉康并不满足于给人格下一个定义，而是选定了一个范例，并
对其成功地进行了前所未有过的临床验证，这便是从二十例精
神病患者中选定的"艾梅"（Aimée）病历：1930 年 4 月 10 日，
一位 38 岁的妇女用刀刺伤了巴黎著名女演员 Z 夫人，在这位
妇女后来住进圣-安娜医院一年半的时间里，拉康一直负责观察

① 拉康：《文集》（Ecrits, Paris, Seuil, 1966），p. 178.

她。最后，拉康认为，这位妇女患有两种妄想症：迫害性妄想和威严性妄想。但是，传统的精神病理论不能对这两种妄想症做出令人满意的解释，于是，他开始研究弗洛伊德的理论，认为精神病的基础是掩藏在狂妄表现之下的潜意识攻击性冲动，而他的博士论文就在于回答如何看待这种冲动。为此，拉康主要参照了弗洛伊德 1924 年发表的《虐待狂的经济学问题》和1922 年的《论妒忌、偏执狂和同性恋的几项精神官能症机制》两篇文章，使里比多与自我的关系成了拉康偏执狂精神病学的中心研究课题，也使艾梅一例得到了解释。

　　1936 年 8 月 3 日，拉康在第十四届国际精神分析学大会宣读了他的文章《镜相阶段》（The looking-glass Phase），从此标志着他从偏执狂精神病研究转入了借助于镜相来阐明自我出现（即弗洛伊德所说的初期自恋）的更为普遍的研究领域。拉康不同意弗洛伊德对于自恋的解释，而是认为初期的自恋完全是从外部来确定一个人，外部即"他者"（autre），也包括外在事件，镜相阶段所说明的就是这种状况下的自恋。对于镜相的研究，在拉康之前，已有亨利·瓦隆（Henri Wallon）在其《儿童性格的起源》（*Les Origines du caractère chez l'enfant*）一书中对于有关儿童与其自己在镜子中的形象的研究做过总结，告诉了人们儿童在一年之内不同阶段对于自己在镜子中的形象的反映情况。按照瓦隆的说法，在儿童于镜子中认出自己的时候，他就具有了与他的运动机制的内在感受相脱离的一种他的身体的表象，这是一种借助于形象的外在性特征而成为可能的表象，是一种由内向外的过程。拉康不同意这种解释，认为，自我不能通过由内向外的运动来形成，而是相反。他认为，自我的产生与本质由四个部分构成：一、缺乏有机机制阶段：小孩子出生后在较长的时间内依靠他者，这就说明，儿童一出生就是社会性的，否则他只能死去；二、一种历时性：儿童在一段时间内是看着他者来完成他的运动机制以后才能完成的动作的，因此，在其视觉与感觉能力之间有着一种时间差。这种视觉使他看到了他的身体的未来。他者的形象在吸引着他，在促使着他，在锻炼着他；三、统一的整体：拉康认为，"镜相阶段"出现在儿童从 6 个月到 18 个月期间，因为这时，他看到的是一个他者的整体，而不是自己身体的一部分；四、里比多：拉康的发现之最新颖内容，是他认为在镜相阶段有里比多的投入。拉康在瓦隆于镜相阶段看到儿童认识能力之形成的基础上，更强调儿童在镜子里看到自己形象时兴高采烈地发出的"啊！"的叫喊声，镜子里的与之相似的形象所以使他高兴，是因为他喜欢这个形象，他在镜子中的形象身上发现了他所没有的东西：完整性、自主性、动作的自由性。可见，镜中的形象具有形态发生能力：该形象不再是简单的被动的反映形象，它是儿童自我的出现。因此，儿童自身的内感知性感觉来自于他者的形象，这是一种自外向内的过程："主体在依据他者的形象来感觉自我的过程中识辨自己，而他者的形象偶尔也在主体身上获取这种感觉"①。拉康认为这便是对于他者的情爱的传递性。很久以后，拉康又把这种识辨定名为想象之物（imaginaire）。

　　从第二次世界大战之后即从 1946 年开始，拉康又进入了对于偏执狂的结构进行认识的时期。他认为，自我具有偏执狂的结构，并发明了"偏执狂认识"一词。偏执狂认识是镜相阶段所说明的内容的后果，即一种想象性识辨。儿童面对比他大的人时，会有一种传递性，这便是识辨的符号：同感性，即我在看到他者笑时我也会笑起来，我看到他者痛苦时我也痛苦起来。由此，出现了可划分为三个阶段的一种过程：存在的停滞、

---

①　拉康：《文集》（*Ecrits*, Paris, Seuil, 1966），p. 181.

不认识自我和自杀行动。通过视觉进行对于他者的空间的骗取，这种认识是偏执狂性的。在自我之外，通过视觉，他者的空间在吸引着我，他者的形象会突然锁住我的目光，这便是社会的时间性通过可见空间而出现的停止时刻，因此，形象带有对象的固定性、同一性和实体性。这便是存在的停滞。这种情况在超现实主义的艺术创作中（例如达里的绘画）得到了很好的体现。关于不认识自我，拉康认为，偏执狂认识也是一种认识，但这种认识对外面看得很清楚，而对于"我之所是"却不认识。这就是说，我清楚地看到在他者身上的坏的对象，我在他者身上看到了我自己，但我认不出发生在我身上的东西。关于自杀行动，由于我认不出自己，我便攻击在他者的自我形象上的坏对象。这便是艾梅对于 Z 夫人的情况，从而造成"自我打击"的结果。

在其研究工作的第一阶段的后期，即从 40 年代起，拉康开始接触结构语言学。例如他 1945 年发表的"逻辑时间与预期确定性的肯定——新的诡辩"一文中，第一次提到"能指"这一术语，他说："完全相反，在此争论的一些现象像能指那样进入关系之中，就使得逻辑过程中的时间结构而不是其空间结构占据了优势地位"[1]。可见，这时的拉康已经处于向结构精神分析学的过渡之中。

二、对于结构语言学理论的逐步运用

从 1953 年起，拉康正式进入了"返回弗洛伊德"征程，但是"这种重返，不在于去简单地阅读，也不在于对其老师的著述进行新的探讨，而在于一种评述"[2]。而进行这种评述的

---

① 拉康：《文集》（*Écrits*, Paris, Seuil, 1966），p. 203.
② 萨福安（Safouan M.）为其《结构精神分析学》（*Le Structuralisme en psychanalyse*）一书中文版所写的"中译本序"，怀宇（译），天津社会科学院出版社，2001，14.

新的方法，则是他对于结构语言学的逐步深入的运用。从他的
《文集》所收录的文章看来，拉康首先是通过阅读梅洛-蓬蒂
（Merleau-Ponty）的著作接触到索绪尔的结构语言学理论的。
他真正参照结构语言学并尝试阐述精神分析学相关概念，见于
1953 年 9 月 26 日至 27 日他在罗马大学心理学学院举办的报
告会上所做的"精神分析学中言语和言语活动的功能与领域"
报告。该报告被认为是拉康转向结构精神分析学的宣言书。全
文共分为前言、导论、主体在精神分析实施过程中的虚语与实
语、作为精神分析领域的结构与界限的象征与言语活动、精神
分析技术中解释的反响和主体的时间几个部分，文章很长。拉
康明确地宣布，"我们的任务是要表明，只有转向言语活动的
领域，只有按照言语的功能来组织，这些概念才能具有其实在
的意义"①，因此，"不论精神分析学是用于治疗，还是用于
培训，或是用于调查，它只有一个媒介：患者的言语。这种事
实显而易见，容不得忽视。而且，任何言语都要求回答。我们
将指出，即使言语碰到的只是沉默，只要它有一位聆听者，就
不存在没有回答的言语，我们还要指出，这正是言语在分析中
的功能"②。把结构语言学的理论尝试着用来解释弗洛伊德相
关的理论，是拉康在这篇文章中努力为之的。"让我们重新来
看一下弗洛伊德在《解梦》一书中所做的工作，我们会重新想
到，梦具有一个句子的结构，或者用他的话来说，梦具有一个
字谜的结构，也就是说具有一种书面文字的结构，儿童的梦就
表现为这种书面文字的最初的表意形态，而在成人的梦里，它
就重现各种带有意义的成分的语音和象征"③。关于弗洛伊德

---

① 拉康：《文集》（*Écrits*, Paris, Seuil, 1966），p. 246.
② 拉康：《文集》（同上），p. 247.
③ 拉康：《文集》（同上），p. 267.

对于日常生活中的心理病理学的研究，拉康认为，"每一个失败的行为都是一种成功的言语，甚至是一种很讲究的言语，而在口误之中，正是阻塞在影响着言语，而且恰恰是依据这种现象，善于听话的人在中有所获得……因为，如果为了接受精神分析的心理病理学中的一种病症，不管它是神经官能症的或是别的方面的，弗洛伊德都要求出现由一种双重意义构成的最少的语义限制，这种双重意义是不包括其在一种**依旧是象征性**的现时之冲突中的作用的一种已经死寂的冲突的象征，虽然弗洛伊德已经教会了我们在自由联想的文本中关注这种象征线索的越来越多的分支，以便在词语形式重新交会的地方标记下来其结构的所有结点，但已经非常清楚的是，病症完全是在对于言语活动的分析之中得到解决的，因为它本身也是像言语活动那样结构的，而且它就是言语应该从中得以出现的言语活动"①。

"在此，病症就是主体意识中一种被压抑的所指的能指"②。拉康在这篇文章中提出的最著名的论断是"潜意识……是像言语活动那样结构的"③。拉康在此文中对于象征做了较为深入的分析，我们将在后面介绍他对于"象征""想象"和"真实"三个"界"时再做详细阐述。我们从下面的引言中会进一步了解拉康对于结构语言学的参照："把音位看成具有由语义的最小可理解的区别成分构成的对立组合，这种发现已经包含在数学化的形式之中了，这一情况使我们接触到了弗洛伊德的所有基础，在这些基础之中，他的最后的学说通过出现与不出现的一种词语内涵，指出了象征功能的主观渊源"④，"最后，对

---

① 拉康：《文集》（*Écrits*, Paris, Seuil, 1966），p. 268-269.
② 拉康：《文集》（同上），p. 280.
③ 拉康：《文集》（同上），p. 268.
④ 拉康：《文集》（同上），p. 284-285.

于语言学的参照为我们引入了一种方法,这种方法在言语活动之中区分出共时结构和历时结构的同时,可以使我们更好地理解我们的言语活动在解释阻抗和转移时所取用的不同价值,或者更可以使我们区分压抑的特有作用和个人神话在顽念神经官能症中的结构”①。

他 1956 年在《精神-神经病沿革》杂志(当年第一期)上发表的《弗洛伊德学说或在精神分析学中返回弗洛伊德的意义》一文中,对于结构主义语言学理论在精神分析学中的应用做了进一步的阐述。文中在谈到弗洛伊德学说的运用秩序时说,“一位精神分析学家应该很容易地深入到能指与所指之间的基本区别之中,并开始用其组织起来的互不重叠的关系网络来进行工作。第一个网络,即能指网络,它是言语活动的物质材料的共时结构,因为每一个成分都再次具有与其他成分不同的准确用法;这是在不同层面上调整语言成分功能的分配原则——从音位对立连对到复合的短语,而现代的最新研究的任务便是找出其稳定的形式。第二个网络,即所指网络,它是具体说出的话语的历时性整体,这种整体自古以来就依据第一个网络来运作,同样,第一个网络的结构支配着第二个网络的通道”②。

1957 年,拉康在《潜意识中文字阶段或自弗洛伊德以来的理性》一文中,进一步阐述了他对于索绪尔语言学的认识:“为了阐述语言学的影响,我们说,就像在现代所有科学的情况里那样,这种影响存在于奠定这种语言学的一个公式中,这个公式为 $\dfrac{S}{S}$,它意味着:能指与所指,由横杠将两个阶段分开。这

---

① 拉康:《文集》(*Écrits*, Paris, Seuil, 1966), p. 288.
② 拉康:《文集》(同上), p. 414.

样写出的符号要归功于索绪尔，尽管并非所有的图示都可以简缩为这种形式……这门科学的主题今后将终止在能指与所指的位置上”①。

正是从 1957 年开始，能指这一术语频频地出现在《文集》之中。实际上，我们注意到，拉康在使用“能指”一词之前，经常使用“significatif”（显示）一词来指“病症”，而从这时开始，他则使用“signifiant”（能指），他说，病症是一种“能指”。下面这段话也许可以明确地看出从“显示”的病症向着“能指”的病症的过渡：“这就是说，我们重新在此找到了弗洛伊德加给病症的构成条件，以便于使之在分析意义上与这个名称相配，因为对于得到特惠的一种先前情况的记忆成分，可以被用来陈述目前的情况，也就是说，它可以被潜意识地用来当作能指成分，其结果便是把对于体验的不确定性塑造成一种倾向性意指”②。

他在 1960-1966 年间的文章中，开始经常使用“共时性”“历时性”概念。他在 1960-1964 年间定稿的《潜意识的位置》（《 Position de l'inconscient 》）一文中写道：“问题重又合法地返了回来：是言语活动的作用还是言语的作用？我们注意到，这个问题在此只采用了索绪尔的两分法的外表。如果转向使其制造者感兴趣的东西，即语言的作用，那么，这个问题就向共时性与历时性之间的关系提供了横线与纵线的关系”③。他在 1966 年发表的《科学与真理》一文中分析列维-斯特劳斯的深化思想时指出：“在论证由神话素构成的机制的能力以便分析神话的转换时——这些转换在这一阶段就像是建立在被其可

---

① 拉康：《文集》(*Écrits*, Paris, Seuil, 1966)，p. 497.
② 拉康：《文集》(同上)，p. 447.
③ 拉康：《文集》(同上)，p. 835.

逆性所简化的一种共时性之中了，列维-斯特劳斯并不打算为我们提供神话成分的本质”①。按照罗兰·巴特的定义，“请您注意谁在运用能指与所指、共时性与历时性，您就会知道结构主义的看法是否已经形成了”②，此时的拉康，已是十足的结构主义精神分析学家了。拉康对于结构语言学的参照，使他的精神分析另辟蹊径，从而加深和拓宽了精神分析学的研究领域，他甚至于 1966 年十分干脆地说：“精神分析学，一旦它忘记了它在言语活动方面的首要任务，它便什么都不是”③。需要指出的一点是，在拉康的术语中，他习惯于使用“言语活动”（langage）和“言语”（parole）这种对立，而不是“语言”（langue）和“言语”的对立。按照索绪尔语言学的理论，言语活动包含着“语言”和“言语”两个方面；语言是一套社会规约，而言语则是个人对于语言的使用。从上面的介绍中，我们可以看到，拉康术语中的“言语活动”实际上就是“语言”，这如同英美文化中将 language 同时做“言语活动”和“语言”来理解一样。

三、“研讨班”对于弗洛伊德著述的重新评述

1951 年 5 月 2 日，拉康在法国精神分析学协会成立大会上，宣读了他的《关于自我的一些思考》一文，从此开始了他返回弗洛伊德的起步进程。但他真正返回弗洛伊德则始于1953 年他脱离巴黎精神分析学协会之后。从此，他开始对弗洛伊德的全部著述进行评述，而这种评述主要是通过“研讨班”来进行的。

---

① 拉康：《文集》（*Écrits*, Paris, Seuil, 1966），p. 862.
② 巴特：《文艺批评文集》（*Essais critiques*, Paris, Seuil, 1964），p. 221-222.
③ 拉康：《文集》（*Écrits*, Paris, Seuil, 1966），p. 721.

　　1953-1954 年间，拉康在圣-安娜医院开办了第一期研讨班。拉康的方法，就是将弗洛伊德的全部著述视为是面向分析者说出的一种言语，这种言语通过在文本自身产生的难解之处来向分析者提出问题。拉康返回弗洛伊德之后，最早开始评述、也是他在后来的十年中不断完善的内容，是他从弗洛伊德的著述中提取出的三个概念，即象征（le symbolique）、想象（l'imaginaire）和真实（le réel）。对于这三个概念，拉康称之为三个"范畴"（ordre），我国有人将其翻译成"级"或"界"。拉康的阐述，从总的方面来说，对于"真实"，他只是提了出来，从其所论不多的文字中，我们只知道这种"真实界"是处在错觉之外、镜子的映像之外然而却是永远在场的东西，想象界仅仅是其预先动作的结果；对于"想象"，他早在 1932年就提出过该词，在返回弗洛伊德之后的十年中，他进一步对其发掘，并使之与"象征"联系在了一起；但他阐述最多的，是"象征"。而这后两个"范畴"，正是与审美结构紧密联系在一起的。

　　可以说，从 1953 年到 1963 年的 10 年中，拉康主要阐述了"象征"。为此，他越过了"意象"（imago），而进入了潜意识，遂将潜意识引入了象征之中。但是，为了表明有必要引入潜意识，他从对于想象关系进行认真的审视开始。早在第一期的"研讨班"上，拉康就谈到了象征对于想象的关系，这种关系是前者对于后者的一种"至上"的关系。拉康的研讨班，是以重新阐述弗洛伊德的第二个系统即包括"这个""自我"和"超我"的系统开始的，这是弗洛伊德 1920 年确定的系统。他之所以选择这个系统，就是为了指出，象征对于想象具有更为至上的价值，象征是重叠在想象之上并且决定想象的，这种至上就是自我的理想对于理想的自我的至上。为了说明这种关系，他第二次对于"镜相阶段"做了解释，这次的解释是弗洛伊德式的解释，从而对于他最初时将镜子作为第二个自我的解释提出了质疑。他所修订的内容主要是：分析是一种过程，该过程"重建"和"修复"自恋的"意象"，而这种自恋的意象的成功是通过对于分析者个人"想象"秩序的一种转移来完成的。在拉康看来，弗洛伊德通过理想的自我和自我之间关系所建立的东西，就是想象认定，也就是说，镜相阶段说明的是，如果儿童自喜于在作为其想象物的镜子里预感到了自制力和他所不具备的仪表及身材，那是因为理想的自我即他者的自我是自我形成的动因。根据这种认定，儿童具有把自己再现为身体形象的能力。因此，弗洛伊德说："自我是起因于肉体的自我，它不仅是一种表面的存在，而且它自己也是一种表面的投射"①。换句话说，从视觉角度来看，由于形象从来都不是确定的，如果形象停留在理想的自我的想象平面上，那么，这样出现的意义就是一种抽象的符号；其病理学的解释告诉人们，为其带来一种规则和一种核心的另一种维度，就具体地重叠在这种关系之上了：象征维度即自我的理想。

那么。拉康是如何将象征与潜意识结合在一起的呢？他的做法，是在形式上区分两类关系，第一类是属于想象领域的，即两个自我（理想的自我与自我）之间的关系；第二种关系是两个主体（被分析的对象与他者）之间的象征性关系。两类关系的对应性如下：

想象关系	象征关系
- 偏执狂认识，空间化过程	- 在象征中辨认和历史化过程
- 已知的他者的视觉化过程	- **他者**，在对于已知之识辨的言

① 弗洛伊德：《自我与这个》（*Le Moi et le ça*, Payot, 1981），p. 232.

<table>
<tr><td></td><td>语中的主观化过程</td></tr>
</table>

- 格式塔心理学确定的意指　- 能指的字母确定主体

- 他者的破坏　　　　　　　- 借助于约定而共存

- 爱、仇恨和物质作为自我的激情　- 主体的欲望作为**他者**的
　　　　　　　　　　　　　　　　　 欲望

- 生活冲动和快乐-不快乐的原理　- 在死亡冲动和快乐-不快
　　　　　　　　　　　　　　　　 乐的原理之外

不过，这两种途径是相互排斥的："欲望本身，为了在人身上得到满足，而要求在象征或想象中被言语活动的赞同或魅力之间的斗争所承认"①。而分析，则在于选择第二条途径，即象征。拉康使用下列图示（L 图示）对于想象与象征之间的区分做了说明：

图中，S 是就是主体，理想的自我就是他者，他者是主体自我形成的动因，而**他者**则是他者在对于自我产生意义的过程中出现的自我的理想。与 a－a'之间的想象关系相对立的是作为潜意识（S - A）的象征关系。那么，这种象征关系是否属于

---

① 拉康：《文集》(*Écrits*, Paris, Seuil, 1966)，p. 279.

言语与言语活动的范畴呢？拉康的回答是肯定的。但是，它属于言语活动解释的另一个平面。他在说明上述图示的时候告诉我们：图"里面有镜相平面，有自我和与其相似之物的对称世界。必须区分出我们称之为言语活动之墙壁的另一个平面"[①]。他接着说："正是从言语活动之墙壁所确定的秩序出发，想象采取了其虚假的现实，其实它也是一种被验证的真实。我们所理解的自我、他者（相似之物），所有这些想象都是对象……因为它们都是在一种组织很好的系统里被命名的，这种系统就是言语活动之墙壁系统"[②]。他在另一处还写道："每当我说出一种言语时，我们针对的正是主体，但是，我达到的却总是 a'、a"……。我始终针对真正的主体，然而我却要满足于那些影子。主体脱离**他者**（Autre），真理，被言语活动之墙壁所分离"[③]。为了找出言语活动的这另一个平面，即发现被言语活动所分离的真理，拉康发明了"充实言语"（parole pleine）这一概念，这便是精神分析家的言语，这种言语将超越言语活动之墙壁，而进入对于象征的发现之中，"解决办法，就是要从另一侧即**他者**（我们以 Autre 来表示）一侧来寻找，我们以这个名称来为象征的结构指定一个根本性的位置……正是从**他者**的位置开始，分析家才可以接受转移的授权，这种授权使其可以在主体的潜意识之中发挥其合法的作用"[④]。"精神分析学家参与潜意识的概念，因为他们构成了这种概念的灵巧性。今后，我们在这一概念所陈述的论题中不能不包含我们对于潜意识的话语，因为我们的话语正是潜意识的出现为了使自己位于**他者**之处而在任何话语和其陈述活动中所寻找的话语。分析家作为有

---

① 拉康：《研讨班 XI》（*Séminaires, XI*, Paris, Seuil），p. 284.
② 拉康：《研讨班 XI》（同上），p. 284.
③ 拉康：《研讨班 II》（*Séminaires, II*, Paris, Seuil），p. 289.
④ 拉康：《文集》（*Écrits*, Paris, Seuil, 1966），p. 454.

意支持这种出现的主体本身，在这种假设中应该同时获得信息和'被牵连'：也就是说，他要感觉到自己必须服从于对能指的再加工"①。那么，如何建构分析家的这种话语呢？那就要在主体的言语活动中去寻找材料。拉康要我们注意主体话语中的两种现象：一是主体话语中能指的异化（aliénation），"在对象领域，只有能指的关系是可以设想为可以产生异化的"，异化，就是"一个能指代替另外一个能指来再现一个主体。这便是构成潜意识的所有成分的结构、梦幻、口误和俏皮话。而且，这也是可以解释主体之分裂的结构。"②。显然，拉康在这里将弗洛伊德精神分析学上的话语"缩聚"（condensation）现象与言语活动中的"隐喻"（métaphore）联系了起来。

二是主体话语中的"分离"（séparation）现象，它是在"对象的分裂中"得以建立的一种过程，"由这第二种过程可以辩证地加以改变的逻辑形式，在象征逻辑上叫作连言（intersection）……在此，这种功能借助于在空缺之上取用空缺的一个部分的方式来获得变化，主体则以此在**他者**的欲望之中重新找到与其作为潜意识之主体相等的等同物"③，这是一种类似于"从一个动词的意义向另一个意义滑动"的过程，"分离（séparer），即避开（se parer）：为了避开主体必须服从的能指，他便攻取语言链，我们已经将这种语言链在其间隔点处压缩为恰到好处的一种二项对立关系。这种重复的间隔，作为能指链的最为彻底的结构，是作为欲望之载体的换喻经常光顾的场所"④。显然，拉康在此将精神分析学上的"位移"与言语活动中的"换喻"联系了起来。而"隐喻"和"换喻"则分别

① 拉康：《文集》（*Écrits*, Paris, Seuil, 1966），p. 834.
② 拉康：《文集》（同上），p. 840.
③ 拉康：《文集》（同上），p. 842.
④ 拉康：《文集》（同上），p. 845.

属于语言学上"聚合关系"（共时性）和"组合关系"（历时性），这样，难以确定的潜意识则在结构语言学的原理上得到了把握与解释。而且，我们看到，在这种解释中，拉康全然不顾弗洛伊德学说中的"性"决定论。

在此，我们必须就拉康有关"他者"（autre）和"**他者**"（Autre）的区分进一步做些介绍，而后者正是拉康思想的重要概念，我们用黑体字加以表示，以区别于前者。要知道，关于"他者"的提法，是弗洛伊德的创造，他最早在《精神分析学起步》一书中就使用了这个术语。他说："我们假设，提供感知的对象是一种类似物，也就是说是他者……正是在与他者的关系中，人学习认识事物……他者的情结被分为两部分，一部分表现为一种固定的结构，而且在其自身聚集，这如同事物，而另一部分则通过一种记忆工作被人理解，换句话说，被人简化为对于身体自身的一种运动的预报"[①]。这里，弗洛伊德的"他者"是指主体之外的一种相似之物（semblable）。但是，拉康注意到这里还存在着明显的层次，也还需要区别一些互不相等的语域（registre）。明显的是，儿童在构筑自我时，是在对于一切均不了解的情况下借助于与他者（autre）形象的同化机制来进行的：这是一种想象的同化，它作为侵犯性和爱情的起因，说明的是相异性（altérité）在中以某种方法被抹掉的他者的一种维度，因为相对比的人与人之间倾向于越来越相像。

可是，与这种初步的相异性的维度相对立的，还有另外一种维度，那就是一种不消失的相异性，是一个不相像的**他者**（Autre），雅克·拉康用一个大写的 **A** 使之区别于相像的他者（autre）。以这种书写方式所要指出的是，在自我的表象之外，

---

① 弗洛伊德：《精神分析学起步》（*Précis abrégé de psychanalyse*, 1924），p. 415-416，

在想象的、镜相的同化之外，主体被完全先于他和外在于他的一种秩序所制约，即便在他打算控制这种秩序的时候，他也依赖于这种秩序，而这种秩序就是一种场所（lieu），它是欲望的场所、潜意识的场所，即象征的场所。在有关"忧郁"（angoisse）的第 10 次研讨班中，拉康介绍了主体不仅与对于**他者**的占有之间的关系，而且介绍了与**他者**的要求和这种要求所包含的欲望之间的关系，认为忧郁是可以直接接触**他者**这种维度的问题之一。那么，**他者**的本质是什么呢？拉康认为，对于主体来说，构成他所参照的另外的秩序，构成尤其是支配我们的法则的能指的东西，那就是言语活动，这样一来，**他者**最终就与言语活动的秩序（我们应该将其理解为索绪尔理论中的"语言"）结合在一起了。正是在言语活动的**他者**之中，主体在一种总是需要重新去做的探索之内去寻求给自己定位，因为没有任何一个能指可以同时足以确定他。实际上，这里的**他者**已经变成了社会性的东西，它是社会规约、社会文化的体现。联系到弗洛伊德赖以建立精神分析学说的俄狄浦斯情结，拉康指出，**他者**在中就是体现了社会体制和伦理观念的父亲的名字。

综上所述，拉康除了早期进行的对于精神分析学本身的研究之外，他用结构语言学的理论来重新评述弗洛伊德的学说，使潜意识概念达到可以具体分析的程度并使之摆脱"泛性"的局限从而扩大到社会文化结构，这本身就不再仅仅是对于这一学说的评述，而是对于它的发展。他的有关"想象""象征""**他者**"的界定和论述更成为我们理解精神分析学的本质和深化我们对于审美创作认识的有力工具。拉康对于之后诸如罗兰·巴特等学者产生巨大的影响，是不足为怪的。

第四节 罗兰·巴特

巴特（Barthes R.）1915 年 11 月 12 日出生于法国西南部巴约纳（Bayonne）市附近的谢尔堡镇（Cherbourg），1980 年 2 月 25 日遭遇到一次意外的车祸，一个月之后于 3 月 26 日去世。他在世时出版著述十五部，去世后又由出版社编辑出版了五部，其由瑟伊（Seuil）出版社最后编辑并分别于 1993 年、1994 年和 1995 年出版的三卷本巴特《全集》（*Oeuvres complètes*），总计四千七百多页之巨。在他从事写作的三十多年的时间里，他将自己的大部分精力用在了对于结构主义的研究和实践方面，成了这一新的方法论的先驱者之一，他以结构主义方法为基础建立的"符号学"思想至今成为在"sémiologie"名下进行符号学探索的典范。

关于罗兰·巴特的写作编年史，他自己在《罗兰·巴尔特自述》一书中做过一个总结，他把自己的写作历程划分为四个阶段：1. 在马克思、萨特和布莱希特的影响之下进行"社会神话"写作的时期；2. 在索绪尔的影响之下进行"符号学"写作的时期；3. 在索莱尔斯、克里斯蒂娃、德里达和拉康的影响之下进行"文本性"写作的时期；4. 在尼采的影响之下进行"道德观"写作的时期。根据巴特的研究历程和其代表性作品发表的时间，我们似乎可以粗略地把第一个阶段框定在 1950-1957 年之间，第二个阶段在 1958-1967 年之间，第三个阶段在 1968-1972 年之间，第四个阶段在 1972 年以后。罗兰·巴特随后还对上述划分做了说明，"显然，在这些时期中，有一些部分重叠、回返、亲合、延存；通常说来，是（在杂志上发表的）

文章在确保这种连接作用"①。我们下面分别介绍一下罗兰·巴特在不同写作时期的结构主义美学思想。

一、"社会神话"写作时期

在"社会神话"写作时期的结构主义思想，主要体现在他于 1953 年出版的《写作的零度》（*Degré zéro de l'écriture*）和1957 出版的《神话集》（*Mythologies*）两书中。

巴特接触索绪尔的结构主义语言学理论，根据其好友格雷马斯的回忆，是在第二次世界大战之后他被从罗马尼亚赶出而流亡埃及亚历山大城期间的 1950 年。是在格雷马斯的建议下，巴特开始阅读索绪尔《普通语言学教程》，并于同年 11 月到 12 月发表了多篇与这种语言学理论影响有关的文章，随后于 1953 年出版了《写作的零度》这本论文集。

《写作的零度》是一本包含十篇文章的小书，它是巴特的第一个论文集，所谈都是关于写作的。这本书在初版之后曾经以其观点的新颖而引起过评论界的关注，但随后则被人忽视，不过，当人们回过头来研究巴特的整个思想的形成过程的时候，惊异地发现，他的结构主义思想在这本小书中已经得到了一定的体现。著名符号学家朱莉娅·克里斯蒂娃 1982 年这样说过：在这本书中，"一种新批评的所有技巧和赌注均得到了显示，后来的时间只不过是对其加以确定"②。

语言与写作的关系，是书中开篇就讨论的问题。作者告诉我们："语言是规约与习惯的集合体，是同一时代作家所共通的。这就意味着，语言如同一种自然属性，它完全贯穿于作家的言

---

① 巴特：《罗兰·巴尔特自述》（*Roland Barthes par Roland Barthes*, Paris, Seuil, 1975），p. 148.
② 《交流》杂志（*Communication*, N°36, Seuil, 1982），p. 117.

语活动之中,而不赋予言语任何形式,甚至也不会孕育言语……它独立于文学的程式而存在;从定义上讲,它是一种社会现象……因为贯穿语言的,是整个历史,是以自然方式存在的完整而统一的历史"①。显然,这是结合文学现象对于索绪尔有关语言的社会性本质所做的进一步阐述。接着,他论述道,"语言是存在于文学之中"的,在"语言与风格之间,就为另一种有形的现实留下了一席之地:写作。不论何种文学形式,总有情调、气质的一般选择,而作家正是在此明确地表现出个性,因为正是在此他介入了进来。"②。索绪尔结构语言学的重要理论基础之一,就是将"言语活动"(langage)划分为"语言"(langue)与"言语"(parole)。根据"语言"是"形式"即一套词汇和规则、"言语"是个人对于这一套词汇和规则的应用的这种结构主义语言学观点,巴特的上述论述已经告诉我们:"写作"就是"言语"。在《写作的零度》中经常被人们提到的重要内容,是巴特比照语言与言语之划分而将文学的社会维度与作家的个人"风格"(个人维度)相对立论述的做法,指出这也是他初期结构主义思想的体现。在书中,巴特从不同的角度论证了写作与历史、与社会的关系。他说:"写作是一种具有历史连带性的行为……;写作是一种功能:它是创作与社会之间的联系,它是因其社会目的而得以改造的文学性的言语活动,它是因其具有的人的意志而被理解并因此与历史的重大转折密不可分的形式"③。他还认为,使巴尔扎克与福楼拜的写作产生区别的,是两种经济结构发生交替从而在其接合过程中引起精神与意识形态决定性变化的时刻出现的一种"基本断裂"。巴特尤

① 巴特:《写作的零度》(*Degré zéro de l'écriture*, Seuil, 1953 et 1972), p. 11.
② 巴特:《写作的零度》(同上), p. 12.
③ 巴特:《写作的零度》(同上), p. 13.

其对于资产阶级的写作大加鞭挞，认为"资产阶级的写作于 17
世纪出现在直接靠近政权的团体之中……这种写作首先是伴随
着政治上初胜时期所惯有的犬儒主义而作为人数不多但享有特
权的一个阶级的语言来出现的"，并最终认为，写作"是建立在
社会言语基础上的文学言语活动"①。需要指出的一点，巴特
并没有直接论述社会与作家个人"风格"的关系，他论述的只
是社会与写作的关系。但由于他对"风格"的确定出自这样的
论述："某些意象、某些叙述方式和词汇都出自作家本身及作家
的过去，逐渐地形成其艺术的规律性的东西"②，所以，不难
推论，"风格"是与作家的"写作"结合在一起的东西——尽管
巴特自己不这么提。而这，正是"语言"与"言语"之分的结
构观点在文学研究上的进一步应用。

　　至此，我们似乎应该介绍一下作者对于写作的"零度"的
论述，因为有关"零度"的写作一直是他的美学思考之一。写
作的"零度"思想的雏形，是他 1944 年发表在《存在》
（*Existences*）杂志（1944 年 7 月，总第 33 期）上的《关于〈局
外人〉的风格的思考》（«Réflexion sur le style de L'Etranger»）
一文，他在文中说加缪这部小说"是一种中性的实体"，"加缪
成功地表现出一种古怪的风格，在这种风格中，古典主义手法
被经常重复地使用。结果便是，这本书没有了风格，然而它却
写得很好"③。《局外人》中"出现了一种新的风格，即沉默的
风格，在这种风格中，艺术家的声音（也远离哀叹、远离诽谤、
远离赞美）是一种白色的声音，这是唯一与我们的无法治愈的
苦恼相协调的声音"④。这种论述在《写作的零度》的《写作

---

① 巴特：《写作的零度》（*Degré zéro de l'écriture*, Seuil, 1953 et 1972），p. 14-15.
② 巴特：《写作的零度》（同上），p. 12.
③ 巴特：《全集 I》（*Oeuvres complètes, tome I*, Seuil, 1993），p. 60.
④ 巴特：《全集 I》（同上），p. 63.

与沉默》(«L'écriture et le silence»)一文中得到了进一步的阐述："在文学言语活动的这种摆脱性努力之中，还有一种解决办法：创立一种白色写作，这种写作排除了任何对于言语活动的一种有标记秩序的强迫性服从。……比较起来，零度的写作实际上是一种直陈式写作"[①]。概括说来，由巴特发现、且并不无赞赏的"零度"写作，是一种很少有作家个人"介入"的写作，也就是说在"语言"与"言语"的划分之中，在"言语"之侧更多地去掉属于作者个人"风格"部分。所以，巴特的"零度"审美是可以在其结构主义的思想方面得到解释的。

《神话集》是巴特 1954 至 1957 年之间每个月在一家在刊物上发表的文章的汇编，也是作者尝试着将索绪尔提出的"符号学"思想用于社会分析的第一部论文集。除了书后有一篇是谈论文学符号学的《今日神话》(«Le mythe,aujourd'hui»)外，其余篇目都是结合当时的社会现实应时所写的随笔。他的目的，是通过这些随笔，揭示大众文化，因为在他看来，这种文化代表了资产阶级的一种衰退，并在一系列"相似性"基础上奠定了其表现形式。在这些随笔中，巴特将这种文化的各种表现形式看作是"符号"，进而挖掘其依附于一定文化系统的"所指"意义，即"内涵"系统。巴特 1970 年为《神话集》所写的"补序"中说道："我确信，在把'集体的表象'(représentations collectives)按照符号系统处理的时候，我们可以希望摆脱那种好心的披露，而详细地阐述那种将小资产阶级的文化转换成普遍的本质的神话活动"[②]。《神话集》最后实现了这一愿望。巴特后来总结说："对于索绪尔的参照，导致了一种特殊的结构主义，或者如果我们更愿意说的话，导致了一种更为负责的结构

---

① 巴特：《写作的零度》(*Degré zéro de l'écriture*, Seuil, 1953 et 1972)，p. 56.
② 巴特：《神话集》(*Mythologies*, Paris, Seuil, 1957)，p 7

主义……对于索绪尔的求助要求我们决心不把意指系统局限于能指，而是要包含对于所指的研究"①。因此，在《神话集》中，"兰开夏式的摔跤"的作用就不是争个输赢而已，而"在于成为一种过分的表演"，它的"每一个符号都具有一种完整明确性"，"运动员在其自身的基本意指之外，还具有一种次级的但总是很恰当的解释作用，他们通过动作、姿态和最大限度地表明其意愿的模仿表演来帮助对于战斗的理解"②；"电影中的罗马人"中"百姓因恺撒和马克·安托万后来的理由而伤心，但他们流汗，他们以这一符号很经济地把他们激动的情绪和其条件的粗野特征结合了起来"③；葡萄酒也"是社会化了的"，因为它"建立了一种道德观"④；而且"吃带的牛排同时代表着一种本性和道德观"⑤；等等。至于书中第二部分的《今日神话》，那更是对于"所指"即"内涵"系统的一种研究。文章一开头就告诉我们："神话是一种言语"，又说"神话是一种符号系统""是一种意指方式，是一种形式"⑥，在此，巴特为文学的符号学研究进行了最初的探讨。

二、"符号学写作"时期

大体在 1958 至 1967 年间，是巴特进行写作的第二个阶段。这一阶段正是法国结构主义盛行的时期，其间，巴特的结构主义思想达到了成熟。但按照他自己的划分，这一时期是他在索绪尔的影响之下进行"符号学"写作的时期。足见，在巴特的

---

① 巴特：《答复关于结构主义的一次调查》（«Réponse à une enquête sur le structuralisme»），《全集 I》（*Oeuvres complètes, tome I*, Paris, Seuil, 1993），p. 1533.

② 巴特：《神话集》（*Mythologies*, Paris, Seuil, 1957），p.16.

③ 巴特：《神话集》（同上），p. 29.

④ 巴特：《神话集》（同上），p. 76.

⑤ 巴特：《神话集》（同上），p. 78.

⑥ 巴特：《神话集》（同上），p. 193.

思想中，他的"符号学"概念与"结构主义"概念是同一的，并且他所进行的符号学研究始终就是一种"共时的结构主义"①。在这个时期，他写了大量文章，并出版了五部著述：《论拉辛》（*Sur Racine*，1963）、《文艺批评文集》（*Essais critiques*，1964）、《符号学基础》（*Eléments de sémiologie*，1965）、《批评与真理》（*Critique et Vérité*，1966）和《服饰系统》（*Système de la Mode*，1967）。这些文章和著述明确了巴特的结构主义思想，并确立了他作为结构主义大师的地位。

《论拉辛》被认为是巴特"为研究言语活动的结构主义并从中发现作者的心理共鸣而在文学批评方面进行的第一个探索例证"②。巴特自己也说："我用我们时代的语言来评价拉辛，同时在文化意义上使用结构的和精神分析的方法"③。这部书共包括三方面的内容："拉辛式的人""说说拉辛""历史或文学"。巴特的结构主义思想主要体现在第一部分和第三部分中。在这部书中，作者尽力探讨的东西，"是某种拉辛式的人类学，这种人类学既是结构的，又是分析性的：说其在内容上是结构的，是因为悲剧在此被处理成一种单位系统（各种"外在形象"）和功能"④；于是，拉辛剧中的卧室、游牧人口、两种色情、情绪的混乱、色情"场面"、明暗程度、基本关系等等，都成了巴特分析的单位。在此，我们看到了拉康结构精神分析学理论的影响：巴特认为拉辛剧中真实地和潜在地出现的"父亲"就是**"他者"**（Autre），甚至父子相残而流的"血"也是父亲的替代

① 巴特：《答复关于结构主义的一次调查》（«Réponse à une enquête sur le structuralisme»），《全集I》（*Oeuvres complètes, tome I*, Paris, Seuil, 1993），p. 1534.
② 克朗西埃（Clancier A.）：《精神分析与文学批评》（*Psychanalyse et critique littéraire*, Edouard Privat Editions, 1973），p.169.
③ 巴特：《以'新批评'的名义——罗兰·巴特回答雷蒙·皮卡尔》（«Au nom de la "nouvelle critique": Roland Barthes répond à Raymond Picard»），《全集I》（*Oeuvres complétes, tome I*, Paris, Seuil, 1993），p. 1564.
④ 巴特：《全集I》（同上），p. 985.

物。巴特对于拉辛悲剧的分析招致了以雷蒙·皮卡尔（Picard R.）为代表的学院派批评的反对。皮卡尔发表了《新批评还是新骗局？》（*Nouvelle critique ou nouvelle imposture ?*，1965），矛头直指当时在不同领域以进行结构主义研究为主的冠以"新批评"的"精神分析学批评""结构主义批评"和"社会学批评"。巴特为了捍卫新批评，于1966年发表了《批评与真理》，全面地论述了文学批评研究需要进行新的探索的必要性，指出："试图建立对于文学作品的结构，这是一项重要的事业……文学的特征只能在有关符号的一种总体理论中才能得到设定"①。

　　巴特对于自己的第二个写作阶段还有另外一种称谓，即"科学的阶段，或至少是科学性的阶段"②。这主要是针对他完成的《符号学基础》和《服饰系统》两部著述来说的。前者，原本作为文章先是发表于1964年的第四期《交流》杂志上的，后于1965年作为单行本出版，它是对于索绪尔结构语言学基本概念在符号学层面上的进一步阐述，"旨在从语言学中分离出一些分析性概念，人们先验地认为这些概念对于进行符号学研究是带有足够普遍意义的"③，并在"结论"中明确指出，"符号学研究的目的，是依据任何结构主义活动本身的设想，即建构被观察的对象的模拟事物的设想，来重新建立语言之外的意指系统的运作机制"④。尽管作者在接受采访时说这本书"最多是一种临时的术语的汇编，目的在于宣传一种正在进行谈论的研究计划"⑤，但它出版后对于法国学术界在"sémiologie"名下进行的符号学研究起到了典范作用，而且这种作用甚至影响到

---

① 巴特：《全集 II》（*Oeuvres complètes, tome II*, Paris, Seuil, 1994），p. 51.
② 巴特：《符号学探险》（*Aventure sémiologique*, Paris, Seuil, 1985），p. 11.
③ 巴特：《符号学探险》（同上），p. 19.
④ 巴特：《符号学探险》（同上），p. 80.
⑤ 巴特：《关于结构主义的谈话》（«Entretien sur le structuralisme»），《全集 II》（*Oeuvres complètes, tome II*, Paris, Seuil, 1994），p.117.

了意大利的符号学研究。《服饰系统》是结合服饰的描述语言这一特定的对象，具体地运用了符号学的分析方法。作者写作这本书用掉了前后七年的时间，大体经历了三个过程：最初，他曾想对于真实的服装进行结构主义的研究，因无法达到理想的目的而中辍，后来他转向在时装书刊里被描述的服装，最后他发现他应该根据系统自己的物质性（制作技术、摄影形象和描述词语）来使分析脱离系统，于是他从真实的服饰过渡到了被描述的服饰。需要指出的一点是，作者在写作这本书之前、之中和之后曾经发表过十几篇论述服饰的文章，足见他对于这一对象的钟情之深。作者在书出版后接受采访时谈到了他对服饰的倾心："服饰是一种传播对象，就像事物、举动、行为、会话，对这些，我一直有着很深的兴趣予以过问，因为它们一方面具有日常的存在性，并且在我看来代表着在一种直接的层面上对于自我的认识的可能性……另一方面，它们允许借助于一些形式手段来进行一种系统分析"[①]。这本书一开始就依据结构主义语言学的"语言"与"言语"之划分，也将服饰划分为服饰体制（语言）和个别服饰（言语），并在服饰体制层面上就服饰的历史提出了自己的看法。接着，作者进行了服饰的"能指"与"所指"及其"意指"的论述。显然，这也没有脱离结构主义的主旨。值得注意的是，这本书中专门有一章介绍了服饰"诗学"，指出，这种"诗学"是"由物质与语言的结合一起来决定的。……一旦我们从实际功能转向展示，甚至当这种展示伪装在功能的表象之下时，就会存在诗学的变化。总之，每一种非及物的（非生产型的）描述都具有某种诗学的可能性，即使这

---

① 巴特：《关于〈服饰系统〉和叙事文的结构分析的访谈录》（《Sur le *Système de la Mode* et l'analyse structurale des récits»），《全集 II》（*Oeuvres complètes, tome II*, Paris, Seuil, 1994），p. 453.

一诗学依据审美价值来说并不完整"①。巴特的分析告诉我们，他的这项研究工作所讨论的既不是服饰，也不是语言，而是从服饰实体到语言描述的一种"转译"（traduction）。这种做法为在其之后得到开展的对于绘画的描述语言的符号学分析树立了榜样。我们在此还必须提到罗兰·巴特对于索绪尔的"语言学是符号学的分支"的论断大胆地提出了反论，他说："倘若服饰不借助于描述它、评价它并赋予它丰富的能指和所指来建立一个意义系统的话，它还能有意指吗？人注定要依赖分节语言，不论采用什么样的符号学都不能忽视这一点，或许，我们应该把索绪尔的体系做一下颠倒，宣布符号学是语言学的一部分"②。

　　除了这些书籍之外，巴特还撰写了大量零散文章和访谈录，进一步完善了他的结构主义理论与方法。在这一方面，他 1963年发表的《结构主义活动》（« L'activité structuraliste »）和 1966年发表的《叙事文的结构分析导论》（« Introduction à l'analyse structurale du récit »）是我们应该认真研究的文章。在《结构主义活动》一文中，作者告诉我们，"结构"已经是一个被广泛使用的概念，但结构主义与一般的结构探讨不同，今天，"为了探讨结构主义与其他思维方式的不同，大概必须追溯到像<u>能指-所指</u>和<u>共时性-历时性</u>这些连对的概念"③，"请您注意，谁在运用能指与所指、共时性与历时性，您就会知道结构主义的看法是否已经形成了"④。这是巴特总结出的结构主义研究的"标志"；他还认为，结构主义不是一种运动、一种学派，它主要是一种

① 巴特：《服饰系统》（*Système de la mode*），见《全集 II》（*Oeuvres complètes, tome II*, Paris, Seuil, 1994），p. 325.
② 巴特：《服饰系统》（同上），见《全集 II》（同上），p. 132.
③ 巴特：《结构主义活动》（«L'activité structurale»），见于《文艺批评文集》（*Essais critiques*, Paris, Seuil, 1964），p. 221.
④ 巴特：《结构主义活动》（同上），p. 222.

"活动"，即"一定数量的精神过程的有调节的接续过程"①；结构主义的目的，是要重建一种"对象"，以便在重建之中表现这种对象发挥作用的规律，因此，"结构实际上就是对象的幻象，而且是有指向和联系的幻象"②；分析的过程就是"结构的人抓住现实、分解现实，然后又重新组合现实"③，而在结构主义活动的这种分解和重组之间，出现的"幻象"就是"补加到对象上的理解力"，所以，结构主义活动是使对象变得可以理解的活动；而结构主义活动的典型操作过程，便是"分割与排列。把提供给幻象活动的第一个对象加以分割，就是在其本身找出一些活动的片断，正是这些片断有差异的情境在产生某种意义；片断本身没有意义，但是片断外形的哪怕是最小的变化都会引起总体的变化"④，"单元提出之后，结构的人应该发现或确定它们的搭配规则：这是继赋予其名称之后的排列活动"⑤。这是巴特对当时开始盛行的结构主义分析方法和自己实践的概括。这些论述在《叙事文的结构分析导论》中更为深入和具体。该文在建立叙事文的符号学努力方面又迈进了一步，我们从中明显地看到了俄罗斯形式主义理论家普洛普和法国人类学家列维-斯特劳斯的影响。他自己也说："俄国形式主义学者普洛普，还有列维-斯特劳斯，教会了我们进行下面两种推理：要么，叙事文是一种普通的事件结合，如是，我们只能在信赖叙述者（作者）的艺术、才能和天才即各种偶然的神秘形式的情况下，才能谈论叙事文；要么，一叙事文与其他叙事文共同拥有可以用于分析的一种结构，尽管需要一定耐心才可以陈述出这种结构，

　　① 巴特：《结构主义活动》（《L'activité structurale》），见于《文艺批评文集》（*Essais critiques*, Paris, Seui, 1964），p. 222.
　　② 巴特：《结构主义活动》（同上），p. 222.
　　③ 巴特：《结构主义活动》（同上），p. 223.
　　④ 巴特：《结构主义活动》（同上），p. 224.
　　⑤ 巴特：《结构主义活动》（同上），p. 225.

因为在最为复杂的偶发之作与最为简单的组合作品之间有着一条鸿沟，而在不参照某种暗含的单位和规则系统的情况下，谁都不可能组合（生产）一篇叙事文"①。这时的巴特把揭示这种系统即寻找这种结构作为自己的使命。他认为，结构语言学可以为叙事文的结构分析提供决定性的概念和方法，为此，叙事文的分析应该跳出语言学传统上最大的分析单位——句子，而应将句子看成是话语的最小组成要素。于是，他提要分析叙事文的不同方面：功能、行为、叙述活动和叙事文的系统。在他的论述中，我们到处可以看到列维-斯特劳斯、普洛普、托多罗夫等人的影响。这篇文章似乎可以看作是罗兰·巴特对自己的结构主义思考在叙事文分析方面的总结，但同时也似乎是给自己此前的思考画上了一个句号。因为从此之后，他的研究出现了重大的转向。

三、"文本"研究及其他

从 1968 年开始，罗兰·巴特逐步转向了他的"文本"研究阶段，即他在索莱尔斯（Sollers）、克里斯蒂娃、德里达（Derrida）和拉康影响之下进行写作的

第三个时期。他在这个时期的代表作是《S/Z》（*S/Z*，1970）、《符号帝国》（*L'empire des signes*，1970）和《萨德、傅立叶、罗耀拉》（*Sade, Fourier, Loyola*，1971）。其中，《S/Z》无疑是其这个阶段最具代表性的作品。

《S/Z》是作者从 1968 年 2 月至 1969 年底在法兰西公学研讨班上的授课内容的集结，是对巴尔扎克一部中篇小说《萨拉辛》（*Sarrasine*）进行的一种新的分析尝试。作者在 1968 年 7

---

① 巴特：《符号学探险》（«Aventure sémiologique»），见《全集 II》（*Oeuvres complètes, tome II*, Paris, Seuil, 1994），p. 75.

月底的一次接受采访时告诉了我们他进行这种新的尝试的起因，他说，在他完成了《符号学基础》和《服饰系统》的写作之后，"事情再一次出现了变化，这更多地是由于克里斯蒂娃的研究的影响，还由于她使我们了解了巴赫金的观点，也还要算上德里达、索莱尔斯的某些表达方式的影响，他们都帮助了我修正某些观念"①。他在为这次研讨班所写的授课报告中简单介绍了这种尝试的思路："我们认为有必要从对于叙述的宏观结构的描述过渡到对于一部作品的完美审视，以便标记所有的单位和它们的编码，并以此阐述微观结构"②，而在他于研讨班结束时写的报告中，我们看到了他对这种方法的总结："这是对于巴尔扎克的文本的每个片断所具有的各种同时的意义进行的一种细致的、渐次的、沿着文本移动的、编造簿记式的、评述性的、需要时可以离题的分析"③我们在书中看到，作者将《萨拉辛》的文本划分成 561 个意义语汇（单位），然后逐次分析每一个语汇的编码和其可能的多方面的意义。书的开头部分用了十几节的内容介绍了这种新的分析尝试的理论依据。我们在第一节"估价"中看到了罗兰·巴特对于他以前进行的结构分析的反思，他把以前的结构分析比喻成"佛教徒苦心修行，最终能在一粒蚕豆中看到整幅景致"的做法，"我们从每一个故事中找出它的模式，然后再依据这些模式找出一种大的叙述结构，此后，我们便可把这种结构用于（为了验证）任何一种叙事文：这一任务耗时费力……最后成为不受欢迎的东西，因为文本在这里失去了区别性"④我们在第十一节中了解到了他用来框定

① 巴特:《结构主义与符号学》(《Structuralisme et sémiologie》),《全集 II》(*Oeuvres complètes, tome II*, Paris, Seuil, 1994)，p. 523.
② 巴特:《结构主义与符号学》(同上), p. 521.
③ 巴特:《结构主义与符号学》(同上), p. 549.
④ 巴特:《S/Z》(*S/Z*, Paris, Seuil, 1970), p. 9.

文本中所有内容的五种编码：阐释编码、语义编码、情节编码、象征编码、文化编码。我们也在其第十六节中了解到了他这样做的美学主张："美是无法解释的"，它"只好由话语来论述每个细节的完美，并把'剩下的内容'归于奠定任何美的编码：艺术。……美是自生的，它没有任何先前的编码，因此，它是缄默不语的。它拒绝任何直接的谓语；只有像同语重复（<u>一张完美的椭圆形的脸</u>）或比喻式（<u>美得像拉斐尔画的圣母像，美得像宝石的梦等</u>）那样的谓语才是可能的；这样一来，美便归于无限的编码"[①]。这就告诉我们，美存在于多义性的解释之中。这显然与他在第二个写作阶段追求的叙事文的宏观结构美大相径庭。从《S/Z》开始，罗兰·巴特转向了人们后来称之的"后结构主义"或"解构主义"，或者，用罗兰·巴特自己的术语来说，就是转入了"多元性批评"。

罗兰·巴特在同一时期发表了《符号帝国》和《萨德、傅立叶、罗耀拉》，前者是作者对于日本一些符号系统的精辟分析，认为"日本提供了符号的循环极为细腻的和发展成熟的一种文明"[②]，后者不是从内容上而是从能指上论述了色情文本、社会文本和神意文本的写作方式。

这里我们还需要提到，巴特在进入到了其第四个写作阶段之后应法国大百科全书出版社之约而写的《文本理论》（Théorie du texte，1973）一文。这就是一篇作者所说的跨越写作阶段的"重叠"性文章。在这篇文章中，巴特主张按照朱莉娅·克里斯蒂娃的"符义分析"（sémanalyse）来建立"文本理论"。于是，克里斯蒂娃的"意蕴实践"（pratique signifiante）、"能产性"

① 巴特：《S/Z》（*S/Z*, Paris, Seuil, 1970），p. 40.
② 巴特：《关于〈S/Z〉与〈符号帝国〉访谈录》（«Sur *S/Z* et *L'Empire des signes*»），《全集 II》（*Oeuvres complètes, tome II*, Paris, Seuil, 1994），p. 1014.

（productivité）、"意指活动"（signifiance）、"现象文本"
（phéno-texte）、"生成文本"（géno-texte）、"互文性"等概念，
均在文中得到了进一步的阐述，并指出过去的"结构主义"研
究是一种停留在现象文本上的研究，而"符义分析"则"存在
于言语活动与主体之中"。从此，"文本就不再意味着是一种劳
动的产品，而是文本的生产者与其读者汇合在一起的一种生产
活动的场所：因此，文本在任何时刻和不论在哪一侧，都'在
从事工作'"[1]。这里，我们似乎可以说，早在结构主义研究阶
段被巴特一度宣布"死亡"了的"作者"即文本的"生产者"[2]，
今后也会一定程度地得到"复活"。

巴特在其受尼采影响而进行写作的第四个阶段，出版了《文
本大爱来的快乐》（*Plaisir du texte*，1973）、《罗兰·巴尔特自
述》（*Roland Barthes par R. Bartehs*，1975）、《恋人絮语》
（*Fragments du dicours amoureux*，1977）等书和一系列文章。
在这一阶段，巴特放弃了分析方法上的探讨，而转向了对于"道
德观"的论述。这些书，除了被统一称为"道德观"的"内涵"
外，在写作方式上，它们都是采用"片断"的方式写作的。这
种方式与他的结构主义美学探讨已经基本没有什么联系，但它
作为作者的一种审美探索和追求，也是很值得一提的。

关于采用的片断书写形式，巴特回忆说，一方面，他一直
喜欢采用片断的书写方式，而对于长长的文章越来越无法忍受。
另一方面，他必须采用一种形式，来化解几乎要形成的"意义"。
于是，他决定使他的书成为"以分散的整体"出现的书。显然，
这两方面代表了巴特关于写作的主张。首先，综观巴特的全部

---

[1] 巴特：《文本理论》（«Théorie du texte»），见《全集 II》（*Oeuvres complètes, tome II*, Paris, Seuil, 1994），p. 1682.
[2] 巴特：《作者的死亡》（«La mort de l'auteur»），见《全集 II》（同上），p. 491-492.

著述，他除了几部专题著述（《论拉辛》《服饰系统》《S/Z》等）之外，其余的书都是文章的汇编，而且即便是那几本专题著述，其内部结构也是零散的，有的甚至就是片断式的。巴特说过，"对于片断的喜爱由来已久，而这，在《罗兰·巴尔特自述》中得到了重新利用。在我写作专著和文章的时候（这一点我以前不曾发现），我注意到，我总是按照一种短的写作方式来写的，即以片断、小幅图画、冠以标题的段落，或以条目来写的——在我的生命中的一个阶段，我甚至只写短文，而没有写成本的书。这种对于短的形式的喜爱，　现在正在系统化"①。

其实，他的第一篇文章（1942）就是以片断形式写成的，"当时，这种选择被认定是纪德式的，'因为更喜欢结构松散，而不喜欢走样的秩序'，从此，他实际上没有停止从事短文的写作"②。其次，罗兰·巴特坚持反对"多格扎"（doxa）即形成稳定意义的"日常舆论"，也使他无法写作长篇大论。他说："一种多格扎（一般的舆论）出现了，但是无法忍受；为了摆脱它，我假设一种反论；随后，这种反论开始得以确立，它自己也变成了新的成型之物、新的多格扎，而我又需要走向一种新的反论"③。他之所以这样做，而且不得不这样做，是因为"价值的波动"引起的："一方面，价值在控制、在决定……，另一方面，任何对立关系都是可疑的，意义在疲劳……价值（意义便与价值在一起）就是这样波动，没有休止"④。为了做到这样，片断写作"可以打碎我所定名的成型观念、论述和话语，因为这些东西都是人们按照对于所说内容要给予最终意义的想法来

---

① 巴特：《罗兰·巴特的 20 个关键词》(«Vingt mots-clés pour Roland Barthes»)，见《全集 III》(*Oeuvres complètes*, *tome III*, Paris, Seuil, 1995)，p. 318.
② 巴特：《罗兰·巴尔特自述》(*Roland Barthes par Roland Barthes*, Paris, Seuil, 1975)，p. 96.
③ 巴特：《罗兰·巴尔特自述》（同上），p. 75.
④ 巴特：《罗兰·巴尔特自述》（同上），p. 142.

建构的——这正是以往世纪中整个修辞学的规则。与所建话语的成型状态相比，片断是一种可喜的打乱即一种断续，它确立句子、形象和思想的一种粉化状态，在这种状态下，它们都不能最终地得以'完整确立'"[①]。

　　那么，片断写作，会产生什么样的审美效果呢？对此，罗兰·巴特早已形成了自己的审美观。他在《文本带来的快乐》一书中做过完整的总结："阅读的快乐显然源自某些断裂……文化及其破坏都不具色情特点；是它们之间的断层变成了色情的"[②]，"快乐所需要的，是一种出现损失的场所，是断层，是中断，是风蚀"，"人体最具色情之处，难道不就是<u>衣饰微开的地方</u>吗？……间断具有色情：在两种物件（裤子与毛衣）之间、在两个边缘（半开的衬衣、手套和袖子）之间闪耀的皮肤的间断具有色情；正是闪耀本身在诱惑，或进一步说，是一种显现-消失的表现状态在诱惑"[③]。这不正是片断写作可以带来的效果吗？

　　罗兰·巴特离开我们已经二十多年了。他的一生是探索的一生，他的探索反映了那个时代人们的认识的发展。他善于进取、善于修正自己，也为后人树立了严谨治学的榜样。他的探索是留给人类的一大笔财富。

第五节　热拉尔·热奈特

　　热奈特（Gérard Genette，1930-2018）被认为是 20 世纪后期法国最重要的结构主义诗学家符号学家。他从 1959 年开始发表

---

　　① 巴特：《罗兰·巴特的 20 个关键词》(«Vingt mots-clés pour Roland Barthes»)，见《全集 III》(Oeuvres complètes, tome III, Paris, Seuil, 1995)，p. 318.
　　② 巴特：《文本带来的快乐》(Plaisir du texte, Paris, Seuil, 1973)，p. 15.
　　③ 巴特：《文本带来的快乐》(同上)，p. 19.

批评文章，曾在几年之中尝试着对于个别作品或一位作家的很有特色的全部作品的内在形式进行过解释性分析。但是，他在从事批评之后不久即发现他的努力有较大的局限性，遂很快就尝试着以结构语言学理论和符号学探索为基础进行范围广阔的"诗学"研究。热奈特沿袭了由亚里士多德始创、在法国则经马拉美和瓦莱里使用的"诗学"这一称谓，将其理解为现代术语中"文学理论"的同义词，并将自己的诗学研究确定为"有关文学形式的理论"[①]。他在此后的岁月中为这一事业做出了为世人公认的成就。本篇拟就热奈特进入诗学研究之后的探索分阶段地做些介绍。

一、初期研究工作

1966 年在色里兹（Cerisy）召开的"关于当前批评的道路"的十日研讨会为热奈特提供了阐发自己诗学观点的机会，同时也更加坚定了他从事这一事业的决心。在那次研讨会上，他发表了《纯粹批评的道理》（«Raison de la critique pure»）一文，引起批评界的注意。在那篇文章中，他借用蒂博代（Albert Thibaudet，1874-1936）过去提出的"纯粹批评"一语，论述了蒂博代从瓦莱里那里继承下来的有关文学批评的主张："这种批评不是关于人的，也不是关于作品的，而是关于本质的"。他据此提出，诗学应该对于文学现象固有的特征性进行分析，而不是针对这种特征性之外的东西。

作为进行"诗学"研究的起步内容，热奈特首先依据结构语言学的基本概念和罗兰·巴特在此基础上创立的符号学理论对于古典修辞学重新进行了解释。他在《修辞格》之一（*Figures I*）中就收录了"空间与语言""词语与奇迹""符号所掩盖的东西"

① 热奈特：《修辞格 IV》（*Figures IV*, Paris, Seuil, 1999），p. 26.

"修辞格"和"夸张"等涉及修辞学或专论修辞学的文章。其中有关修辞学本质的论述尤其具有新颖独到之处。

　　热奈特在《符号所掩盖的东西》（《 L'envers des signes 》）一文中，介绍了罗兰·巴特在其《写作的零度》（*Le degré zéro de l'écriture*）、《神话集》（*Mythologies*）、《文艺批评文集》（*Essais critiques*）三部著述中的符号学思考，其目的在于借助于符号学的成果来深入探索修辞学的原理。他认为，"写作是对于形式负起责任，这种形式在语言的范围内所描绘的（由场所和时代所决定的）自然与（听命于肉体和心理之深度的）风格的垂直力所确定的自然之间，表现作家对于一种文学态度的选择，并由此而告诉人们某种文学的方式；作家不能选择他的语言，也不能选择他的风格，但他主宰表明他是古典的还是自然主义的、是资产阶级的还是人民大众的小说家或诗人的写作态度"①。所有写作方法都是内涵手段，因为在其有时是很弱的或可忽视的文字意义之外，它们表现一种态度、一种选择、一种意愿。热奈特借用古典修辞学中的一个典型例证来说明文字之外的这种"超意指"的效果：在帆 = 船这一提喻方式之中，有一个能指词：帆，还有一个所指对象（或概念）：船，但是，在由"帆"来代替"船"的过程中，连接能指与所指的关系就构成了一种修辞格，"这种修辞格在其修辞规则中明确地指话语的一种诗意状态：因此，它就像是一个新的所指即诗意在第二个语义平面即修辞学内涵平面上的能指；内涵的本义是在第一个意指上（或在其下）得以建立，但却是以一种分离的方式建立的，同时把第一个意义当作指明第二个概念的形式来使用"②。他为我们画出的图示如下：

---

　　① 热奈特：《修辞格 I》（*Figures I*, Paris, Seuil, 1966），p. 192.
　　② 热奈特：《修辞格 I》（同上），p. 192.

能指 1 （帆）	所指 1 （船）	
意指 1 （修辞格） 能指　2		所指 2 （诗意）
意指　2 （修辞学）		

他建议用一种更为符号学的语言来描述这一图示：

> "使单词'帆'可以用来指明'船'的符号学系统，就是一种修辞格；而使一种修辞格可以用来指明诗意的第二级符号学系统，就是修辞学"①。

上述图示，是热奈特从罗兰·巴特《神话集》一书的《今日神话》（《 Le mythe, aujourd'hui »）一文借用和加以改造而制成的，罗兰·巴特的图示是这样的：

1 能指	2 所指	
3 符号 I 　能指		II 　所指
III 符号		

罗兰·巴特的图示是想说明，符号的内涵系统是无尽头的，从理论上讲，最下面的"符号 III"还可以有它的能指与所指，依此类推。但热奈特对他的图示没有再阐发下去。这两个图示表面上似乎对等，但我认为它们还是有区别的：罗兰·巴特的图示表明的是一种结果，例如他把由第一层的能指与所指构成

---

① 热奈特：《修辞格 I》（*Figures I*, Paris, Seuil, 1966），p. 192.

的"意指"（即关系）直接看成第二层的一个符号，这个符号的能指与所指之间的"意指"又立即被看成是第三个符号；而热奈特更看重的是上一层的能指与所指之间的"关系"。在热奈特看来，这种关系即为"形式"，这就与他把修辞学定名为"形式系统"或"修辞格系统"一致了起来。

热奈特为古典修辞学做了概括，他指出，古典修辞学主要论述的是说话的艺术和写作的艺术，也就是说是属于写作风格的工作，而修辞格则仅仅是修辞学的手段和其赖以建立的基础。但古典修辞学无法说明修辞格本身的特征性即修辞格产生的依据。他介绍了古典修辞学家特别是 18 世纪的迪马赛（Dumarsais）、19 世纪的多迈隆（Domairon）和封泰尼埃（Fontainier）的修辞学理论，认为长期以来人们把修辞学只是确定为与自然的和一般的方式有一定距离的说话方式，确定为相对于习惯用法的一种间隔，或者确定为像迪马塞所说的"修辞学是借助于特殊的变化来区别于其他说话方式的方式"，尚不足以说明修辞学的本质："修辞格的地位在修辞学的传统之中一直是不明朗的"①。热奈特认为遵照符号学理论可以帮助我们对于修辞格和修辞学进行重新的确定。他说："在文字与意义之间，在诗人写出的与他的思考之间，有一种距离、一种空间，像任何空间一样，这个空间具有一种形式。我们把这种形式称为修辞格。每当空间在能指的线与所指（此所指又是另一个能指）的线上有所调整的时候，随着形式的变化，就会有相应数量的修辞格出现"，而"修辞学是一种修辞格系统"②。在解释为什么修辞格具有多出字面意义的问题时，他说："产生多出的

---

① 热奈特：《修辞格 I》（*Figures I*, Paris, Seuil, 1966），p.207.
② 热奈特：《修辞格 I》（同上），p. 208.

意义的技巧，可以归为现代符号学称之为内涵的东西"①。而
正是在此，"修辞格规则出现了，这种规则负责制定修辞格名目，
并为每一种修辞格限定其内涵价值。每种修辞格一旦从个人发
明的生动的言语中出现，并进入到传统的规则之中，它的功能
就只在于以其特殊的方式向人们通报承载着它的那个话语的诗
意品质"，于是，"有关修辞格的修辞学的雄心，就是建立文学
内涵的一种规则，或者说建立罗兰·巴特称为'文学的符号'
的一种规则……因此，修辞学不大关心属于个人言语特点因而
与其无关的各种修辞格的独特性或新颖性。对于修辞学来讲，
重要的是诗意符号的明确性和普遍性，是在第一系统（文学）
的第二个层次上发现标志着第一个层次(语言)的超越性和严格
性。它的理想，极言之，是把文学言语活动在第一层语言的内
部组织第二层语言"②。这显然是对于《符号所掩盖的东西》
一文的进一步阐发。这种阐发，使得修辞学在严格的语言学和
符号学意义上找到了依据，从而更有了坚实的理论基础。热奈
特在后来的《修辞格》之二（*Figures II*, 1969）、《修辞格》之
三（*Figures III*, 1972）和《修辞格》之四（*Figure IV*, 1999）中
继续对修辞学及其相关内容做了研究，这使他成了法国最著名
的结构修辞学理论家。

二、关于"叙事话语"的研究

热奈特诗学研究的第二个重要举动，是其成功地进行了由
"托多罗夫很快定名的'叙述学'"③的探索。关于进入这一领
域，热奈特在《修辞格》之四的开篇文章《从文本到作品》(《 Du

---

① 热奈特：《修辞格 I》（*Figures I*, Paris, Seuil, 1966）, p. 219.
② 热奈特：《修辞格 I》（同上）, p. 220.
③ 热奈特：《修辞格 IV》（*Figures IV*, Paris, Seuil, 1999）, p. 14.

texte à l'oeuvre »）中有过交代，他说："我应该明确一点，这种对象，首先是罗兰·巴特启发给我的。他在《交流》杂志上搞了一个有关这一主题的专号①，我至今不明白他当时这样做的道理。我小心翼翼地进入这个当时不特别使我感兴趣的领域，因为直到那时我一直把叙述机制看作是文学（包括小说）的最无吸引力的功能，就像我 1966 年写的《福楼拜的沉默》那篇随笔文章所指出的那样，那篇文章是对于这位反常规的小说家的非叙述特征或是反叙述特征的一些辩解辞，因为在这位小说家看来，叙述是'一种非常令人讨厌的东西'。由于我为这种反感辩解……，（罗兰·巴特对此并不感到惊讶），就像我预料到的那样，他以近乎反驳的口吻对我说：'这是一个很好的课题，您就在这方面解释一下吧'。于是，我就写了《叙述的边界》一文，我在相对地谈论问题的同时，尽力限制这种庞大的实践。随后，我便对此更多地产生了兴趣"②。热奈特首先于 1968 年对于一部巴洛克史诗《被解救的摩西》（*Moise sauvé*）中的三种叙述扩展方式即"形成扩展""插入扩展"和（叙述者的）"介入扩展"做了分析，随后又对司汤达的一部小说做了同样内容的分析。他全面地对于叙事进行研究，是他 1969 年在北美逗留期间结合普鲁斯特的《追忆似水年华》（*A la recherche du temps perdu*）进行的，在这一期间，"我开始对于这部系列小说进行了整体分析，这种分析为我充当了基础，或者更可以像人们所说的那样，是为我充当了建立叙述结构的总体理论的现场实验。在多次部分介绍和实验之后，这种论述最后以《叙事话语》为名在《修辞格》之三中发表"③。

---

① 热奈特：《叙事结构分析》（«L'analyse structurale des récits», *Communication*, N°8），1966.
② 热奈特：《修辞格 IV》（*Figures IV*, Paris, Seuil, 1999），p. 15.
③ 热奈特：《修辞格 IV》（同上），p. 15.

　　"叙事话语"是对于叙事方法论的研究。作者在"绪论"中对"叙事话语"中涉及到的关键概念做了介绍。关于何谓"叙事"？热奈特告诉我们，<u>叙事</u>（récit）有三种意义：在其第一种意义里，叙事指的是叙述性陈述、承担一个事件或一系列事件的口头话语或书面话语；在其第二种意义里，叙事指的是构成话语对象的真实的或虚构的事件的接续情况以及它们的各种连接、对立、重复等的关系；在其第三种意义里，叙事指的还是一种事件，但却不是被讲述的事件，而是叙述行为。热奈特所要分析的，是通常意义的叙事，即第一种意义中的叙事，但这种叙事又与第二种意义和第三种意义中的叙事有着必然的联系。为了避免术语使用上的混乱，作者把"所指"或被讲述内容叫作<u>故事</u>（histoire），把"能指"、陈述、话语或叙述文本叫作本义上的<u>叙事</u>，把生产性叙述行为及该行为的真实或虚构的境况叫作<u>叙述活动</u>（narration）。作者认为，故事和叙述活动只有通过叙事才能存在。分析叙述活动主要是研究叙事与故事、叙事与叙述活动、故事与叙述活动之间的关系。在此，热奈特借用了兹维坦·托多罗夫 1966 年提出并在 1968 年于《诗学》（*Structuralisme en Poétique*）一书中进一步系统化的划分，即把故事分成三个范畴：时间范畴（表现故事时间与话语时间之间的关系）、语体范畴（叙述者感知故事的方式）和语式范畴（叙述者使用的话语类型）。但是，热奈特在借用的同时，也对托多罗夫的划分做了调整和补充，并且其有关"聚焦"的内容后来也影响到了托多罗夫的相关论述，后者在 1972 年再版其《诗学》时就采纳了热奈特的观点。

　　《叙事话语》包括五部分内容。前三部分都是研究故事时间与叙事时间之间关系的。其第一部分讲的是"顺序"，是"故事中事件接续的时间与这些事件在叙事中排列的伪时间顺序之间的关系"。在这一部分中，热奈特论述了"时间"。"叙事话语"
包括五部分内容。前三部分都是研究故事时间与叙事时间之间
错位"、时间"跨度、幅度""倒叙""预叙""趋向无时间性"
等内容，使人们比较清楚地看到了这些手法在《追忆似水年华》
中的应用情况。第二部分，讲的是"时距"，是"事件或故事片
段可变的时距与在叙述中叙述这些事件的伪时距（实际上就是
作品的长度）之间的关系，即速度关系"。在这一部分中，热奈
特论述了叙事的"非等时性""概述""停顿""省略""场景"
几个方面。第三部分讲的是"频率"，指的是"故事的重复能力
与叙事重复能力之间的关系"。在这一部分中，作者论述了单一
叙事与反复叙事的"确定""说明与扩延度""内历时性与外历
时性""交替""过渡"几个方面，而这一切，就普鲁斯特的《追
忆似水年华》来讲，无不可以说是"与时间进行的绝妙游戏"。
第四部分为"语式"，指的是"讲述的程度和从何种角度去讲的
能力与发挥这种能力的方式"，它涉及"距离""事件叙事""话
语叙事""视点""聚焦""变化""复调式"几个方面。第五部
分为"语态"，热奈特接受了旺德里耶斯（Vendryès）有关语态
的定义："在其与主体关系中考虑的词语特征"，这位主体"在
此不仅是完成或承受动作的人，而且也是转述动作的人（同一
个人或另一个人），有时也是参与（尽管是被动地参与）这种叙
述活动的所有的人"。在这一部分中，热奈特论述了"叙述阶段"
"叙述时间""叙述层次""元故事叙事""换位""人称""主人
公与叙述者""叙述者功能""受述者"几方面。热奈特的论述
使《追忆似水年华》的叙述结构实现了立体化呈现，从而使人
们对这部著作本身的文学性（littérarité）有了更为深刻的理解。

　　不过，作者对他的努力成果还是保持着清醒的认识的，他
认为"在此提出的范畴和方法当然不是无缺点的：原因在于通

常难于选择出最为合适的。在一个习惯上让位给直觉与经验的领域内，概念和术语的过多出现想必会激怒一些人，我并不期望'后世'对这些建议能记住多少"①。热奈特是很有预见性的。在《修辞格》之三出版后，很快就有来自各种方面的评价。十年后，即 1983 年，他在大家的批评和叙述学后来发展的启迪之下，又写了《新叙事话语》（*Nouveaux Discours*）一书。作者在该书中对"叙事话语"中的一些概念做了补充阐述和澄清。将"叙事话语"与《新叙事话语》放在一起研究，我们可以了解热奈特的完整的叙述学思想。法国著名的文学史研究者罗杰·法约尔教授在其《批评：方法与历史》（*La Critique*）一书中对热奈特的叙述学研究成果给予了很高的评价，他说："我们要提到热拉尔·热奈特汇编在三部《修辞格》中的重要论述，而尤其是第三部中的'叙事话语'部分——这一部分代表了对于文学形式的科学研究的决定性贡献"②。

三、关于文本的"内在性"与"超验性"的研究

热奈特后来的诗学研究，主要放在了文学作品的"内在性"与"超越性"以及相关的"审美关系"方面了，其代表性著作是他以两卷本形式出版的《艺术作品》（*L'Oeuvre d'art*）。但在正式进行这一探索之前，他先后出版了几部与这一论题有关的著述，虽然都不是很厚，但为他过渡到全面阐述他的思考做了铺垫。

1979 年，他出版了《广义文本论》（*Introduction à l'architexte*）。该书介绍了历史上许多批评家把自己形成的对于文学体裁的"三分法"（抒情，史诗，戏剧）的思想强加给柏拉

---

① 热奈特：《修辞格 III》（*Figure III*, Paris, Seuil, 1972），p. 269.
② 法约尔：《批评：方法与历史》（*La critique*, Paris, Arman Colin, 1978），p. 215.

图和亚里士多德的做法，而"在柏拉图那里，基本分类的形态
很确定，他明确地以文本的陈述方式为准则；亚里士多德也坚
持这一原则"①。热奈特建议，"要借助于体裁走出文本，借助
于方式走出体裁"，再"借助于文本，并借此改弦更张"走出方
式。于是文本就出现了超越性，"即所有文本与其他文本发生明
显或潜在关系的因素"②。这种超越性，即"跨文本性"
（transtextualité），它包括由朱莉娅·克里斯蒂娃（Julia Kristeva）
提出的"互文性"和其他类型的关系，主要是模仿和改造关系，
从而带来了"副文本性"（paratextualité）。作者还把各种体裁
的决定因素例如题材、方式以及其他方面也包括在跨文本性之
中，从而形成"广义文本""广义文本性"或"广义文本结构"。
作者断言："我们可以断然肯定，诗学的研究对象不是文本，而
是广义文本"③。热奈特在 1982 年出版的《隐迹稿本》
（*Palimpeste*）和 1987 年出版的《入门》（*Seuils*）进一步研究了
"副文本性"，认为诗学的对象是跨文本性或文本的超越性。作
者在《隐迹稿本》中总结出了五种跨文本关系，它们是互文性、
不公开的借鉴、寓意形式、承文本性（hypertextualité）和广义
文本性，而他尤其论述了承文本性。承文本性指的是一种文本
对于另一种文本的"攀附关系"，具体来说，就是指一个新的文
本是在另一个原有文本的基础上发展起来的一种"嫁接"关系；
热奈特把新的文本定名为"第二等级文学"的作品，在法国有
图尼埃（Tournier）的《星期五》那样的作品，笔者认为中国文
学中的《新编〈……〉》《续〈……〉》等即属于此类。他 1991
年发表的《虚构与行文》（*Fiction et diction*）中主要论述了"文

---

① 热奈特：《广义文本论》（*Introduction à l'architexte*, Paris, Seuil, 1979），p. 66.
② 热奈特：《广义文本论》（同上），p. 88.
③ 热奈特：《广义文本论》（同上），p. 99.

学性"的体制、标准和方式。他指出，文学性的体制有两种，一种是构成性体制，一种是条件性体制，前者是一套复杂的动机、体裁规约和各种形式的文化传统，后者依赖于主观的、可以随时取消的审美鉴赏。文学性的标准被判定为是建立在经验标准基础上的，它可以是题材方面的，也可以是形式方面的，或者更广泛一些，是泛话语（rhématique）方面的。而理论性很强的体制类型与更具有直观性的经验标准类型的交叉决定了文学性的方式。正统的题材标准，就是虚构性，它始终活跃于构成性体制之中；泛话语标准则可以通过行文（diction）来决定文学性的两种方式。所谓行文，即非虚构性的散文，它只能有条件地被视为文学方式。这本书共包括四篇文章。第一篇论述了虚构与行文各自的特点，指出"以客体的想象特征为主要特征的作品属于虚构文学，以形式特征为主而又不妨碍混合的作品属于行文"[①]，"一篇叙事文的审美价值永远来源于虚构、行文或两者之间的某种合作"[②]。第二篇文章在于界定由叙事性虚构组成的陈述作为言语行为的地位，第三篇文章论述了叙述学应用于诸如史学、自传、通讯或私人日记等非虚构叙事体裁中的可能性，第四篇文章是从风格学入手来考察行文情况，并"在此试图勾勒出有关风格的一种符号学定义"[③]："风格是言语活动的表达功能，它对立于其概念的、认知的或语义的功能"[④]，无疑，这是对于风格的一种新的认识。他在《虚构与行文》中对其做了初步研究，而在此期间，对于"分析性"审美的其他贡献的发现又进一步坚定了他写作《艺术作品》这一鸿篇巨制的决心。该书第一卷出版于1994年，副标题为"内在

---

① 热奈特：《广义文本论》（*Introduction à l'architexte*, Paris, Seuil, 1979），p. 31.
② 热奈特：《广义文本论》（同上），p. 34.
③ 热奈特：《广义文本论》（同上），p. 95.
④ 热奈特：《广义文本论》（同上），p. 99.

性与超越性"(Immanence et transcendance)，第二卷出版于 1997
年，副标题为"审美关系"（Relations esthétiques)。至此，热
奈特完成了"从文本到作品"的真正过渡，这同时也使他的诗
学研究进入了一个新的更高的境界。

　　第一卷内容在于阐述作品的存在方式以及由此引出的作品
的"内在性"与"超越性"。关于艺术作品的存在方式，热奈特
采用了戈德曼（Lucien Goldmann）的基本划分：复制性体制（绘
画，雕刻等）——热奈特将其看作是有具体对象的"实在"作
品，非复制性体制（文学作品，音乐作品或平面图上的建筑设
计）——热奈特将其看作是有理想性对象的"实在"作品。但
是，这种划分尚不足以阐述作品的存在状态，因为所有的作品
都以各种方式超越其具体的或理想的对象。热奈特将这种对象
定名为"内在性对象"，由此展开了"内在性"与"超越性"的
论述。作者认为，作品与内在性对象之间存在着一定的"空隙"，
这种空隙伴随着构成作品的全部生命，即我们与作品的关系，
这是一种运动的并为历史所改变的关系。艺术，作为生产活动
和接受活动，在作者看来是一种历史的实践，而有关作品的理
论从一开始就应该考虑到这一点。这一卷包括两个部分，第一
部分为"内在性体制"，分析了内在性在不同体裁作品中的情况；
第二部分为"超越方式"，分析了作品的多元表现。按照作者的
分析，超越原则即为关系原则。

　　《艺术作品》的第二卷正是论述"审美关系"的，因为在作
者看来，审美事实从定义上讲只能是关系性的。这一卷包括三
个部分。第一部分为"审美注意力"，作者把"审美注意力"视
为任何审美关系的一种前提条件，这种条件在一种对象里更看
重一种外表特征，而不大考虑实际功能。这种注意力可以投向
任何自然的或人为的对象或事件方面。热奈特主张以更为主观

的方式将这种注意力解释成为面对对象产生的一种态度的全部指示，而不是对象的全部特征，因为并不是这种对象使注意力成为审美的，而是对其外表特征予以的特别注意力在使无论什么样的对象成为"审美的"。第二部分为"审美评价"，作者认为，对于对象外表特征的注意力，只有当其趋向于一种使人高兴或使人不高兴并通常又是属于欲望或厌弃的情感方面时，它才是审美的。热奈特分析了康德有关"审美判断"的理论，认为康德在审美情趣的相对性结论面前退缩了。他坚持认为，审美评价只能是相对的，不能将这种评价先验地看作是普遍的。热奈特分析了人在对象外表特征面前所产生的自发的和多为幻觉式的活动，同时对当代某些美学家坚持的客观论主张提出了质疑，在他看来，这些主张构成了这种幻觉的"极为土气的理论"。第三部分为"艺术功能"，探索的是艺术作品才有的那种关系的特定特征。这种关系的基本特点是由对于一种对象的初始时期的生产性意愿的感知决定的，而这种感知又属于某种假设范畴。一旦这种假设得以确立，它就构成对于对象的艺术特征的一种承认，即便对其评价是否定的或中性的。在热奈特看来，人们一般称之的"审美价值"对于艺术作品和艺术关系来说根本不是决定性的。作者在这部分中还提到了"风格"概念以及在文学作品和其他艺术中的风格分析的地位问题，在他看来，对于风格的总体确定不会引起任何价值考虑，对于个别风格的描述在价值论上也总是中性的。热奈特主张自由地——有时也可以是激情满怀地——评价对象，但对于对象的描述和确定不应提前就包含着一种评价。作者在这一卷的"结论"中写道："一般说来，审美关系在于对在其外表特征里被考虑的不管什么样的一种注意对象——或者更可以说是对于作为不管什么样的对象之外表特征的一种注意对象——给予情感上的回答

（评价）"①。最后，热奈特对于《艺术作品》第一卷和第二卷之间的关系做了概括："这两卷的关系是环环相扣的，每一卷都想说明另一卷，并深入到另一卷之中"②。

热奈特对于诗学研究的贡献是巨大的，他在总结自己近五十年的研究历程时对于自己几乎没有离开诗学领域流露出满意。他把自己的诗学研究看成是在罗兰·巴特走过的一条"符号学探索"之路上进行的工作，而"这种探索对于我来讲还远没有结束"③。他这样说，也正是这样做的。尽管他已进入七旬高龄，但他至今仍在与托多罗夫等人合作主编《诗学》（*Poétique*）杂志（创刊于 1970 年）和"诗学丛书"（已出版 70 余种），仍在他所热爱的这一领域孜孜不倦地探索着、耕耘着，并不时地奉献给人们新的研究成果。

第六节　兹维坦·托多罗夫

托多罗夫（Tzvetan Todorov）1939 年出生于保加利亚，1963 年读完大学之后来到法国，先是攻读博士学位，随后便开始了他孜孜不倦的研究和写作工作，在这期间，他加入了法国国籍。他的知识背景使他成功地将东欧与西欧在文学理论领域的研究成果结合了起来。在 20 世纪 60 年代的结构主义潮流中，他很快加入了"新批评"的行列，并成为结构主义"后起之秀"。在三十多年的研究工作中，他以几乎每年一本书的成果而成为法国最著名的学者之一。

①　热奈特：《艺术作品 II》（*L'Oeuvre de l'art, 2, La Relation esthétique*, Paris, Seuil, 1997），p. 275.
②　热奈特：《艺术作品 II》（同上），p. 278.
③　热奈特：《修辞格 IV》（*Figures IV*, Paris, Seuil, 1999），p. 45.

托多罗夫把自己的研究工作，划分为两个大的阶段："第一个大的阶段，从我 1963 年来到法国，直到 70 年代末（到我 40 岁的时候）。在这一大的阶段中，我的兴趣在于研究文学的形式、话语形式和让我们认识这些形式的方法"。而进入 20 世纪 80 年代，"从这时开始，并在许多年内，我倾心于文化对话和多元文化与单元文化之间张力的研究"①。托多罗夫的结构主义美学思想，主要体现在他的第一大阶段的著述之中，而这个阶段又可以分为两个时期。

一、初期研究工作

托多罗夫认为，他的第一大阶段的第一个时期起自于他来到法国后出版第一部著述《文学与意指》（*Littérature et signification*，Larousse，1967）到他与迪可罗（Oswald Ducrot）合作撰写《言语活动科学百科辞典》（*Dictionnaire encyclopédique des sciences du langage*, Seuil，1972）这段时间。在这一时期，托多罗夫的工作主要是进行分析方法上的探索，也就是建立"叙述学"的探索。最能体现他在这一时期研究内容和方法的，是在上述两部著述之间发表的《诗学》《十日谈》和《散文诗学》。

《诗学》最先是作为《何谓结构主义》（*Qu'est-ce que le structuralisme*，Seuil，1968）一书的一个部分出现的，1972 年在做了一些修改之后出了单行本，法文书名为 *Structuralisme en Poétique*（或译成《结构主义诗学》）。在这本著述中，托多罗夫从结构主义观点出发，系统地论述了"诗学"的方方面面，

---

① 让·维里埃（Jean Verrier）：《兹维坦·托多罗夫：从俄国形式主义到历史道德规范》（*Tzvetan Todorov, Du formalisme russe aux morales de l'Histoire*, Paris, Bertrand-Lacoste, 1995），p. 122-123.

使该书成了奠定其理论构架和整个"叙述学"基础的重要著作。关于诗学的现代概念，他赞同雅各布森在其《普通语言学论集》（法文版）第二章《语言与诗学》中的观点："诗学的目的，首先要回答的是这样的问题：是什么把词语信息变成了艺术作品"。那么，什么是托多罗夫主张的"诗学"呢？《诗学》一书的开始部分又对此做了更为明确的论述：

　　并不是文学作品本身是诗学的对象：诗学所过问的，是文学话语作为特殊话语的性质。这样一来，任何作品都仅仅被看成是一种抽象的和一般结构的表现，而诗学则是所有可能的实现形式中的一种。正是在这一点上，这种科学不再关心真实的文学，而是关心可能的文学，换句话说：就是关心构成之表现形式，而诗学则是所有可能的实现形式中的一种。正是在这一点上，这种科学不再关心真实的文学，而是关心可能的文学，换句话说：就是关心构成文学事实的那种抽象性质。这种研究的目的，不再是对具体作品进行阐述和理性的概括，而是提出文学话语的一种结构与运行理论，这种理论给出有关各种文学可能性的一种图表，而现存的文学作品就像其被实现的一些特殊情况那样。于是，作品就将被投射到其自身之外的东西上，俨然在心理批评或社会批评的情况里那样；不过，这种另外的东西，将不再是一种异质的结构，而是文学话语本身的结构。特殊的文本将仅仅是可以用来描述文学的各种性质的一种实体表现。[1]

　　这就告诉我们，文学文本已经不是一个足够的认识对象，诗学探讨的是可以概括所有文学文本性质的结构。托多罗夫进

----

[1]　《诗学》（*Poétique*, Paris, Seuil, 1968），p. 19.

一步论述道,这种抽象的结构就是作品的"文学性"(littérarité)。显然,这种诗学观不同于亚里士多德以来有关诗学即文艺理论的传统理解,也不等同于传统的以"解释"为主的文学批评(但却是对于它的一种有力的补充)。那么,就一部具体的作品(以小说为例)来说,诗学的研究内容是什么呢?那就是:文学文本的语义内容、词语特征(语式、时距、视点、语态)、句法特征(文本结构、叙述句法、规范与反动作)。需要指出的是,《诗学》1972 年的修订版本比 1968 年的版本内容上有所完善和丰富,特别是吸收了热奈特有关"视角"的论述。《诗学》一书在最后还谈到了"诗学"与"审美"的关系,认为"诗学不可以也不应该把审美判断作为首要的任务",这一点似乎可以帮助我们去认识整个结构主义潮流的美学思想。

《〈十日谈〉语法》(*Grammaire du Décaméron*,Mouton,1969)是继《诗学》之后又一部系统论述叙事文特征而尤其是其"句法"特征的专著,从一定意义上讲,它是《诗学》的深化研究。正是在这部著述中,托多罗夫提出了"叙述学"(narratologie)这一术语。该书结合《十日谈》(*Le Décaméron*)中的各篇故事,力图在不同的文本、甚至不同语言的叙事之间找出共同的叙事"语法"。该书首先从话语的"组成部分"入手,认为它们的语义理论都应该建立在"描述"与"命名"两种功能的基础之上:专有名词、人称代词具有命名功能,普通名词、动词、形容词和副词具有描述功能。描述一篇叙事文,首先要对叙事文进行概述,使故事的每一个动作(action)都对应于一个句子,描述性特征构成句子的谓语,命名性特征构成主语。一般说来,叙事文都包含两类情节:描述状态的情节和描述从一种状态过渡到另一种状态的情节,前者相对稳定而且是<u>重复性的</u>(即同一个情节被多次叙述,这是《诗学》一书中已经确定的概念),后者是动力性的。于是，叙事话语的两个主要的组成部分便是形容词和动词，前者便是描述平衡或不平衡状态的"谓语"，后者是描述状态之间转换的"谓语"。在确定了话语的这些组成部分之后，还要确定各个部分内部的特性：语态、语式、方式、时距等，这也是在《诗学》一书早有论述的。托多罗夫认为，《十日谈》中有两组方式：意愿（volonté）方式和假设（hypothèse）方式。前一组包括强迫式（obligatif）和祈愿式（optatif）两种，后者包括条件式和宾词式两种。在超出句子的情况下，则有三种关系：最为简单的是事件相续的时间关系，还有逻辑关系和空间关系。超出句子的句法单位是语序（séquence），按照语序的观点，句子可以被分为三种类型：它们分别对应于排除逻辑关系（或…或）、析取逻辑关系（和…或）和合取逻辑关系（和…和），因而第一类句子就是选言性的（alternatif），第二类句

　　合取逻辑关系（和…和），因而第一类句子就是选言性的（alternatif），第二类句子就是随意性的（facultatif），第三类就是强迫性的。作者在《叙事语法：〈十日谈〉》一文中谈到，对于《十日谈》中各篇故事的研究，使我们在这部故事集中"只看到了两类故事。第一类……可以称作'逃脱惩罚'的故事……第二类可以被定名为'转化'故事"①。

　　《散文诗学》（Poétique de la Prose）发表于 1971 年，共收录了托多罗夫 1964-1969 年发表的十篇文章。这些文章进一步探讨了叙事文的"叙事语法"问题。书中最被人看重的，除了《叙事语法：〈十日谈〉》文章之外，《叙述转换》一文则代表了托多罗夫在 60 年代末的研究成果。该文也是探讨叙事文的"句法特征"的，既探讨谓语、句子、序列、文本等。但比之于前面著述中相对"静态"的研究，它更多了些"动态"的内容，

――――――――――
① 托多罗夫：《散文诗学》（Poétique de la prose, Paris, Seuil, 1971），p. 57.

也就是说更侧重于不同单位之间的联系与转换:"对于每一个方面的研究，都是参照与它有关的上一个层次来进行的，例如对于谓语的研究是在句子范围内进行的，对于句子的研究是在序列范围内进行的，等等"①。"转换"是在"句子"层进行的，"当一个谓语在两个句子里是相同的时候，这两个句子就处于转换关系之中"②，托多罗夫为我们区分出了两种大的转换类型:"简单转换"和"复杂转换"。前者还可以细分为语式转换、意愿转换、结果转换、方式转换、语体转换和地位转换，后者包括表面认识转换、描述转换、前提转换、主观性转换、态度转换。最后，作者令人信服地为我们介绍了转换的依据和条件。

至此，托多罗夫主张建立的文学文本的"叙述学"基本完成。这为他后来进行符号学研究和进行非文学性文本即"社会文本"的研究打下了基础。

二、有关"象征理论"的研究

在第二个写作时期，托多罗夫的研究成果主要以《象征理论》(*Théorie du symbole*, 1977)、《象征主义与解释》(*Symbolisme et interprétation*, 1978)和进入 80 年代之后汇编出版的《批评之批评》(*Critique de la critique*, 1984)为代表。不难看出，在这一时期，属于符号学范畴的象征理论成了托多罗夫探讨的主要内容。托多罗夫像其他结构主义理论家一样，最终也将自己的探索归入了符号学活动。下面，我们就有关问题做些扼要介绍。

关于浪漫主义的艺术观念。托多罗夫在《象征理论》一书中，以相当多的篇幅论述了浪漫主义的产生、其哲学基础、其

---

① 托多罗夫:《散文诗学》(*Poétique de la prose*, Paris, Seuil, 1971)，p. 118.
② 托多罗夫:《散文诗学》(同上)，p. 123.

创作过程，他指出，"如果要将浪漫主义审美简缩为一个词，那就是……<u>象征</u>；这样，整个浪漫主义审美最后就将是一种符号学"[1]。在此基础上，他总结出了浪漫主义文学的主要审美特征，那就是对于生产（而非模仿）、不及物性、连贯性（接近于梦的联想系统）、综合性（形式与内容的综合、意识与潜意识的综合、一般与个别的综合）和对于无法表述内容的表达。他在浪漫主义文学中看到了建立在艺术自立基础上的现代审美观。他在这一部分中还论述了象征与讽喻之间的关系，指出：讽喻与象征是两种不同的符号类型，讽喻是及物性的，象征是不及物性的，或者"讽喻是连续性的，而象征是同时性的"[2]。象征是间接地说明问题，它首先是其自身，然后才发现它意味着什么。因此，借助于象征，我们可以从个别过渡到一般。他在《批评之批评》一书中，指出俄国形式主义者们的艺术自立思想与具有现代审美观的首批诗学家们的思想有许多共同之处，因为后者继承了自浪漫主义以来认为艺术的目的就在其自身的现代观念。托多罗夫写道："浪漫主义作家的有些抽象和空洞的表达方式……促使形式主义者们感知作品本身，促使他们发现作品具有一种节奏——应该学会描述这种节奏，促使他们区别不同的叙述者、区别普通的然而是无限变化的叙述手法。换句话说，他们在浪漫主义审美中的出发点使他们可以开始一种新的话语科学"[3]。正是在此认识基础上，托多罗夫的符号学研究与他的结构诗学探索衔接了起来。

托多罗夫在《象征理论》一书的"西方符号学的诞生"一章中尤其介绍了奥古斯丁的符号学思想，指出，尽管奥古斯丁

---

① 托多罗夫：《象征理论》（*Théorie du symbole*, Paris, Seuil, 1977），p. 235.
② 托多罗夫：《象征理论》（同上），p. 255.
③ 托多罗夫·《象征理论》（同上），p. 33.

关心的只是对于圣经文本的解释（这种解释相当于今天的"诠释"和"阐释"），但这种解释实际上是在建立一种符号学理论。正是通过阅读奥古斯丁的著述，托多罗夫建立起了自己的概念连对，例如描述与解释、理解与解释、生产与接受、语言学与文学、文学与意识形态、内在与参照，等等。托多罗夫从奥古斯丁早期的一部著述《论辩证法》（De la dialectique）中提取了有关符号的一种定义："词是一个事物的符号，当其被说话者说的时候，它可以被听者所理解"①，他认为，这个定义是双重的，它"显示出两种不同的关系，第一种关系在符号与事物之间（这便是命名与意指），另一种是在说话者与听话者之间（这便是传播）"②。托多罗夫认为，奥古斯丁的新颖之处在于强调了传播维度。在托多罗夫阅读奥古斯丁的《天主教教义》（Doctrine chrétienne）一书时，他认为，这本书与其说是对于教义的表达，不如说是一部有关解释理论的著述。书中有着多种对立概念，例如符号与事物、解释与表达、含混与艰涩等。于是，托多罗夫借用一种图示③表述了这些对立关系：

从这种图示可以看出，在奥古斯丁的符号学思想中，对于传播的强调是很明显的，"奥古斯丁的计划最初是阐释学的；但

---

① 托多罗夫：《象征理论》（Théorie du symbole, Paris, Seuil, 1977），p. 70.
② 托多罗夫：《象征理论》（同上），p. 234.
③ 托多罗夫：《象征理论》（同上），p. 235.

是，他为其增加了生产内容……于是它就变成了第一部天主教修辞学，不仅如此，它把一切都纳入了符号的总体理论之中，其中，一种真正符号学的方法包括了我们上面以'逻辑'和'语义'为栏目所区分的内容。这本书应该被看作是真正符号学的第一部著述"①。在《象征主义与解释》一书中，奥古斯丁的解释方式被托多罗夫确定为一种"目的论解释"②，这就是说，他的阐释学远不如他有关符号的理论宽阔。托多罗夫为了丰富自己对于象征的思考，他保留了奥古斯丁对于圣经的四种意义的著名论述：文字意义，它要求解释；精神意义，它要求解释，并可以再细分成讽喻意义；道德意义（它指出人们从中获得的教益）；奥秘解说的意义（它让人思考最终结果的未来）。托

多罗夫认为，后面的三种精神意义都属于象征意义，其中，字面意义是以转义的形式得到了存留。

最后，我们指出，《象征理论》一书也对弗洛伊德精神分析学的象征系统做了研究。弗洛伊德在其《风趣话及其与潜意识的关系》（*Le Mot d'esprit et ses relations avec l'inconscient*）中，在研究了梦的运作之后，指出了梦与风趣话相似的地方。在托多罗夫看来，弗洛伊德的精神分析学对于语言学和修辞学的无知，恰恰使他重新认识了他认为是梦的活动之特征的象征机制，而这种机制就是任何语言学的象征机制。这样，对于梦的解释，就可以参照把对于圣经的解释归入目的论解释的做法，也将其归入同一类型的解释。托多罗夫认为，精神分析学所开辟的意义的局限性就在于它的解释只"在被分析的对象之中发现与精神分析学学说相一致的内容"③。托多罗夫承认弗洛伊德在区

---

① 托多罗夫：《象征理论》（*Théorie du symbole*, Paris, Seuil, 1977），p. 38.
② 参阅托多罗夫：《象征主义与解释》（*Symbolisme et interprétation*, Paris, Seuil, 1978），p. 91-123.
③ 托多罗夫：《象征理论》（同前），p. 320.

分两种解释技术方面的贡献，这两种技术便是：象征与联想。而托多罗夫的努力成果，就在于将弗洛伊德的这些技术在符号学方面得到了重新认识。

三、关于体裁、文学史和阅读的理论

托多罗夫在第一个大阶段中的研究工作，还就与他的结构诗学有关的诸多理论问题阐述了自己的看法。

首先，关于话语的体裁。托多罗夫先后在《怪异文学导论》（*Introduction à la littératue fantastique*，1970）、《散文诗学》以及后来汇集了这个时期发表的相关文章的《话语体裁》（*Les Genres du discours*，1978）等书中反复做过论述。他在《言语活动科学百科词典》一书的"文学体裁"一节中说道："体裁问题是诗学最早的问题之一，从古代到我们今天，有关体裁的定义、体裁的数量、体裁之间相互关系的讨论从未停止过。今天，我们认为，从总的方面来说，这个问题属于话语的结构类型学内容，而文学话语则是其特殊情况。……对于体裁的研究，应该根据结构特征来进行，而不应该依据它们的名称"[①]。托多罗夫曾经依据加拿大文艺理论家弗雷（Frey）的题材理论对于怪异文学的特征做过论述，但他同时弥补了弗雷划分的缺陷，指出应该区分"故事体裁"和"理论体裁"："故事体裁取决于对于文学现实的一观察；理论体裁取决于理论秩序的一种推导"[②]，而文学的各种体裁则应被看作是"在对于事实的描述与作为抽象的理论之间的一种连续的往返活动"[③]。在制定诗学的一般

---

① 托多罗夫、迪可罗合著：《言语活动科学百科词典》（*Dictionnaire encyclopédique des sciences du langage*, Paris, Seuil, 1972），p.193.

② 托多罗夫：《怪异文学导论》（*Introduction à la littératue fantastique*, Paris, Seuil, 1970），p. 18.

③ 托多罗夫：《怪异文学导论》（同上），p. 26.

文化范畴和对个别文本进行分析的过程中，他尤其对于侦探小说和怪异文学作品表现出浓厚的兴趣，并认为其他所有的文学体裁正是处于这两者之间，"从来没有不属于一定体裁的文学，这是一种连续的转换系统"[①]，当然，对于任何体裁的认识都"针对的是一种近似的真实，而不是一种绝对的真实"[②]。这样，体裁就成了一种动态概念，而要想对其进行确定，必须在文学文本的理论与创作实践之间、在历时性与共时性之间、在文学的与非文学的之间、在"虚构"与"行文"之间进行"往返活动"。

其次，关于文学史。托多罗夫是在比照俄国形式主义文论家蒂亚尼诺夫（Tyaninov）1927 年发表的将文学史研究划分为"对于文学现象的生成（genèse）的研究和对于文学的可变性（variabilité）也就是说系列之演变的研究"的主张来阐述自己的观点的。托多罗夫认为，"文学史的特定对象是文学的这种可变性，而不是作品的生成，对于这后一点，不少人还在继续将其看作是文学史的对象，而我们则认为它实际上是创作的心理学和社会学的对象"[③]。此外，文学史不应与对于文学的内部研究即解读和描述混为一谈。内部研究在于重建文本的系统，属于"共时"研究，而文学史则应该关注从一个系统到另一个系统的过渡即"历时性"。而"研究可变性是诗学不可分割的一部分，因为它涉及到文学话语的所有抽象范畴，而不涉及单个的作品"[④]。那么，如何来研究这种可变性呢？托多罗夫认为，"只有在结构层面上，我们才可以描述文学的演变；对于结构的认识，不仅不会妨碍对于可变性的认识，而且这大概是我们所

---

① 托多罗夫：《怪异文学导论》（*Introduction à la littératue fantastique*, Paris, Seuil, 1970），p. 26.
② 托多罗夫：《怪异文学导论》（同上），p. 27.
③ 托多罗夫、迪可罗合著：《言语活动科学百科词典》（*Dictionnaire encyclopédique des sciences du langage*, Paris, Seuil, 1972），p. 188.
④ 托多罗夫：《诗学》（*Poétique*, Paris, Seuil, 1968），p. 95.

具有的唯一可以研究这种可变性的途径"①。具体说来，文学
史的任务有三项：第一、"是研究每一种文学范畴的可变性"，
第二是"在体裁之间的关系之中历时地和共时地考虑它们"，第
三是"识辨从一个文学时期到另一个文学时期过渡的可变性的
规律"。但是，托多罗夫也承认，到当时为止，文学史的研究，
作为"历史性诗学，是诗学研究最差的一个方面"②。

最后，关于文学文本的阅读。关于阅读，托多罗夫曾在多
部著述中涉及到，1969 年以后，他开始写作专文进行论述。最
早的文章为《如何阅读》(《Comment lire?»)，1978 年版本的《散
文诗学》中还收录了《阅读作为建构活动》(《Lecture comme
construction») 一文。在《如何阅读》一文中，他试图确定区
别于诗学的"有关文本的一种活动"即"阅读"，其对象是"个
别的文本；其目的是负责指出系统"③，但他很快就发现"文
本的系统"这种提法不恰当。后来，他又试图把阅读与"多种
类型的批评话语"区别开来，这些批评话语是"投射""评述"
和"诗学"，前者是指批评家透过作品对作者、社会或对其所感
兴趣的其他批评对象进行研究的阅读方法，评述是对投射的补
充，诗学则是对于一般规则的探索。在《阅读作为建构活动》
中，托多罗夫不再寻求确定与其他的"有关文本的活动"相对
立的"阅读-建构活动"，而是依据文本的类型来区别阅读方式：
一方面是对于叙事文本的阅读建构活动，另一方面是对于"某
种诗意"的阅读，在这当中，他排除"读者的意愿"。他赞同意
大利符号学家埃科（Umberto Eco）称之为"叙事文中的解释合
作"的主张。后来，他在相关文章中又指出了阻碍读者对文本

① 托多罗夫：《诗学》(*Poétique*, Paris, Seuil, 1968)，p. 95.
② 托多罗夫：《诗学》(同上)，p. 97.
③ 托多罗夫：《散文诗学》(*Poétique de la prose*, Paris, Seuil, 1971)，p. 244.

进行任意解释的来自社会上已经形成套数的诸多文化方面的限制。托多罗夫至少记录了进入一种阅读建构活动中的两种"参数"：读者的"个人心理"参数和与读者所属的社会的"套数"相关的文化参数。在《象征主义与解释》一书中，托多罗夫附兴于解释的各种对立："我的雄心是指出为什么多种解释是可能的，以及这些解释是怎样运作的"[①]，在此，他参照了皮亚杰的"适应"与"同化"概念。

但是，托多罗夫更多地参照语言学家们的"动机论"和"相关论"来阐述"解释的决心"。他说：

为了阐述解释过程中的连续活动，我们应该一开始就设定话语的生产与接受服从于一种总的相关性原则，根据这一原则，如果一种话语存在，那么，它就应该具有存在的理由。这样一来，如果一个特殊的话语初看起来不服从于这种原则，那么，接收者的自觉反应就在于了解，借助于一种特殊的操作方式，这个话语是否可以揭示它的相关性。"解释"就是给予这种操作方式的名称。[②]

至于与接受相对立的"生产活动"，托多罗夫主张"寻找文本中的标志"，其中包括属于社会团体所具有的"集体的记忆"标志，显然这是将阅读与认识社会结合在了一起。他还提醒人们注意影响"解释决心"的"体裁"作用："这种作用是作者与读者之间确立的协议，它恰恰决定了要继续的阅读方式"[③]。托多罗夫最感兴趣的体裁，是那些求助于读者"合作"的题材：

---

① 托多罗夫：《象征主义与解释》(*Symbolisme et interprétation*, Seuil, 1978)，p. 21.
② 托多罗夫：《象征主义与解释》(同上)，p. 26.
③ 托多罗夫：《话语体裁》(*Les Genres du discours*, Paris, Seuil, 1978)，p. 43.

在侦探小说中，读者的合作是强迫性的；怪异作品是建立在读者在相邻体裁之间的心理"犹豫"上的，按照托多罗夫的说法，感到古怪与神奇源自于读者对于"相信"的犹豫、对于是否给予"合作"的犹豫，这种合作一定要有"读者的意愿"，但读者却不能离开作品，因为这种合作又总是内在于"话语的聚合性质范围中：读者的态度是书籍所限定的态度"[①]，在此，托多罗夫坚持了以文本为中心的立场。

托多罗夫的结构诗学理论是开创性的、奠基性的，他虽然未能建立起像热奈特那样完整、详尽的"叙述学"体系，但他的探索对于热奈特乃至对于罗兰·巴特的影响是为人共知的，他的相关论述也极大地丰富了有关文学的现代探索。

---

① 托多罗夫：《话语体裁》（*Les Genres du discours*, Paris, Seuil, 1978），p. 43.

第四章　解读罗兰·巴特

这一章内容，主要是结合笔者翻译过的巴特的多部书籍和一部有关他晚年生活的书籍，来解剖巴特在相关研究领域与相关课题上的论述。他有关文艺符号学的观点有助于我们了解文学艺术的特性；他有关"中性"的主张不仅让我们看到了一个新的符号学研究领域，也许会影响我们的人生态度；他对于母亲的超常的热爱和在丧母后的极度哀痛在激情符号学的分析之下，使我们得到更好的理解；而他对于中国古代思想的借鉴和对于当代中国的认识则让我们看到了不同文化间的交流与影响。

第一节　罗兰·巴特文艺符号学观
——谈其《文艺批评文集》

在 20 世纪中叶的法国文化和文学研究领域，巴特(又译巴特，Roland Barthes，1915-1980)是一位重要的人物。他一生参与了多种艺术门类的探索，但是这些探索大都程度不同地贯穿着同一种理论基础，那就是他对于索绪尔语言学理论的应用和扩展。正是这种应用与扩展，使他成了法国结构主义活动的先驱者之一，也使他建立起了自己的文艺符号学体系。

《文艺批评文集》（*Essais critiques*，1964）正是作者早期参

与这些探索活动的部分成果集结。从内容上讲，这本书包括两大部分：一是对于文学艺术和文艺批评的论述；二是对于纯属符号学理论的探索。但说到底，这两部分都是对于当时正在出现的符号学的应用和阐发。笔者愿意结合这本书的相关文章首先对罗兰·巴特的符号学思想做一简要概述，随后，介绍一下其符号学思想在文学艺术和文艺批评中的应用情况，最后看一下他对萨特"自欺"概念的符号学解释，以期读者通过这种介绍和相关论述对其文艺符号学思想有一个大概的了解，并对普通符号学的一些相关概念有进一步的接触和理解。

一

时至今日，人们给予符号学的定义，是关于符号与意指的科学。这比索绪尔在其《普通语言学教程》一书中设想"有一门研究社会生活中符号生命的科学"①具体和明确多了。巴特可以说是严格地继承和大胆地拓展了索绪尔的相关论述，我们从以下几个方面可以看出。

关于言语活动。按照索绪尔的理论，"言语活动有个人的一面，又有社会的一面；没有这一面就无从设想另一面"②，这便是他随后概括的"言语"概念和"语言"概念：语言是由社会确立的一套规约，言语是对于这套规约的个人使用。在这本书中，罗兰·巴特对于这两个概念的使用和对于它们之间关系的阐述随处可见，"我的言语只能从一种语言中脱离出来"③，他还生动和形象地将它们的关系比作"编码与游戏"④，这就

---

① 索绪尔：《普通语言学教程》（*Cours de linguistique générale*, Paris, Payot, 1972），p. 33.
② 索绪尔：《普通语言学教程》（同上），p. 24.
③ 巴特：《文艺批评文集》（*Essais critiques*, Paris, Seuil, 1964），p. 15.
④ 巴特：《文艺批评文集》（同上），p. 268.

使我们加深了对于它们的理解。

关于符号。按照索绪尔的理论，符号是由能指（signifiant，声音形象）与所指（signifié，概念）构成的。巴特在这本书的多篇文章中论述了能指与所指的关系。首先，在这两个概念中，他更看重能指，他指出，正是"对于能指的组织情况的注意力在奠定一种真正的意指批评"①，"其次，他认为能指是多变的、瞬间的、不稳固的，他说"能指本身则是暂时的"②，所指本身具有"无限变化的能指"③。这些提法，很像是结构主义人类学家列维-斯特劳斯提出的"不稳定的能指"的概念。再次，他认为能指与所指之间常有一定的间隔，并以此解释了布莱希特的戏剧"间距说"，他说"在所指与其能指之间有必要保持一定的间距"④。需要说明的一点是，巴特的符号概念，在多数情况下，已不是初级的符号概念，而是把由一个声音形象与一个概念结合而成的初级符号当作一个新的能指再与另一个所指（新的概念）结合而成的二级符号，这在他于1957年出版的《神话集》一书的《今日神话》一文中已有论述。他的代表性图示⑤是：

在这一图示中，神话已经是二级符号。作为二级符号的产生过程与结果的则是意指，巴特的意指概念更强调结合过程：

---

① 巴特：《文艺批评文集》（*Essais critiques*, Paris, Seuil, 1964），p. 276.
② 巴特：《文艺批评文集》（同上），p. 241.
③ 巴特：《文艺批评文集》（同上），p. 176.
④ 巴特：《文艺批评文集》（同上），p. 90.
⑤ 巴特：《神话集》（*Mythologies*, Paris, Seuil, 1957），p. 200.

"意指，也就是说：可以意味的东西和被意味的东西的结合体；也还可以说：既不是形式也不是内容，而是从形式到内容的过程"①。

关于符号之间的关系。巴特在《有关符号的想象》一文中对此做了详尽的阐述。他认为，正是符号的能指与所指之间的关系，构成了符号的三种关系："首先，是一种内部的关系，这种关系将其能指与其所指结合在一起；其次，是两种外部的关系：其一是潜在的，它将符号与其他符号的一种特定的储备结合在一起……其二是现时的，它将符号与陈述的先于它或后于它的其他符号结合起来"。这三种结合方式，便是他命名的象征关系、聚合关系和组合关系。"第一种关系明显地出现在人们通常所称的一种象征之中；例如，十字架'象征着'基督教，公社社员墙'象征着'巴黎公社……因此，我们称这第一类型关系为象征关系。"不难看出，巴特在这里提到的符号也都已经是二级符号，它们已不是"十字架"的发音（声音形象=能指）与"交叉成十字形的物体"（概念=所指）的结合物了，也不是"墙"的发音与"由建筑材料构成的立体建筑物"的结合物了。"第二种关系平面对于每一个符号来说，涉及一种有组织的形式储备或'记忆'的存在性……这种关系平面是系统之平面，它有时被叫作聚合体；于是，人们便将这第二种关系平面命名为聚合关系"。顺便指出，"聚合体"（paradigme）一词，传统上指单词的词形变化，现在被用来指构成语义的语法类别、音位类别和语义类别；而在巴特的术语中，"聚合"与"系统"表达的是一个概念：例如一组同义词，就是一个聚合体，它同时也被称为一个系统，而"聚合关系"有时也被称为"选择关系"。"根据第三种关系平面，符号不再参类别、音位类别和语义类别；

① 巴特：《文艺批评文集》（*Essais critiques*, Paris, Seuil, 1964），p. 160.

而在巴特的术语中，"聚合"与"系统"表达的是一个概念：例如一组同义词，就是一个聚合体，它同时也被称为一个系统，而"聚合关系"有时也被称为"选择关系"。"根据第三种关系平面，符号不再参照其（潜在的）'兄弟'来定位，而是参照其（现时的）'邻居'……这种结合平面，便是组合体的平面，于是，我们将这第三种关系称之为<u>组合关系</u>"①。

　　与上述三种关系直接联系的，便是由它们产生的三种意识。巴特认为，正是这三种关系构成了事物的意蕴现象，人们的意识必然集中于这三种关系中的一种："象征意识在符号的深层维度上看待符号……正是能指与所指的层级关系构成象征"，在这种关系中，"形式与内容相像（或多或少，但总有一点），就好像形式是由内容产生的……形式在不停地被内容所超出……是所指在使象征意识感兴趣"。聚合意识是建立在符号之间的比较基础上的："两个符号的形式一旦被比较，或者至少以某种多少可比较的方式被感知，那就会出现某种聚合意识"；"正是这种意识使列维-斯特劳斯得以重述了图腾问题……聚合意识在两个图腾的关系与两个部落的关系之间……建立了一种同质性"。组合意识"是在话语层上连接符号的各种关系的意识"，这种意识"在语言学之外，也标志了俄国形式主义学派的探索，而尤其是普洛普在斯拉夫民族的民间故事领域进行的探索……，在这种关系中，它无疑是最放弃所指的：它更是一种结构意识，而不是一种语义意识"。巴特最后总结道："象征意识涉及对于深度的想象……相反，聚合意识是对于一种形式的想象……它从符号的透视法中看待符号；组合意识，它在符号的扩展中来预见符号：这种扩展，即是符号的先前联系与后来联系以及符

---

① 巴特：《文艺批评文集》（*Essais critiques*, Paris, Seuil, 1964），以上几段引文均见于 p. 214.

号与其他符号之间搭起的桥梁"①。需要指出的是，巴特在这里所说的"形式"与"内容"，还是习惯上的划分，而不是他写作和发表《符号学基础》（1964）前后建立的概念。

自然，这本书涉及的符号学知识还很多。例如行为模态概念，这是对于格雷马斯模态理论的应用。再如隐喻和换喻的概念，巴特在雅各布森理论的基础上做了简明的阐释："与选择方面对应的，是隐喻，它是用一个能指取代另一个能指，而这两个能指具有相同的意义，甚至具有相同的价值；与结合方面对应的，是换喻，它依据一种意义从一个能指向着另一个能指的滑动"②。这两种修辞格是与聚合意识和组合意识密切联系在一起的。总之，这本书包括了巴特初期文学符号学思想的方方面面。

二

在了解了巴特上述符号学思想之后，再来看他有关文学和文学批评的论述，似乎就比较容易了，而且，我们几乎可以直接引述巴特自己的话来说明相关的问题。

什么是文学呢？罗兰·巴特的论述一改传统的表述，提出"文学恰恰只是一种言语活动，也就是说一种符号系统"③。我们上面说过，巴特的符号概念，已不是让人直接想到指涉对象的初级符号的概念，而是二级符号的概念，这种概念带来的是"二级言语活动、寄生意义，以至于它只能使真实内涵化，而不是使之外延化"④。"这种言语是一种（无限地）被精心加工的

---

① 巴特：《文艺批评文集》（*Essais critiques*, Paris, Seuil, 1964），以上几段引文均见于 p. 218.
② 巴特：《文艺批评文集》（同上），p. 218.
③ 巴特：《文艺批评文集》（同上），p. 261.
④ 巴特：《文艺批评文集》（同上），p. 273.

材料；它有点像是一种超-言语”①。“当一种言语活动不再与一种实践活动合一的时候，当这种言语活动开始讲述、开始背通真实的时候，它由于变成了一种自为的言语活动，便会出现被重新注入的、瞬间的二级意义，最后则产生我们恰恰将其称之为文学的某种东西”②。“正是因为符号是不确定的，所以才有文学”③。“文学的第一个条件，不同寻常地是去完成一种间接的言语活动：详细地命名事物以便不去命名它们的最后意义，不过却不停地坚守着这种逼人的意义，把世界命名为一种符号的总汇，而人们又不以这种总汇说出符号所意味的东西”④。由此，产生了对于与文学关联的其他概念的新颖阐述。

关于作品。“任何写出的文字，只是当其在某些条件下可以改变初级讯息……的时候，才变成作品。这些变化条件便是文学的存在条件”⑤。“文学作品恰恰开始于它歪曲其模式（或者更为慎重地说：它的出发点）的地方”⑥。“作品的特性不依赖其所包含的全部所指……，而仅仅依赖所有意指的形式。卡夫卡的真实，并不是卡夫卡的世界……，而是这个世界的符号。因此，作品从来都不是对于世界之谜的回答，文学从来都不是教理式的”⑦。至于属于美学范畴的作品“完善”概念，作者认为“完善一部作品，并不意味着其他的什么，而只意味着在作品马上就要意味某种东西的时刻、在它马上就要变成一种问题答案的时刻将作品停下来；应该将作品建构成一种完整的意指系统，不过这种意指却是落空的”⑧。

---

① 巴特：《文艺批评文集》（*Essais critiques*, Paris, Seuil, 1964），p. 153.
② 巴特：《文艺批评文集》（同上），p. 275.
③ 巴特：《文艺批评文集》（同上），p. 146.
④ 巴特：《文艺批评文集》（同上），p. 240.
⑤ 巴特：《文艺批评文集》（同上），p. 14.
⑥ 巴特：《文艺批评文集》（同上），p. 257.
⑦ 巴特：《文艺批评文集》（同上），p. 145.
⑧ 巴特：《文艺批评文集》（同上），p. 166.

　　关于作家。"从定义上讲，作家是唯一在言语的结构中失去自己结构和世界结构的人"，"作家在把自己关闭在<u>如何写</u>之中的同时，最终重新发现这个问题是出色地开放着的：世界的存在是为了什么？事物的意义是什么？总之，正是在作家的工作变成其自己目的的时刻，他重新发现了一种居中调解的特征：作家把文学构想为目的，世界重新将这种目的作为手段还给他。正是在这种无限的<u>失望</u>之中，作家重新发现世界，即一个古怪的世界，因为文学将世界再现为一种问题，从来不<u>最终地</u>将其再现为一种答案"①。

　　关于写作技巧。"技巧是任何创作的存在本身"②。"这些技巧是：修辞学，它是借助于替代和意义移动来改变平庸的艺术；安排，它可以赋予单一的讯息以无限的曲折（例如在一部小说中）；反语，它是作者解脱自己的形式；片段——或者人们更愿意的话——故作保留的方式，它可以让人记住意义，为的是更好地将其发散到所有开放的方向。所有这些技巧……它们的目的是建立一种间接的言语活动，也就是说，一种既固执（具有一种目的）又迂回（接受无限多样的停靠站）的言语活动"③。那么，对于意义的一种描写技巧，意味着什么呢？"它意味着，作家在尽力增加意指，而无须填充这些意指，也不需要关闭它们；它意味着，他在使用言语活动，为的是构成一个具有夸张性意蕴的、而最终却从来什么都不意味的世界"④。"文学是一种技巧，这种技巧既比风格之技巧更为深刻，又不如思维之技巧那么直接；我们认为，文学同时是言语和思想，因为思想在词语层上被人寻觅，言

① 巴特：《文艺批评文集》（*Essais critiques*, Paris, Seuil, 1964），p. 154.
② 巴特：《文艺批评文集》（同上），p. 224.
③ 巴特：《文艺批评文集》（同上），p. 19.
④ 巴特：《文艺批评文集》（同上），p. 275.

语在其自身若有所思地看着"①。

关于"现实主义"。"相对于对象本身，文学在基础上和构成上是非现实主义的；文学，就是非真实本身；或者更准确一点讲，文学远不是对于真实的一种类比性复制，<u>它相反是对于言语活动的非真实的意识本身</u>：最为'真实的'文学，是自己意识到是最为非真实的文学；在文学意识到自己是言语活动的情况下，正是对于处在事物与词语中间的一种状态的寻找、正是由词语所担负和所限制的一种意识的这种张力，借助于词语而具有一种<u>既绝对又不确定的</u>权力。在这里，现实主义并不可能是对于事物的复制，而是对于言语活动的认识。最为'现实主义的'作品将不是'描绘'现实的作品，而是在将世界当作内容……的同时，尽可能深刻地发掘言语活动的<u>非真实的现实</u>的作品"②。正因为作品是这样有距离地与真实联系在一起的，所以，"文学一直就是非现实主义的，但是，正是它的非现实主义使它通常向世界提出一些很好的问题，而这些问题却不曾是直接被提出的：巴尔扎克从对于世界的一种神权政治的阐释出发，他最终所做的仅仅是对于世界的质问"③。而且，巴特以左拉的《四福音书》为例，认为："毒害作品的东西，是左拉回答了他所提出的问题（他说、他宣讲、他命名社会财富），但是，为其留下喘息、梦想或震撼的东西，是小说的技巧本身，是赋予记录一种符号姿态的方式"④。

关于文学与元-言语活动。法语中的元-言语活动，就是英美语言和我们汉语译入语中的元-语言。这个概念，最早是由叶尔姆斯列夫从逻辑学上引入符号学的。自然语言具有不仅可以

---

① 巴特：《文艺批评文集》（*Essais critiques*, Paris, Seuil, 1964），p. 240.
② 巴特：《文艺批评文集》（同上），p. 170.
③ 巴特：《文艺批评文集》（同上），p. 154.
④ 巴特：《文艺批评文集》（同上），p. 274.

谈论"事物"（对象-言语活动），而且可以谈论自身的特性（元-言语活动）。对象-言语活动，按照巴特的表述就是"在动作本身得到建立的言语活动，是<u>表现</u>事物的言语活动"[1]；元-言语活动，必定是人为的言语活动，就是谈论对象-言语活动的另一种言语活动，巴特说它"是人们<u>有关</u>事物（或<u>有关</u>第一种言语活动）"[2]的言语活动。由于文学就是一种言语活动，所以，文学自然也应该包含着对象-言语活动和元-言语活动。将元-言语活动概念引入到文学研究上来，这可以说是巴特首先注意和实践的。但是，他指出，在很长的时间内，作家不曾承认写作也是一种言语活动，"大概是在资产阶级的心安理得心态首次受到动摇的同时，文学开始感觉到自身的双重性：既是对象又是对于这种对象的目光，既是言语又是对于这种言语的言语，既是对象-文学又是元-文学。这种形成过程大体上经历了这样几个阶段：首先，是文学制作的人为意识，

这种意识甚至发展到了极为痛苦的审慎程度，发展到了忍受不可能性带来的折磨（福楼拜）；随后，是在同一种写作的实质中将文学与有关文学的思考混合在一起的大胆愿望（马拉美）；随后，借着不停地将文学可以说是放置到以后、借着长时间地声明<u>马上就要</u>写作和将这种声明变成文学本身（普鲁斯特），来寄希望于最终躲避文学的赘述现象；再随后，借着主动和系统地无限增加对象-单词的意义和永不停止在一种单一的所指上来进入文学的真诚（超现实主义）；最后，反过来，借着减少这些意义，甚至发展到了只是希望获得文学言语活动的<u>在此存在</u>即某种写作的空白（但并非是一种清白）：在这里，我想

---

① 巴特：《文艺批评文集》（*Essais critiques*, Paris, Seuil, 1964），p. 132.
② 巴特：《文艺批评文集》（同上），p. 132.

到了罗伯-格里耶的作品"①。由此可见，文学中的元-言语活动，就是文学创作的观念本身。巴特在书中呼吁建立的"一种文学观念史"②，似乎就是这种文学-元言语活动史。将这种概念引入文学之中，无疑会加深我们对于文学实质的认识与理解。

　　关于批评。"批评是有关一种话语的话语；它是在第一种言语活动（即对象-言语活动）上进行的二级的或元-言语活动的言语活动（正像逻辑学家们所说的那样）。结论便是，批评活动应该与两种关系一起来计算：批评的言语活动对于被观察的作者的言语活动的关系和这种对象-言语活动对于世界的关系。正是这两种言语活动的'摩擦'在确定批评，并且赋予它与另一种精神活动即逻辑学一种很大的相像性，这种活动同样是完全建立在对于对象-言语活动与元-言语活动的区分基础上的"③。"批评家是作家……批评家并不要求人们特许他一种'观点'或一种'风格'，而仅仅要求人们承认他具有某种言语的能力，这便是一种间接言语的能力"④。这无疑是对于批评和批评家概念的一种全新的定义和对于批评活动的全新阐述。毋庸置疑，文学批评与文学观念自然是有联系的，但它们却不属于同一种元-言语活动。

　　此外，罗兰·巴特在书中对于文学的两种主要题材（小说、诗歌）也做了精辟论述："小说通过一些真实成分的侥幸结合来进行；诗歌通过准确而完整地开发一些潜在成分来进行"⑤。

　　巴特也在本书中用了不少篇幅谈论戏剧。而用符号学观点来阐述戏剧，无疑是前所未有的尝试，并且他的结论对于我们

---

① 巴特：《文艺批评文集》（*Essais critiques*, Paris, Seuil, 1964），p. 110.
② 巴特：《文艺批评文集》（同上），p. 274.
③ 巴特：《文艺批评文集》（同上），p. 264.
④ 巴特：《文艺批评文集》（同上），p. 12.
⑤ 巴特．《文艺批评文集》（同上），p. 247.

理解这一艺术体裁是有益的。何谓戏剧？"任何演出都是一种极端密实的语义行为：编码与游戏的关系（也就是说语言与言语的关系）、戏剧符号的（类比的、象征的、约定的）本质、这些符号的意蕴变化、链接制约、讯息的外延与内涵，符号学的所有这些根本性问题都出现在戏剧之中。我们甚至可以说，戏剧构成一种被特别看重的符号学对象，因为它的系统相对（线形的）语言系统来说显然是怪异的（复调音乐的）"①。何谓戏剧性呢？"那就是减去文本之后的戏剧，就是依据所写出的剧情梗概而建立起的一定密度的符号和感觉，就是对于色情技巧如姿态、声调、距离、实质、灯光的普遍感知，而这种感知以文本的全部外在言语活动来压倒文本"②。巴特一生中写了很多有关戏剧符号学的文章，这本书中所包含的他的戏剧符号学思想无疑是最早的，也是最为基础的。

三

在这本书临近结尾处，巴特在对绘画类艺术与文学做比较时，提到了符号学的一个重要概念："实质"。他说："在（形象性的）绘画中，符号（能指与所指）的各个成分之间有一种类比性，而对象的实质与其复制品的实质之间有一种差异；相反，在文学中，两种（总是属于言语活动的）实质之间有着一种偶合性，但在真实与其文学表述之间有一种不相像，因为这之间的联系在此不是通过类比的形式进行的"③。那么，什么是"实质"呢？为何都属于言语活动的两种"实质"之间存在着偶合性？是哪两种"实质"呢？在此，我们不得不用一些笔墨概述

---

① 巴特：《文艺批评文集》（*Essais critiques*, Paris, Seuil, 1964），p. 268.
② 巴特：《文艺批评文集》（同上），p. 44.
③ 巴特：《文艺批评文集》（同上），p. 273.

一下语言符号的表达平面与内容平面都涉及的"实质"概念。

我们在介绍索绪尔的符号学理论时，曾分析过他有关"形式"与"实质"的论述。在此，我们只想重述这两者之间的关系：由于"语言"是"形式"，而"言语"被认为是对于"语言"的运用和体现即"实质"，那么"实质"表现"形式"就是可以理解的了。

我们在前面介绍丹麦语言学家叶姆斯列夫的贡献时指出，叶姆斯列夫根据索绪尔的符号理论，将"能指"扩大为"表达"（expression），将"所指"扩大为"内容"（contenu），从而出现了"表达平面"与"内容平面"。不仅如此，他还认为，"表达"与"内容"都各有自己"形式"和"实质"（均按照索绪尔的定义）；于是，就形成了一种上下位的层级关系："表达"与"内容"是上位，"形式"与"实质"是下位。就语言符号来讲，"形式"是存在方式，是内在结构，而非外在表现；"实质"就是与这种存在方式关联却在其之外表现出的东西，即外在表现，在叶姆斯列夫的术语中，"实质"就相当于建立在一定"形式"基础上的"感受"或"意义"（但不是意指方式）。于是，这四个术语便形成了我们前面提到的三个层次的连对关系，他说："我们现在主张的论点之一，在某些方面包含着在内容之实质、表达之形式、表达之实质三者之间的一种类比关系"[①]，他经过论证得出了明确的三种"表现"关系。为阐明巴特两种"实质"的"偶合"之论，我们在此不得不重述这些关系：

1. 表达之实质表现表达之形式，
2. 内容之实质表现内容之形式，

---

① 叶姆斯列夫：《言语活动理论导论》（*Prolégomènes à une théorie du langage*, Paris, Les Éditions de minuit, 1971），p. 67.

3. 表达之形式表现内容之形式（与前两个命题相比，这是一种反向的关系）。

巴特对于叶姆斯列夫的理论有着独到而明晰的解释。他在其《符号学基础》（1964）说："<u>形式</u>，即无须借助于任何语言之外的前提就可以被语言学完全、简明和系统地描述的东西；<u>实质</u>，即那些不借助于语言之外的前提就不能被描述的语言现象"[①]。他接着指出："1）表达之实质：例如属于语音学而非音位学研究的发音的而非功能的声音实质；2）表达之形式，是由聚合关系的和组合关系的规则构成的（我们会注意到，同一种形式可以有两种不同的实质，一种是语音的，一种是字体的）；3）内容的一种实质：例如属于所指的那些情绪的、意识形态的或只是概念的形态，即其'原级的'意义；4）内容的一种形式：便是所指之间借助于有无语义标志而表现的形式组织方式"。不论是叶姆斯列夫，还是巴特，他们在这里论述的都是处在"原级意义"阶段的一般语言符号的。那么，在文学里，又是一种什么情况呢？根据巴特的论述，文学符号是建立在直接指涉对象的初级符号（初级符号只产生"原级"意义）基础上的"二级"符号，文学作品是一种"二级"言语活动。"二级"符号，是通过把属于"原级"意义的符号作为"能指"再加入新的"概念"来产生的。因此，巴特所说的两种实质之间的偶合，应该是指属于"原级"意义的符号的"实质"与"二级"符号的"实质"之间的偶合。

为了说明这些关系，笔者试举我们汉语中的"青天"这个词来做一点浅析。这个符号的"能指"即它的"表达"平面，

① 巴特：《符号学基础》(«Éléments de sémiologie», *Communication*, N°4, Paris, Seuil, 1964), p. 39.

就是它的发音和它的写法，它的"所指"即它的"内容"，就是
"蓝色天空"之意。按照叶姆斯列夫的理论，它的"表达"平面
还可以分为"形式"与"实质"：不难想到，它的"形式"就是
决定其发音的具有区分意义功能的最小单位——/tç/，/i/，/ŋ/，
/t/，/i/，/a/，/n/，它们都是音位；而其"实质"就是其发音
（[qing-tian]）和写法（[青-天]）。在"内容"平面上，其"形式"
就是"青色+天空"这两部分的连接方式即规则，这是一种组
合关系的排列方式，但这种排列是由"表达"之"形式"即那
几个音位的排列所决定的；其"实质"就是这种排列给出的意
义（蓝色的天空）与感受（清澈、干净）。这些，都还是对于"初
级"符号的分析。但是，这样的一个符号，一旦我们在其前面
加上一个"包"字，使之成为"包青天"，它就变成了一个建立
在"原级"意义及其给人的感受之上的带有内涵意义的"二级"
符号，谕旨"清明廉洁"。那么，这个单词在"二级"符号里的
情况如何呢？按照巴特有关"二级"符号建立的理论，这种符
号时把一个"初级"符号当作新的"能指"，再为其增加一个新
的"所指"而形成的。不难看出，它的"表达"之"形式"依
然是那几个音位的排列，其"实质"依然是它的发音；它的"内
容"之"形式"依然是由音位所决定的"青色+天空"这种组
合，但是它的"实质"则在增加了一个"包"字、从而借用了
隐喻手段之后却谕旨为官"清明廉洁"及其给人的感受。关于
修辞手段，有人也将其归为"内容"之"形式"，不过多数学者
认为它是独立的部分，我们在此不做介绍。我们从上面的分析
中看到，"二级"符号的"内容"之"实质"是建立在"初级"
符号的"内容"之"实质"基础上的。由于这两种"实质"都
具有"干净"这一共同"义素"，所以，说"两种（总是属于言
语活动的）实质之间有着一种偶合性"或者"重叠姓"或"同

位素性"都是可以的。"内涵"意义只是"原级"符号"内容"之"实质"借助一定修辞手段而实现的延伸，道理便在于此。

四

这本书出版于 1964 年，从所收录文章的写作时间来看，最早是 1953 年写的，最晚是 1963 写年的。对于这一期间，巴特在后来发表的《罗兰·巴特自述》中说："他始终无休止地在一种伟大的系统（马克思主义、萨特、布莱希特、符号学、文本）保护下工作"[①]。

按照他在这本书中为自己的写作编年史划分的阶段，其第一个阶段是以《写作的零度》（1953）和《神话集》（1957）为代表的受马克思主义、萨特和布莱希特影响的阶段，其第二个阶段是以《符号学基础》（1965）和《服饰系统》（1967）为代表的参与创立符号学的阶段，其第三个阶段是以《S/Z》（1970）、《萨德、傅立叶、罗耀拉》（1971）、《符号帝国》（1970）为代表的文本分析阶段，其第四个阶段是以《文本带来的快乐》（1973）和《罗兰·巴尔特自述》（1975）为代表的道德观写作阶段。显然，《文艺批评文集》属于从第一个阶段到第二个阶段过渡时期的作品，而作者在书中频繁地引用萨特的"自欺"（mauvaise foi）概念，也说明了这部书承前启后的特点。为了便于读者理解书中这一概念，译者愿意尝试着对于这一概念和其在这本书中的使用情况做些简单的介绍。

何谓"自欺"呢？按照萨特在《存在与虚无》第二章中确定的定义："自欺就是欺骗，但却是对于自身的欺骗。"又说：自欺在于"掩盖一种令人不愉快的真实，或者将真实表现为一

---

① 巴特：《罗兰·巴尔特自述》（*Roland Barthes par Roland Barthes*, Paris, Seuil, 1975），p. 106.

种令人快乐的错误"。"在自欺中，受骗的人和骗人的人，是同一个人，这就意味着，我作为骗人的人，应该懂得我在被欺骗时对我掩盖着的真实。"自欺存在于"意识的半透明状态"，它在于"忘记"问题的某些蕴涵，其公式便是"我不是我所是"。萨特在这一章中主要论述了"自欺"，但也将"真诚"（bonne foi）作为论述"自欺"的参照来介绍。所谓"真诚"，其公式便是"就是其所是"，"在我意识到我的自欺这一点上，我应该是真诚的"。但是，萨特最终还是说："真诚的结构与自欺的结构没有区别，因为真诚的人被确定为是其所是，是为了不是其所是"。萨特举出多个生活中的例子来说明"自欺"：一个少女把求偶的男方伸过来抚摩她的手理解为是亲近她，而不是理解为一种性欲要求；咖啡馆的堂倌按照咖啡馆招待员的姿态出现在顾客面前，而他自己其实并非如此；对于演员来说，"我只能扮演他，就是说，只能想象我是他"。因此，自欺"对于很大一部分人来说，甚至就可以是生活的正常面貌。人们在自欺中生活……，这意味着一种稳定而特殊的生活风格"[①]。

　　在简单了解了萨特有关"自欺"的概念后，我们就不难理解巴特在《文艺批评文集》中的使用情况了。我们似乎可以做如下的概括：

　　1. 巴特把多个概念都放在"自欺"名下来论述。关于"回顾"，他说："他过分担心，回顾从来就只不过是一类自欺"[②]。关于"讽刺"和"严肃"，他说："我们接触到了我们可以称为嘲讽之自欺的东西，而这种自欺同样也是对于严肃之自欺的回答：这一种对于另一种，它们轮流着使对方停滞下来和<u>占有</u>对

　　① 以上引文均录字陈宣良等译萨特《存在与虚无》（L'être et le néant）第二章，北京，生活·读书·新知三联书店，1987，83-87.
　　② 巴特：《文艺批评文集》（Essais critiques, Paris, Seuil, 1964），p. 11.

方，而从来没有决定性的胜利：嘲讽排除严肃，而严肃<u>包含着</u>嘲讽”①。关于符号学上模态理论中的“懂得”，他说：“这种历史便不能以历史的术语来书写，于是我们便被交付给了懂得的无法抑制的自欺方面。这便是一种必然性，它大大地超越了疯狂与无理性的一般关系”②。

2. 巴特在这本书中，提出了“心安理得”（bonne conscience）与“自咎”（mauvaise conscience）这一对概念，并使前者与“自欺”联系起来。这似乎就是对于萨特有关“自欺”就是“正常的生活面貌”的进一步阐述。他在书中《〈扎齐在地铁里〉与文学》一文的一个脚注中说道：“约内斯科的喜剧性提出了同样性质的问题。直到（包括）《阿尔玛的即兴剧》（*L'Inpromptu de l'Alma*），他的作品具有真诚性，因为作者本身并不将自己排除在他所撼动的言语活动的这种恐怖主义之外。《无证据的杀手》（*Tueur sans gage*）标志着一种倒退，即向着一种心安理得的返回，也就是说是向着自欺的返回，因为作者<u>抱怨</u>他人的言语活动”③。他在《何谓批评》中说：“批评上的主要罪孽，并不是意识形态，而是人们用来覆盖批评的沉默。这种有罪的沉默有一个名称，那就是心安理得，或者如果我们愿意说的话，那就是自欺”。“对于批评，避免我们在开始时说的‘心安理得’或‘自欺’的唯一方式，为了道德的目的，便是不去破释作品的意义，而是重新建构制定这种意义的规则和制约”。

3. 作者对于“自欺”做了简短而直率的符号学上的诠释。萨特曾经在《存在与虚无》的同一章中试图借助于精神分析学对于“自欺”的“半透明状态”给予定位，他的结论倾向于“自

---

① 巴特：《文艺批评文集》（*Essais critiques*, Paris, Seuil, 1964），p. 134.
② 巴特：《文艺批评文集》（同上），p. 179.
③ 巴特：《文艺批评文集》（同上），p. 135.

欺"属于"他人"（或"另一个"）（autre），"他人的意识是其所不是"。根据后人的研究，萨特的"他人"基本靠近"本我"的范畴，即潜意识。巴特只在书中的一个地方对于"自欺"的这种状态做了诠释：他在《工人与牧师》一文的脚注中这样写道："**牧师**以第一个字母大写来标记任何精神对象的方式，是我们可以在符号学言语活动上称之为<u>内涵</u>的东西，即强加在一种字面意义上的另一种补加意义。但是，那些大写字母通常的自欺性在文学上则变成了真实，因为自欺昭示了说那些大写字母对象的人的境遇"[①]。按照"自欺"就是"我不是我所是"的公式，自欺中的半透明部分无疑就是"内涵"。这样一来，符号学上的"内涵"概念自然就与拉康在精神分析学上建立的"**他者**"（即第一个字母为大写的 Autre）概念联系起来了。

结束语

巴特在《文艺批评文集》中阐述的文艺符号学思想，为其后来的文本符号学理论做了铺垫，从而为文艺符号学的确立做出了贡献。但是，我们也不能不注意到书中显露出的过分形式化的倾向。例如，他对作家在作品中的出现，就做了似乎绝对否定的表述。他在《作家与写家》一文中说："从定义上讲，作家是唯一在言语的结构中失去自己结构和世界结构的人"[②]。他又在最后的《文学与意指》一文中写道："一部作品不能对其作者的'真诚'做任何的保留：他的沉寂、他的遗憾、他的天真、他的谨慎、他的惧怕、一切使作品成为亲密无间的东西，

① 巴特：《文艺批评文集》（*Essais critiques*, Paris, Seuil, 1964），p. 138.
② 巴特：《文艺批评文集》（同上），p. 154.

这些无一可以进入被写的对象之中……作家是在其身上拒绝'真实性'的人：一种风格的文雅、辛辣、人情味、甚至诙谐，都不能战胜言语活动的绝对是恐怖主义的特征"[①]。他的这种思想后来甚至发展到宣布"作者的死亡"（1968）[②]。他这样说，不仅与创作实际不符，而且也在他的文艺符号学理论上站不住脚，因为这有悖于他所阐述过的"表达之实质"与"内容之实质"之间存在着"偶合"的情况。而这些实质，无疑会以各种方式包含着作者的介入表现。后来的研究表明，"内容"的实质实际上是意指的"载体"，而意指是脱离不开作为叙述者的作者的。

我个人认为，巴特在这本书中的相关论述，对于我们理解文学艺术和进行批评应该有一定的帮助。我们不一定完全同意他的观点，但这些论述至少提供了一种新角度可供我们进一步思考。

第二节　巴特互文性理论及实践
——谈《如何共同生活》

我们在前面的文字中已经了解到，巴特最早接受了克里斯蒂娃有关"互文性"的论述，并在自己的《文本理论》一文和其他书籍中对于这一概念做了进一步的阐述，从而使得他也成为在互文性研究方面颇具建树的理论家之一。

一、关于"互文性"概念

什么是"互文性"呢？

---

① 巴特：《文艺批评文集》（*Essais critiques*, Paris, Seuil, 1964），p. 285.
② 巴特：《语言的涓流》（*Le bruissement de la langue*, Paris, Seuil, 1984），p. 61.

　　首先，这一概念是由俄国文艺理论家巴赫金（Michail Bkhtine，1895-1995）引入到文学研究和文学批评中的。它在由保加利亚裔法国符号学克里斯蒂娃介绍到法国后，遂引起了西方知识界广泛和浓厚的兴趣。克里斯蒂娃在 1969 年出版的《符号学，符义分析研究》一书中概述了巴赫金的观点："他第一个在文学理论中提道：任何一个文本的构成都像是一种语录拼合，任何一个文本都吸收和转换了其他的文本"①。克里斯蒂娃进一步阐述了这一概念，"互文性这一术语指的是一个（或多个）符号系统被置换成另一个符号系统。但是由于此术语常常被庸俗地理解为对某一个文本的'起源考据'，故此我们更倾向于取置换（transposition）之意，因为后者的好处在于它明确指出了一个意蕴系统向另一个意蕴系统的过渡，出于切题的考虑，这种过渡要求重新组合文本"②。她在此基础上提出了进行"互文性分析"（analyse intertextuelle）这一主张，指出这种分析旨在找出"一个文本中交叉出现的其他文本的表述"③。这一概念很快被应用到了当时正在兴起的比较文学的研究之中，因为它所涉及的方法似乎可以充当主要是比较文学研究赖以建立的"影响"理论。

　　巴特在这一概念上深受克里斯蒂娃的影响和启发。在他为自己总结的四个研究"阶段"的第三个阶段（大约在 1968-1972 年间）即"文本性"阶段中，明确指出，他在这一阶段的"关联文本"（亦即参考体系）就是索莱尔斯、克里斯蒂娃、德里达和拉康。不过，巴特更有其深刻阐述，我们从他在 1973 年为《百

---

　　① 克里斯蒂娃：《符号学，符义分析研究》（*Semiotiké : Recherches pour une sémanalyse*, Paris, Seuil, 1969），p. 145.
　　② 克里斯蒂娃：《诗性言语活动的革命》（*La révolution du langage poétique*, Paris, Seuil, 1974），p. 59-60.
　　③ 克里斯蒂娃：《诗性言语活动的革命》（同上），p. 113.

科全书》写的《文本理论》一文关于"互文性"的论述中可以看出。他说："我们将文本定义为跨语言的手段,它重新分配了语言次序,从而把直接交流的言语和其他已有的或现有的表述联系起来。……任何文本都是一种关联文本;其他文本都在不同层次上、以或多或少可被辨认的形式出现在这一文本之中;这包括先前文化的文本、周围环境文化的文本;任何文本都是已经结束的语录的一种全新编织。一些零散规则、一些表达方式、一些节奏性模式、一些社会言语活动的片段等,都会进入这一文本,并得到重新安排。互文性作为任何文本的条件,显然不能仅仅归为起源和影响的问题;关联文本是由无从考据的一些表达方式、下意识的引用和未加标注的参考资料联合组成的广泛领域。从认识论上讲,关联文本的概念是为文本理论提供社会性容量的概念:先前的和当代的言语活动都可以进入文本之中,这种进入并非是依据可以看得出来的亲缘关系途径、自愿的模仿途径,而是依据一种分散的途径——这一形象为文本确保了一种能产性地位。"[①]

巴特于同一年发表的《文本带来的快乐》一书,把"互文性"与阅读联系了起来,指出:"我体味着各种表述无处不在、各种起因杂乱纷呈、前人的文本从后人的文本中从容而出。我明白,至少在我看来,普鲁斯特的作品就是整个文学起源说的参照作品、总体的数学体系、菩萨图——犹如赛维涅(Sévigné)夫人的书信对于叙述者的祖母、骑士小说对于唐·吉诃德等。这丝毫不意味着我是研究普鲁斯特的"专家":普鲁斯特,是走向我的,而不是我呼之而来的;他并非是一种'权威'。他只是一种循环往复的记忆。而这,正是互文性。在无限的文本之外是无法生活的——不论是普鲁斯特的文本,还是日报,或者是

---

① 巴特:《全集 II》(*Oeuvres complètes, tome II*, Paris, Seuil, 1994), p. 1683.

电视节目：书籍产生意义，意义带来生活"①。

我们看出，巴特的"互文性"论述主要涉及文学，因此，他的思考更贴近对于文学作品的阅读和理解。有学者认为，他的这种思考"在轻微地将这种概念偏向阅读的同时，便为从双重维度上思考文学的接受打下了初步基础：一方面是通过文字来思考文学的接受，另一方面是通过阅读来思考文学的接受。这种思考可以让我们想到有一种表层互文性（对于重复举止的类型学和形式的研究），还有一种深层互文性（对于因文本之间的联系而产生的众多关系的研究）"②。

二、《如何共同生活》中的"互文性"体现

巴特非常重视"互文性"研究与实践。他在以"互文性"方式准备的这部《如何共同生活》讲稿最后，就以"文学符号学"来概述这一讲稿的全部情况，可见这一概念在他文学符号学思想中的位置，这也说明"互文性"在某种程度上就是文学符号学的基本动力原则。巴特以"互文性"概念和方法完成的第一部作品是 1977 年出版的《恋人絮语》，那是他自 1975 年起此后两年的研究成果。那部书出版后，产生了巨大的社会轰动效应。紧接着，巴特被选为法兰西公学的文学符号学讲座教授（1976）。他从 1977 年至去世之前所讲授的《如何共同生活》《中性》和《小说的准备》均采用了这种方法。我们通过研究已经出版的《恋人絮语》和这部《如何共同生活》的结构与叙述方式，似乎可以总结出巴特"互文性写作"的几个方面：

一、资料的分散性。《恋人絮语》采用的资料，虽以歌德

---

① 巴特：《文本带来的快乐》（*Le plaisir du texte*, Paris, Seuil, 1973），p. 59.
② 萨莫瓦约（Samoyault T.）：《互文性》（ *L'intertextualité*, Paris, A. Colin, 2001），p. 15-16.

《少年维特之烦恼》一书为主,但被零散引用的作品达 30 几部;《如何共同生活》以四、五部作品为主,其余被引述的也有 20 余部。这就是我们在上面引述的巴特所说的"依据一种分散的途径",而依据这一途径,"一些零散规则、一些表达方式、一些节奏性模式、一些社会言语活动的片段等,都会进入这一文本"的情况。

二、根据一些"外在形象"或"特征"组织起来。《恋人絮语》为自己安排了 80 个"外在形象",每一个外在形象都从几部书籍中选取所需要的素材来加以说明;《如何共同生活》为自己选取了大约 30 个"特征",所有的素材——其中甚至包括引自我国道教的素材——便都围绕着这些特征结合。巴特在这一讲稿中甚至包括引自我国道教的素材——便都围绕着这些特征结合。巴特在这一讲稿中"所采用的方法,既是选择性的,又是离题性的。根据符号学研究工作的原理,我们曾尽力在一大堆的'共同生活'的时尚、习惯、主题和价值中找出相关的、因此甚至是不连续的特征,而每一个特征又都可以被看作是一些'外在形象'的集合,而在这些外在形象的名下,可以排列一定数目的带有历史知识、人种学知识或社会学知识的题外话"①。

三、排列的"不连续性"。在确定了"外在形象"或"特征"之后,它们的连接方式是什么呢?那就是"不连续性"。巴特在这部讲稿开始部分就阐述了"不连续性"的重要性,他说:"应该破坏言语活动的固定性,我们应该靠近我们根本的不连续性('我们只靠不连续性活着')。……课程应该同意借助于那些不连续性单位来相续地完成:那些单位便是特征。……不过,(借助于)片段写作的不连续性,是可以的,是可能的,是可

① 巴特:《如何共同生活》(*Comment vivre ensemble ?* Paris, Seuil, 2002), p. 221.

做的"①。为了做到"不连续性",巴特主张大体上按照字母顺序来排列各种"外在形象"或特征,而不是按照逻辑关系。不仅如此,"不连续性"似乎是巴特符号学理论和审美思想的重要组成部分。他早在 1962 年发表的《文学与不连续性》一文中就对这一概念有过详尽的论述:"不连续性是任何交际的基本单位:从来都只有分散的符号。审美问题,只不过是在于知道如何动员起这种必然的不连续性,如何赋予其一种喘息、一种时间、一种历史"②。显然,"互文性"写作,便是满足"不连续性"各种条件的最好方式。

四、"互文性"的目的和关键是"能产性"。进行"互文性"写作,自然不是只满足于将各种资料进行"复制",而是使它们在新的"拼版游戏"中产生新的意义,这便是"能产性"(productivité)。但是,如何来实现"能产性"呢?巴特要求研究者与读者(或听者)结合起来,"一种实践,在其不是过程性的而是合作性的时候,它就是能产性的"③。"因此,研究工作就在于'探讨资料',要由听众按照自己的意愿去填充这些资料,而教授的作用主要是启发有关主题的某些联系"④。这一诠释非常重要,因为它说明了巴特的"互文性"实践与一般所理解的"互文性"实践的重大区别。人们一般认为,"互文性"实践就是写作者根据所引资料最后归纳出其自己的某种观念性结论即他想说明的某个问题,而在巴特的"互文性"写作——甚至扩展到他的大部分作品中,很少找得到由他下的最终结论性的东西,因为他历来"抗御"形成"固定的"观念,"他借用一些

---

① 巴特:《如何共同生活》(*Comment vivre ensemble ?* Paris, Seuil, 2002),p. 51-52.
② 巴特:《文艺批评文集》(*Essais critiques,* Paris, Seuil, 1964),p. 192.
③ 巴特:《如何共同生活》(*Comment vivre ensemble ?* Paris, Seuil, 2002),p.57.
④ 巴特:《如何共同生活》(同上),p. 221.

客体，而不借用一些推理"①。他的写作所追求的，就是让读者根据作者提供的材料，凭靠自己的知识和经验去做各种推想。他在本书中说："在这里没有终结的画面：最好，由您自己去完成它"②。可见，巴特主张的"能产性"更侧重于读者方面。这样做的结果，自然就为作品的多元化理解提供了条件。而这，也正是巴特一直坚持的审美主张之一。为做到这样，那就需要作者在写作时不能自以为是，而是要保持意识清醒、把握得当，为读者的想象力留出足够的空间。不过，我们注意到，在这部讲稿中的一些授课内容后面也有"结论"一项。仔细阅读后，我们发现，那都是一些"现象"小结，而非观念总结，即非完整的"所指"总结。

三、对于"互文性"的拓展认识

对于"互文性"的研究，后来又出现了的各式各样的探索，从而扩大了这一概念的内涵和发现了其多种表现情况。有的研究者在同一个文本内部发现了一种互文性（因为这当中有着内容的转换），有的研究者则以一种更新的辞藻来装扮过去的"影响"等。实际上，互文性包含着一些独立的符号学（或"话语"）的存在，在这些符号学内部，接连地进行着或多或少是隐性的模式构建过程、复制过程或转换过程。法国符号学家热奈特对于"隐性"互文性的研究做出了特殊的贡献。他的《隐性稿本》（*Palimpseste*，1982）一书就是专门研究"隐性"互文性的杰出著述。该书对于"互文性"给出了公认最为明确的定义："一个文本在另一个文本中的实际出现"，并确定了"互文性"从广

---

① 巴特：《罗兰·巴尔特自述》（*Roland Barthes par Roland Barthes*, Paris, Seuil, 1975），p. 103.
② 巴特：《罗兰·巴尔特自述》（同上），p. 179.

义到狭义的过渡情况，从而使之从语言学概念过渡到了文学创作概念。近年来，我国研究者和读者对于这一概念也有了较浓厚的兴趣。我所在南开大学的李玉平老师近年来就以"互文性"研究为主攻方向，独立完成天津市社科规划项目《互文性视野中的文学经典理论》，目前正在进行国家社科基金青年项目《互文性与文学理论基本问题》、教育部人文社科研究青年基金项目《多元文化时代的文学经典理论》的研究。我最近阅读了他写的一篇相关文章，觉得很有新意。再就是，一本由天津人民出版社 2003 年翻译出版的法国学者蒂费纳·萨莫瓦约（Typhaine Samoyault）写的小册子《互文性研究》（*L'Intertextualité*）当年竟成了《中华读书报》统计的最受全国读者欢迎的 10 本书籍之一，这也很说明问题。

其实，对于"互文性"现象，人们早就有所意识和总结。我国很早就有"引经据典"和"旁征博引"等成语的存在，它们已经概括了"互文性"的最基本意义。法国著名作家和政治家马尔罗（André Malraux）在"互文性"概念引入法国之前就说过，作品"是根据其他作品来创造的"，这似乎也有助于我们理解互文性这种现象。

第三节　对于巴特"哀痛"的浅析

本节拟尝试根据有关激情的符号学理论对于巴特在失去母亲后所写的《哀痛日记》做些分析。每一个人的"哀痛"与其他人都可能在某些方面是相同的，而在另一些方面却是不同的，这是因为人们所具有的历史知识、文化背景和审美价值并非都是一样。我们知道，巴特在他刚一岁多的时候就失去了父亲,后来一直与母亲相依为命,共同生活了 60 多年。母亲的美德影响了他,母亲的支持使他得以安心写作,母亲成了他的"价值对象"。1977 年 10 月 25 日,巴特的母亲在经历了半年疾病折磨之后辞世了。母亲的去世,使他失去了充满殷殷母爱的家庭温馨和与之交心及相互抚慰带来的快乐,从而使他此后一直与母亲处于一种"析取"的状态,无穷的哀痛便由此产生。

一、根据格雷马斯和丰塔尼耶的理论

我们在前面已经介绍了格雷马斯和丰塔尼耶有关激情的理论。

首先,我们从"构成成分的模态过程"方面来看。可以说,巴特的《哀痛日记》适用于通过多种模态过程来分析。巴特无时不在想念他的母亲(他在日记中亲昵地将其称为"妈姆"),非常希望像从前那样时刻与母亲在一起:"早晨,不停地想念妈姆。难以忍受的悲痛。因不可补救而难以忍受",显然,这是一种"想要(与母亲一起)存在"的情况。我们还注意到,日记中"应该(与母亲在一起)存在"的情况也非常之多,当他过去与母亲待在一起的特定时间、特定地点和特定环境重又出现的时候,他非常难过,因为母亲已经不在了:"早晨,还在下雪……多么让人悲痛啊!我想到我过去生病的那些早晨,我不去讲课,我幸福地与她待在一起"。巴特也"懂得"如何虚构与母亲在一起的时刻:他通过与第三人称建立"沟通"的方式"继续与妈姆'说话'(因为言语被分享就等于是出现)……尝试着继续按照她的价值来度过每一天","分享平静的每一天的价值……就是我与她会话的(平静的)方式",其实,这种"懂得"很靠近一种"相信",因为只有在这种时刻,他才认为与母亲实现了虚幻的"合取"，他的哀痛也才得到某种程度的平复。从存在模态来讲，他的"想要"和"应该"都是"潜在中的"，而他的"懂得"与"相信"是"现时中的"（而不是"实现中的"）。根据丰塔尼耶的理论，一种模态组织至少应该包含两种模态过程。其实，不论是"想要-存在"，还是"应该-存在"和"懂得-存在"，它们都对应有第二个共同的模态过程，那就是"但不可能在一起"或"不可能真正在一起"，也就是不可能实现"合取"。可见，巴特的"哀痛"，是综合了"想要-存在""应该-存在""懂得-存在"与"不可能-存在"这几种模态过程所共同产生的意义效果。

其次，我们再从"表露构成成分"即强度与数量方面来看一看。《哀痛日记》始终是作者的隐私日记，他所记录下的在旁人面前的哀痛表现不多。我们下面分别依据表露成分的六种编码来具体看一看巴特的哀痛状况。

1. 在身体（和趋向）编码方面，巴特告诉我们"我的哀痛难以描述，它来自我不能使它变得歇斯底里这一点上"，又说"也许，在表现得更为歇斯底里……的情况下，我可能就不那么悲痛了"，但他同时承认他的哀痛"只是别人刚刚看出"——这自然是一种身体上的表露，而他最突出的身体编码就是激动和默默地"哭泣"："女售货员的这句话，一时使我热泪盈眶。我（回到隔音的屋里）痛哭了好长时间"，"我激动不已，快哭了出来"，"每当涉及到她、涉及到她的为人……我都会哭起来"，"一想起妈姆的一句话，我就开始哭泣起来"等；

2. 在情绪编码方面，巴特的哀痛始终没有向"惬意"方面转化，而总是在"不悦"范围内活动："我的哀痛难以描述……它是连续的不安"，他的哀痛"趋向于沉默、趋向于内在性"，"哀痛：不消耗、不听命于时间"；

3. 在模态编码方面，实际上，上面所说的巴特的"懂得-存在"的实例就是在他"想要-存在"和"应该存在"而不可能实现的情况下的一种模态语义的转换；

4. 在视角编码方面：巴特的哀痛中不乏视点的变化：移情于物、迁怒于人的情况非常之多："从早晨，我就开始看着她的照片""今天早晨，非常难过，重新拿起妈姆的照片，我被其中的一张感动了。在那张照片上，她还是个小女孩，温顺可爱""通过那些照片的故事，我感觉真正的哀痛开始了"，再有"一阵痛哭（是因为黄油和黄油碟而与拉歇尔和米歇尔闹别扭引起的）：1）为必须与<u>另一个</u>'家庭'生活在一起而感到痛苦……2）任何（共同生活的）夫妻都会形成一个圈子，单独的人就会被排斥在外""今天早晨……这种伤心非常强烈。我一想，它来自于拉歇尔的表情"等；

5. 在节奏编码方面，巴特在日记中不下 10 余次提到他"哭""哭泣""痛哭"，无数次地提到他想念妈姆，这样的频率说明了他的哀痛之深；

6. 在形象编码方面，《哀痛日记》中有多处"互文照应"与"托梦见情"的情况，都是这种编码的表现。我们仅各举一例来说明："昨天晚上，看了一部荒谬和粗俗的电影——《一二二》。故事发生在我经历过的斯塔维斯基事件时期。……突然，背景中一个细节使我情绪激动：仅仅是一只带褶皱灯罩的灯，它的细绳正在下垂。妈姆过去常做灯罩——因为她做过制作灯罩的蜡防花布。她全身突然出现在了我的面前""每一次我梦见她的时候（而且，只梦见她），都是为了看到她、相信她还活着，但却是另一个她，与我分开的她"。这两个场面，前者是借与自己的经历相同的其他场面来说明哀痛之所在和哀痛的程度，后者是靠一种隐喻把自己的欲望完成于梦中，它是巴特对于母亲深切思念之浓缩所致。

最后，我们要单独说一说道德说教这方面的内容。一般来说，一个人调动了他的激情，比如发了脾气，大动了肝火，最后，对于自己，或对于家人或集体，大多都要说上一句："对不起，我不该如此"；或者是其他人或集体对于发脾气的人进行规劝或发表看法："你不该发这么大的脾气，这样做，对身体也不好"，等等，这些都是"道德说教"。由于巴特的哀痛日记是写给自己看的，他的哀痛在众人面前只是"刚刚被看出"，所以，文中没有出现他面对众人承认自己做得不当的情况；倒是他的朋友们对于他的哀痛表示出了同情：比如他的一个朋友对他说："我来照顾你，我会让你慢慢平静下来"，这里包含着他人对于巴特哀痛程度的评价和劝慰。不过，我们在这部日记中却看到大量的巴特对于他的"哀痛"的分析和认识，这自然也属于"道德说教"范畴。我们似乎可以从两个方面对其总结一下：一是"哀痛"的发生点："哀痛就出现于爱的联系即'我们以往相互眷爱的情感'被重新撕开的地方。最强烈之点出现在最抽象之点上……"，"纯粹的哀痛，不能归因于生活的变化、孤独等。它是眷爱关系的一道长痕、一种裂口"，"我被缺位之抽象的本质所震动。不过，它是强烈的、令人心痛的。我由此更好地理解了抽象：它就是缺位，就是痛苦，就是缺位之痛苦——因此也许就是眷爱吧？"。母亲的去世，使他们母子之间的眷爱之情出现了重大的断裂和缺位，即被抽象化了，这是失去而不可再得的珍贵价值，而这种失去所带来的结果则是"疏忽，即内心的冷漠：易激怒，无能力去爱。忧郁，因为我不知道如何在我的生活中恢复宽容，或恢复爱"，"哀痛。在所爱的人去世时，这是自恋的剧烈阶段"；二是从符号学上对于"哀痛"的认识：除了我们在文章开始时引用的"内心化的哀痛，不大有符号"

之外，他还提到"哀痛，即遗弃之彻底的（惊慌的）换喻"。巴特失去了母亲，他感觉到是被"遗弃"了，这是很好理解的，因为再也没有人像母亲那样爱护他、关心他。但为什么把这种"哀痛"（或"遗弃"）与"换喻"联系在一起呢？在符号学上，"按照在话语语义学中的解释，换喻是一种替换程序的结果，借助于这种程序，我们可以用另一个从属的（或前位的）义素来代替一个已知义素，因为这两个义素都属于同一个义位）。其实，把一种"哀痛"心情，写成了一本书，靠的就是"换喻"这种替换程序，"不是取消哀痛（悲伤）……，而是改变、转换哀痛，使其从一种静态（停滞、堵塞、同一性的重复出现）过渡到动态"。我们至此引用过的场面，无不是换喻的结果。这样一来，"哀痛"就不会总是以同一个样子、同一种情况出现，从而提高了"哀痛"的强度。

二、根据柯凯和埃诺的理论

我们在前面已经对于科凯理论和例证做了介绍，并且得出了这样的结论："非-主体"是想象情境中的主体，而"主体"是回到现实中的主体。结合我们的分析对象——巴特的《哀痛日记》，我们完全有理由说，我们前面所举巴特"哀痛"中属于"互文照应"和"托梦"的两个例子，其情感沟通实际上都是在两个"非-主体"之间进行的，读者可自行体会，这里就不再复述了。一般认为，科凯的"主体性"理论是对于格雷马斯激情模态理论的一种补充，因为后者在论述激情时只谈模态，而不涉及主体本身。

埃诺采用的作为被分析对象的日记与巴特的《哀痛日记》虽然都属于日记体裁，但一部是对于多年历史事件的记录，一部是对于个人"哀痛"在不到两年时间里的情感表露。我们知道，巴特的日记通篇都与"哀痛"有关，不过，也有些文字并非直接就具有哀痛的词语表现。下面，我们就按照安娜提出的标准，试着找出一些句子：例如"每天早晨，大约6点半左右，外面的夜里，铁垃圾箱碰撞发出的声响。她松了口气说：夜终于结束了"（这时的"被感受对象"——母亲——正忍受着病痛的折磨，每一天都在煎熬中度过："每天早晨"和"夜终于结束了"意味着她又活过了一夜，而从这一时刻她又开始在白天忍受煎熬。可是，到头来这种煎熬又何尝不是巴特自己的感受呢？），"从此以后，而且永远，我都是我自己的母亲"（这句话的前两个组合体带有很有力的"强调"效果，它说明了慈爱的母亲已经决定性地离他而去，母爱既已失去，今后只有他自己来照顾自己，但是，他能做好自己的母亲吗？这无不反映出了作者的哀痛），"自从妈姆故去，我在消化上很脆弱——就好像我在她最关心我的地方得了病"（现代医学告诉我们，精神压力过大会引起消化系统疾病。过去，巴特写作很紧张，他常有消化不畅的情况，但他会得到妈妈的关心；现在，他失去了妈妈，并且很少写作，是哀痛导致他消化上的脆弱，可见，其哀痛之深），"我在思想上，已无处可躲：巴黎没有地方，旅行中也没有地方。我已无藏身之处"（母亲在世时，巴黎是他的家，外出旅行时也认为自己有家，因为他一回到家，就可以看到母亲；而此时，母亲不在了，巴黎只是一个住处，旅行结束时他也只能回到这个住处，使他不禁而生被"遗弃"之感），"确认之意识，有时意外地像一种正在破裂的气泡冲撞着我：她不在了，她不在了，她永远地和完全地不在了"（这种基本上是排比句的安排，起着强调与加深的作用），"从早晨，我就开始看着她的照片"（长时间地看母亲的照片，说明了长时间的思念，也暗示着哀痛之持续），"她生病期间住的房间，是她故去时的房间，也是我现在就寝的房间。在她的床依靠过的墙壁上，我挂上了一幅圣像（并不是因为信仰），我还总是把一些花放在桌子上。我最终不再想旅行了，为的是能够待在家里，为的是让那些花永远不会凋落"（这里使用了两个隐喻：一个是在妈妈的床靠过的墙壁上挂了一幅圣像，虽说不是因为宗教信仰，可是我们却有理由理解为巴特将母亲推至于崇高；另一个隐喻是说他不再旅行和待在家里的目的是"让那些花永远不会凋落"，其实就是继续与心中的母亲长时间待在一起，此处的"花"是母亲的化身），"从妈姆去世后，尽管——或者借助于——做出不懈的努力——去开始一项重要的写作计划，但我对于自我即对于我所写的东西的信心越来越差"（巴特在哀痛之中常想以妈妈的照片为题写一本书，但在那段时间他无法动笔，可见他的哀痛已经在很大程度上影响了他的写作工作）。我下面抄录巴特在 1979 年 9 月 1 日写的三段日记中的一段，是他再一次从于尔特返回巴黎后当天写的，也是他这部《哀痛日记》中有日期标记的倒数第四篇："我每一次在于尔特村逗留，不能不象征地在到达后和离开前去看一看妈姆的墓。但是，来到她的墓前，我不知该做什么。祈祷？它意味着什么呢？祈祷什么内容呢？只不过是短暂地确立一种内心活动。于是，我又立即离开"。初读，我一时不大理解巴特的表现，但稍做联想，也就想通了：巴特一直认为，时间"只会使哀痛的情绪性消失"，但"悲伤依然留存"，要"学会将（变得平静的）情绪性与（一直存在的）哀痛做（可怕的）分离"；在过了一年零 10 个多月的时间之后，巴特在母亲的墓前没有情绪性表现，可以说符合他此时的情况，那么，还要确立一种什么样的"内心活动"呢？我的理解是：哀痛自在不言之中。

说到此，我们也许就明白为什么安娜的书名叫做《能够就像是激情》了：依据"感受"，在无情感词语的情况下，继续可以识辨"激情"，所靠的就是"能够"这种"现时中的模态"在情感表达中的"出现"和逻辑力量。

第四节　主体、主体情感性与巴特的激情
——续谈罗兰·巴特《哀痛日记》

母亲的故去，使巴特陷入了极度悲痛之中。他从母亲逝去的翌日就开始写他的"哀痛日记"，历时近两年之久，记录下了他的哀痛经历、伴随着哀痛而对母亲的思念和他对于哀痛的思考与认识。下面，笔者拟简要地介绍一下人们对于主体和主体情感性探讨的两种形式分析方式，并尝试用每一种方式对巴特因母亲去世而导致的"哀痛"做些浅薄分析。

一、《恋人絮语》开启的分析方式

曾在 1968 年宣布"作者的死亡"的巴特，到了 1974 年于高等实用研究学院授课时，就以"恋人话语"为题将"主体"引入了陈述活动之中。我们在他依据这一授课内容于 1977 年整理出版的《恋人絮语》一书中，明确地看到了他的考虑与做法。

该书从一开始就声明：

一切都是从这种原则出发的：不应该将恋人压缩为一位普通的征兆性主体，而更应该让人去听到其非现时的、也就是说难以理解的声音中的东西。由此，需要选择一种'戏剧'方法，这种方法拒绝各种举例，并建立在第一人称言语活动的唯一动作（没有元语言）基础上。因此，我们用对恋人话语的激发来

代替对这种话语的描写，于是，我们赋予了这种话语其基本的人称，那便是‘我’，以便展示一种陈述活动，而不是一种分析。我们可以说，这是一种象似，它是被建议的；但是，这种象似不是心理学的；它是结构的：它让人读到的，是一种言语位置（place）：是某个人面对另一个不说话的人（被爱的对象）在自身说话的位置”①。

　　这段文字告诉我们：这本书从一开始就进入了以“我”出现的“主观性”之中，并以此同化了“作者”与“主体”；其次，它展示的话语都是直抒情怀，而没有解释性、论述性言语（元语言）；再其次，它是以“戏剧”展示的方式来提供恋人话语的不同场面，即各种“位置”；最后，这些位置不是心理学的，而是“结构的”，或者更应该说是“现象学的”，因为它们都在努力重建“恋情经验”，都在恢复对其每一种场面和每一种外在形象的“感受”。

　　巴特是如何展示这些“位置”的呢？他在书中总共为“恋人话语”设定了 80 个位置，即 80 种“外在形象”（figures），而每一种外在形象又有其各个方面的表现：“实际上，恋人不停地在他的大脑中奔跑，不停地进行着新的尝试，并不停地想方设法否定自己。他的话语从来都只是借助于阵阵言语活动才存在，这些言语活动随着最小的、偶然的场合来到他身上。我们可以称这些话语碎片为外在形象”②。那么，这些外在形象有无“顺序”可言呢？巴特说：“在恋人的整个生活中，这些外在形象突然地出现在恋人主体的大脑中，无任何顺序，因为它们每一次都取决于一种（内在的或外在的）巧合”③。虽然如此，

---

① 巴特：《恋人絮语》（*Fragments d'un discours amoureux*, Paris, Seuil, 1977），p. 7.
② 巴特：《恋人絮语》（同上），p. 7.
③ 巴特：《恋人絮语》（同上），p. 10.

但我们在书中注意到，这些"外在形象"无时不在尽力重新找回主体的激情言语。

不过，在外人看来，"这部著作仍然是一种分析架构，而且还是以属于爱情或至少属于恋人话语的一定数量的图画和以外在形象为中心的包含诸多观点和陈述活动平面（引语，定义，分析性展开，直接和间接的暗示）的一种万花筒……这里涉及的都是显示陈述活动的结构，其情感维度似乎构成一个重要的平面"①。确实，我们可以在书中很容易地看到这一方面的例证：比如"在偶然事件中，我所注意和引起我共鸣的，并不是其原因，而是结构……在我看来，偶然事件就是一种符号，而不是一种标示；是一个系统的要素，而不是一种因果关系的呈现"②，再如"表白并不关系到对于恋情的承认，而是关系到恋情关系的没完没了地被评论的形式。言语活动是一张外皮……我的言语活动颤动着欲望。兴奋来自于两种接触：一方面，整个话语活动都谨慎地和间接地前来显示那唯一的所指，即'我要得到你'和解放这个所指、培育这个所指……，另一方面，我用词语将对方裹住，我抚摩对方、轻轻地触碰对方，我维持着这种触碰，尽力延长对于这种关系的评述"③。结构、符号、标示、形式、言语活动、所指、关系，这些都是结构主义和符号学领域使用的概念，不难看出，《恋人絮语》也确实属于带有"结构分析"特征、甚至就是借用符号学语汇来表述的一种"情感性"文本。

再就是，《恋人絮语》的前文本，是此前他在高等实用研究学院授课的讲稿，该讲稿现在已经以《恋人话语》（*Discours*

---

① 埃诺主编：《符号学问题》（*Questions de sémiotique*, sous la dir. d'Anne Hénault, Paris, PUF, 2002），p. 602.

② 巴特：《恋人絮语》（*Fragments d'un discours amoureux*, Paris, Seuil, 1977），p. 84.

③ 巴特：《恋人絮语》（同上），p. 87.

amoureux）为书名全文出版，其容量差不多是《恋人絮语》的三倍，其中有 20 个外在形象（位置）未被简缩后选入《恋人絮语》。可见，得到提炼和保留下来的外在形象不无作者的各种考虑。今天，我们已经知道，《恋人话语》讲稿是作者依据他在 50 岁之后追求他认为可以是他的同性恋人的一个学生即"另一个罗兰"的经验整理写就的，而另一个罗兰却是一位"异性恋者"，因此，"这部《恋人絮语》也是一部哀痛著述。一位深知其老师情感生活的学生说，他在这部著述的每一页都可以找到对于罗兰晚年生活中挥之不去的一个故事的参照：他对于另一个罗兰的痛苦激情"①。显然，书中的"我"，绝非完全是一个虚构人物，其"情感性"表现，也自然与作者自己脱不掉联系。

那么，相对于巴特在《恋人絮语》中的这种安排，《哀痛日记》是一种什么情况呢？我们知道，与前者一样，这也是一部完全以第一人称出现的"絮语"集合，所不同的是，《恋人絮语》的第一人称是一位以"假主体"出现的叙述者，而《哀痛日记》的第一人称既是叙述者，又是主体，他就是作者本人。

首先，开篇不久，作者就告诉我们，他的这些哀痛"絮语"是没有"顺序"的，他"像是一位忍受着精神冲击的被蹂躏的主体"，"我的哀痛是理不出头绪的"。这多么像是《恋人絮语》中的主体与絮语无"秩序"的状态。这似乎告诉我们，这是主体"情感性"表现的一种特征。那么，《哀痛日记》中有多少种"外在形象"即"位置"出现呢？我们当然可以把作者哀痛的各种情况罗列出来，但那样做，无异于大体上要将整个文本再誊写一遍。为此，笔者采用"聚合"结构的做法，将具有共同点的"场景"做了大致的综合，以方便我们的分析：

---

① 阿尔加拉龙多（Algalarrondo R.）：《罗兰·巴尔特最后的日子》（*Les derniers jours de Roland B.*, Paris, Editions Stock, 2006），p. 38.

触景生情："于尔特的一切都使我想起她所维持的家庭、她的屋舍"，"下雪了，巴黎下了许多雪；这很怪。我自言自语，于是我又痛苦难忍：她永远不会再待在这儿看下雪了，永远不会再让我给她讲下雪了"，"早晨，还在下雪……多么让人悲痛啊！我想到我过去生病的那些早晨，我不去讲课，我幸福地与她待在一起"，"妈姆的照片，是她还是个小女孩的时候，她站在远方——就放在我面前办公桌上。我只需看着她、把握她生活的某一方面（我正在努力将其写出来），就可以再次获得她的仁慈、沐浴在她的仁慈之中、被她的仁慈所覆盖和淹没"，等等。巴特通常用"妈姆"这样带有亲昵意味的称呼来代替母亲和妈妈。这些场面，都会使他想起过去与母亲待在一起时感受到的幸福，而这幅照片则让他重温母亲的美德和其对于自己的情感付出。

特定时间："下午，悲痛"，"早晨，不停地想念妈姆。难以忍受的悲痛。因不可补救而难以忍受"，"（八个月之后）：第二度的哀痛"，"在一种无纷扰的气氛中，一想到妈姆的一句话，我就开始哭泣起来，这句话叫我冲动、使我精神空虚：我的罗！我的罗！"，"今天早晨，天色灰蒙蒙的，这种伤心非常强烈"，"有一些早晨，是那样的难过……"这些是他过去经常与妈姆待在一起的时刻。虽然时过境迁，但特定时间的重复，无不让作者联想起与妈姆在这种时间里的亲密关系。

特定地点："在于尔特，悲痛、温存、低沉"，"在于尔特村，强烈而连续的悲伤；不间断地引起不悦。哀痛在加剧、在加深"，"在艰难的逗留之后，我离开了于尔特，乘火车到达了达克斯镇（西南方的光亮曾伴随着我的生活）。我泪流满面，因母亲的去世而感到绝望"，"从于尔特返回，在飞机里。痛苦、悲伤总是那么强烈……（"我的罗，我的罗"）。"在于尔特，我心情不悦、难过。那么，我在巴黎就快乐了吗？不，这是人们很容易搞错的地方。一种事物的反面并不是其反面，等等。我离开我感到不快乐的地方，而离开这个地方并不使我快乐"。巴黎是作者与妈姆生活在一起时间最长的地方，但在母亲去世之后，他经常提到和去看的是于尔特村，除了这是他过去与妈妈和弟弟夫妇经常度假的地方之外，更因为妈妈就安葬在于尔特村，到这里来可以拉近与妈妈的距离。

无限怀念："今天早晨，是她的生日。我过去总是为她献上一束玫瑰。我在苏丹海小市场上买了两束，放在了我的桌子上"，"最不错的时刻，是当我处于我与她在一起的生活有某种延长的情境（住处）的时刻"，"没有她的日子，是（多么）漫长的"，"我非常难过地想到了妈姆最后的一句话：我的罗兰！我的罗兰！我真想哭出来。"，"再也不能把双唇贴上她凉爽的、皱折的面颊，我痛苦难忍……"，"妈妈与贫困；她的奋斗，她的沮丧，她的勇气。这是一种无英雄姿态的史诗"，"自从妈姆去世之后，我在生活中无法构筑回忆。模糊，没有颤动的光晕伴随着'我想起……'"。我们说，哀痛与怀念难以分离，但后者更多地是展示被怀念对象的各种优秀品质，从而更加重了作者的哀痛。

托梦见情："这一夜，我第一次梦见了她：她躺着，但丝毫没有病，身穿从'一价超市'买来的玫瑰色睡衣"，"这一夜，净是噩梦：妈姆正忍受着折磨"，"这个夜里，噩梦中又梦见了失去的妈妈。我激动不已，快哭出来了"，"一连好几夜，形象——噩梦，我在其中看到了妈姆，她病着，情绪低落。可怕。"，"又一次梦见了妈姆。她对我说我不是很爱她——嗷，多么残忍啊。但是，我很平静，因为我知道这不是真的。我想到，死亡就是一次入睡。但是，如果需要永远地梦想，那是多么可怕呀"，"昨天夜里，噩梦。与妈姆在一起。意见不合，痛苦，哭泣：某种属于精神方面的东西把我与她分了开来（是她的决定吗？）。她的决定也关系到米歇尔。她是无法靠近的"，"每一次我梦见她的时候（而且，只梦见她），都是为了看到她、相信她还活着，但却是另一个她，与我分开的她"，"做梦：真真切切地是她的微笑"。妈妈无数次地出现在他的梦中，做梦是使作者与母亲最直接会合的方式。按照精神分析学原理，梦是"欲望"实现之手段，梦中多有象征。但我们在巴特的梦中，看不出任何象征，有的却是"她是无法靠近的""是另一个她，与我分开的她"，这说明他的梦中依然有些许意识的存在。

互文照应：书中有不少"互文性"文字。我们用这一概念来指作者在哀痛过程中与其他文本（书籍、音乐、照片、电影等）相遇时所引起的共鸣："今天，已经是严重的不悦，在大约傍晚的时候，正是可怕的悲痛时刻。亨德尔的一曲非常美妙的低音乐章[《塞墨勒》（*Semele*），第三章]，使我热泪盈眶。我想起妈姆说过的话（'我的罗……，我的罗……'）"，"奇怪：非常痛苦，不过，通过那些**照片**的故事，我感觉真正的哀痛开始了"，"我再一次想到了托尔斯泰的中篇小说《塞日大爹》（*Le Père Serge*）（我最近看了改编的电影，不好）。最后的情节：当他看到童年时的一个小姑娘这时已变成不提出任何有关外表、圣洁和教派等问题，而只是以爱心照顾自己家人的祖母玛夫拉（Mavra）的时候，他获得了平静（感觉或免除感觉）。我心里想：这就是妈姆。在她身上，从来没有过一种元语言、一种姿态、一种任意的形象。这就是'圣洁'"。"互文性"，实际上是一种同质比较、同一识辨的关系，是符号学意义上的语义同位素性的复现状况，它丰富了妈妈的形象，同时也是作者怀念母亲的一种延续。

其实，巴特在他1974年写作《罗兰·巴尔特自述》时就指出："他不相信情感与符号脱离"①。这里的"他"就是"我"，是作者为建立距离感而故意安排的。既然"情感"不能脱离"符号"，那么，"符号"自然也就可以表达和以"元语言"来分析作者的"情感"。我们似乎可以这样说，巴特正是从这个时候开始正视作品中"作者"的存在，同时也开始默默地放弃"作者死亡"的主张。如果不是这样，那么，《哀痛日记》中的"我"，就不应该是巴特，这能解释得通吗？

二、陈述活动中的"情感"表现

陈述活动，是符号学的一个重要概念，它指的是索绪尔语言概念中的"话语建立"阶段。在这方面的主要贡献，应该归功于法国语言学家本维尼斯特。他将陈述活动定义为"借助于个人的使用行为使语言运转，……这种行为是为自己而调动语言对话者的行为。对话者与语言的关系确定陈述活动的语言学特征"②。这就告诉我们，主体性可以在陈述活动中寻找，主体的"主观性"也可以在陈述活动中寻找。而有关主观性在陈述活动中的表现，本维尼斯特早在 1958 年就指出："人正是在言语活动之中和借助于言语活动而构成主体；因为实际上只有言语活动在其作为存在之现实的现实中奠基'自我'（ego）之概念。我们在这里说的'主体性'是对话者把自己当作'主体'的能力。……我们在此看到的是'主观性'的基础，这种基础是由'人称'的语言学地位来确定的。"③。他进一步指出，"我们在此使用的词语——我与你，不应该被看作是外在形象，而应该看

---

　　① 巴特：《罗兰·巴尔特自述》（*Roland Barthes par Roland Barthes*, Paris, Seuil, 1975），p. 154.
　　② 本维尼斯特：《普通语言学问题 II》（*Problèmes de linguistique générale, 2*, Paris, Gallimard, 1974），p. 80.
　　③ 本维尼斯特：《普通语言学问题 I》（*Problèmes de linguistique générale, 1*, Paris, Gallimard, 1966），p. 259-260.

作是指明'人称'的语言学形式"①。统揽全文，我们看到，本维尼斯特所说的"主观性"只是存在于会话中可以相互转换的"我"与"你"两个人称之中——实际上又只在"我"之中："这样一来，我判断是一种诺言，他判断就是一种描写"②。

在本维尼斯特的影响下，80 年代初，卡特琳娜·凯尔布拉-奥雷克齐奥尼出版了《陈述活动——论言语活动中的主观性》一书，确定了"陈述活动模态化"的领域，而这一概念的发展包含着对于"情感主观性"的某些重要思考。根据该书的观点，情感性与陈述活动的价值表现和评价是分不开的。该书一开始就指出，现代语言学的研究，已经跨过传统的以句子为单位的局限性，进入了语言学之外的各种条件：从看重符号理论过渡到了研究意义出现的模态，从囿于现成的"陈述"（最小为句子）过渡到了研究产生陈述的"陈述活动"（即句子的产生过程）。接着，该书又展示了有关陈述活动的方方面面。作者为我们确定了陈述活动的一种广义定义和一种狭义定义。根据前者，陈述活动语言学的研究对象应该是描写陈述与陈述活动范围的各种构成成分之间的所有关系，这涉及到话语的主人公（发送者与接收者）、传播的情境、时空条件、讯息的生产与接收等；根据后者，陈述活动语言学只对陈述活动范围诸多构成参数中的一个参数即说话者-书写者感兴趣，它只考虑说话者-书写者在陈述内部出现的语言学痕迹、场域和本维尼斯特称之的"言语活动中主观性的存在模态"。应该说，主体的情感性在广义定义中会得到更为宽泛的研究，但那将是一项浩繁而艰巨的工程。因此，该书便将其研究工作局限在了狭义定义的范围，即仅限

---

① 本维尼斯特：《普通语言学问题 I》(*Problèmes de linguistique générale, I*, Paris, Gallimard, 1966)，p. 261.

② 本维尼斯特：《普通语言学问题 I》(同上)，p. 265.

于文字所呈现的文本范围，并且"我们只对'主观的'单位感兴趣，因为它们都带有一种'主观性'"①。

关于"主体性"及"情感性"出现的场域，该书向我们介绍了各种"指示词"的情况。所谓"指示词"，按照格雷马斯的定义，它们"是一些语言学要素，这些要素涉及陈述活动的阶段和其时空方位……可以充当指示成分的，有代词（"我""你"），但还有副词（或副词短语）、指示性词类等"②。卡特琳娜·凯尔布拉-奥雷克齐奥尼向我们介绍了更多的"指示词"。在谈到人称代词时，作者告诉我们，"在'我'和'你'的情况下，传播情境是必要的和充分的，是一些纯粹的指示关系；而在'他、他们'和'她、她们'的情况下，传播情境是必要的，但却是不充分的，它们既是指示词（……因为它们只是指明个人既不是发话者，又不是接话者）又是代言人（它们要求一种语言学上的先行成分）"③，这无疑与本维尼斯特的论证是基本一致的，不同的是，第三人称也可以是主观性的载体，只不过不是"充分的"；他还论述了"我们"和"你们"这些人称的情况。在接下来对于"情感性"主观素和"评估性"主观素的论述中，作者首先区分出"客观话语"和"主观话语"，前者尽力排除个体陈述者的任何存在性，后者则是"情感性"和"评估性"所出现的地方。在主观话语中，需要做的工作，便是找出其"所指包含着（主观）特征、其语义定义内容涉及它们使用者的一些能指找出其"所指包含着（主观）特征、其语义定义内容涉及

---

① 凯尔布拉-奥雷克齐奥尼（Kerbrat-Orecchionni C.）：《陈述活动——论言语活动中的主观性》（*L'énonciation. De la subjectivité dans le lengage*, Paris, Armand Colin, 1980, 1990），p. 6.

② 格雷马斯、库尔泰斯合著：《符号学，言语活动理论的系统思考词典》（*Sémiotique, dictionnaire raisonné de la théorie du langage*, Hachette Livre, 1993），p. 86.

③ 本维尼斯特：《普通语言学问题 I》（*Problèmes de linguistique générale, 1*, Paris, Gallimard, 1966），p. 45.

它们使用者的一些能指单位"①。于是，我们看到了作者对于情感性和评估性名词、主观性形容词、主观性动词和主观性副词等的论述。关于主观性名词，它们主要是那些从动词派生出来的名词，如"爱""指责""美""借口"等；关于主观性形容词，指的是情感性和评估性两类形容词：情感性形容词如"令人痛心的""古怪的""感人的"等——"它们同时陈述它们所确定的对象的一种性质和说话主体在对象面前的一种情绪反应"②，而评估性形容词还包含着非价值性形容词和价值性形容词，前者如"大""热""数量多的"，后者如"好的""美丽的""适宜的"等；关于主观性动词，该书在分析了根据场合有可能成为主观性动词的动词之外，尤其提到了情感动词，它们同时属于情感性和价值学的范畴，比如"爱""高看""希望""向往""想要"等这类 X 对于 Y 示好的动词，再如"讨厌""低看""害怕""怀疑"这类 X 对于 Y 表示反感的动词；至于主观性副词，它们是由于主观性动词所引起的，并因此产生了"模态化"或"模态"的问题：作者所说的"模态"，并非与格雷马斯的模态概念相同，而是指表明陈述活动之主体对于所陈述内容的赞同程度的义蕴方式，比如"真实判断"的模态成分（也许、似乎、大概、肯定等）、"对于现实进行判断"的成分（真实地、实际地、事实上）等。该书最后还对语义特征之外的一些主观性表现通过一个新闻体文本和一个纯粹描写性文本做了介绍。

应该说，这是一部很有价值的语言学和符号学著作，它后来多次再版，我们本应对其做更为详细的介绍。但是，由于我

---

① 本维尼斯特：《普通语言学问题 I》（*Problèmes de linguistique générale, 1*, Paris, Gallimard, 1966），p. 82.
② 本维尼斯特：《普通语言学问题 I》（同上），p. 95.

们的分析对象是由作者、也是叙述主体的巴特对于母亲的去世感到哀痛的一部日记，所以，与"哀痛"这种情感较远的论述，我们就不便去说了。不难看出，采用上述方法来分析具体的文本，似乎就是为书中所用情感性词语进行分类。巴特作为符号学研究的大家之一，在写这部日记时，对于陈述活动这一概念和运作自然是清楚的。他在 1974 年写的《我为什么喜欢本维尼斯特》一文中就明确地指出："陈述活动并不是陈述（当然是这样），它也不是主体性在话语中简单的出现（这一命题是更为微妙和变革性的）；它是说话人借以获得语言的被更新的行为"①。这句话与我们前面援引的"他不相信情感与符号脱离"一语出于同一个时期，可见，此时的他，已经承认了主体性"在话语中的出现"——尽管这一命题"是更为微妙和变革性的"。我们似乎可以不客气地说，这是巴特为自己先前过激的断言在婉转地"自圆其说"。当然，我们作为后来人，对于先驱学者们在一门学科初创时说过一些过头的话，也是可以理解和谅解的，因为认识是不断深化的。

那么，巴特在《哀痛日记》中是如何运用陈述活动的呢？首先，关于"指示词"。在人称上，这部日记最明显的特点是以第一人称"我"贯穿全部文本，这无疑说明其主观性之程度。但是，作为作者之思念对象的，是他的母亲即他的妈姆，即第三人称"她"。尽管第三人称是"描写性的"，但在表现"哀痛"这样的文本中，有一个很值得注意的方面，那就是"她"是作者哀痛的原因和无处不与之有联系的对象。这样一来，作者的主观性，便不只与第一人称有关，而且与不能转换成第二人称"你"的第三人称有了密不可分的关系，这似乎构成了这类自转体或自述体文本的一大特点。

---

① 巴特：《全集 III》（*Oeuvres complètes, tome III*, Paris, Seuil, 1995），p. 30.

那么，在第一人称与第三人称之间是如何实现联系的呢？这涉及到表示主体主观性的动词、名词、形容词和副词。关于动词，如"想念""梦见""说话""失去""哭泣""承受""使人消沉"等，还有些可以视为动词短语的一些成分。这些动词除了将两个人称连接起来外，还表明了两者之间一定的距离，自然，这是人间与冥世之间的距离。笔者注意到，文本中使用了大量名词来代替完整的句子，而表示哀痛的同义词、近义词和与哀痛有关的名词自然更为集中，并且重复性非常之大，如"哀痛""悲伤""悲哀""伤痛""抑郁""恼怒""无意""想望""不安""绝望""烦恼""衰竭"等；用名词代替完整句子，自然与日记这种文体的特征有关，但也让人感觉到行文短促、节奏性很强的特点，而这种特点加上名词的重复性则带给了我们"哀痛"的强烈程度，它们很好地表现了"哀痛的间断特征使我害怕"这种心理历程。日记中形容词和副词的使用不多，而且都是配合名词和动词一起使用来表明它们的程度的。

那么，如何实现"我"（第一人称）与去世的"妈姆"（第三人称）之间"真正"的沟通呢？除了我们前面引用过的非现实化的梦境之外（从我们的举例中看出，在梦境中，不仅第一人称与第三人称之间实现了沟通，而且第三人称还可以转换成第二人称来沟通），巴特告诉我们，他能"继续与妈姆'说话'（因为言语被分享就等于是出现），这一情况不在内心话语中进行（我从未与她'说话'），但却是在生活方式上进行：我尝试着继续按照她的价值来度过每一天：由我来做她从前做的饭菜，保持她做家务的秩序，伦理学与审美相结合是她无与伦比的生活和打发每一天的方式。然而，家务经验的这种'个性'在旅行中是不可能实现的，它只在我的家里是可能的。旅行，就是我与她分离——更何况，她既然已不在家了，她仅仅成了我每天中最内在的心事"。他又说："分享平静的每一天的价值（做饭，搞卫生，整理衣服，创造美感，把东西安排得与过去一样），就是我与她会话的（平静的）方式"。可见，第一人称与第三人称的沟通，"主观性"仍然表现在第一人称方面，而实现沟通的可能方式还有在行为上与第三人称的活动一致、同一，从而像第一人称与第二人称之间那样实现一种可能的"会话"。

对于"主体"和"主体情感性"的更为全面和更为深入的研究，形成了90年代出现的"激情符号学"。我在前面文章中已经有过介绍。但是，本文介绍的两种方法的大胆尝试，无不为后来的发展打下了基础。今天，以"形式分析"来谈论情感、激情已成为现实。可以预想，这一领域将会为我们的文学、文化的研究带来更丰富的内容和研究成果。

第五节　谈《作家索莱尔斯》和《偶遇琐记》

这本书，是原先以法文出版的两本书的译文的合辑本，它们在内容上几乎没有什么直接联系。

第一本是《偶遇琐记》，它是在作者去世后由他的朋友弗朗苏瓦·瓦尔（其经常的署名是 F. W）整理后出版的。这本书由在摩洛哥的一些生活散记、通常意义的两篇散文和一些日记组成。编者之所以把它们放在一起，是因为它们是巴特作品中"即不是理论探讨也不是批评问题"的一族，是因为作者在这些文字中一改通常阐述观点和与人讨论问题的习惯，而是采取了使读者通过阅读来与其"认同"的做法。书中包括几个各自独立的部分：《偶遇琐记》部分是对 1968 年至 1969 年先是在摩洛哥的丹吉尔市和拉巴特市随后在其南部的所见、所闻的记录，这部分文字当时已准备好付梓印刷；《西南方的光亮》《今晚在帕拉斯剧院》是两篇写得很好、很美的散文，这在巴特的作品中是少见的；《巴黎的夜晚》是从 1979 年 8 月 24 日至 9 月 17 日期间写的 16 篇日记，它们记载了作者夜晚时间的习惯活动，手稿上写好了题目名称，编好了页码，甚至包含着某些说明文字，这表明，手稿是要发表的。他的日记，也可以称之为“一位同性恋者的隐私日记”，在我们看到《罗兰·巴尔特最后的日子》一书之前，这似乎是公开巴特为“同性恋者”的最早的文字。

　　值得一提的是，汇集在这本书中的几部分内容的写作手法。一是体现在《偶遇琐事》和《巴黎的夜晚》两部分中的“片段式”写作。这种写作与这两部分内容是很相宜的。不过，我们需要指出的是，“片段式”写作在罗兰·巴特的著述中具有特殊意义，甚至是他写作生涯中一直遵循的手法。首先，因为他“对于片断的喜爱由来已久”[①]；其次，这是他用来反对“多格扎”（doxa）即形成稳定意义的手段；最后，这种写作可以实现他自己的审美观，因为“快乐所需要的，是一种出现损失的场所，是断层，是中断，是风蚀”[②]。有关作者这一方面的较详细论述，读者可参阅译者为《罗兰·巴尔特自述》所写的“译者前言”。二是作者在两篇真正意义上的散文中采用的“位置”描述方式：《西南方的光亮》从三个“西南方”（即三个层次）介绍了他的家乡；《今晚在帕拉斯剧院》从剧院空间的大小、剧院使用的灯光、“我不必跳舞就能与这个地方建立一种有活力的关系”等几个方面（位置）对剧院做了介绍。按照作者的说法，这些位置首先是对象自身的位置，而这些位置本身“也具有吸

---

① 巴特：《全集 III》（*Oeuvres complètes, tome III*, Paris, Seuil, 1995），p 318.
② 巴特：《文本带来的快乐》（*Le plaisir du texte*, Paris, Seuil, 1973），p.15.

引力和情趣……这种建筑物同时在于美化走动的人、舞蹈的人，在于活跃空间和建筑物"（见《今晚在帕拉斯剧院》）。强调位置，这是结构的观点、符号学的观点。位置，是语义分析和叙述符号学分析的重要概念。不过，作者也告诉我们，这些画面是"按照我决定把握它们的感知层次来变化"的（见《西南方的光亮》）。这显然是在说明"具有吸引力和情趣"的位置离不开感知主体。这似乎在向我们证实，原先宣布"作者的死亡"（1968）的罗兰·巴特，在 1977 年和 1978 年发表的这两篇散文中，又重新认识到了主体在文本中的作用。

第二本是《作家索莱尔斯》，它包括了作者在不同时期发表的评述索莱尔斯作品的六篇文章。在这些文章中，罗兰·巴特对索莱尔斯的文学探索采取了基本肯定的态度。索莱尔斯自 60 年代开始连续发表了几部写法怪异的小说作品，一时引起了人们的议论。在《戏剧》中，他改变了"陈述活动的"主体，触及到了动作与叙述活动的距离。在《数字》中，他打乱了时间，从而开启了无限展开的空间，并用一种阶梯式写作来取代词语的移行，因此也就把"文学"转变成了必须严格地称之为一种透视法的东西。而在《H》中，全书无一个标点，把阅读的停顿与理解全部交给了读者。

巴特之所以为索莱尔斯的作品撰写评论，应该说有多方面的原因。其一，他们是比较要好的朋友。按照我们后来见到的《罗兰·巴尔特最后的日子》（*Les derniers jours de Roland B.*，Edition Stock，2006）一书的介绍，他们虽然不是一对同性恋人，但"经常来往，经常单独地一起用晚餐。他们经常地在圆屋顶饭店喝上一杯，然后才一起去蒙帕那斯大街的一家饭馆，或是去法尔斯塔夫酒馆（Falstaff）或多姆圆顶酒馆（Dôme）"。其二，朱莉娅·克里斯蒂娃在成为巴特执教的高等实用研究学院的学员之后，知遇了索莱尔斯，并且后来与之结为夫妻，这样，巴特与克里斯蒂娃之间的师生情，也加深了巴特与索莱尔斯之间作为朋友的密切关系。其三，索莱尔斯可以说是支持结构主义研究的先锋派作家和杂志主办人，由他主编的《原样》（*Tel Quel*）杂志被誉为"新批评"派刊登研究成果和批评观点的阵地，巴特的许多文章都是通过这一杂志发表的。其四，索莱尔斯在自己的文学创作中，大胆地实践着结构主义理论主张和对文学语言进行着创新探索，而巴特正是这种实践和探索的重要开拓者和鼓动者，并且借助于评论索莱尔斯的著述也更进一步地阐述了他自己的理论主张。当然，至于把这些文章放在一起成为一本书出版，《罗兰·巴尔特最后的日子》一书就其中的个人原因做了推测，也许可以作为我们的参考。

那么，在这一本书中，巴特凭借评论索莱尔斯的作品都阐述了哪些理论观点呢？概括说来，我们想指出以下几点：

1. 进一步阐述了叙事的结构观点。我们知道，罗兰·巴特参与过叙述学的初期奠基性研究。他在 1966 年发表的《叙事的结构分析导论》一文是对于这种研究的重要贡献。他在该文中明确指出："从结构观点来看，叙事属于句子……叙事是一个大句子"[①]。我们在《作家索莱尔斯》这本书的《喜剧，诗歌，小说》一文中找到了近乎同样的论述："叙事文仅仅是一个很大的句子（同样，每个句子都以其自己的方式是一个很小的叙事文）"[②]。接着，他又根据格雷马斯依据普洛普的 31 种功能概括和建立起的行为者模式理论指出，"我们从中至少可以找出（我简单地说一说）两组配对，即四个词语：一个主体和一个对象（它们依据一种寻找计划或是欲望计划而对立地结合在一起，

---

① 巴特：《全集 II》（*Oeuvres complètes, tome II*, Paris, Seuil, 1994），p. 77.
② 巴特：《作家索莱尔斯》（*Sollers écrivain*, Paris, Seuil, 1979），p. 17.

因为在任何叙事文中，都有某个人希望获得和寻找某种东西或某个人），一个助手和一个对手，他们是各种语法情况的叙述替代物（他们依据考验计划而对立地结合在一起，因为在主体的寻找之中，一个帮助他，另一个则拒绝他，轮流确定故事的各种危险和救助情况）"①。而在叙述层次的描述上，巴特指出："一种是功能性的，或者是聚合关系性的，它试图在作品中找出依据词语而逐步相互连在一起的一些成分；另一种是序列性的，或者是句法性的，它在于重新找出从文本的第一行到最后一行的路径，即词语所走过的路径"②。这些论述，对于后来形成的叙述学上的"叙述层次"和"叙述行程"概念都具有很大的启示与帮助。

　　2. 提出了"叙述者"的概念。巴特在上述同一篇文章中指出，"这个经典的第一人称是建立在可以一分为二的基础上的。我（je）是在时间里被分开的两种不同动作的作者：一种动作在于生存（爱，忍受痛苦，参与冒险），另一种在于写作（回想，叙述）。因此，从传统上讲，以第一人称出现的小说有两个行为者（行为者是一个人物，他是通过他做什么而不是通过他是什么来确定的）：一个在行动，另一个在说话。由于两个行为者表现在一个人身上，所以他们之间维持着艰难的关系"③。这里说的行动，就是故事情节，而说话者就是叙述者，这就使得巴赫金的"复调"概念在此变得更为明确。该文还对于不同体裁故事中的人物与叙述者之间的关系做了分析，反映了那个年代文学理论界对于相关概念的认识水平。

　　3. 建立读者参与的阅读方法。巴特指出，《H》一书"从不

---

① 巴特：《作家索莱尔斯》（*Sollers écrivain*, Paris, Seuil, 1979），p. 17.
② 巴特：《作家索莱尔斯》（同上），p. 15.
③ 巴特：《作家索莱尔斯》（同上），p. 19.

再使用标点，归纳出不再使用句子"①（见《漠视》一文），这就为阅读留出了极大的空间，而认识这种空间，实际上就是从不同的方面建立元语言的过程，因为元语言就是在一个已有文本中找出的新的解释性语言。《H》一书，虽然是一部小说，但是巴特在对它的分析中，建议读者"参与文本的运作"。于是，他在《H》中分析出了三个阅读层次：个人的、社会的、历史的。在对于个人的阅读层次上，罗兰·巴特总结出了五种方式："点击式""赏识式""展开式""低空式"和"满天式"。而这些阅读方式，无一不组成一种新的元语言。我们可以说，巴特的这些主张为后来建立的阅读符号学做出了一定的贡献。

4. 巴特论述了索莱尔斯创新实践的理论基础，那就是坚持符号学的探索。"为了理解索莱尔斯的行动，就必须从符号开始，这是所有最新研究的共同用语"②（见《拒不因袭》一文）。索莱尔斯重视言语活动的"能指"方面即"表达"的创新，而降低其"所指"方面即"内容"方面的传统要求。巴特指出，"索莱尔斯要求和实践的写作，是否定文学言语活动的习惯即再现习惯的"，而"与再现的告别（或者如果人们愿意，也可以说是与文学形象化的告别）……已经不再可能把某种东西或某个人置于作者身后。在复调写作物的表面，写作的人将不会再被人寻找。……必须把作家（或作者：这是同样的事情）设想为身处镜子长廊里的迷路人：哪里没有自己的意象，哪里就是出口，哪里就是世界"。这篇文章与《作者的死亡》一文都是 1968 年发表的，只强调符号的作用，而忽视使用符号的人，正是那个年代的主流话题。

① 巴特：《作家索莱尔斯》（*Sollers écrivain*, Paris, Seuil, 1979），p. 61.
② 巴特：《作家索莱尔斯》（同上），p. 48.

第六节 谈巴特的《中国行日记》

我翻译的罗兰·巴特《中国行日记》一书，由中国人民大学出版社出版了。没过几天，就有读书类报纸编辑通过电话采访我，就这本书的方方面面提了一些问题。由于是突然接受采访，没有思想准备，事后觉得自己的回答不够圆满。现在，我想就以下两个方面做点补述。

一、该书的资料价值

这本书，是巴特 1974 年 4 月 11 日至 5 月 4 日随法国（毛主义）《原样》杂志代表团一行五人在中国访问期间写的日记。从行文方式来看，所用文字只是在记录所见所闻和加入少许即时性思考与判断，明显地带有着准备"资料"的性质和考虑。这些日记，在作者去世之前没有发表。现在的版本，是安娜·埃施伯格·皮埃罗（Anne Herschberg Pierrot）根据藏于法国"当代版本收藏馆"（IMEC）的手稿整理和增加注释后于 2009 年出版的。法国读者读到它是在作者去世 29 年之后，而中国读者读到其译文则是在 31 年之后。但如果从写出这些日记的 1974 年算起，那就都超过 35 年了。

对于资料进行研究，在符号学上有两种做法：一种是聚合式的，即把相关资料放在一起或放在同一部作品之中；另一种是组合式的，即把资料放进一位作者的全部作品系列之中。

我们面前的这些日记，是巴特在中国访问期间所写日记的全部，唯一可与之放在一起考虑的，是他回到法国 20 天后发表的短文《那么，这就是中国吗？》（《世界报》，5 月 24 日）。两者可以互相参照，相互印证。最近，该报的一篇评论说"《中国行日记》是这篇文章的隐迹底稿"，是有道理的。我个人认为，巴特的文章在某种程度上是对于日记的概括和认识提升。它一开头就告诉我们，巴特是带着无数问题到中国访问的，但却是"（除了政治问题的答案之外）回来时，一无所获"；在这个"广阔、古老而又特别新的国家里，意指活动是散在的，甚至是很少的"；"至于身体，任何爱美都明显地消失了（既没有时尚，也无化妆），服饰一致、动作无奇，所有这些缺少的东西伴随着浓密的人群更显得突出"；在这里，"能指是很少的。不过，还是有三种能指：烹饪、孩子们和'文字'"——'墙报'（大字报）和毛主席的书法"。很清楚，这些文字都是对于日记中所记情况的概括。再看，"除了个别事物，中国只提供政治文本"，而为了找到这种政治文本，"就必须通过广泛的重复。任何话语都实际上似乎借助于陈词滥调（'惯用语'和'套话'）来完成"，而这些话语的组织，不是根据审美，而是根据"或强或弱的政治意识的压力"，它"表现得非常规范，它排除任何发明，我甚至说就是某种游戏规则"。这些话，既是对于日记中"俗套"进行的概括，也是对"俗套"的产生根源在认识上的提升。文中还谈到了茶，作者虽然认为"绿茶清淡"，并在"各种场合下都用茶"（俗套），但是"饮茶是对人礼貌的表示、甚至是友好的表示；它还是关系疏远的表示"[①]，显然，这除了是对于中国茶文化的认识提升，也还是对于这种茶文化的认知功能的肯定（根据符号学观点，文化也是一种俗套，但具有一定的认知功能），而这种提升和肯定不曾在日记中见到，但日记无疑是它们的根据。

---

① 以上引言均引自巴特《全集 III》（*Oeuvres complètes, tome III*, Paris, Seuil, 1995），p. 32-36.

我们再从其组合方式上来看。巴特在其作品中谈论中国的地方很多，但大多都是与道教、佛教、禅宗和阴阳有关的内容，都是靠读书和在日本的访问而间接地了解到的。与他这次中国之行有关的，我们看到了他从中国返回法国几个月后写作、并在相隔差不多一年时间出版的《罗兰·巴尔特自述》一书和他在近一年半之后为《那么，这就是中国吗？》一文的单行本写的"后记"。在《罗兰·巴特自述》一书中，有两处谈到了他的中国之行，一处是他就在《那么，这就是中国吗？》一文使用"认同"一词所引发的争论进一步发表了自己的看法；另一处是他谈到了中国的阶级意识。关于前者，我们将在下面集中做一下阐述；关于后者，他是这样说的："今天在中国，阶级意识正处在破坏而非分解的过程中"[①]，这是巴特访问中国后形成的认识；在单行本"后记"中，巴特明确地告诉我们，"关于中国，这是一个很大的主题，而对于许多人来讲，这一主题是很难处理的。我曾努力（我说的是真话）产生一种既不是肯定、又不是否定、还不是中性的话语：……一种认同"[②]。这似乎证明，"认同"已经是巴特个人观察中国事物的既定出发点，而《中国行日记》是其具体的实践。

这本书在法国出版后，很快就有 30 多篇评论文章见于各家报刊。我从网上浏览了一下，大多都说这些日记为了解那个时期巴特心态和当时的中国提供了资料依据。至于在作为译者、读者和研究者的我看来，这些日记填补了我们中国学者对巴特认识的一个空白：我们虽然都知道他那个时候来过中国，但他那三周时间是怎么度过的？他都去了什么地方？他的看法与反

① 巴特：《罗兰·巴尔特自述》（*Roland Barthes par Roland Barthes*, Paris, Seuil, 1975），p. 65.
② 巴特：《全集 III》（*Oeuvres complètes, tome III*, Paris, Seuil, 1995），p. 35.

映具体表现如何？我们并不清楚。

二、该书的认识价值

我想从三个方面谈一谈该书给我带来的认识上的收获。

首先，是巴特对于在当时中国社会和政治运动中出现的"俗套"现象的分析。我一直认为，巴特对于当时的我国最看不惯的，就是到处泛滥着的"俗套"。于是，我便结合这本书中记录的"俗套"出现情况，写了一篇介绍巴特有关俗套符号学思想的《译后记》。这篇文章同时刊登在了第四期《符号与传媒》丛刊上。其详细论述情况，在此不再重复。我的用意是，我们每个人除了结合巴特所列举的俗套表现认识我国社会和历史之外，还可以接受他的警示和建议来克服自己的俗套观念。这对于我们自己成为不断创新、与时俱进的成功者不无好处。我们国家正处在经济转型过程之中，克服计划经济体制下形成的各种俗套刻不容缓。2011年10月12日，朱镕基前总理在清华大学谈到自己的新书《朱镕基谈话实录》时说：我的书"只讲真话，没有套话"。我读后，很受感动。我在想，我们国家有那么多人口，如果从干部到我们每一个人都能注意去认识俗套、克服俗套、不说"套话"，那该会产生多大的认识飞跃和生产创造力呀！

其次，是这本书的记录方式和作者的"认同"主张。我们注意到，在这本日记中，作为作者的巴特一直是随看随记、随听随记，很少有他个人的问题提出。这本书的编者告诉我们，这是一种"现象学"的做法。他说："至今30多年里，巴特的日记虽然未曾发表过，但它们对于这次旅行中的事件和话语有着通常是非常清晰的看法。它们对于1974年的中国表现出了现象学的关注"①。我认为，正是这种现象学关注，使他对于当时中国发生的事情采取了"认同"的态度。比如他对于3月15日下午在上海的一次讨论会写道："我只提了一点：言语活动问题。或者说：认同"（见译本第50页）。为了让读者理解巴特的"认同"（法文：assentiment）主张，我在书中对"认同"做了注释，现在看来还很不够，因为对我进行采访的报社编辑难于理解这个用词。我最初接触巴特的这个用词，是在翻译其《罗兰·巴特自述》的"认同，不是选择"一节的时候。当时，我曾经在"认可""接受"和"认同"之间犹豫很久。从词义本身讲，它只有"赞同""同意"之义。但结合作者在书中的例证，我最后采用了"认同"的译法。他在这一节中写道：一股联合国军士兵"无目标地在朝鲜的树丛中巡逻。他们中的一个受伤后被一位朝鲜小姑娘看到，小姑娘把他带回村庄，他又受到村民们的接纳：这个士兵选择留下来，与他们一起生活。……我们目睹的是一种逐渐的**认同**：士兵接受了他所发现的朝鲜……"他在这同一节中继续写道："后来，过了很久（1974），在他（即巴特）去中国旅行之际，他曾经试图重新采用**认同**一词，来使《世界报》的读者们即他的范围内的读者们理解他并不'选择'中国，而是……在不吭不响之中（他称之为"平淡"之中）**接受着**那里正在做着的事情。这一点不大被人所理解：知识界所要求的，是一种**选择**：必须离开中国，就像一头公牛离开门栏，冲入满是观众的斗牛场那样：怒不可遏或是盛气凌人。"②作为译者，我个人理解，巴特的"认同"态度，就是本书编者所说的一种"旁观者"的态度。有过在国外学习、生活

---

① 巴特：《中国行日记》（*Carnets du voyage en Chine*, Paris, Christian Bourgeois Éditeur/Imec, 2009），p. 9.

② 巴特：《罗兰·巴尔特自述》（*Roland Barthes par Roland Barthes*, Paris, Seuil, 1975），p. 53.

或工作经历的我国读者，不难理解这种态度。而这种态度恰好与"现象学的关注"是一致的。如果再联想到巴特在1968年法国"红五月运动"中所做"结构不上街"的表态，我们似乎可以进一步认为，这是他惯有的面对政治运动的一种态度。因此，我们可以说，巴特的"认同"概念已经成了带有他个人特殊意味的"个人惯用语"。我们还可以想象，如果他像《原样》代表团中某些人那样在中国之行过程中做出了萨特所主张的"介入式"的选择，那么，他的这本日记对于今天的我们还有多少认识价值呢？

最后，是巴特在判断其在中国所见人和事物中的个人"俗套"表现，即个人文化背景和观念之流露。在我看来，这正是搞笑我们的地方。我们知道，巴特是一位同性恋者，他在书中多处以他作为同性恋者的目光来观察和判断见到的人和事。我们试举几例：他写道："突然，一个男人瞬间闪现出一种色欲表情：那是因为他有一双智慧的眼睛。智慧就等于有性欲"。我不是性学研究者，无法对这句话做进一步的理解。再如："英俊的男教师穿着蓝色劳动服。这一切都带有色情意味"，"那些少有的英俊男孩子都很好奇，看着你——是接触的开始吗？"（这里的接触，巴特指的是同性恋者初次邂逅时的相互勾引，读者可参阅笔者翻译的《偶遇琐记》），"我尽力待在那位最英俊的工人身边，但有什么用呢？"，"那位英俊的工人对着我微笑，但这意味着什么呢"。显然，他是把当时的中国百姓在闭关锁国环境下对于外国人的好奇都与他的同性恋意识联系在了一起。更有甚者，他在日记中说到这样一件事：他在北京劳动人民文化宫参加"五一"庆祝活动时，"我出去撒尿，为此而寻找一处厕所。一位胖女子突然出现，并向我做着令人不悦的手势，我只好返回"。这里的"胖女子"（fillasse）一词，还有"妓女"之义。

我猜测，巴特想到的可能是后面的意思，但在当时的中国，尤其是在北京，怎么会有什么"妓女"出现呢？无疑，是巴特对于一种"示好"举动做了错误的理解。因文化背景不同，做出相反的判断，在跨文化交际中是常见的。可见，俗套，人皆有之，关键是知之并跨越之。

补述这些，希望能对读者阅读这本书有所帮助。

第七节　巴特面对中国的"俗套"
——谈罗兰·巴特《中国行日记》

1974 年春天的中国大地，依然笼罩在"阶级斗争""路线斗争"的浓重气氛之下，当时的"批林批孔"运动把所有的人都卷了进去，人们自 1966 年"文化大革命"以来一直紧绷的政治神经，再一次受到了空前的调动。正在这时，中国迎来了一个由属于"毛派"的法国《原样》（*Tel Quel*）杂志社组织的包括巴特在内的五人代表团。他们在 24 天中访问了北京、上海、南京、洛阳和西安，参观了当地的工厂、农村、大学和游览了一些名胜古迹。在行程临近结束、在"为整理出一种索引而重读这几本日记的时候"，巴特认为，对于他在中国看到的一切，他不可能取"内在于"话语的方式表示赞同，也不可能取"外在于话语"的方式去进行批评，而只能是"零散地描述一次旅行"，属于"现象学"的做法。但是，他在这些日记中，除了现象学的描述之外，还通常把自己的思考放在被记述的见闻之后，或放在方括号之中，正是这些内容使我们了解到了作者对其这次旅行所持的总体上是否定的态度。其中，作者对于当时的中国所做最为严厉的批评，就是"俗套"的滥用："新颖性已不再是一种价值，重复也不是一种毛病"。本文拟结合"俗套"的历史概念和包括这部《中国行日记》在内的巴特相关著述，介绍一下他有关"俗套"的符号学思想。

一

俗套（stéréotype）一词，在西方最早是属于印刷术领域的用语，它在19世纪初指的是突面模板，后来于20世纪初被移用到心理学和社会学领域，指不假思索地被接受的重复观念。因此，这一概念具有两个方面的特征，一是缺乏新颖性，二是被广泛接受。由于它是一种适应性很强的概念，所以，它自然会出现在一些集体意象和文化模式之中。这样一来，所有的话语形式便均与之有关，这自然也包括文学话语。文学话语，是通过沿用习惯语的修辞学手段来借用固定的模式，并带入社会内容和意象。有关俗套的研究，法国作家福楼拜（1821-1880）在其《习见词典》（*Dictionnaire des idées reçues*, 1850）中对其进行过最为大胆的阐述，并借此否定了资产阶级观念。进入20世纪后，美国广告学者李普曼（Walter Lippmann,1889-1974）在其著作《公共舆论》（*Opinion publique*，1922）中指出，俗套是我们头脑中的一些意象，而这些意象承担着我们与真实世界之间的中介。这就告诉我们，俗套具有某种程度的认识功能（例如主题、体裁、民族印象、民族文化等），尽管在多数情况下，它被贬为"僵化"和"人云亦云"的同义词。今天，在从事"俗套"研究的学者中，当属以色列特拉维夫大学的法国文化学教授阿莫西（Amossy R.）的工作和成果最为突出，她出版了多部相关著述，如《套语之话语》（*Les Discours du cliché*, 1982）、《习见：俗套符号学》（1991），而她与别人合作 1997 年于纳唐（Nathan）出版社"128 丛书"中出版的《俗套与套语》(*Stéréotype et cliché*, 1997 Nathan, 2007 Armand Colin) 一书已经在我国翻译出版 (2003, 天津人民出版社), 该书简明而系统地介绍了这一概念的形成与发展和从符号学上进行的最新研究成果。在她看来,"俗套" 就是 "一种预知模式", 而这种模式的特点就是 "在其被说出时总是可变的"[1]。从时间上讲,她晚于巴特。我们看到的是, 她在自己的著述中不乏引用巴特观点的地方, 可见, 后者有关 "俗套" 的符号学理论影响之大。在法语中, 与 "俗套" 属于同一类的词语还有 "套语"(cliché)、"巢臼"(poncif)、"习见"(idée reçue) 和 "老生常谈"(lieu commun), 甚至还可以包括 "成见"(idée préconçue)。与这些词语相比, 俗套虽然是出现最晚的, 但它具有使用领域更宽、伸缩性更大的特点。在我国文学和文化发展史上, 似乎不曾对于 "俗套" 现象做过专门的确定, 也不曾对其有过认真深入的阐述, 但是, 反对俗套的各种形式的运动则始终不断。唐朝韩愈发起的古文运动, 与六朝以来流行很久的骈文 (俗套) 作对, 并逐渐压倒了骈文, 推动了散文的发展; 宋初王禹稱等人对于诗文中的浮华作风的批判; 八股文又称八比文, 是中国明、清皇朝考试制度中规定的一种特殊文体, 它内容空洞, 专讲形式, 从康熙初, 经雍正至乾隆, 近百年的漫长时期中, 民间和官方对八股文存废的争议始终没有间断过。1905 年 (光绪三十一年), 袁世凯和张之洞上摺, 得到谕允, 于是, 有着七百年历史的八股文寿终正寝; 毛泽东对于党内 "八股文" 的分析和批判有其独到之处, 他 1942 年 2 月 8 日在延安干部会上的讲演是一篇出色的反对 "俗套" 的经典文章。他指出 "党八股" 是一种洋八股或称老教条, 并总结和分析了它的八大 "罪状", 其中包

---

① 阿莫西 (Amossy R.):《习见: 俗套符号学》(*Les Idées reçues : sémiotique du stéréotype*, Paris, Nathan, 1991), p. 22-23.

括"空话连篇，言之无物""无的放矢，不看对象""语言无味、像个瘪三"等均与西方"俗套"概念部分重合，而与巴特在他的《中国行日记》中流露的对于当时中国漫天飞舞的"俗套"的感受更为贴近。

二

我们要想了解巴特对于"俗套"的完整论述，就必须过问他在这部日记之前、之中和之后对于这一概念的确定和使用情况，因为"俗套"早已是他符号学思想的重要组成部分。

我无法考证巴特最早是从什么时间开始谈及俗套的，我只能从我翻译过的他 1974 年之前已经发表或虽已写出但后来才发表的著作中寻找一下他此前有关俗套的论述。他 1964 年出版的《文艺批评文集》在这方面已经有了许多例证。这本书共选有他从 1954 年到 1963 年陆续发表的 33 篇文章。其中，1959年发表的《关于布莱希特的〈母亲〉》一文有这样的内容"……她根本不拘泥于俗套：一方面，她不宣传马克思主义，也不对人剥削人做抽象的长篇大论……"[①]，这显然是对于习惯做法和语言内容而言的。1962 年发表的《杂闻的结构》一文这样说："似乎，杂闻的所有内在关系都可以最终归为两种类型。第一种是因果关系。这是一种极为频繁的关系：损害及其动机、事故及其结果。当然，根据这种观点，还有一些有影响力的俗套：激情悲剧、金钱犯罪等。……它向着人们可以称为个人戏剧（儿童、老人、母亲等）即情绪性的、负责增加俗套活力的本质的东西移动"[②]，他在对于"俗套活力"的脚注中解释道："在俗套

① 巴特：《文艺批评文集》（*Essais critiques*, Paris, Seuil, 1964），p.148.
② 巴特：《文艺批评文集》（同上），p. 195.

杂闻（例如激情犯罪）中，叙事越来越看重偏移的结果……"①，他又说："杂闻更富有原因的偏离性：根据某些俗套，人们在等待一种原因"②，"因为巧合使某些情境俗套周而复始，所以它就更是引人注目的"③，显然，这是从杂闻的内部结构特征和变化特征方面即这种体裁的"套式"上来谈的。1963 年发表的《眼睛的隐喻》一文，对于眼睛的隐喻作用有过这样的阐释："第一种隐喻的那些词项与第二种隐喻的那些词项同时出现，并且巧妙地按照祖传的俗套成对地连接着。这些传统的组合体……显然包含着很少的信息"④，这里说的，还是某种"套式"。而他于 1969 年写成却在去世后的 1987 年出版的《偶遇琐记》一书中，只有一处见到了俗套一词："一个姑娘向我乞讨：'我父亲死了。我讨钱是为了买个练习本和别的什么。'（乞讨的丑陋之处，在于不脱俗套）"⑤，无疑，这里指的是习惯用语。

那么，巴特在《中国行日记》中有关俗套的论述是什么情况呢？在这本书中，"俗套"一语出现过 10 余次，我们似乎可以从三个方面进行概括：

首先，我们看一看他注意到的俗套类型。当《原样》代表团参观北京新华印刷厂时，革命委员会负责人向参观者滔滔不绝地宣讲路线斗争和厂内开展的"批林批孔"运动，巴特对于这位负责人的评价是"（这位职业印刷者的）文化越高，俗套就变得越多起来 ≠ 西方"；那么，在这个当时到处都是俗套的国家，他自己的感觉则是"[对于俗套的反感的上升]。讲话太长，太累了，懒于记录下去"；对于一位陪同他的作家的发言，他的

---

① 巴特：《文艺批评文集》（*Essais critiques*, Paris, Seuil, 1964），p.195.
② 巴特：《文艺批评文集》（同上），p. 198.
③ 巴特：《文艺批评文集》（同上），p. 201.
④ 巴特：《文艺批评文集》（同上），p. 251.
⑤ 巴特：《偶遇琐记》（*Incidents*, Seuil, 1987），p. 54.

评论是："[遗憾的是，这位作家是最为俗套的]"。这些看法，显然是从语言的表达习惯方面来说的。在这部日记中，我们只注意到二处是与"意象"有关的："还是那些孩子合唱。动作俗套，手指分开"，"[在这里，出现了与我的富有魅力的老敌人的对立：俗套 = 龙]"。我们说，不管是语言表达习惯，还是意象，它们都还属于传统意义上的俗套概念。

其次，我们注意到，巴特在谈论俗套时，多处是与"多格扎"一起提出，这使我们对于它们之间的从属关系有了明晰了解。我们看："[回想在印刷厂的参观和那些谈话]。多格扎非常严重，是由大堆俗套加固构成的"，"而在我们国家，要是创新，要是避开多格扎的折磨，就必须消除俗套本身"，这显然是说，多格扎是个上位词，而俗套是个下位词。那么，什么是多格扎呢？多格扎（doxa）是一个希腊文词语，指的是与科学知识相对立的东西。在法语中，它最早出现在 17 世纪的诗文之中。到了 18 世纪启蒙时代和后来的浪漫主义时期，它已经被当作"新颖性"的反义词——"老生常谈"——受到了批判，而在《习见词典》中，福楼拜直接把批判矛头指向了资产阶级的"老生常谈"。现在，这个词被确定为"在一个社会内部于特定时期出现的全部舆论和一般说来被当作规范来接受、因此是主导性的模式"[①]。

最后，巴特在频频列举"俗套"的同时，不下 30 余次提到了"砖块"概念。我们看："[批判林彪：有着最为密集的砖块。在一句话的长度中，有多少砖块啊？]。真是誓言话语。另有一种砖块：'两千多年前，孔夫子妄想恢复旧的礼仪。恢复旧的礼仪，就是恢复朝廷失去的天堂……'"，"[很少能对于一个具体

　　[①] 阿隆（Paul Aron）、圣雅克（Denis Saint-Jacques）、维亚拉（Alain Viala）合编：《文学观念词典》（*Dictionnaire du littéraire*, Paris, PUF, 2002），p.162.

问题有一种回答（'在工厂里还有阶级敌人吗？'）。有的是：数字与砖块]"，"[负责人对于数字非常清楚。他很会讲话……带有与之相适的政治砖块……]"，"关于林彪的砖块语言：甜言蜜语，红旗，两面派等"，"[索莱尔斯错过了从赵向导那里获得一份'资料'的机会，该资料便是一位翻译必备的包括所有'砖块'的一份纯粹的、不加掩饰的单子……]"，"[统计关键词，即汇总砖块……]"，"[大量的砖块。越是说到文化，就越是砖块]"，"[老同志最终以'两面派'和'暴露过程和认识过程'这样的砖块避开了索莱尔斯的挑衅性话语]"，"教授继续开列林彪的罪行名目（都是抽象的）和砖块名目"，"[那位妇女也以漂亮的声调开始堆砌她的砖块]"，等等，甚至有时，"砖块"是与"俗套"放在一起使用的，例如"[似乎应该重新采用以下记录：这些连篇讲话的设计、俗套（砖块）、比较、曲线、修辞格等……]"。倒是出版社为这部日记的出版所写的按语和所做的注释帮助我们理解了"砖块"的结构特征以及"俗套"与"砖块"的关系，按语中说"这种考虑无不充满着习惯性的句法结构（即巴特所说的'砖块'）"，第 29 页的脚注 20 说得更为明确："砖块（brique）是俗套的、熟语的一种单位"。其实，我们不妨说得更明白一点，"砖块"就是一个个独立的单词或熟语。

这就告诉我们，巴特的"俗套"概念可分为三个层次：多格扎是由"俗套"组成的，而"俗套"又是由"砖块"组成的。他对于这三个概念之间关系所做的这种明确阐释，也是他的"俗套"概念与传统概念的重要区别之一。当然，他也时常将它们混合使用。

至于巴特在这部日记之后的出版物，我们要特别提及《罗兰·巴尔特自述》和《开课演讲》（*Leçon*）。前者是作者只用了27 天于 1974 年 9 月 3 日完成的，后者是 1977 年作者被聘为法兰西公学文学符号学讲座教授后的第一次授课内容，1978 年以单行本出版。由于它们是正式出版物，作者从他作为文学符号学家的地位出发，对于"俗套"或"多格扎"给出了更多的思考与明确。他在《罗兰·巴尔特自述》中对于"俗套"和"多格扎"的确定分别是："<u>俗套</u>意味着<u>固定</u>"①，"<u>俗套</u>，言语活动的<u>寝室</u>"②；"<u>多格扎</u>……，即公共<u>舆论</u>，即多数人的<u>精神</u>，即小资产阶级的<u>一致意见</u>，即<u>自然性</u>的<u>语态</u>，即<u>偏见之暴力</u>"③。而《开课演讲》从符号特征方面就"俗套"给出了后来多被人引用的著名的确定："语言所赖以形成的符号，只因为它们被辨认出来，也就是说被重复，才存在；符号是尾随主义的、群居性质的；在每一个符号上，都沉睡着这样一种魔鬼：一种俗套——我从来都是在搜集于语言中散落的东西的情况下才说话。从我开始陈述，有两种做法就汇集在我身上，我既是主人又是奴隶：我不满足于重复已经被说过的东西，不满足于舒适地待在符号的奴役地位之中：我说出、我断言、我顶撞我所重复的东西"④。可见，"俗套"就是符号的重复。

巴特对于"俗套"和"多格扎"一直持批评的态度。比如"俗套可以用<u>疲倦</u>一词来评定。俗套，即<u>开始</u>使我感到疲倦的东西"⑤，"应该从这种半语法的、半性别的寓言出发去认识俗套的<u>抑制作用</u>"⑥；而"多格扎是一种不佳的对象，因为它是一种死去的重复，它不来自人的躯体，或者也可以准确地说，是来自<u>死人</u>的躯体"⑦，"<u>多格扎</u>是压制人的。但也许是镇压人

<hr>

① 巴特：《罗兰·巴尔特自述》（*Roland Barthes par Roland Barthes*, Paris, Seuil, 1975），p. 61.
② 巴特：《罗兰·巴尔特自述》（同上），p. 142
③ 巴特：《罗兰·巴尔特自述》（同上），p. 52.
④ 巴特：《全集 III》（*Oeuvres complètes, tome III*, Paris, Seuil, 1995），p. 803-804.
⑤ 巴特：《罗兰·巴尔特自述》（*Roland Barthes par Roland Barthes*, Paris, Seuil, 1975），p. 86
⑥ 巴特：《罗兰·巴尔特自述》（同上），p. 86.
⑦ 巴特：《罗兰·巴尔特自述》（同上），p. 71.

的……"①，等等。不过，他也告诉人们如何克服"俗套"和
"多格扎"从而获得新的解读与进步，这也是他在这一方面的突
出贡献。他在《中国行日记》中已经注意到"强烈的、个人的
思想（'政治意识'，分析的适应性）应该<u>在俗套结构的缝隙之
中</u>被解读"，"他经常从俗套、从<u>在他身上存在的庸俗的见解出
发</u>"等。而他在《罗兰·巴尔特自述》中则明确地提出了克服
"多格扎"的方法与步骤，那就是建立"反-多格扎"即"悖论"：
"反应性训练：一个<u>多格扎</u>（一般的舆论）出现了，但是无法接
受；为了摆脱它，我假设一种悖论；随后，这种悖论开始得以
确立，它自己也变成了新的成形之物、新的<u>多格扎</u>，而我又需
要走向一个新的悖论"②。这是对于"俗套"和"多格扎"认
识的一种升华。作为文艺理论家和符号学家，他在这里说的，
虽然是指文学或文化上的发展规律，但社会的进步又何尝不是
如此呢？

三

　　巴特的"俗套"理论，涉及到符号学的多方面基本概念。
下面，我们拟有选择地结合一些概念在《中国行日记》中出现
的情况，分析一下巴特的使用意义，并希望这样做能有助于读
者去理解相关句子。

　　我们先看一下"能指"的出现情况。"能指"这个概念在这
本书中出现不下 10 余次。其第一次出现见于巴特参观西安大雁
塔时的描述。他说："[我的现象学水平 ＝ 能指的水平。在中国，
唯一的能指 ＝ 字体（毛泽东的书法，<u>大字报</u>）]"。我们知道，

---

① 巴特：《罗兰·巴尔特自述》（*Roland Barthes par Roland Barthes*, Paris, Seuil, 1975），p. 112.
② 巴特：《罗兰·巴尔特自述》（同上），p. 71.

现象学自胡塞尔（1859-1938）创立以来，是研究各种现象之间逻辑关系的科学，梅洛-蓬蒂（Merleau-Ponty，1908-1961）的现象学研究已经涉及到了符号，并成为欧洲大陆符号学研究的源头之一。按照索绪尔-叶姆斯列夫学派有关语言符号的理论，一个符号是由一个能指与一个所指构成的，而能指是表达平面，所指是内容平面。这无疑还是对于现象学"显示"概念的深入确定。巴特来到中国后，人们向他介绍的东西，千篇一律，毫无变化，而他又对于这些俗套带给他的内容无任何理解，所以，他也就只能停留在表达平面即能指方面。他唯一注意到的和有变化的东西，就是毛泽东的书法和人们以不同字体书写的大字报。不过，随着参观的增多，他还是注意到了其他一些能指"[各种能指：字体，体操，食物，衣服]"，而他所喜欢的只是个别"[特定能指……]"。在当时中国的大环境下，他注意到了"能指"的使用特点："审查和压抑能指。是取消<u>文本</u>而让位于<u>言语活动</u>吗？"，"能指的减弱、变少（与宗教上的禁条有关）= 这是我们这次旅行的水平"，"能指：不需要加外装。在这里，能指接近所指"，"[在这个国家，只有政治说得上是文本，也就是说，只有政治说得上是能指——不管怎么说，没有艺术！]"。对于巴特的这些看法，是需要做一番解释的。他感觉"能指"是受到了"审查和压抑"，是因为他注意到所有的介绍几乎都是相同的俗套语言，而很少有介绍者自己的"个人习惯语"，这使他自然联想到了有"新闻审查"或是某种规定的存在；在他看来，那些俗套只能说是"自然语言"（"言语活动"），而无法组成"链式"连接的整体即"文本"；由于大家说出的都是俗套，因此，"能指"在"减弱、变少"，而成了宗教上很少的信条；"能指"在什么情况下才可能接近"所指"呢？按照叶姆斯列夫对于符号学的分类，只有"单平面符号学"才会出现这种情况，例如"交通标志牌"或"象形符号",也就是说,"能指"与"所指"几乎合一;在巴特进入中国后不久,他就注意到,除了毛泽东的书法之外,当时人们没有真正的生活与艺术:"'生活'(叙事),只能按照圣徒传记的意义来理解",而"文化大革命"和"批林批孔"则成了主要的"能指"和可以以各种"砖块"结合成"链"的套式"文本"。可以说,这正是对我们国家那个时代的真实写照。

我们再看一看他对于"所指"的判定。在这部日记中,"所指"虽然出现不多,但是它带给我们的思考却无不深刻。他在参观"半坡博物馆"时,对于解说词和模型的评语是"所指的话语(砖块)",他在听取中央民族学院的领导与教师的介绍后的评语是:"[注意:也许砖块存在于翻译之中,因为经常有时候,一个人说话很长,并且引人发笑,但经过翻译,就最后归结为一种砖块、一种所指]"。这两处引文,无不使我们看到,巴特的"所指"就是前面所说的"砖块"。由于"砖块"就是一个个的单词,而单词通常又是一个个独立的符号,所以,我们认为,巴特在论述"砖块"时,常常只看重符号的"所指"方面。他在参观半坡博物馆时,还有一处谈到了所指:"[所指的平面:也就是说,堵塞位置的东西、拦住能指的东西,完全地排斥能指。在博物馆,很难使能指去说明史前渔民村庄里画的鱼是一种图腾]",这里说的是,作为表达平面的解说词(能指)与作为图腾(所指)的鱼的图案完全脱离,亦即没有把出现在古代生活中的鱼的图案与古代人的原始宗教崇拜结合在一起。最后,作者在离开北京之前,定做了一套西装,他把它作为这次旅途中富有生活情趣的一件大事:"['我的西装,是旅行的顶点'——肯定是,为逃避旅行的严肃所指,为把在政治旅行的诚意合理地化作乌有]"。我们在此引用日记的编者为这句话所做的注释："在罗兰·巴特的中国行之中，他曾希望有一套合身的西装，最终他只好定做。这一句关于西装的话，成了罗兰·巴特某种带有讽刺意味的无聊之谈"[①]。

　　该书第 144 页借用一种"反讽"手法告诉了我们使用"俗套"的一般意义效果："[……为俗套言语活动说几句好话：俗套言语活动为说话主体提供自如、安全、不出错误和尊严，而说话人在这种情况下（当着'群众'）变成了无侵占之嫌的主体。因为在这种情况下，这种言语活动不占据任何他人的位置，它等于是一种非言语活动，它允许主体说话。……]"。这就是说"俗套"具有"非言语活动"的特点，利用这种特点可以"夸夸其谈""明哲保身"。这段引文提出的"非言语活动"，是一种只有"能指"而没有或不大有"所指"即"言之无物"的言语活动，它类似于符号学上的"标示"（indice），是一种尚无明确意义可谈的状况。巴特有关"非言语活动"的论述，我最早见于他 1960 年发表的《作家与写家》一文："知识分子的写作，就像一种非-言语活动的反常符号那样运作着，它使社会体验一种无系统（无机制）的交际的梦想：写作而又不写出，沟通纯粹的思想而又无须这种沟通形成任何寄生讯息……"[②]。除了这种可以"自保"的作用外，我们顺便指出，"非言语活动"还可以导致意义颠覆或错误判断。我们都知道"狼来了"的故事：当小孩子第一次喊出"狼来了"时，人们都动员了起来，但却没有见到狼（能指未与所指结合）；后来当他再喊"狼来了"，便没有人再信，喊了等于没有喊（只有能指，而无所指），这便是"非言语活动"；而当真的有"狼来了"时（能指与所指结合），

---

① 巴特：《中国行日记》（*Carnets du voyage en Chine*, Christian Bourgeois Éditeur/Imec, 2009），p. 188，第三本日记注释 26.
② 巴特：《文艺批评文集》（*Essais critiques*, Paris, Seuil, 1964），p. 159.

人们因无任何反应而受到了伤害。这就是"非言语活动"以及"俗套"的意义效果可能带来的混淆视听的破坏作用。

作者也对他见到的从苏联搬来的许多艺术表演俗套给予了批评，例如"在无数艺术形式中，为什么选择这种<u>形式</u>呢？是因为被承认和被强加的标准就是内容吗？因为这种形式来自于某个地方，是直接的互文性：干部<u>断决</u>（决定）、甚至自觉地'发明'。接受过的教育，要么是小资产阶级的，要么是苏联的（这是相同的），但这种教育没有受到<u>批判</u>"。这就告诉我们，搬用外国的模式和接受外来的教育，也是一种"俗套"，而"俗套"也是一种"互文性"关系。何谓"互文性"呢？按照格雷马斯的定义，"互文性包含着一些独立的符号学（或'话语'）的存在，在这些符号学内部，接连地进行着或多或少是隐性的模式构建过程、复制过程或转换过程"①。实际上，这些过程体现在语义和句法结构两个方面，它再现着不同文本之间在内容和结构上的联系和共同点。回想那个年代，我们虽然批判苏联的修正主义，但是，我们有多少东西不是从苏联直接拿来就用的呢？技术上是如此，艺术表现形式和教育体系也似乎大致如此。

这部日记的第 140 页上有一段文字，读者也许会感到费解：[自从有言语活动，就不会有单纯的唯物论。教条唯物论与言语活动对于事实的否定并行不悖。马克思主义者的弱点——每当索莱尔斯主动和挑衅性地发表一通马克思主义的讲话、每当他使唯物主义成为某种<u>直接陈述句</u>的时候，他便忘记了言语活动，到头来，他就不再是唯物主义者了]。这使我们联想到了他对于

---

① 格雷马斯、库尔泰斯合著：《符号学，言语活动理论的系统思考词典》（*Sémiotique, dictionnaire raisonné de la théorie du langage*, Paris, Hachette Livre, 1993），p. 194.

文学"现实主义"的论述:"在一种异化的社会里,文学也是异化的"①,"文学远不是对于真实的一种类比性复制,相反它是对于言语活动的非真实的意识本身:最为'真实的'文学,是意识到自己是最为非真实的文学。在文学意识到自己是言语活动的情况下……现实主义并不可能是对于事物的复制,而是对于言语活动的认识"②。这是因为,"言语从来就不能阐释世界,或者至少,当它假装阐释世界的时候,它从来就只是为了更好地推移世界的含混性。……它是<u>有距离地</u>与真实联系在一起的"③。这就是说,唯物主义虽然是对于物质世界的一种认识,但它一旦通过言语活动表达出来,也就被打了"折扣"。这当然需要做进一步的阐释,但是,由于它涉及到从客观世界到符号再到认知能力、意识形态等一系列复杂问题,这就不是笔者和这篇文字所能完成的了。

再有,这部日记的第 188 页,巴特结合他在北京劳动人民文化宫的所见,写有这样一个评语:"[古希腊的聚合体:Téleutè/Askèsis。在这里,不完全等于这个聚合体……"。这里涉及到了"聚合体"这个概念。我们从编者对于这个聚合体的注释中了解到,在古希腊语中,Téleutè 意味着"结论,结果",而 Askèsis 意味着"练习,实践,生活方式"。在符号学上,"聚合体"最早指"单词的词形变化图式或强调图式(性数变化、动词变位等)。这个概念,在被扩展和重新定义之后,被用来不仅构成语法类别,而且构成音位类别和语义类别"④,也就是说,聚合体是"在组合关系链上可以占据同一位置的一种要素

---

① 巴特:《文艺批评文集》(*Essais critiques*, Paris, Seuil, 1964),p. 164.
② 巴特:《文艺批评文集》(同上),p. 169.
③ 巴特:《文艺批评文集》(同上),p.154.
④ 格雷马斯、库尔泰斯合著:《符号学,言语活动理论的系统思考词典》(*Sémiotique, dictionnaire raisonné de la théorie du langage*, Hachette Livre, 1993),p. 194.

类别，或者，也可以说，它是在同一语境中可以互相替换的一种要素集合"①。我们说得明确一些，聚合体就是同义词、近义词、反义词等。在巴特的著述中，他经常把意义对立的两个词放在一起，中间用一个斜杠分开，例如，"主动性/反应性""多格扎/反多格扎""主动/被动""生/死"等，这样的结合也是一种聚合体。古希腊的这个聚合体，后来形成欧洲文化的一种传统，即人们把"结果"与"生活"是放在一起考虑的。而在当时的中国，人们都去"抓革命"了，不仅生产受到了实际的影响，日常生活也毫无丰富多彩可言。所以，巴特叹道"在这里，不完全等于这个聚合体"。

阅读和翻译外国人写的有关我们国家的书，可以使我们了解外国人观察我们的角度和对我们的批评，这有助于我们更全面地认识自己。这本《中国行日记》起到了这种作用。不过，我们也在文中注意到作者根据他的文化背景即他的"俗套"对某些见闻做出了并非正确的判断。我们知道，这种文化上的差异，会随着时代的前进和国家之间社会、经济和文化发展差距的缩小而缩小。好在，日记中描述的那个年代早已过去了。重新解读那个年代，可以使我们避免再犯过去的错误，而巴特对于"俗套"进行的符号学上的确定和对于我国当时异常泛滥的"俗套"现象的分析与批评，是不是也可以提醒我们在各个领域要时刻防范和突破"俗套"而前进呢？

---

① 格雷马斯、库尔泰斯合著：《符号学，言语活动理论的系统思考词典》（*Sémiotique, dictionnaire raisonné de la théorie du langage*, Hachette Livre, 1993），p. 266.

第八节　巴特的"中性"思想与中国

巴特的"中性"思想，并非在他晚年于法兰西公学讲授《中性》的时候才得以专一阐述，而是可以追溯到他踏入文坛伊始。本文拟首先介绍他"中性"观念的演变过程，遂介绍他进入 20世纪 70 年代后从中国古典文化特别是从道家和儒家思想那里汲取营养对其"中性"观念所做的进一步阐发与完善，以及当他面对当代中国的现实时所采取的"中性"态度，从而完成这一论题。

一、巴特"中性"思想的演变

按照巴特的研究者贝纳尔・科芒在其 1991 年出版的《罗兰・巴特，走向中性》一书"序言"中的说法，巴特的"中性"思想"是在很早的时候就出现的，并且具有惊人的连续性，因为这种观念在巴特兴致不减的写作行程的不同'阶段'中不曾有过任何收敛"①。

笔者查阅了巴特三卷本的《全集》首卷（1942-1963），发现他在 1944 年发表于《存在》（*Existences*）杂志（1944 年 7月，总第 33 期）上的《关于〈局外人〉的风格的思考》(«Réflexion sur le style de L'Etranger»）一文中就提出了"中性"观念，指出加缪这部小说"是一种中性的实体……加缪成功地表现出一种古怪的风格，在这种风格中，古典主义手法被经常重复地使

---

① 贝纳尔・科芒（Bernard Comment）:《罗兰・巴特，走向中性》(*Roland Barthes, vers le neutre*, Paris, Christian Bourgeois Éditeur, 1991, 2002）, p. 2.

用。结果便是，这本书没有了风格，然而它却写得很好"[1]。他随即对于这种风格做了更为具体的解释，说这种风格"即沉默的风格，而在这种风格中，艺术家的声音（也远离哀叹、远离诽谤、远离赞美）是一种白色的声音，这是唯一与我们无法治愈的苦恼相协调的声音"[2]。这种"白色的"写作概念在他1953 年出版的《写作的零度》一书的《写作与沉默》(《L'écriture et le silence》) 一文中得到了进一步的阐述："创立一种白色写作，这种写作排除了任何对于言语活动的一种有标记秩序的强迫性服从。从语言学借用的一种比较也许可以很好地阐述这种新的现象：我们知道，某些语言学家在一种极性（单数/复数、过去时/现在时）的两个词项之间建立起一种第三项，——中性项或零度项；……零度的写作实际上是一种直陈式写作……新的中性写作就位于那些叫喊声和判断之中，但却丝毫不参与叫喊和判断"[3]。我们由此明白，巴特当时所钟情的中性写作，就是白色写作或"零度"写作；而且由于法语动词的"直陈式"是实际地描述事物状态与动作的语式，所以，这种写作也让我们联想到"客观"写作、甚至"现实主义"写作。我们都知道，巴特的这一主张在当时是有所针对的：在那个时期，由萨特根据其存在主义哲学思想而极力主张的"介入"文学处于绝对主导地位，作家"介入"的程度成为评判作品好与坏的重要尺码。但是，一般认为"'介入'是出现在各个时期的一种文学现象，作家通过'介入'而'证明'自己赞成某一舆论潮流、某一政党，或者通过其所写更为密切地与社会焦点问题而尤其是政治

---

① 巴特：《全集 I》(*Oeuvres complètes, tome I*, Seuil, 1993)，p. 60.
② 巴特：《全集 I》(同上)，p. 63.
③ 巴特：《写作的零度》(*Le degré zéro de l'écriture*, Paris, Seuil, 1953)，p. 55-56.

问题攀附在一起的"①，这就是说，做到完全排除"介入"是困难的。根据笔者目前掌握的资料，巴特似乎是质疑这种"介入"态度的第一位文艺理论家，因为他有关"中性"写作的主张早于在20世纪50年代末才出现的受结构主义影响以摈除"叙述者"（作者）和进行"客观描述"为主要特征的"新小说"。

巴特的这种主张，不仅涉及文学作品，也涉及绘画艺术。我们在巴特于同一年发表的《对象世界》（«Le monde-objet»）一文中看到，他在列举了有关行业协会的绘画借助于"技巧的强制性力量"而画出的"普遍性面孔"后指出，"这种普遍性与那些剃光胡须的中性基本面孔没有任何关系，因为那些基本面孔是完全可以自由安排的，它们随时可以接受心灵的符号，而不接受人格的符号"②。巴特对于"中性"的这种赞赏有加的语言，无不是对于过分涉入世事的"介入性"文学和艺术创作的一种轻蔑。他的这种主张当时是不入流的，但其新颖性已经开始引起人们的广泛注意。一本只包括10篇文章的薄薄的小书——《写作的零度》——出版后引起法国文学批评界的极大震动，就说明了这一点。

在随后的60年代，我们看到巴特也不断提及"中性"，不过，其范围有所扩大，对其认识也在加深。首先，巴特把他的"中性"概念与其结构主义思想紧密地结合在了一起。他在1961年发表的《摄影讯息》（«Le message photographique»）一文中多处谈到了中性，例如："内涵讯息（或编码讯息）在此依据无编码的一个讯息来形成。这种结构上的反常现象，恰与一种伦理学的反常现象偶合：当我们想要'中性、客观'的时候，我

---

① 阿隆（Aron P.）、圣雅克（Saint-Jacques D.）、维亚拉（Viala A.）合编：《文学观念词典》（*Dictionnaire du littéraire*, Paris, PUF, 2002），p. 185.
② 巴特：《文艺批评文集》（*Essais critiques*, Paris, Seuil, 1964），p. 28.

们就尽力细心地复制真实，就好像相似之物是影响各种价值投入的阻抗因素（这至少是美学上的'现实主义'的定义）"①；"在照片中，存在着一些'中性'部分，或者至少，照片的完全无意指活动性（insignifiance）也许十足是特殊的"②；"也许并不是在日常的言语活动称之为无意指活动性特征、中性、客观性的层次上，而是相反在真正创伤性的图像层次上：所谓创伤，恰恰是中止了言语活动、阻碍了意指的东西"③。不难看出，巴特此时的"中性"概念，已经与言语活动中的无意指活动联系在了一起。从符号学上讲，"无意指活动"指的是"能指"与"所指"暂时不能实现结合的状态。按照巴特的结构主义理论，文学和艺术创作属于一种二级言语活动，也就是说，其意指活动是指向内涵层次的。无意指活动，即是指缺少带有作者主观意志的内涵性。在无意指活动的"中性"层次上，只能是对于客观事物的"直陈式"描述或反映。这种提法，在他 1962 年发表的《关于罗伯-格里耶》（«Le point sur Robbe-Grillet?»）一文中得到了再一次确定："人们曾经首先认为可以断定其具有中性特征即无意蕴特征"④。其次，他在同年发表的文章《文学与不连续性》（« Littérature et discontinu »）中，还论述了"中性"作为一种审美问题和思维方式的重要性，例如："既然任何分类都有介入成分，既然人类注定要为形式提供一种意义（难道有比分类还纯粹的形式吗？），那么，一种秩序的中性特征，就不仅变成了一种成熟的问题，而且变成了一种难以解决的审美问题"⑤；又如："我们的社会总是赋予有所指的充实符号一种过

① 巴特：《显义与晦义》（L'obvie et l'obtus, Paris, Seuil, 1982），p. 13.
② 巴特：《显义与晦义》（同上），p. 21.
③ 巴特：《显义与晦义》（同上），p. 23.
④ 巴特：《文艺批评文集》（Essais critiques, Paris, Seuil, 1964），p. 209.
⑤ 巴特：《文艺批评文集》（同上），p. 185.

分的特权，并粗野地将事物的零度与对于它们的否定混同起来。在我们这里，人们不大看重中性，它在道德规范上总是被感觉像是对于存在和对于破坏的无能为力。不过，我们还是可以将神力（mana）概念看成意指的一种零度，这足以说明中性在人类的一部分思维中的重要性"①。所谓"神力"，即"自然力"，是一种客观存在。这就告诉我们，中性是人类思维过程的一种状态，不仅不可以躲避，而且极为重要。

　　也许，巴特在 1965-1968 年写的有关其好友索莱尔斯（Philippe Solers）的作品《戏剧、诗歌、小说》（« Drame, poème, roman »）一文中的论述和恰当比喻可以让我们更好地了解"中性"的实质与状态："《戏剧》也是对于一种黄金时代即意识的黄金时代、言语的黄金时代的追溯。这个时间，是刚刚醒来、尚属全新、尚保持中性、尚未被回忆和意指活动所影响的躯体的时间。……睡意是一种**前面**的外在形象，苏醒是一种**后面**的外在形象，而且苏醒是对立关系有可能被发现和被说出的中性时刻；……与记忆、幻觉和想象相比，梦幻在某种程度上是被形式化了，它被用在了这样的重要交替形式之中——这种形式似乎可以在《戏剧》的各个层面上调整其话语，并且它使白天和黑夜对立，使睡意和不困对立，使（棋盘上的）黑与白对立，使他与我对立，而苏醒则是这种形式的难得的中性状态"②。既然是"苏醒"状态，那么，这种状态就有一个维持多久的时间问题，因此，"中性"应该被理解为是包含着"动态"概念在其中的。

　　进入 70 年代之后，巴特开始赋予"中性"更为明确的阐释。他在 1973 年发表的《埃尔泰或字母艺术家》（«Erté ou À la

---

① 巴特：《文艺批评文集》（*Essais critiques*, Paris, Seuil, 1964），p. 186.
② 巴特：《作家索莱尔斯》（*Sollers Écrivain*, Paris, Seuil, 1979），p. 31.

lettre»）一文中，从语言学角度对于"中性"做了同样形象的确定："我们知道，在语言学上，理想的聚合体包括四个项：两个极项（A 对立于 B），一个混合项（既是 A 也是 B）和一个中性项或零线（既不是 A，也不是 B）；书写的首要线条很容易地被安排在这种聚合关系之下：两个极项是水平线和垂直线；混合项是斜线，它是前两线的折中；但是，第四项即中性项，难道是既拒绝水平线又拒绝垂直线的线条吗？埃尔泰所喜欢的，正是这种线，即曲线（la sinueuse）；对于埃尔泰来讲，曲线显然是生命的标志，它并不是未开化的、最初的生命"[①]。既然曲线是生命的标志，它自然就不是静态的。他在《罗兰·巴特自述》（1975）中有一处谈到了以"意义的波动"状态出现的"中性"："这种波动的形式：文本、意指活动，也许还有中性"[②]。该书甚至专门有一节谈"中性"："中性不是主动与被动的平衡状态；它更可以说是一种往返、一种非道德的震动，……它是一种与二律背反相反的东西。作为价值（出自激情范畴），中性与力量相一致，社会实践借助于这种力量去清扫和不去实现那些学究式的二律背反。"[③]。这更说明，巴特的"中性"本质上是"动态的"，它是产生变化的一种力量。

　　"中性"在巴特那里得到越来越多的关注。正是在这个时候，已经在法国传播开来的中国道家思想以及佛教理念，便被巴特有选择地用来作为阐述和完善其"中性"思考的可贵参照。

二、"中性"与道家思想的融合

　　巴特参照过的有关两千多年前道家语汇的资料，大多出自

---

① 巴特：《显义与晦义》（*L'obvie et l'obtus*, Paris, Seuil, 1982），p. 116.
② 巴特：《罗兰·巴尔特自述》（*Roland Barthes par Roland Barthes*, Paris, Seuil, 1975），p. 93.
③ 巴特：《罗兰·巴尔特自述》（同上），p. 119.

法国学者汇编在一起的有关老子、庄子、列子等篇章的译文，也有法国学者自己写的介绍和阐发道家思想的书籍。在后者的情况里，寻找相关译文的中文原文常常是件困难的事情。

巴特第一次引用道家的语录，见于他 1970 年出版的《符号王国》一书的《偶发事件》(《 Incident 》)篇。他在论及镜子的功能时写道:"一位道家大师说:'圣人之心犹如镜，不涉物亦不斥物，它受而不留'"①。这句话的法语原文，似乎该是法国学者根据我们在后面还会引用的《庄子·应帝王》中所说"至人只用心若镜，不将，应而不藏"一语翻译过去的。这一引述说明，此时的巴特已经阅读过道家和有关道家的书籍。他开始较多引用道家的思想，见于他 1976 年通过严格选举程序而成为法兰西公学"文学符号学讲座"教授之后，于 1976-1977 年讲授的《如何共同生活》(*Comment vivre ensemble*)课程。在这一讲稿中，我们可以说是第一次看到了巴特将"中性"与道家思想联系在一起的阐述:他在指出"道教并不困难，只是它要避免选择"②后不久，便说"中性既不赞成权力，也不反对权力(既不是主人，也不是奴隶)，中性想置身于事外"③以及"在道教之中，有对于谷物的严格禁忌;不过，却赞成除了奢华、节制和错误之外的任何象征"④，等等。

巴特集中引用道家思想，见于他继前面课程之后于 1977-1978 年开设的《中性》(*Le neutre*，2002 年出版)课程。在这部讲稿的开头部分，作者明确地告诉我们,"这门课程叫'中性'，或者不如说'对于中性的欲望'。……这个概念跨越好几

---

① 此译文引自孙乃修译《符号王国》(*Empire des signes*)第 117 页，商务印书馆，1996 年版。笔者谨向译者表示谢意。
② 巴特:《如何共同生活》(*Comment vivre ensemble*, Paris, Seuil, 2002)，p. 92.
③ 巴特:《如何共同生活》(同上)，p. 133.
④ 巴特:《如何共同生活》(同上)，p. 146.

个学科"①，而在他参照的 30 余部"关联文本"（intertextes）中，就包括法国学者亨利·马伯乐（Henri Maspero）的《关于中国宗教和历史的遗作》（*Mélanges posthumes sur les religions et l'histoire de la Chine*）第二卷《道家》（*Le Taoïsme*, Paris, SAEP, Publications du muséeGuimet，1950 年版）和让·格罗尼耶（Jean Gronier）的《道家精义》（*L'esprit du Tao*，Flammarion，1973 年版）两书。讲稿的题目和所采用的关联文本说明，该讲稿将专门探讨"中性"，而道家思想将作为其参照之一，并且是重要的参照，因为"我们特别重视东方哲学和神秘主义的文本"②。

　　作为讲稿的开端，巴特援引了四段文字来"权充题铭"。"题铭"者，即"导言"之谓也。第一段是约瑟夫·德·迈斯特德（Joseph de Maistre）《宗教裁判所》（*L'Inquisition*），介绍的是欧洲古代宗教裁判所的种种酷刑和西班牙大法庭的公正与裁判过程的温和、慈善；第二段是托尔斯泰的《奥斯特里茨之夜》（*La Nuit d'Austerlitz*），介绍的是与在呐喊和炮声当中奔跑的样子相反的"多么安静、多么安详、多么雄伟"的高高的天空；第三段是卢梭的《1776 年 10 月 24 日星期四》（*Le Jeudi 24 octobre 1776*），介绍的是他在散步时遇到了一条体型硕大的丹麦犬和一驾四轮马车向他奔来，而待他醒来后，他看到自己的血在淌，他的整个生命力感到一种"令人欣悦的平静"；第四段则是"道家的《老子自画像》"（*Portrait de Lao-Tzeu*），自画像的文字出自让·格罗尼耶引用的亨利·马伯乐的译文，我在此完整引述："熙攘的世人兴高采烈，好像参享祭牛的盛宴，又像登高望春。唯有我一人安详淡泊，无动于衷；我混混沌沌，好

---

　　① 巴特：《中性》（*Le Neutre*, Paris, Seuil, 2002），p. 25。笔者在这里采用的引文，基本上是这本书的中文译者张祖建先生的译文，特此说明，并向他致谢。
　　② 巴特：《中性》（*Le Neutre*, Paris, Seuil, 2002），p. 261.

像尚不会嬉笑的婴儿；颓丧闲散，好像缺少归宿的游子。众人都满足于物有所余，而我却似乎一无所有。我只有一颗愚人的心！世人都聪颖自炫，唯独我糊里糊涂；世人都精细苛刻，唯独我愚钝昏昧，好像被沧海所席卷，恍惚而漂泊，无处羁留。世人都有所依归，唯独我冥顽不灵。我与世人的唯一不同在于敬重生母"①。显然，这是《道德经》第 20 章部分文字的译文，原文是："众人熙熙，如享太牢，如春登台，我独泊兮，其未兆；沌沌兮，如婴儿之未孩；儽儽兮，若无所归。众人皆有余，而我独若遗。我愚人之心也哉，沌沌兮！俗人昭昭，我独昏昏。俗人察察，我独闷闷。淡兮其若海；望兮，若无止。众人皆有似，而我独顽似鄙。我独异于人，而贵食母"。我注意到，把最后一句"而贵食母"翻译成"敬重生母"，是与我见到的《老子》其他汉语注释本将其理解为"用道来滋养自己"有出入的。这幅自画像，在"众人"与"我"之间做了对比，指明了"我"的"安详淡泊""恍惚而漂泊"等。这四篇题铭虽然不是出自同一位作者，更不是同一个时代的作品，但它们为阐述同一个问题而被放在了一起。不难看出，它们所包含的"温和""平静"和"安详淡泊"的表述，就是以"平和"这一相同义素联系起来的具有"同位素性"的几篇关联文本，它们之间有着"互文性"关系，能够相互说明，也具有阐述同一对象的近乎相同的功效，而且这种"平和"则赋予了"中性"以基调。不过，小说家和文艺批评家托马·克莱尔（Thomas Clerc）在为巴特《中性》一书写的"序言"中指出："老子自画像……宣告了东方神秘主义将在中性的营造过程中扮演核心角色"②。通读全书，我们也感受到了这一点。

---

① 巴特：《中性》（*Le Neutre*, Paris, Seuil, 2002），p. 31.
② 巴特：《中性》（同上），p. 19.

紧接着，巴特为"中性"给出了定义："我把中性定义为破除聚合体之物，或者不如说，我把凡是破除聚合体的东西都叫作中性"①，他在说明了"聚合体"就"是指两个潜在的项次之间的对立"②后，指出"通过一个第三项，甩掉、消除或反制聚合体的僵硬的二分法：首先，在结构主义语言学上，叶姆斯列夫、布龙达尔和语音学家们的看法是：A/B→A+B（复合项），而且既非 A 亦非 B：一个无形的中性项（音位中和）或者零度"③，巴特明确地告诉我们"这个避开聚合体和冲突的形态多样的领域=中性"④。讲稿后面的内容则谈及"中性"在包括"善意""沉默""隐退""无为"等总共 23 种"外在形象"（figures）中的表现。在巴特对于这些"外在形象"的"既不解释，也不规定，仅是描述"⑤的做法之中，我们看到了其"中性"思想的丰富性，有些内容则是我们预想不到的。那么，它们在哪些方面参照了道家的思想呢？全书不下 50 处援引了老子和庄子的语录，当然有些表述方式是加入了格罗尼耶的理解被援引的，与原文多少有些出入，自然也免不了有理解不当的地方。我们将其在以下几个方面加以介绍：

1. 将"中性"与道家思想多方面"划一"，借助后者来肯定前者。这自然是借用老子《道德经》这种关联文本所要达到的主要目的。巴特在介绍"沉默"这一外在形象时说："道教：a）老子说：'了解道的人不谈论道，谈论道的人不了解道'[笔者提示：见《道德经》第 52 章：'知者不言，言者不知']（我本人恰好属于这种情况哦！）……b）道家的启蒙：'首先不判断，

---

① 巴特：《中性》（*Le Neutre*, Paris, Seuil, 2002），p. 30.
② 巴特：《中性》（同上），p. 31.
③ 巴特：《中性》（同上），p. 31-32.
④ 巴特：《中性》（同上），p. 32.
⑤ 巴特：《中性》（同上），p. 36.

不说话'"①；在谈及"色彩"这一"外在形象"时，巴特说道：
"我感兴趣的是无色和中性……老子自谓：'我是无色的……中
性的，就像尚无最初的情感的婴儿，没有意图，没有目标'"②，
这显然是指《老子自画像》中引用的《道德经》中的两句话：
"我独泊兮，其未兆……儡儡兮，若无所归"；巴特还说："中性：
寻求一种与现时的正确关系，关注而不倨傲。……重提道家 =
生活在世上的艺术：它带有现时性的特征"③；在介绍"隐退"
这一"外在形象"时，巴特参照道家"智慧"对于"中性"的
特征做了进一步说明："中性"是在参照物之间保持良好距离的
微妙艺术，它保持距离（即产生空间），但不拉大距离，只是"拒
而避之"；紧接着，他就将"中性"与道家思想联系了起来："向
往中性……摆脱诱惑=顶级诱惑…… 由此出现一种智慧。[格罗
尼耶，p. 110]道家的'智慧'……，得道之人尽量不去运用什
么权威，……假如非得如此，也会保持距离"④。我们还可以
举出很多例证，但这些足以说明，相隔两千多年的两位大学者
思想上的碰撞与融合，这种融合通过相互说明而使各自得进一
步充实，我们可以说，他的这种参照就是一种学习态度。

　　2. 巴特对于道家的"无为 "思想表现出了极大的兴趣。
在这一"外在形象"下，巴特首先指出每个人都有自己的生存
意志，遂引出道家的"无为"观念。他说："于是，我们遇到了
道家的根本观念。[马伯乐，p. 38]无为：显而易见，并不是生
存意志的对立物，不是赴死的意志，而是消除、拨开生存意志，
使之改变方向。所以，从结构上……是一种中性：打破聚合体
的东西。道家的无为，有时也说，比'意志'远为更重视'自

　　① 巴特：《中性》（Le Neutre, Paris, Seuil, 2002），p. 57-58.
　　② 巴特：《中性》（同上），p. 81.
　　③ 巴特：《中性》（同上），p. 118-119.
　　④ 巴特：《中性》（同上），p. 191-192.

发'"①。从这时开始，庄子的思想也在巴特的引用中频频出现。如："无为的深刻态度=不做取舍。……道无不有所送，也无不有所迎……在道看来，无不有所毁，也无不有所成。这就是所谓'撄宁'。撄宁的意思是在外物纷扰下仍保持宁静。丰饶中的宁静意味着完美"②。这一段的原文是"其为物，无不将也，无不迎也；无不毁也，无不成也。其名为撄宁。撄宁也者，撄而后成者也"（庄子《大宗师》）。在随后的讲稿中，他对"无为"做了进一步的挖掘："另一个概念，或者说一种投射出来的态度，与无为很接近：无动于衷"③。但是，"无动于衷"并不等于没有思考，他以使用镜子为例："庄子：'完人运用心思如同镜子；[格罗尼耶, p. 112]对于外物既不引导，也不趋奉（依照礼数）；他回应外物，但不存留外物。这使他能够承受一切外物，但不会被压垮。……对于泰然自若而无所存留于心的人，事物自然会显露本来的苗毛；他的举止淡如止水，纹丝不动如镜，应答如同发出回声'"④。这段引文的前一部分见于《庄子·应帝王》，原文是："至人只用心若镜，不将，应而不藏，故能胜物而不伤不迎"；后一部分见于《庄子·天下》，原文是："在己无居，形物自著。其动若水，其应若响"。显然，这是庄子对于老子的道家思想的承袭。我们惊异地发现，巴特在做这种引用时，只是强调"无为"有助于"打破聚合体"，却没有接受自孔子就提出而在《老子》那里得到发展的"无为而治"的政治理念。看来，巴特并不完全赞成对于客观事物依其自身规律自然发展而不做任何"回应"的主张。由此看出，他的"中性"主要是"主体性"方面的一种认知和态度。

---

① 巴特：《中性》（*Le Neutre*, Paris, Seuil, 2002），p. 222.
② 巴特：《中性》（同上），p. 223.
③ 巴特：《中性》（同上），p. 229.
④ 巴特：《中性》（同上），p. 229.

3. 参照道家的"无攫取意志"来规范和设计自己。在这一方面，巴特从老子自谓"没有意图，没有目标"谈起，颂扬道家"自我贬低"的"愚笨"表现："毫无疑问，这是道家的'美德'之一：'大智若愚'→道家的伦理学，为的是不引人瞩目[格罗尼耶，p. 30]。摆脱名望，退出对于美好形象的迷恋"①；他还大谈"赤贫"："中性：我常常有一个梦，下决心终有一天把家什清空；预想中的举动，手边只保留最低限度的物什：什么都不留双份（钢笔一支，铅笔一支）；担心身后物什壅塞"②；在论及"弃绝"这一外在形象时，他谈到了"禁食"："从去年开始，我已经几次谈到道家的'弃绝'。[马伯乐，p. 20]你们一定还记得道家所说的身躯……减肥疗法（……）→三条虫子＝脂肪：为了消除脂肪而'赶走谷物'；这就是'辟谷'，也就是淀粉质、卡路里。甚至 + 大凡长寿者都是瘦人的想法（我的想法）：胖子死得早。这一切勾画出一个玄想的领域：活得清瘦（戒除卡路里）＝ 活得中性"③。我们从其他介绍巴特的书籍中了解到，巴特是一个很谦虚的人，他不好为人师，包括有人发起组织有关他的作品的研讨会，他最初都是给予拒绝，而在不得已的情况下，他也是低调对待自己的成就。他的这种态度，一直坚持到晚年，我们不能不说这其中有着道家思想的影响。至于他对于物质条件的最低想法，我认为这是他在道家思想感染之下对于自己后来生活的一种设想，当然也是他对于世人的一种劝诫。

4. 巴特在尝试对于道家思想做初步符号学分析。道家的理念含有丰富的符号学思想，需要我们去挖掘，巴特早于我们看

---

① 巴特：《中性》（*Le Neutre*, Paris, Seuil, 2002），p. 120.
② 巴特：《中性》（同上），p. 193.
③ 巴特：《中性》（同上），p. 226.

到了这一点。他说："能指与指称对象的分离：符号内部的分离。道家：大道之难"①。在笔者此前见到的巴特有关符号性质的论述中，很少有对于美国符号学创始人皮尔斯（Peirce Ch. S., 1839-1914）的包括符号（表象）、指称对象和解释的"符号学三角形"的阐释。所以，我认为，他这里说的，还是属于索绪尔传统的语言符号的问题。这样一来，引语中所说的"符号内部的分离"，实际上就是"能指"与"所指"的分离。按照索绪尔的符号学理论，"所指"指的是"概念"，作为自然规律的"道"不正是一种"概念"吗？"大道之难"表明的是"能指"始终难于与"所指"结合而成为一个完整的符号，亦即总是以"标示"出现的一种状态。《中性》讲稿中有一处谈到了道家智慧"无系统"之说："[葛洛尼]道家的'智慧'，依旧无系统"②。这里需要对于"系统"概念做一点解释。在符号学理论中，"系统"概念首先"被看作诸多联想领域（现在被重新表述为'聚合体'术语）……，这种集合的各个项之间维持着一些联想关系，而这些联想关系则显示将这些词项汇集在一起的相似性和将它们对立起来的区别性"③。我们从前面的介绍中看到，巴特的"聚合体"，主要是表示将词项对立起来的区别性。因此，道家"智慧"的"无系统"，即是说其并不以带有"对立关系"的聚合体出现。在这一点上，道家的"智慧"与巴特的"中性"是一致的：他在讲授《中性》之后于 1979 年 2 月接受美国《法语评论》（*The French Review*）杂志采访时就说过："说到底，中性是不成系统的东西。因此，有体系的隐退不是一种中性"④。还有一些论述，也是带有符号学分析观点的，我们不再一一赘述。

---

① 巴特：《中性》（*Le Neutre*, Paris, Seuil, 2002），p. 60.
② 巴特：《中性》（同上），p. 191.
③ 格雷马斯、库尔泰斯合著：《符号学，言语活动理论的系统思考词典》（*Sémiotique, dictionnaire raisonné de la théorie du langage*, Hachette Livre, 1993），p. 384.
④ 巴特：《全集 III》（*Oeuvres complètes, tome III*, Paris, Seuil, 1995），p. 1063.

　　至此，我们还需指出，巴特在《中性》讲稿中也援引了佛教特别是其禅宗的思想。例如，他把"中性"的特征确定为"意义的波动"，并指出其具有"梯度"（degré）："相对于聚合关系的结构，梯度和中性所处的位置是相同的：二者均打破聚合关系。……我们把中性看成一个用非聚合关系的（把某种微妙性质引进聚合关系的）强度构成的领域"①。这种论述无不使我们想到符号学理论中表明"时间性"的"变化"（devenir）之概念："借助于变化的概念，……时间性可以被确定为既不是存在，也不是不存在，而是它们两者之间的某种东西"②。于是，我们完全可以将"变化"概念用在理解和描述"中性"的梯度和强度方面。也正因为如此，巴特注意到，在"中性"的"变化"过程中，到了一定程度时便会出现佛教禅宗里说的"悟性"（satori），他将其表述为"突如其来地完成一种精神变化"③。显然，这种发现和对于相关词语的借用无疑又是对于中国古代思想的有益借鉴。

　　在通过参照包括道家著述在内的 30 余种"关联文本"、广泛而深入地阐述了"中性"之后，巴特在讲稿结尾处以"文学符号学"为名为法兰西公学的"年鉴"提供了有关"中性"课程的"本课概述"："很自然，文学符号学研究接受语言学所阐明的范畴的引导。我们从'中性'语法性属当中归纳出一个更为普遍的范畴。……一切曲折变化，只要避开或打破意义的聚合体和对立性结构，以便搁置话语的冲突性现象，我们都认为属于中性。……我们力图使人理解：中性并非像定见所认为的那样，只反映一个平庸的、毫无内在价值的意象，相反，它可

---

① 巴特：《中性》（*Le Neutre*, Paris, Seuil, 2002），p. 246.
② 格雷马斯、库尔泰斯合著：《符号学，言语活动理论的系统思考词典》（*Sémiotique, dictionnaire raisonné de la théorie du langage*, Hachette Livre, 1993），p. 67.
③ 巴特：《中性》（*Le Neutre*, Paris, Seuil, 2002），p. 220.

以具有重要的和积极的意义"①。

三、面对当代中国的现实："中性"态度

"道家。……'认识道并不难，难在不谈论道'（永远是这个难题：认识中性易，既认识又说中性难——至少如此）"②。这是巴特在接近《中性》尾声的 6 月 3 日的讲稿中说过的一句话。我个人理解，这一引文括号中的"说"是"说明""解释"甚至是"表现"或"实践"的意思。那么，他的"中性"主张在其中国之行过程中是如何表现的呢？

巴特曾于 1974 年 4 月 11 日至 5 月 4 日随《原样》（Tel Quel）代表团一行五人来到中国参观访问。当时，中国正经历着"文革"后期的"批林批孔运动"。他们到过北京、上海、苏州、南京、洛阳、西安，参观了工厂、农村和学校等。对于所到之处，他听、他看，他每天都在日记本上"零散地描述一次旅行"，做着属于"现象学"的事情。不过，他在记录下的事实之外，常常在括号中写下自己的评价。笔者有幸翻译了巴特汇集在《中国行日记》一书中的这些日记，并撰文就巴特在中国观察到的各种"俗套"表现和所做评注做了归纳。我现在想分析的，是巴特面中国的现实时所采取的与他人不同的态度。

我们先来看一下代表团其他成员的态度。索莱尔斯的态度："索莱尔斯对那些数量极大、品种繁多的校样非常感兴趣"③，"索莱尔斯使用了'意志主义'和'悲观主义'两个词"④，"关于索莱尔斯：他对修正主义所做的大量的、不停的批判，是足

① 巴特：《中性》（Le Neutre, Paris, Seuil, 2002），p. 261-262.
② 巴特：《中性》（同上），p. 232.
③ 巴特：《中国行日记》（Carnets de voyage en Chine, Paris, Christian Bourgeois Éditeur/IMEC, 2009），p. 31.
④ 巴特：《中国行日记》（同上），p. 41.

够辩证的吗？……这一点正是索莱尔斯的长处：形象丰富，言辞肯定"①，"政治敏感似乎又回到了索莱尔斯身上"②，"索莱尔斯也是借助于运动来进行，这一点令人讨厌：他总是一个时期接一个时期地攻击同一点，每一次都用有所变化的实际例证、玩笑等。现在，便是攻击作为宗教和唯心论者帮凶的拉康，等等"③，"每当索莱尔斯主动和挑衅性地发表一通马克思主义的讲话、每当他使唯物主义成为某种直接陈述句的时候，他便忘记了言语活动"④，"索莱尔斯关于法国、关于文学的只言片语。不断的嘲讽"⑤，"索莱尔斯还在宗教上纠缠"⑥，"自我中心主义在政治上的重现：索莱尔斯依据法国共产党来理解法国共产党，依据中国来理解中国"⑦，"这是一次哲学教授与索莱尔斯之间的争论，后者充分地享受着这种二重唱：他在说！他是头头！"⑧等；其他人的态度：当代表团在洛阳提出要参观白马寺而工作人员回答"不巧，正在修缮"时，"弗朗索瓦·瓦尔发火了"⑨；"这一次，是普莱内代替了索莱尔斯，他很想说佛教就像是宗教、唯心主义、政治权利等……但是，唯一的问题，是政权。

　　然而，任何制度与宗教都有关系——包括政权"⑩等。我们从这些引文中看出，索莱尔斯和其他成员（克里斯蒂娃除外）在访问过程中明显地采取的是一种"介入"态度，而这种态度

---

① 巴特：《中国行日记》（*Carnets du voyage en Chine*, Paris, Christian Bourgeois Éditeur/IMEC, 2009），p. 63.
② 巴特：《中国行日记》（同上），p. 74.
③ 巴特：《中国行日记》（同上），p. 119.
④ 巴特：《中国行日记》（同上），p. 140.
⑤ 巴特：《中国行日记》（同上），p. 174.
⑥ 巴特：《中国行日记》（同上），p. 182.
⑦ 巴特：《中国行日记》（同上），p. 194.
⑧ 巴特：《中国行日记》（同上），p. 205.
⑨ 巴特：《中国行日记》（同上），p. 112.
⑩ 巴特：《中国行日记》（同上），p. 121.

是罗兰·巴特所不欢迎的。

那么，巴特的态度如何呢？首先要补充说明的一点是，巴特对于当时泛滥于中国各地和各行业的"俗套"的批评，都是他对于这种言语活动的结构形式出自其内心的批判，但他从来没有对利用这种结构形式所表述的内容公开发表意见。我们引用他最后离开中国时写的日记为例："在我为整理出一种索引而重读这几本日记的时候，我发现，如果我发表它们……实际上，我只能……零散地描述一次出行。现象学"①。为此，他首先采用了"流水账"式的方式，记录下了每一天的参观内容，包括喝茶、吃饭的细节等；其次，他"迁就大部分多格扎"②（即"俗套"），只把自己的评论写在括号之中，而不在讨论中说出来；再其次，对于索莱尔斯等人的激烈态度表现出不满，持一种否定态度，例如："唯一需要我们对其有点耐心的人，肯定是索莱尔斯③；最后，巴特在《中国行日记》中有两处提到了"认同"（assentiment），基本上可以算是其刚到中国时就抱定的态度，这一态度后来虽然有所变化，但没有走向反面：第一次是当他到达北京后的第二天参观一所农村学校时，他写道："开心、认同、接受：两个班级，一个班在上英语，一个班在上物理（关于力的内容）"④；第二次是 4 月 15 日傍晚在旅馆里于法国人之间进行讨论时，"索莱尔斯提出了中国人的爱情问题。我只提了一点：言语活动问题，或者说：认同"⑤。如果说，第一次是一种内心"认同"即"主动的"接受的话，那么第二次就不是很好理解：言语活动怎么与认同相等呢？在日记文体中常见

---

① 巴特：《中国行日记》（*Carnets du voyage en Chine*, Paris, Christian Bourgeois Éditeur/IMEC, 2009），p. 215.

② 巴特：《中国行日记》（同上），p. 28.

③ 巴特：《中国行日记》（同上），p. 174.

④ 巴特：《中国行日记》（同上），p. 27.

⑤ 巴特：《中国行日记》（同上），p. 46.

的情况是以词代句，只有作日记的本人可以将其连成句子。我的解释是："俗套"是当时中国人出言必用的结构形式，作为外国人，他不能对其说三道四，只能认同，这是一种"被动的"接受。这种认同，似乎可以延伸为就是对于外交活动上"不干涉内政"的一种诠释。

代表团于 5 月 4 日返回法国，巴特于 5 月 24 日在《世界报》上发表的文章《那么，这就是中国吗？》(《Alors, la Chine?》)可以让我们更好地理解他访问中国时的心态。文章一上来就写道："在寂静、昏暗的接待室里，我们的对话者们（工人、教师、农民）表现出了耐心、投入（大家都在做记录：没有任何烦恼，只有共同工作的一种平静感觉），他们尤其关注、特别地关注——不是关注我们的身份——而是关注我们说什么：在这一人数众多的人民看来，面对几位不认识的知识分子，就好像他们被承认和被理解仍然是很重要的事情那样，就好像这是在要求外国朋友——不是给予战斗般赞同的回答——而是给予认同的回答那样"[1]。那么，如何来理解这种"认同"尼？也许，我们援引巴特在访问中国后于同一年写的《罗兰·巴尔特自述》中有关"认同，而不是选择"的一节可以明确地理解其意义："'朝鲜战争，为的是什么呢？一小股法国志愿兵无目标地在朝鲜的树丛中巡逻。他们中的一个受伤后被一位朝鲜小姑娘看到，小姑娘把他带回村庄，他又受到村民们的接纳：这个士兵选择留下来，与他们一起生活。……实际上，我们不是在目睹一种选择，也不是在目睹一次谈话，更不是在目睹一次开小差，我们目睹的是一种逐渐的认同：士兵接受了他所发现的朝鲜……'（引自米歇尔·维纳弗[Michel Vinaver]的《今天或朝鲜人》，*Aujourd'hui ou les Coréens*，1956）。后来，过了很久

---

[1] 巴特：《全集 III》(*Oeuvres complètes, tome III*, Paris, Seuil, 1995)，p. 32.

（1974），在他（指巴特本人——笔者注）去中国旅行之际，他曾经试图重新采用<u>认同</u>一词，来使《世界报》的读者们即他的范围内的读者们理解他并不"选择"中国（当时缺少许多因素来明确这种选择），而是像维纳弗的那个士兵一样，在不吭不响之中（他称之为"平淡"之中）<u>接受着</u>那里正在做着的事情。这一点不大被人所理解：知识界所要求的，是一种<u>选择</u>：必须离开中国，就像一头公牛离开门栏，冲入满是观众的斗牛场那样：怒不可遏或是盛气凌人。"①。

由此，也许我们已经开始对于"认同"有些理解了。不过，巴特在其返回法国前夕即 5 月 3 日写的日记，想必会帮助我们将其与我们的中心论题——巴特的"中性"思想与中国——更好地联系起来。他写道："回想昨天的事：吕齐奥尼在吃饭时说的话：他在一个劲儿地以中国的观点来谈中国。……而在另一端，蒂阿尔与留学生们则继续以西方人的观点来看待中国。在我看来，这两种观点都是错误的。好的目光是一种斜视目光"②。在这里，巴特将"中国的观点"与"法国的观点"结合在了一起，构成了一个具有对立关系的聚合体。那么，斜视的目光又是什么呢？我们结合巴特有关"凡是破除聚合体的东西都叫作中性"和中性项"既不是 A，也不是 B"的论述，可以肯定地说，"斜视的目光"就是对于"中性"的另一种表述。不言而喻，巴特所说的"认同"，就是"中性"的态度，而他在中国之行过程中的表现也做到了"中性"。说到这里，我们似乎也不难理解巴特在 1968 年法国"红五月运动"中面对当时学生与政府极度的对立而说过的"结构不上街"这一名言的思想背景及其含义了。

---

① 巴特：《罗兰·巴尔特自述》（*Roland Barthes par Roland Barthes*, Paris, Seuil, 1975），p. 53-54.
② 巴特：《中国行日记》（*Carnets du voyage en Chine*, Paris, Christian Bourgeois Éditeur/IMEC, 2009），p. 196.

权 当 结 束 语

巴特在其后期作品《恋人絮语》（*Fragments d'un discours amoureux*, 1977）和继《中性》之后的《小说的准备》（*La préparation du roman*, 1978-1980）讲稿中也对于道家的思想有所引用，可见道家思想在其后期研究中的重要性。不过，这些引用也大多是伴随着对于"中性"的进一步阐述来进行的。

"中性"思想于巴特如此重要，那么，最能体现他这种思想的智力活动是什么呢？这使我想到了他重要的美学思想——"片段式"写作，因为这种写作就是由与意义攀附在一起的"价值的波动"所引起的，他指出："任何对立关系都是可疑的……。价值（意义便与价值在一起）就是这样波动，没有休止。"[①]——不难看出，这种对于"片段式"写作的阐释与对于"中性"的论述简直如出一辙，我们不妨说，"片段式"写作就是他"中性"思想的实践与载体。不仅如此，巴特在写作"片段"时，大多不做意义上的排序，而是按照"片段"的第一个字母来安排。巴特早在《罗兰·巴尔特自述》中就说过"字母排列的顺序消除了一切，使任何起因退居到第二位"[②]，而他在《中性》中的论述则使我们对此有了更为清晰的认识："只因中性没有确定的意义：任何关于中性的'方案'（主题的组合）都不可避免地会使中性与傲慢形成对立，也就是说，都会重建一个聚合体，这正是中性要破除的东西：中性会在话语中变成对立的两项之一：展示它反而会加强它打算化解的意义。因此才有了随意排序的方法。去年，字母表。今年的随机性更大：标题→按字母顺序→编号→抽签"[③]。

---

① 巴特：《罗兰·巴尔特自述》（*Roland Barthes par Roland Barthes*, Paris, Seuil, 1975），p.125.
② 巴特：《罗兰·巴尔特自述》（同上），p. 131.
③ 巴特：《中性》（*Le Neutre*, Paris, Seuil, 2002），p. 37.

显然，按照"字母"排序或按"抽签"排序而不是按照"意义"排列，也是为了实现"中性"而选用的一种手段或技巧。

我们顺便指出，巴特在"文学符号学"范畴内对于"中性"所做的探讨与实践，后来受到人们越来越多的关注和认可，人们在巴特对其进行的多方面的结构论符号学研究基础上，也在普通符号学范围内对其做了更为深入的阐述，并在符号学矩阵上为其找到了相应解释和在文学创作上明示了其作用："中性这一术语便被构想为既是任何不属于被提出的语义轴上的东西（复合项的矛盾项），也是总在被确定的某种东西——即在相反项轴的矛盾关系之外是不可构想的东西。……它在符号学理论上的重要性是明显的。有多种叙事把中性当作启动叙述序列的动力来使用，尤其是在表示怀疑、表示质问和表示不安等的诗性创作情况里"[①]。这一总结，让我们想到了巴特分析过的新小说作家罗伯-格里耶（Alain Robbe-Grillet，1922-2008）的作品。看来，理解和把握"中性"对于文学批评和文学创作是具有一定指导意义的。对于"中性"的这种研究成果，也许会为我们的创作意识带来某种启迪。

概括说来，巴特的"中性"思想，最早表现为对于文学和艺术上的"反介入"的"零度"主张，后来表现为对于一种"无意指活动性特征、中性、客观性"的认识，再后来它被从结构论符号学上定义为对于由二元对立的词项构成的聚合体的"破除"以及在此认识基础上形成的"片段式"写作风格与审美追求，最后它甚至可以被我们理解为是他的人生态度。巴特对于"中性"的"欲望"如此之持久，研究如此之深入，我们不禁要

---

① 格雷马斯、库尔泰斯合著：《符号学，言语活动理论的系统思考词典》（*Sémiotique, dictionnaire raisonné de la théorie du langage*, Paris, Hachette Livre, 1993），p. 152.

问，他的用意何在呢？他自己是这样说的："对于中性的思考是我在与时代的抗争中一种寻求自身风格的方式——一种自由的方式"[①]，而在摆脱冲突性的二元思维模式以避开非此即彼的意指的同时，"我希望依循这种细微的差异去生活"[②]。显然，这就需要不断地调整自己的行为与心态，不论是在理论研究还是在为人处世方面，他的这种努力无异于一种"修炼"。这一点，似乎也可以帮助我们理解巴特在学术上不断地修正自己的思考和谦恭向别人学习的原因所在。而在这个过程中，中国古代文化中以道家思想为主的一部分观念为其坚持和不断完善"中性"思考起到了一定的借鉴和印证作用，他的中国之行也为他实践自己的这种思考提供了场所。

笔者认为，"中性"作为一个认知范畴，在符号学研究中占据一定的位置。巴特在"文学符号学"名下对于"中性"的阐释是丰富的、诱人的，这种阐释无不让我们去做更多的联想与思考。当然，其许多方面（哲学基础、普适性等）还有待做进一步探讨。本篇拙文，仅限于就一个论题做初步探讨。一己之言，不无偏颇，企望有更多读者参与讨论。

第九节　巴特与我

1. 我看巴特的生命之末

《罗兰·巴尔特最后的日子》，是一本介绍巴特晚年写作与生活境况的书。作为巴特几部书的译者，我曾希望更多地知道一些其生命过程中的细节。可以说，这本书除了有助于我们了解其某

---

① 巴特：《中性》（*Le Neutre*, Paris, Seuil, 2002），p. 33.
② 巴特：《中性》（同上），p. 37.

些作品、特别是较晚时期作品的写作背景外，也为我们了解其晚年生活的各个方面、特别是其精神状态方面提供了可贵资料。

　　这本书从巴特进入法兰西公学之后于 1977 年 9 月 1 日"首次开课"写起，介绍了当时的场景和与会人员的情况。可以说，这一时刻是巴特声誉和影响力的巅峰，因为他终于被请上了属于法国高等教育最高荣誉的殿堂——法兰西公学。这是一所不发学位证书、不需注册的免费高等教育机构，任何人都可以前来听课。但是，它的教授却是法国各个学科最高水平的学者。它通常设有 50 个左右的教授"讲座"。巴特是通过教授们投票、并以高于竞争对手一票的结果被聘请为该公学"文学符号学讲座"教授的。而且，在这一过程中，正是他青年时的熟人和情场对手米歇尔·福柯帮了忙。联想到巴特因为年轻时长期身患肺结核病而没有获得过可以进入大学从教的足够的文凭，但却能最后登上法兰西公学的讲座，这真是件不容易的事。这本书为我们提供了这一过程的某些细节，是难能可贵的。从符号学角度来看待这一过程，如果我们为巴特的成功设定一种语义轴的话，那就是从"奋斗"到"成功"，而它的"诚信模态"的符号学矩阵便是：

需要指出的一点是，巴特在登上这一巅峰之前并不是完全"秘密"的。他当时已经很出名，早已经历过了叙述符号学上称之的"品质考验"（即水平考验）、"关键考验"（即代表性作品的出版），只是还没有获得一种标志性的确认。那么，被聘为法兰西公学的教授，则等于是拿到了证书。在这一过程中，由于他在投票前拜托了米歇尔·福柯，后者很可能是"违心地"（即"谎言"过程）为他投了赞同票，使他比对手以一票之多得以当选。书中，对于这一过程有所分析。不过，我们要说，福柯的这一票并没有投错，巴特当选后没有辜负听众的期望，"一连三年，公学的第八教室都座无虚席。行政部门只好在另一间教室安装上音响设备，以便让所有在学院街上急速奔跑的人听得到罗兰的讲话。到了70年代末，巴特的独角戏真正成了必修课"。他在这一段时间里完成了"如何共同生活""中性"和"小说的准备"三个课题的讲授，为人们了解他的思想和理解文学符号学提供了丰富的信息和思路。这说明，他很好地经历了叙述符号学的最后阶段——"荣誉考验"。

我们从这本书中，不无惊讶地了解到，他1977年出版的畅销书《恋人絮语》竟是根据他的同性恋经验写成的。作者写道，"这部《恋人絮语》也是一部哀痛著述。一位深知其老师情感生活的学生说，他在这部著述的每一页都可以找到对于罗兰晚年生活中挥之不去的一个故事的参照：他对于另一个罗兰的痛苦激情。"为了使读者在书中看不出他之所爱是一位女性还是男性，巴特使用了一个中性对象名词"être aimé"（"所爱之人"），足见作者的用心。这使我们进一步理解，文学作品是离不开作品的创作主体（作者）的。主体性表现在这本书中是非常明显的。首先，它以单数第一人称"我"来讲述所有的"絮语"，这在巴特进入结构主义研究以后的著述中是没有的，包括他自传体的《罗兰·巴尔特自述》也是以第三人称"他"来讲述由一位"小说人物讲述的"故事，因为他早在 1968 年就宣布了"作者的死亡"。其次，我们在这部书中明显地看到了一位恋人主体想要与其所爱对象结合的强烈"欲望"（"合取关系"）而又不能与之结合（"析取关系"）的可悲结果，而与这种情况相对应的陈述活动的"模态"便是"想要-欲望""非想要-欲望"，于是便出现了"期待""不出现""想象""晦气"等几十种场景。尽管我们知道书中的"我"就应该是巴特本人，但是处于这些场景中的主体无不是法国符号学家科凯主体符号学理论中的"非-主体"即处于想象之中的主体，而"非-主体"的想象结果在与现实结合时总是破灭的。《罗兰·巴尔特最后的日子》一书告诉我们，巴特在写作《恋人絮语》之前一直追逐一名也叫罗兰的他的一位男学生，而这另一位罗兰却是一位异性恋者，从而使他的"欲望"与其对象无法实现"合取"。《恋人絮语》中的某些场景，我们完全可以从《罗兰·巴尔特最后的日子》一书中对于这两位师生的关系介绍上得到印证。

巴特与母亲的感情是很深的，按照索莱尔斯的说法，是"他最伟大和唯一的爱"。他把已经身衰力竭的母亲接到他在法兰西公学首次开课的大厅，让母亲分享他的最高荣誉。而在平时，他对于母亲的关怀达到了无微不至的程度，他曾对他的几个学生说："自从妈姆生病以来，我的生活变了。我不仅自己没有时间，而且也感觉没有了别人的那种悠闲自在了"，"只有一件事放心不下：妈姆的健康。妈姆的心力越来越疲惫，两条腿越来越沉重，她实际上已经是肢体不灵便了。罗兰拒绝送妈姆住院。妈姆将在他身边死去。"而他最后的出版物《明室》（*la chambre claire*）中的整个第二部分，就是他为母亲而写的，他写道："在妈姆生命的晚期，身体虚弱，非常虚弱……在她生病期间，我照顾她，把盛有她喜爱的茶的碗送到他嘴边，因为这比端起茶杯更容易喝"，"我可以在没有母亲的情况下活着……但是，我所剩下的生活直到最后肯定是没有质量的"。而且，这本书告诉我们，他1970年出版的《S/Z》一书之所以包含着93章，就是因为"妈妈出生于1893年"。他对母亲如此之爱，首先是因为他在不到一岁时就失去了父亲，他根本就没有保留对于父亲的记忆；其次，是因为他和母亲一起度过了艰难的岁月，是母亲靠微薄的战争抚恤金把他和比他小11岁的同母异父的弟弟养大成人；再就是母亲伟大的品格影响了他并获得了他的尊重，成了他为人做事的参照，"她能够把塞尔旺多尼街变成一处充满眷爱的港湾。她的两个儿子经常泊于其他的大陆；但他们总还是返回她的怀抱拴缆停靠"。这本书可以看作是对于《哀痛日记》的补充材料。我们中国读者不好理解的是，书中介绍说，巴特把母亲比作了"我的女儿"和别人认为他们母子就是一对"情人"，这显然是基于自弗洛伊德以来的精神分析学概念所建立的判断。关于这种判断，我发电子邮件请教我翻译过的小册子《精神分析学导论》（天津人民出版社，2008）的作者、法国精神分析学家阿兰·瓦尼埃（AlainVanier）教授。他回复我说："描述同性恋者对于母亲有着深沉和特殊的爱并不让人感到司空见惯。这种爱，因其达到了近似乱伦的程度（并不意味着真正的乱伦）而使他们转移了对于其他女人的兴趣。这在临床观察上很普遍，并且因人不同而差别很大。罗兰·巴特属于那种极为强烈的情况。"这种解释也许有助于我们的理解。

　　这本书中，多处谈到了巴特的同性恋表现，叫我们无法回避。不过，本书作者是怀着惋惜、甚至嗔怪的心情去写的，因为巴特越来越失败的同性恋追求加快了他走向死亡的速度。关于这种同性恋的原因，作者写道："在70年代。性自由并不是内容空洞的表达方式。其后果是：走调了"（原书第 47 页）。我们知道，70 年代，那正是 1968 年"红五月"运动之后，这一运动带来的法国家庭解体和性解放使法国社会进入了"反本性"（即"反自然"）发展的状态。人们后来虽然有所反思，但已无回天之力。作者哀叹，曾为他投赞成票让其进入法兰西公学的哲学家米歇尔·福柯（1926-1984）因同性恋染疾过早地故去了，前几年，罗伯·格里耶（1922-2008）也因同性恋所带来的后果离开了人世。作者想告诉我们的是，同性恋同样成了巴特这位学术明星陨落的原因之一。通过这本书，我们也知道了他喜欢去摩洛哥度假的目的，而《偶遇琐记》则是他在那里"寻艳"时的零散记录。出于进一步了解的兴趣，我想到了巴特开始其同性恋行为的时间问题。因为《罗兰·巴尔特自述》一书中说他青少年时曾在树下隐蔽处玩两性游戏，这说明他本是个无同性恋表现的男性儿童，那么，他从什么时候成了同性恋者了呢？《罗兰·巴尔特最后的日子》中谈到了两个时间：一个是他经历了七年的肺结核病康复疗养后于 1948-1949 在罗马尼亚担任法语学校管理员时就已经"夜游"了，但书中没有明确他就是去找同性伙伴，而他离开布加勒斯特之后又去埃及当了两年的亚历山大大学法语教员；另一次是他年轻时曾与福柯在同性恋追求上有过不悦，而与福柯的相遇只能是在他 1951 年从埃及回到法国之后，因为比他小 11 岁的福柯这时刚进入青年阶段不久。如果巴特在布加勒斯特时期的"夜游"无法进一步考证清楚的话，那么可以肯定的是，巴特起码从 50 年代就已经是同性恋者了。我在法国工作期间，曾接触过一位法国同性恋研究者，按照他的说法，尽管某些人体内雌雄激素的多少可能与一般人有所不同，因而会表现出一定的同性"性倾向"，但它是个通过与异性生活在一起可以克服的问题，因此个人的"选择"是决定

因素。如果是这样，那么巴特为什么选择同性恋呢？这恐怕要
与他年轻时家庭经济拮据和那个年代在萨特存在主义哲学思潮
影响之下产生的"个体主义"行为价值有关，因为这种价值就
是追求个人独立、个人幸福，从而也为后来的性解放做了铺垫。
同性恋是一种没有家庭重负和义务的激情付出，这似乎可以说
是部分法国同性恋者迈出这一步的重要原因。

　　这部书告诉我们，巴特在度过了其声望巅峰之后，便是沿
着一条下行线步入了他的死亡。作者并没有突出他被小卡车撞
倒是他故去的主要原因，而是强调他身体和精神的多方面因素
已经致使他走到了自己生命的终点：母亲的病逝给了他沉重的
打击，他为母亲而写的《明室》一书没有得到社会的强烈反应，
他虽然大谈特谈他的"小说的准备"，但已自感无力写出小说，
他的那些男友一个个相继离去，这一切，使他患上了精神"分
裂症"，甚至让他产生了"死的欲望"。而且，也正是由于他精
神恍惚，他才被小卡车撞倒，以至住院期间又诱发了他过去的
肺病，从而无法挽回他的生命。这些内容，使我们可以根据从
"颠峰"走向"死亡"的语义轴为他制定一个新的"诚信模态矩
阵"，而被小卡车撞倒则仅仅被看作是这个过程中的一个"谎言"
（外在条件），因为连他弟弟也没有起诉小卡车司机的打算。

　　最后，这本书告诉我们，巴特是一位谦虚的学者，"他并不
把自己看作是大师"——包括为他组织研讨会活动时他也不是
很主动，"他厌恶傲慢，拒绝以榜样自居"，"他越是成熟，越是
受人尊敬，他就越是既想毁掉他的塑像，也想毁掉他的地位"，
对于"频频出现在电视节目上，这使他倍感压力"，他甚至主张
"要想活得快乐，就让我们隐蔽地生活"。巴特的这一面，我们
不曾在他的其他作品中看到。我想，这对于后人和作为外国读
者的我们来说，是很有教益的。

2. 瞻仰巴特的慕

我在我国驻法国大使馆商务处工作期间，曾于 1995 年 3月 26 日那天（巴特逝世 15 周年纪念日）在巴约纳市参加了由市政府举办的"纪念巴特国际研讨会"。我之所以被邀，是因为此前我翻译的《罗兰·巴特随笔选》刚刚在国内出版，是法国色伊出版社向会议主办单位推荐的。我是头一天下午赶到巴约纳市的，在旅馆稍做安顿之后，便出门随便走走，我特别想领略一下巴特在书中描写过的巴约纳市。巴约纳市西临大海，一条入海的河水穿城而过，城市不大，但建筑古老，已有历史。我在距旅馆不远的一个海边广场上停了下来，环视着四周的楼房、桥梁和海面，街道的入口处差不多都横挂着"与罗兰·巴特会晤"的法文条幅，显然，人们都以巴约纳市这个地方出了巴特而自豪。不论是海面上还是街道里，人们都忙碌着。我想起巴特在自述中一幅照片下面写的字："巴约纳，巴约纳，完美的城市……四周有着响亮的生活气息……童年时的主要想象物：外省是风景，故事是气味，资产阶级就是话题"。会议是26 日上午在市图书馆的报告厅举行的。说是国际会议，其实前来参加的，包括我在内，也只有 5 个人：除了我之外，一位是西班牙人，一位是葡萄牙人（葡萄牙前教育部长，已定居巴黎），一位是意大利人，还有一位是省会波城（Pau）大学的讲师。大学讲师是会议主持人，与会者大都谈的是在各自国家里翻译和介绍巴特著述的情况，听众都是当地的社会上层人士，其中有几位老年人还说当年曾与巴特认识。会上，我成了被提问最多的报告人，人们对于巴特的著述能翻译成汉语和被中国读者所阅读特别感到惊奇，有的甚至说，连他们都读不懂巴特，大有为自己未能深入研究家乡名人而感到愧疚之意。我向巴约纳市图书馆赠送了两册百花文艺出版社出版的《罗兰·巴特随笔选》，照片1：巴约纳市一角，横幅上文字意为："与罗兰·巴特会晤"

受到了大家的热烈欢迎。那天下午，在我的请求下，主办单位安排了一位熟悉巴特家乡的工作人员陪同我去了巴特在20世纪60年代以后与母亲常去居住的于尔特村（Urt），在那栋据说已经不再属于巴特家族的略显破旧的二层小楼门前留了影。我看到了他描写过的屋后的阿杜尔河（Adour），并沿着他可能走过的公路驱车走了一段。巴斯克地区风景是很美的，重峦叠嶂，郁郁葱葱，令人心悦，令人遐想。无怪乎它从很早就培育了巴特丰富的想象力，这种想象力无不构成了他后来的超凡的创造力。陪同的人看到我如此痴情于巴特生活过的地方，便问我愿意不愿意去看一看巴特的坟墓。我自然愿意。我们在公墓外停车，缓步而静穆地走进公墓，就在不远处的公墓的南端，我们找到了他的墓。在陪同人告诉我"我们到了"时，我简直惊呆了：那里没有大理石的墓体、墓碑，而只有茅草围绕中的一块白色石板。盖板上刻有两部分文字，上面是"Henriette Barthes, Née Binger, 1893-1977"（昂利耶特·巴特，父姓：班热，1893-1977），

照片 2：本书作者在会议期间向巴约纳市图书馆馆长赠送《罗兰·巴特随笔选》

照片 3：罗兰·巴特生前与母亲和弟弟在于尔特的故居，门前是作者（读者可与《罗兰·巴特自述》中的相关照片比对）

照片 4：罗兰·巴特与母亲在于尔特故居附近墓地中的合穴墓

下面是"Roland Barthes, 1915-1980"（罗兰·巴特，1915-1980）。这是他与母亲合用的墓穴。墓前甚至没有花盆。与四周相比，这个墓近乎于平地，近乎于泥土。我半晌没有说话，陪同的人可能已经看出了我的内心活动，马上解释，说巴特在弥留之际，不让亲友为他修建永久坚固坟墓，并希望与母亲合用墓穴。我拿出了照相机，让镜头为我留下这处今后也会令我久久不能平静的珍奇景物。我只有感慨，不尽的感慨。在随后返回巴黎的高速列车上，我将自己前后的感悟捋了捋，记在了本子上，不想，竟捋出了一首小诗：

瞻仰罗兰·巴特的墓

不是墓
分明是与路同样的路
一样的沙石板块
一样的茅草拥簇
斜阳中，鲜亮而明突

不是墓
分明是奇特的书
一生笔耕不辍
安息处也是打开的一篇珍贵的笔录
冥世间仍在追求"零度"

后来，每当我翻阅我巴约纳之行拍摄的照片时，我都回想起于尔特之行的一些细节，回想起面对巴特坟墓时的无限感慨。

附　录：

访谈录

——与天津外国语大学《语言符号学通讯》的对话

问：您是从什么时候开始涉足符号学研究的？

答：我从 1979 年秋季转入大学教书，遂确定把法国文艺理论作为自己的科研方向。当时，法语专业资料室里开始有一些相关的书籍，有些就是那时被聘请的法国专家（现在叫"外教"）带来赠送的。我在其中看到了有关法国诗歌结构研究的书籍，出于个人对于诗歌的爱好，我便开始阅读起来。我发现，我在阿尔及利亚阿尔及尔大学攻读法国语言文学时期选修过的语言学课程这时起了作用，帮了大忙，我比较容易地读懂了那些书，因为那时讲的已经是索绪尔的语言学理论。从那时开始，我知道了法国结构主义和符号学研究的存在。我执教后写的第一篇文章是《结构主义诗评简介》，在 1981 年天津外国文学学会年会上做了宣读。后来，我见到了一本名为《符号学》（*sémiologie*）的法文书，便如饥似渴地阅读了起来，接着将其翻译成了汉语。这就是后来由四川人民出版社出版的我的第一本符号学译作——

《符号学概论》（1985）。这本书很薄，出版后也有一定的影响，这就增强了我学懂符号学的信心。后来，我见到了巴黎高等师范学院罗杰·法约尔（Roger Fayolle）教授著述的《批评》（*La critique*）一书，觉得很适合我确定的科研方向，便决定将其翻译过来。那本书，我耗时两年多，其中由现代语言学、精神分析学和社会学多方面知识汇成的"新批评"使我非常感兴趣，在翻译过程中，我学习了相关的知识，这为我后来的深入研究打下了基础。这本书最初由四川文艺出版社出版（1992），书名为《法国文学评论史》，后来在由百花文艺出版社再版时改名为《批评：方法与历史》。1988 年初，我参加了"京津地区符号学研讨会"，那是我第一次参加有关符号学的会议。会上，我结识了李幼蒸先生和赵毅衡先生。

问：您是怎样接触罗兰·巴特的著作的翻译与研究的？

答：要研究法国结构主义和法国符号学，巴特是绕不过去的一位大师。在翻译《批评》那本书过程中，我广泛阅读资料室里已有的巴特的书籍，也通过向法国色伊（Seuil）出版社写信索要他的书籍。可以说，到了 80 年代末，我搞齐了当时出版的巴特的所有书籍。这样做，一是为了阅读和学习，二是为了做翻译准备。90 年代初，我所熟悉的百花文艺出版社副总编谢大光先生与我谈起搞一本《罗兰·巴特随笔选》的动议，因为那时他正在主编一套"外国名家散文丛书"，我欣然答允，到 1993 年初，我已经完成了翻译计划的三分之二，随后我在我国驻法国大使馆工作期间又完成了剩余部分。该书 1995 年初出版，不久，我便带着两本样书，受邀去巴特家乡所在城市巴约纳（Bayonne），参加了由当地政府在市图书馆组织的"罗兰·巴特国际研讨会"，并拜谒了巴特与其母亲在于尔特（Urt）的合葬墓。在当时，我可能是去过这个地方的第一位中国人。那本选集在 1997 年还获得了国家外国文学图书二等奖。这一经历和所获得的荣誉都促使我今后在介绍巴特方面继续做些工作。为此，我在法国工作期间，又从色伊出版社方面搞到了巴特的三卷本《全集》。对于巴特的研究也在同时进行，后来，我承担了由中国社会科学院文学研究所汝信先生主编的《西方美学史》第四卷中"结构主义美学"一章的编写工作，我写了有关列维-斯特劳斯、拉康、巴特、热奈特、托多罗夫的结构美学思想，入选的是前三篇，我又补写了一篇"概论"，最后与全书一起于 2008 年出版。这几篇文章的编写，是我全面研究法国结构主义和符号学的开始。

问：至今，您已经翻译出版了多少部罗兰·巴特的书籍？今后还有什么翻译计划？

答：算起来，共翻译出版九部，主要是由百花文艺出版社和中国人民大学出版社出版的，后者出版的占多数。另外，我在中国人民大学出版社还出版了介绍巴特晚年生活的《罗兰·巴特最后的日子》一书。巴特尚有三本书从未被翻译成汉语出版，它们是《论拉辛》《嗓音之微粒》《语言之涓流》。我正在联系翻译第二本，其余就看今后的时间安排和出版社方面的接受可能性了。不过，我也有时泛起一个非常大胆、但还不确定的想法，或者说是一个梦想：那就是在健康条件允许的前提下，逐步将他的全部书籍都由我翻译过来，包括重新翻译已经翻译过来的书籍。也许你要问，为什么都要由一个人翻译过来呢？我的解释是：现在已见的译本，在术语使用上不规范、不统一，一个术语多种译法，造成读者理解上的混乱；再就是，以我个人现在对于符号学的了解，可能会更为准确地翻译好巴特的书籍。当然，这也是目前一时无法解决的难题，因为一个人不可能承担那么多书籍的翻译。但存有梦想，就会有动力和

使命感。我个人主张，由于符号学是在语言学基础上发展起来
的，参照语言学术语来确定符号学术语译名非常重要。在这一
方面，赵毅衡先生和他的研究团队几经修订确定的英语术语译
名表值得我们靠拢和采用。

问：您近年来的主要译作有哪些？

答：我在完成中国人民大学出版社交给的几本巴特的书籍
的翻译工作之前，就为了自己的学习而翻译了巴黎符号学学派
的创始人格雷马斯和他的学生库尔泰斯合著的《符号学，言语
活动理论的系统思考词典》一书，完成后我才联系出版。当时，
法方出版社不是很高兴，好在我是为了自己学习，并未进入商
业出版渠道，他们也就没有再说什么。几经修改，这部书有望
今年由百花文艺出版社出版。这是一部非常重要的、里程碑式
的符号学理论书籍，它对于符号学研究当时所涉及的概念都给
出了历史因由和明确定义，我希望它的出版能对我国符号学研
究起到一定的借鉴作用。我翻译的另一部书籍是国际符号学学
会副会长、巴黎第四大学资深教授安娜·埃诺（Hénault A.）女
士主编的《符号学问题总论》，原书750多页，翻译后70余万
字。这是一部介绍索绪尔符号学传统与皮尔斯符号学传统基本
理论和它们在各个领域应用情况的书籍，该书全面地反映了符
号学在国际范围内当前的研究水平与成果，希望它成为我国符
号学研究的有益参照。

**问：您能否简单地概述一下法国结构主义与法国符号学研
究的情况，它们两者之间的关系是怎样的？**

答：再简单，可能也要说得多一些。首先，这要从法国结
构主义讲起。法国结构主义是在索绪尔结构语言学思想基础上
于20世纪50年代开始在法国形成的，到了60年代中期达到了
顶峰。索绪尔在此前历史比较语法学基础上另辟蹊径，建立了

见于他《普通语言学教程》一书中的结构语言学理论。该理论的基本要点是："言语活动"（langage）包括"语言"（langue）与"言语"（parole）两个部分。一部分是具有"社会的一面"，亦即"一种已定的系统"；另一部分具有"个人的一面"，是个人对于"系统"的运用。索绪尔认为，语言学的研究对象，应该是语言，而不是言语。此外，关于语言符号，索绪尔指出，符号是由"能指"与"所指"结合而成的，能指是声音形象，所指是概念；关于符号学，索绪尔将其定义为"研究社会生活中符号生命的科学"。将索绪尔的这些理论首先应用于语言学之外研究对象的，是俄裔美籍语言学家罗曼·雅各布森，他可以说是法国结构主义的"总指挥"。正是由于他在美国与法国人类学家克洛德·列维-斯特劳斯的相遇，后者将结构语言学理论用在了对于南美洲土著民族文化的研究方面，取得了令人瞩目的成果，也使其成为了法国结构主义之"鼻祖"；也是由于罗曼·雅各布森在巴黎与法国精神分析学家雅克·拉康的相遇，后者开始了根据结构语言学理论"返回弗洛伊德"即重新解释弗洛伊德精神分析学理论的研究工作。而在文学研究领域，巴特也从 50 年代开始阅读索绪尔的《普通语言学教程》，后来又阅读雅各布森、本维尼斯特的著作，并将结构语言学理论应用到文学作品的分析和研究方面。从此，法国结构主义得到了迅速发展。这个时期的结构主义研究，与符号学研究同一，后者沿用了索绪尔的称谓：sémiologie，我们将这一名称理解为"结构论符号学"是比较恰当的。从 1967 年起，法国结构主义出现多元发展，加上 1968 年"红五月运动"的重大冲击，使得这一思潮转入了"后结构主义"时期。两个时间段的主要区别在于：前期结构主义以"不连续性"研究为特征，即把研究对象切分为最小的"意蕴单位"，然后在"聚合关系"上寻找它们之间的意指联系；后者则以"连续性"研究为特征，并把"能指"看作等同于"所指"，来探讨"现象文本"与"生成文本"之间的联系。结构论符号学当时形成了三种主要研究方向：一是以乔治·穆楠（Georges Mounin）为代表的对于符号系统的研究，例如"徽章"系统、"交通讯号"系统等，这一方向最终与传播学汇合在了一起；二是以热奈特和托多罗夫为代表的对于文本的词语表现结构的研究，这便是我们现在所说的"叙述学"研究；三是以格雷马斯为代表的"结构语义学"研究，这一研究后来形成了阵容庞大、成果丰硕的"巴黎符号学学派"（École de Paris）。朱莉娅·克里斯蒂娃（Julia Kristeva）的"符义分析"（sémanalyse）符号学，是"后结构主义"时期的一项重大创造，它是结构语言学、精神分析学和转换生成语法概念相结合的产物，并且某些理论已经对于其他符号学家（例如巴特）产生过重大影响；但是，这一探索，除了克里斯蒂娃本人之外，似乎未形成具有规模的研究阵容。这里需要说明的一点是，巴黎符号学学派采用的符号学名称是 sémiotique，它不仅与国际符号学学会（AISS）的用词一致，而且也明显地有别于在 sémiologie 名下的研究工作。巴黎符号学学派不再过问符号的性质，而是继承索绪尔理论中的"语言"与"言语""能指"与"所指"的对立，又接过来丹麦语言学家叶姆斯列夫的"系统"与"过程"的对立，在叶姆斯列夫提出的"表达"与"内容"和"形式"与"实质"之间建立起的关系中，坚持探讨"内容之形式"亦即通过"意义"来探讨"意指赖以产生之形式"的方向。巴黎符号学学派的符号学研究是法国当前符号学研究的主流，它的名称也许在不久的将来会取代 sémiologie，而成为大家都接受的名称，这一过程已经开始。

　　问：您能介绍一下"解构主义"的情况吗？它和"结构主

义"有什么不同和联系？

　　答："解构主义"（déconstructionnisme）是 20 世纪 60 年代中期在美国文学批评理论界开始出现的一股批评潮流的名称，该潮流到了 80 年代达到了鼎盛时期。它是根据法国哲学家雅克·德里达（Jacques Derrida，1930-2004）1966 年在美国进行的一次"有关科学话语中的结构、符号与游戏"的演讲中对于"解构论"（déconstruction）的阐述而形成的。在那篇演讲中，德里达出于打破意识形态的形而上学预设的考虑，质疑了建立在单义概念基础上的任何哲学的和文学的话语，放弃了结构主义过于关心文本的结构从而使意义关系静止化的倾向，主张把文本只看作是"能指"的链接，而分散的意义则通过发现主导已知文本和特定词项的对立关系来寻找。但是，德里达本人在出现在他的著述《书写与差异》（L'écriture et la différence）中文译本（2001 年）的"访谈代序"中认为，他的观点并非是对于结构主义的批评，而只是另一种表述方法，并说这种表述从此在美国导致了"后结构主义的开始"。他的"解构论"开始影响法国的结构主义，是 60 年代末和 70 年代初的事情，于是，"后结构主义"的称谓也就搬移到了法国，并得到了承认。属于"后结构主义"的符号学研究很多，包括巴特、福柯等人后期的研究、克里斯蒂娃的研究、哲学家德勒兹、博德里亚等人的研究工作。最终，德里达的"解构论"在法国被冠以"超-结构主义"（ultra-structuralisme）的称谓。不过，"解构主义"这一名称在我国却被叫得很响，而且不当地用在一些法文书籍的翻译上，例如：巴特的《恋人絮语》（Fragments d'un discours amoureux）就被翻译成《一个解构主义的文本》，这种翻译错误地把巴特重要的美学思想即"片段式"写作当作"解构主义"的表现；再如一部名为《结构主义史》（Histoire du *structuralisme*)（上下两部）的书，其第二部本来是介绍"后结构主义"历史的，却被翻译成了《解构主义史》。我在想，我国译者和出版单位之所以这么钟情于"解构主义"，除了偏好"二元对立"的称谓和个别考虑之外，根本原因可能在于不了解德里达"解构论"的真正初衷和操作方式。

问：您对于我国当前的符号学研究有何看法？

答：我国当前的符号学研究，应该说是从 20 世纪 80 年代开始的，目前已经形成了可喜的局面。但是，相对于法国人文科学研究机构和综合性大学中均有符号学教学和研究中心的情况，我国的符号学研究和普及程度差距还比较大，似乎应该加快步伐，奋力赶上。我前些年就曾呼吁，符号学教学应该进入大学课堂。现在，开设这一学科教学的大学还不多。但这也说明，符号学研究在我国有着很大的发展空间。我特别希望年轻学者尽快地加入到符号学研究行列中来，他们精力旺盛、思想敏锐，一定会为我国符号学研究带来新的气象。

问：您作为我们中心专职研究员，对我们中心的研究工作有何评价？您个人还有什么打算？

答：我从被聘任那天起就说过：我算是找到了归宿。因为，我此前都是单枪匹马地"个人奋斗"。现在，我们有了一个研究团队，可以集中力量做些事情。中心现在的集体科研任务——《符号学思想论》一书的编写工作，为我提供了系统研究和梳理法国符号学的机会，我从中学习到了不少此前未曾接触过的东西。中心的学术气氛浓厚，我确信今后会有不少成果出现。我个人今后的打算是：1. 服从中心的工作安排，为中心的总体研究尽绵薄之力；2. 在现有对于法国符号学了解的基础上，争取从深度上把法国符号学研究的全貌介绍过来，以供广大符号学研究者参考；3. 把法国符号学研究 80 年代后逐渐成熟的"话语符号学"与分析我国具体作品结合起来，以推动我国文艺研究和批评的多元化发展；4. 像巴特那样，结合我国各类社会"神话"写一些文章，让更多的人理解我们身边的符号学现象。

问：最后一个问题：您在发表的作品和译作中，都使用您的笔名，这是为什么？

答：我从年轻时就写一点诗歌，但由于我最早从事的援外工作与当时的外交工作联系密切，我不便使用实名来发表，所以就起了个带有"胸怀宇宙"含义的笔名：怀宇。我从 1977 年出版第一本诗集至今，一直使用这个笔名。现在，读者更多地知道我的笔名。当然，发表论文时，我还是使用实名。最后，我感谢《动态》给我的这次访谈机会。

2015 年 5 月 31 日

第二部分　论文选编

《符号学概论》译序

符号学[①]，顾名思义，是有关符号的科学；其实，更准确讲，应该是关于符号和其意指的科学。因为孤立地考察符号，而不把其与指涉对象、与其他符号联系起来，是难于有什么结果的。随着人类认识的发展，符号的概念已不再限于人类言语活动的一些标志，它已经扩展到人文科学所有对象的社会-历史实践：神话、宗教、文学等，都被视为符号系统。可以说，符号学的发展又为这些人文学科的深入研究开辟了一种新的途径。

今天，符号学已经引起人们广泛的重视，有不少人投入对它的探索，有不少学科借用它的研究方法，因此，了解其历史沿革和其基本概念以及当前人们的研究方向，对于我们掌握这门知识是很有益的。

一

符号（希腊文 σημεῖον 一词，创于何时，已无可稽考，但人们在亚里士多德（公元前 384-322）的《解释篇》中已见到对它的使用。他在论述语言时说过："由嗓子发出的声音是心灵状态的象征，写出的词句，是由嗓子发出的词句的象征。同样，写

---

① 这里的"符号学"一词，法文上为 sémiologie，是延续索绪尔的用法，在理论上有别于格雷马斯（Greimas A.J., 1917-1992）发展起来的 sémiotique。

出的文字，在所有的人那里不会一样，说出的话也不会都一样，尽管心灵状态（对其表达就是直接的符号）在所有的热门那里是一样的，以这些心灵状态为其意象的事物也是一样的"（译自法文）。在亚里士多德的术语中，象征与符号是同义词。这里，他已经谈到了声音、心灵状态和事物之间的关系。

一般认为，对于符号本身提出问题，应首推斯多葛派的哲学家们（约公元前 300 年前后）。他们认为，符号有其发音的部分，有其被揭示的事物（它取决于人的思维），有其被指示的外部对象。它们是连在一起的，它们当中，声音和对象是有形的，而事物是无形的。这与我们现在对于能指/所指/指涉对象这三个概念的理解已极为接近。斯多葛派哲学家是为了建立严密的三段论逻辑而使用符号的，他们认为，符号系列是按着严格的规则与词一起进行演绎的系统。按照他们的说法，词是真的，因为它们是符号，这就是说，词与事物之间的关系，是符号通过类似言语活动的<u>过程</u>（即莱克图，lekton）来说明的，这样，符号间的关系便像是三段论向外部物质的投射，于是，世界成了可以互相解释的一些语言链。

欧洲中世纪的哲学论争，已经涉及到了意指问题，但这个时期的符号学观念或多或少具有一定的神学色彩，并与语法学难以分开。这个时期的著名论断是："任何东西都是其他象征的象征"，这就是说，符号之间可以互相说明、代用。这期间，人们已经注意到了意指的相对性和可变性。

莱布尼茨（Gottfvied Wilheim Leibniz, 1646-1716）的符号逻辑学，被誉为近代最壮丽的符号学事业。他全面地发展了斯多葛派哲学家关于符号的思想，认为关于符号的科学，应能排列符号，使其表达所思。他建立符号逻辑的目标，就是把人类的理解力加以数学化。他在《组合艺术》（*De l'art de* combinaison）和《单子论》（Monadologie）两书中就已经提出了人的理解力数学公式化的一般概念，这种公式化是与意义的不同表现（即一些意指系统）直接关联的。由此，他指出，组合与微积分可以成为意指范畴内的逻辑学，而且，由于社会实践的范围很广，符号即意指单位，在社会实践的多层次、多功能网络中，只有具备多义性才有存在价值。按照莱布尼茨的观点，每个词，既按照其在各个领域的使用习惯中的位置，又按照其在由各个交叉领域形成的网络中的位置，而具有特征意义。此时，莱布尼茨已经模糊地看到了语言本身的系统性问题是他的符号逻辑难以克服的困难。

　　此后一些年间，符号学的兴趣转向在词语材料中进行组织工作的能指实践方面。一些学者具体地研究言语活动的材料，并试图根据语法来建立有关理解力的理论，洪堡（von Humboldt，1767-1835）和孔迪亚克（Etienne Bonnot de Condillac，1715-1780）等人就是这样。

　　由布尔（George Boole，1815-1864）等人开创的公理学，似乎确定了后来符号学发展的程式。布尔在其《逻辑的数学分析》中，在把数学方法引入逻辑学的同时，提出不借助哲学和心理学就可以说明能指过程的一些数学程序。正是在这一道路上，夏尔·桑德·皮尔斯（Charles Sanders Peirce, 1839-1914）提出有必要建立一种新科学，这种科学论述意指，论述意指诸系统间的可调换性以及它们在物质范畴内的关系，这就是符号学，他用 semiotic 一词来定名这门科学。在他看来，符号学只不过是更广泛意义上的逻辑学的代名词，他说，符号学是"符号的几乎是必须的或形式上的理论"。他对于能指单位即符号下的定义，显然是对斯多葛派定义的继承和发展，"一个符号，……是这样一种东西，它对于某个人来说，是以某种关系或某种能力存在的某种事物。它求助于某个人，也就是说，它在这个人的精神之中创造一种等值的符号，有时是创造一种更为发展的符号。它们创造的这个符号，我称之为是第一个符号的解释者。符号在此是为某种东西即它的对象而存在……"。符号可以根据不同的标准而分为许多类：图像、标志、象征等。他的《存在的曲线图》一书，使人看出，他曾试图建立一种广泛的符号学，这种符号学包括逻辑学系统，也包括说话主体的地位，而尤其包括说话主体的陈述方式，以及主体与被指称的对象的各种关系。皮尔斯对于公理学方法做了重大的延伸。他的理论在哲学上是建立在对于意义、表达、符号概念的现象学分析基础上的。人们一般认为，皮尔斯是与索绪尔同样重要的现代符号学的奠基人。

我们还不要忘记许多逻辑-实证论者们的研究工作，而尤其是维也纳学派和波兰学派的研究成果，卡尔纳普（Rudolph Carnap, 1891-1970）区分了句法、语义学和语用学，把它们看成是符号-逻辑陆地的内在区域，他说："一种语义系统，是一种规则系统，它们陈述一种语言对象的句子的真实条件，并通过这种方式，陈述这些句子的意指。"

莫里斯（Charles Morris, 1901-1972）把符号学设想为关于象征性的综合科学，其中包括美学、认知社会学和心理学。这些学科属于符号学的实用部分，符号学为这些学科承担着"组织科学"的角色。

F. 索绪尔对于符号学的设想，完全是另一种情况。在作为现代符号学奠基者的他与皮尔斯之间，人们目前参照较多的还是他的理论。他把言语活动看成是一个系统，而这个系统又不同于纯粹的逻辑系统。他似乎对言语活动对象使用了完全是现象学的一种方法，来寻找语言体系本身的特定性。他从语言学本身开始，以语言符号为例，明确了符号的一些概念，他说："语言符号取决于能指与所指的结合"，"语言符号是任意的"。如果语言是词语（即符号）之间的游戏，那么，意指，便是语言体系与社会力量在最后时刻认定的专门规则所产生的"价值"。研究符号，就要求人们超出形式的系统本身，以接近"社会生活的内部。"因此，符号学，作为符号的科学，将部分地与一般社会科学结合，因而它并不满足于一种简单的形式化。索绪尔的符号学理论，不是旨在建立逻辑-实证主义的公理学，而是建立不排除社会和心理的意指理论。他在《普通语言学教程》中写道："我们可以设想有一门研究社会生活中符号生命的科学；它将构成社会心理学的一部分，因而也是普通心理学的一部分；我们管它叫符号学（sémiologie，来自希腊语 semeion：'符号'）。它将告诉我们符号是由什么构成的，受什么规律支配。……语言学只不过是这门一般科学的一部分……确定符号学的恰当地位，这是心理学家的事，语言学家的任务是要确定究竟是什么使得语言在全部符号事实中成为一个特殊的系统。……语言比任何东西都更适宜于使人了解符号学的性质……语言的问题主要是符号学的问题……"①。这里，索绪尔明确了语言学和符号学之间的关系，并预示了语言学研究将会对普通符号学的发展做出贡献。

二

我们来介绍一下符号学的一些基本概念和理论，然后再扼要叙述一下现代符号学的研究状况。

首先，一般说来，符号学属于传播学。符号为传播一定的信息而用，不用于传播目的自然标志（动物的踪迹，自然现象，

---

① 索绪尔：《普通语言学教程》，高明凯（译），北京，商务印书馆，1982，37-39。

人的某些动作）则算不上符号。乔治·穆南（Georges Mounin）把符号学限定为人类的传播学，以此区别于动物（例如蜜蜂等的一些动作）的传播。因此，语言、语言的各种辅助手段、宗教仪式、礼仪、交通信号等，都是符号，而对于它们的特征、它们的系统、它们的意指的研究，则是符号学的主要内容。

既然符号学属于传播学，那么，传播的构成要素自然也适用于符号学。这就要有符号所指示的客体即指涉对象，要有符号，要有把符号组织在一起的规则即编码，要有传播手段（电视、书籍等），显然还要有发送者和接收者，这些要素，依据传播方式，有时是同时出现在传播活动之中（例如讲话者面对听众谈论现场发生的事性），有时则是一部分出现在传播之中（例如书籍，发送者即作者一般是不出现的），而且各种要素的形式也因传播方式不同而有别。

任何语言符号都包含两个方面，即能指与所指。按照索绪尔的解释，能指是"声音形象"，所指是声音形象所表达的概念。叶姆斯列夫（Louis Hjelmslev, 1899-1965）把这两方面称为"表达平面"和"内容平面"。这两个平面的结合分为任意的和动机的两种。非象形文字的音、意之间就是任意约定的，英文中的Pine和"松树"之意之间的结合显然就是这样，但这样的符号一经约定，就不能随意更改。动机性是指这两个平面的结合中带有人的意愿，这便是图像和艺术作品等的情况。不过，任意约定的符号可以被再次赋予动机，这时，动机可以起到解放约定的作用。例如苗圃中的"松树"只是一个事物的名称，但这同一个符号若是进入了把学校比作苗圃的文艺作品中，松树和苗圃一起被赋予了动机，它便离开了原先的约定，转而指在学校成长的学生。任意性约定产生单义符号，动机性可以产生多义符号。

符号学是研究意指的学科。从定义上讲，意指就是能指与所指之间的关系，

它既指两者之间处于形成过程中的关系，也指这种关系的结果，在前一种情况里，可称之为意指过程。但是，符号必须组成系统才能产生意指。不组成系统，能指与所指之间仅仅是一种结合。在系统中，符号相互依存。实际的情况是，有不少符号的组合使人难以看出系统，因此，在表面上是非系统的符号组合中确定系统的存在，就成了寻求意指的重要任务。

系统，是靠编码而成立的。但在现代符号学术语中，它们是近乎同义的。我们说符号组成系统，实际上就是符号借编码组织起来。因此，意指就是建立在编码基础上的。编码，就是规则，就是使用者们之间的一种约定。不过，有的约定明显（例如电码、旗语），有的约定不明显；有的约定严格，有的约定较宽松——甚至难以使人看出系统的存在。但是，不管怎样，意指或多或少都是靠编码而存在。在约定明显和严格的情况里，意指是很容易找出的；而在约定不明显和较宽松的情况里，确定系统的存在就较为困难，符号的价值就可以随使用者不同而有所变化，这时，意指呈现出某种开放性。在人类社会生活的实践中，逻辑编码（包括科学编码）是明显的、严格的；美学编码就是不明显的，较宽松的。

必须明确是，意指与意义还有所不同，意义一般被认为是进行符号学分析之前讯息提供的意向。法国符号学家罗兰·巴特举的一个例子大概可以说明两者的区别：他有一次在理发店里看到一期《巴黎竞赛》（*Paris Match*）杂志，封面上是一个身着法国军装的黑人青年在行军礼，他双目向上，可能凝视着飘扬的三色旗。这就是画面的全部意义，但是，他"非常清楚地理解"它对他所"指示的东西：那就是法国是一个伟大的帝

国，她的全体国民，不受种族歧视，忠实地在她的旗帜下效力，这个黑人在为他真正的压迫者服务时表现出的热忱，再好不过地回答了那些诋毁所谓殖民主义的人"，这便是这个画面的全部意指。

符号的组合或多或少都是系统的。把它们分为系统意指方式和非系统意指方式是不科学的。但是，现代符号学家们却经常使用"有句法系统"和"无句法系统"来区别排列上有无章法的符号组合。无句法系统指的是符号的简单拼合。有句法系统可以分为时间句法和空间句法。语言符号的链系连接、音乐等，因符号的出现先后有序而具有时间句法；绘画、雕塑等则是在空间中安排符号，具有空间句法。当然，也有对这两者兼而有之的混合系统，如舞蹈、电影等。

句法，实际上就是结构，与此直接有关的，就是分节问题。在传播中，一讯息在其可以分成一些能指成分时，它就是分节的。言语活动的分节是最明显的。按照马丁内（André Martinet，1908-1999）的理论，言语活动属于双重分节，第一次可以切分出词素，第二次可以切分出语音单位，即音位。一般认为，双重分节是语言的独特性质，这一性质可以把语言与其他符号系统区分开来。但是实际上，人们正是根据这种分节性质，研究了技术传播的各种系统。

分节不仅可以用于能指方面，也可以用在所指方面。当所指系统能够分节的时候，这就存在着能指系统的分节与所指系统的分节之间、这一些所指的分节与另一些所指的分节之间有没有对应性问题。在有对应性的情况里，这就是同系关系，或称一致关系。同系关系是一种结构上的类比关系。符号系统的类比关系和同系关系，是符号的两种基本意指方式，但同系并不排除类比。动物与人，因具有许多共同之处，可以是类比的，但从构造上，人和动物都对应地具有嘴、手（爪）、足（趾），等等，因此，人与动物之间也是同系的。理解了这两种意指方式，对我们理解由人类的各种社会实践所建立的符号系统大有帮助。实际上，我们的大部分科学知识都是建立在能指上相互接合（即确立某些关系）、所指上属于同系结构的一些符号系统上的。在现实中，当确立一门新学科时，人们大多都是从邻近学科里寻找相近的结构，把这种结构当作能指去说明新的学科。我们在古代的文化中，可以找出大量的例证。占卜术、星相术、阴阳说等，都是这样。我国古代借阴阳之对立，不仅说明日、月之别，而且说明生、死，说明身体的健康与疾病（例如中医的阴阳之论）。用我们现在的说法，同系的这种繁衍，就是借用模式，就是借用"栅网"（grille）。但是，这种借用，必须满足两个条件：1. 两个系统在人们的一定的认识阶段上所指具有同系关系；2. 被借用的能指在原系统中必须反映真实关系。然而，这种繁衍，这种借用，也会带来两方面的情况：一方面，"人类关系便几乎要固定化，另一方面，也可能赋予它们完全无关的特征"[①]。符号的分类研究，导致了符号学研究的各个分支。语言符号的研究，至今还是重要的，因为，它简直就是其他符号研究的基础和模式。但是，本世纪 40 年代由列维-斯特劳斯开创的文化人类学研究和 60 年代兴起的结构主义诗学，都使人们看到，符号学在不少领域具有广阔的前景。

　　符号学的发展，从古至今，一直是与同时代的重大认识论的发展一起前进的，这一点，只要我们把它放进历史长河之中，便很容易看出，在此，我们就不赘述了。

　　1969 年，国际符号学研究协会成立，这标志着符号学研究

---

① 吉罗：《符号学概论》（*Sémlulogie*, Paris, PUF, 1983）第二章的第二节内容。

进入了一个新阶段。符号学研究已经遍及欧洲大陆、北美以及苏联（那里本来就有符号学的土壤）和东欧一些国家，近年来，日本也有不少人开始研究符号学。至于采用符号研究方法的学科，那就太多了。皮埃尔·吉罗（Pierre Guiraud）这本《符号学》自 1971 年初版至 1983 年第 4 次再版时，相隔十几年，而内容上变化不大，也说明符号学的理论从总体上来讲，进展不大。当然，这是否意味着新的突破正在孕育之中呢？

符号学的研究方法，给人以"纯客观的"感觉，似乎它不受人的意识形态的影响，这是与它受益于现象学的逻辑-实证主义分不开的。其实，这是一种错觉。符号系统的判断，能指模式的选用，不可能不受分析者观念的支配，这正如朱莉娅·克里斯蒂娃所说，意识形态将"在最后阶段决定它的有效性或它的真实性"。因此，我们在研究和使用符号学方法时，牢牢地站在辩证唯物论一边，仍是至关重要的。

本书作者皮埃尔·吉罗是法国尼斯大学教授，著名语言学家，著述甚丰。他的这本《符号学概念》介绍了符号学理论的一般概念及其应用，是了解这一学科的很好的入门书籍，目前已有英文、德文诸文字译本。

最后，希望本书的出版，将有助于符号学知识在我国的普及和研究的深入，若能如此，我足以自慰矣！

1978 年 8 月

收入本书时，有个别文字变动

谈罗兰·巴特著述的翻译

笔者由于从事法语教学和法国文论的译介，所以对罗兰·巴特（Roland BARTHES）的原著阅读过一些，也对其作品在我国的翻译出版情况很是关注。近几年来，上海人民出版社陆续翻译出版了罗兰·巴特的《批评与真理》《神话集》《一个解构主义的文本》《流行系统》《S/Z》几种著述。这些译本带来的阅读上的便捷，是不言而喻的。作为读者，我感谢译者和出版社的努力。现在，我想从翻译角度谈三点看法。

一、就尽量采用规范的术语来翻译罗兰·巴特的作品

至今，符号学研究一直采用语言学的理论模式。而且，罗兰·巴特之所以成为符号学家，也是在研究了索绪尔的《普通语言学教程》之后才逐渐转向符号学探索的。因此，语言学术语在罗兰·巴特的著述中特别是中后期的著述中比比皆是。最基本的术语，如 langage，langue，parole，这三个术语在我国语言学界早已采纳了汉译索绪尔《普通语言学教程》一书中的译法，并将其用在了一些新编大学普通语言学教材里，它们分别被译为"言语活动""语言"和"言语"。"言语活动"包括"语言"与"言语"两个方面，"语言"是集体的、社会的和潜在的词语和语法系统，"言语"是个人对语言的运用。使我惊讶的是，这些术语在上述这些书中译法各异。我们仅举最近出版的两本

书中的情况。在《S/Z》中，langage 一词被译为"群体语言""语言"，langue 被译为"总体语言""总体语言结构"，parole 被译为"个体语言""言说"。笔者认为，对于 langue 和 parole 的翻译中含有概念注释的内容，还有些可取之处，但 langage 一词的译文则很难反映其与 langue 和 parole 的关系。这三个词，在《流行系统》一书的正文中译法是规范的，但在其他地方则出现了某种程度的混乱：在"导读"中，langue 被译成了"潜在语言结构"，parole 被译成了"个人言说实现"；在"前言"中，langage 被译为"语言"，而在书后的"名词对照表"中，langue 被注释成"言语"，parole 被注释成"语言"，这可以说是一种绝对的概念错误（但愿这只是一种笔误或排版上的疏忽）。我认为，由同一家出版社集中出版同一位作者的著述，应尽量就其术语采用相同的符合规范的译法，最初也许会有困难，到后来应该能做到。这就要求译者和编辑多做些努力了，其中包括要了解一些相关的学科。术语译名不当，会影响译文质量，这是我们大家都知道的。

其他术语，还可以举出一些，例如：Pertinence（相关性）、texte（文本）、intertexte（互文、关联文本），它们在《S/Z》中依次被译为"确切性""文""文际关系"，这也是有悖于这些术语至今已经形成的译名的。

二、避免书名译名的随意性

《一个解构主义的文体》（以下简称《文本》，其法文原名为 *Fragments d'un discours amoureux*，直译应为《恋情话语的片断》），但结合书中正文之前有"这是一位恋人在说话"一语，便最初被译成《恋人絮语》，这已广为人所接受，而且不失为一个很好的译名。如果我没有记错的话，最早以《恋人絮语》为书名出版该书的就是上海人民出版社（可惜我手头没有那本书，不知译者是否与《文本》的译者相同）。不知何故，1997 年这同一本书还是在上海人民出版社出版就改成了现在的书名。一般来讲，书名的翻译，尤其是名家著述的书名翻译，大多是其原名的直译或近译，根据内容或其他方面取名的也有，但多因原作书名不好译或是有别的目的，比如在一个时期内为追求某种轰动效果等：十年前在人们还盛谈结构主义的时候，罗兰·巴特的《符号学基础》（*Elements de semiologie*）一书竟被辽宁一家出版社以《结构主义美学》为名出版，一时为法语界所议论。有人说，《文本》是对歌德《少年维特之烦恼》一诗的解读，因此可以称其是解构主义的文本。我认为这种看法并不准确。作者在书中开头的"本书是怎样构成的？"的文字中就告诉我们：这本书"……旨在展示一种陈述活动，而非一种分析。如果可以说的话，这里推荐的是一种拟像；但这种拟像不是心理的；它是结构的：它提供了对于一种言语位置的阅读机会：该位置是面对着不说话的另一位（被爱的对象）而在自作多情地说话的某位个人的位置"。在这段文字的结尾处，作者写道："为了构成这位恋人主体，我们'拼凑了'来自多方面的片段。有的来自一种固定的阅读，即对于歌德《少年维特之烦恼》的阅读。有的来自一些经常浏览的读物（柏拉图的《会饮篇》，禅宗，精神分析学，某些神秘学说，尼采，德国浪漫曲）。有的来自偶然翻阅的读物。有的来自与朋友们的谈话。最后，还有的来自我个人的生活经历。"显然，这是在"拼凑"一部"新的"作品，而不是像《S/Z》一书依据不同的能指符码解构巴尔扎克的《萨拉辛》那样来分析一部作品。笔者初步统计，全书共援引了 99 位作者或作品中的内容，共有引文 328 处（多为间接引用），除来自《少年维特之烦恼》的 50 处外，被引述 10 次以上的还有鲁斯布罗卡（Rusbrock）（14 处）、《会引篇》（18 处）、词源意义（11 处）、弗洛伊德（21 处）、拉康（10 处）、普鲁斯特（12 处）、尼采（17 处）。看得出来，这不仅不是一种"解构"，反而却是某种程度的"结构化"（非严格的结构主义的意义）。解构主义是相对于结构主义而言的，它是符号学在经历了结构主义阶段之后出现的一种研究方向，这种研究方向不再追求建立一致的结构模式，而是只着眼于能指的分析。罗兰·巴特曾经在《罗兰·巴尔特自述》中把自己的写作过程概括成了四个阶段：1）社会神话研究阶段，其代表作品是《写作的零度》《神话集》；2）符号学研究阶段，其代表作为《符号学基础》《服饰系统》；3）文本性研究阶段，其代表作为《S/Z》《符号帝国》；4）道德观念研究阶段，其代表作为《文本带来的快乐》《罗兰·巴尔特自述》。其中的第二和第三阶段正好对应于一般所说的结构主义阶段和解构主义阶段。从写作时间上讲，《恋人絮语》（1977）是紧接在《罗兰·巴尔特自述》（1975）之后写出的，应该算是第四阶段的作品，这时距离他的解构主义研究阶段已经过了七、八年之久，如何还说其是解构主义的文本呢？

三、译文的随意性

搞翻译，要遵循"信、达、雅"的原则。尽管现代翻译理论多种多样，我认为最终还是要归为前人概括出的这三点。这三点中，"信"即"忠实于原文"是基础。我们惊异地发现《文本》一书中存在着不少"不信"的地方。仅举几例：

1. 在"本书是怎样构成的？"开始之前有一小段文字，说明了写作这部书的必要性："这本书的必要性在于以下考虑：今天，恋情话语备受冷落……"原文中并无《文本》中以黑体标出的"本书的问世"的题目，显然，这是译者或编者把"这本书的必要性在于以下考虑"一语的意思做了不加任何说明的随意性处理。

2. 这本书"拼凑了"多方面的内容，因此原作在编排上有些特殊：作者把所引片断原作者姓名或原著书名都标在了引文的左侧边白处，并在书下以注释的方式指明了出处或引文所在段落的相关文字。然而，《文本》不仅在引文左边无任何标注，对原书中的注释也做了无任何说明的取舍。笔者粗略统计，原书中共有注释240余处，而译文中只译出了其中的180余处，被舍去的，有的还是对理解正文很重要的注释。不要小看这些变动，这样做的结果，极大地改变了原文，它无异于译者（或编者）直接地参与了原文的写作，因为在无旁注和脚注取用不全的情况下，读者会将别的引文也误认为是取自于《少年维特之烦恼》，这会大大影响他们的理解。

3. 全书的译文情况，笔者也认为有多处值得商榷，这里仅举上面引述的"这本书是怎么写成的？"后面的那一小段文字为例，读者便可联想到一般情况，并且为了压缩篇幅和考虑到发表时法文排版上可能存在的困难，就不引用原文了。为此，我只好不无愧色地请读者参照笔者自信基本是忠实的译文（包括标点符号），做些比较："为了构成这位恋人主体，我们'拼凑'了来自各个方面的文字段落。有的来自对于歌德《少年维特之烦恼》的正规阅读，有的来自一些多次阅读的读物（柏拉图的《会饮篇》，禅宗，精神分析学，某些神秘主义者的著作，尼采的著述，德国的浪漫曲）。有的来自一些偶然遇到的读物。有的来自与朋友们的会话。最后，还有的来自我个人的生活"。

《文本》中是这样翻译的："<u>各种各样的原材料构成了这里的恋人：主要的原型是歌德的维特</u>；我们还不断地引用各类作品（柏拉图的《会饮篇》，禅宗，分析心理学，某些神秘主义者的著作，尼采的作品，德国的浪漫曲）；也有偶然翻阅的或从朋友的谈话中采撷的片段；自然，<u>免不了还要从作者个人的经历中寻找一些合适的材料</u>"。画线部分为与原文出入较大的译文。笔者尤其感到遗憾的是，译者没有将原有中"monté"一词的意思翻译过来。罗兰·巴特特意为这个词加上了引号，足见有其特殊的用意。这个词为电影术语"蒙太奇"（montage）的动词monter的复合过去时变位形式，所以翻译成"拼凑了"更符合作者的用意和本书的结构特点。《文本》译者的做法，已经近似于编译。

说实在的，我很佩服译者的中文概括能力，书中有许多地方译得不错。但若从主观上不忽视"信"，那岂不是更好吗？

以上三点看法，不知当否，说出来，愿与译者和编者交流。

载《文汇读书周报》，2001 年 6 月 9 日

再谈罗兰·巴特著述的翻译

——与屠友祥先生商榷

由于工作变动的原因，我于前不久才见到屠友祥先生在其2001年11月出版的《古修辞学解释》和2002年6月出版的《文之悦》两书后面附载的《学术的进展与译名的重定》一文。该文对我2001年6月9日发表在《文汇读书周刊》上的《谈罗兰·巴特著述的翻译》一文中有关他翻译的《S/Z》一书的几个术语译名的评述发表了自己的看法，并强调，"《S/Z》书初稿是在1987年译出的，其后的13年间，重译过五次，几乎每一次都是另开炉灶。字字句句，精雕细琢而成。其中与通行的译名有不同处，绝非率意而为，亦决非不了解所致，而是和自身守持的两条准绳有关"。我认真、仔细地阅读了屠先生的文章，并反复揣摩屠先生对几个译名的重定依据，最终，还是无法与之苟同。本着"争论出真理"的主旨，我愿意进一步说一说我的观点，与屠先生商榷。

一、译名不能是"变色龙"

屠先生的第一条准绳是"译名亦犹变色龙，居于上下文之间，须与前后的语境化融，彼为翠绿的，则现身为翠绿的，彼为枯黄，也展显为枯黄。亦犹流水，随物赋形，在方为方，在圆为圆，无法一成不变"。我认为，屠先生的这一准绳，可能适合于词汇的一般意义，而非其特定意义；可能适合于一个词汇对于多个作家或多个说话人而言，而不大适合对于同一个作家或同一个说话人而言，更不适合用来指导翻译学术著作。当然，如果一个词汇本身就包含着几个截然不同的概念，那则另当别论。

屠先生以两个概念的译名来说明他的这一主张：

其一：他说，在他的《S/Z》译文中，"譬如罗兰·巴特的重要概念 suspension，随上下文而分别翻译为'中止'、'未济'、'不显露出来'，并不是一概译为'中止'"。我认为，这样做不尽妥当。罗兰·巴特是一位重要的符号学家，而在符号学上，这一概念是有其特定含义的，虽然为其确定唯一的译名会有困难，但在一篇译文中应尽可能选用同一个译名，而不能"在方为方，在圆为圆"，否则，将无法理解他的这一概念和这一概念在符号学理论中的使用。我愿意在此将格雷马斯和库尔泰斯合著的《符号学，言语活动理论的系统思考词典》（1993，以下简称为《符号学词典》）一书对于这一概念的注释尝试着翻译过来，供屠先生参考："1. 作为古代修辞学的一种修辞格，suspension 在于在趋向于其结束的一个陈述（énoncé）之位置与位于开头的其暗示性告白之间创立一种间隔。2. 对于符号学来讲，suspension 就像是叙述话语的多种'剧情动因'中的一种。虽然它的理论还没有建立起来，但它似乎首先表现为聚合关系范畴在话语的组合关系轴上的投射。因此，在叙事中，普洛普的'创立缺失'之功能的出现，会产生一种悬念、一种对于'消除缺失'功能的期待。在认识论的模态化之 suspension 于特定时刻使一中性信息性作为（faire informatique）得以显现、从而引发被置于不了解所接受知识之可靠地位的陈述接收者产生某种'不安'的时候，程序似乎更为细致和更为复杂。在其他情况里——比如在秘密之同位素性的情况里，困难存在于对于秘密之标志的认识方面，这种标志就是隐约让人看到<u>非显现</u>掩饰着某种<u>存在</u>的暗示：显然，没有这些标志，秘密就不存在"①。我个人认为，把第一个注释理解成"中止"显然是合适的。至于第二个注释，我思量多遍，还是认为选择"中止"比较贴近，因为它包含着"创立缺失""产生一种悬念"之意，这与"中止"之意区别不大，或者可以说是"中止"之意的延伸。我尝试着将"中止"这一个理解带入《S/Z》几处相关原文中，发现没有什么不可以：除了屠先生使用"中止"译名的句子外，这个词在第七十七节中的出现，我可将其翻译成"而是……一种通常的、暂时的中止"（屠先生的译文是："而是……完全或暂时的不表露出来"）；在第九十三节中的出现，我可将其翻译成"文本不作回答，同时将其最后的结尾——中止——交付给了意义"（屠先生译为："文不作答，正把意义注入结尾的最后一笔：未济"。我认为，屠先生采用不同的译名来翻译这个术语，除了他守持的个人主张因素，有时还与他未能正确理解这个术语出现时前后语法关系有关；比如他在上述第九十三节的译文就是建立在对原文语法关系理解有误的基础上的（请屠先生自查）。这个术语是否还可以有另外一个译名呢？结合该词在英文中的对应词有"中止"和"缩略"译名的情况②，我想，既然 suspension 的第一个意义是一种修辞格，我们不妨将其翻译成汉语中的一种修辞手法——"省略"，如果由我去翻译这本书，就很可能这样做，原因是我尝试着将这种考虑带入了相关原文中，发现也都可以

---

① 格雷马斯、库尔泰斯合著：《符号学，言语活动理论的系统思考词典》(*Sémiotique, dictionnaire raisonné de la théorie du langage*, Hachette Livre, 1993)，p. 372-373。

② 《英汉语言学词汇》，陈愿主编，北京，商务印书馆，2000。

使我对原文理解得比较顺畅,而不需要在译文中采用多种译名。

其二:是关于 pertinence 一词的译名。屠先生说:"张先生提及的 pertinence 是李幼蒸先生最先译为'相关性'的。而此词原本含具'确切性'和'相关性'诸义,《S/Z》'二十七、对照 II:婚礼'讲到对照的侵越:'纵聚合关系两极不可侵犯的区分被取消,分割的栅栏被移开,所有的确切性(pertinence)的基石被撤去'。这里,pertinence 乃是指构成对照两极的'确切不移'(pertinence)的性状,'固定而合乎情理'(pertinence)的情形,这自然应该译成'确切性'"。这里,我想首先指出这段引文的最后一句存在着逻辑上不当的问题,因为如果我去掉其中相关的汉语部分和括号,这句话就只剩下"这里,pertinence 乃是指对照两极的 pertinence 的性状,pertinence 的情形,这自然应该译成'确切性'"。这种"同语反复"的阐述等于是没有说出 pertinence 是什么。我理解屠先生的用意,旨在强调选择"确切性"译名的正确性。可是,我无法同意这个根据一般意义确定的译名,原因是在几乎所有的法文词典中除了注有其一般意义之外,都还对该词(或其形容词 pertinent)注有其"Didact."(教学)或 "Lin."("语言学")上的特定意义、专用意义,而对该特定意义、专用意义的注释无不印证了将其翻译成"相关性"的正确性,例如 1978 年版的《小罗贝尔词典》(Petit Robert)、1999 年版的《阿榭特词典》(Dictionnaire Hachette)都有这样的释义;至于我国出版的法汉词典,则在一般意义之外,也有一个[语]([语言学])意义上的注释,比如上海译文出版社 1978 年版的《法汉词典》第 936 页上就对 pertinent 有这样的注释:"3、[语]相关的[指语音特征与词义相关]"。按照罗兰·巴特的观点,符号学就属于语言学(这与索绪尔认为语言学属于符号学相反),所以,我们就应该在该词"语言学"意义上去考虑它的译名，而不应该固守它的一般意义。《符号学，言语活动理论的系统思考词典》对 pertinence 有这样的注释："1. pertinence 概念被用于语言学，是布拉格学派的功劳，这一概念与音位学的发展有联系。它首先指一语言要素的特性，这种特性将这种要素与其他可比较的要素区分开来，并使之可以为此而服务于交际（马丁内）。于是，这种性质被定名为 trait pertinent（= 相关性特征）"。其第二个释义是对于 pertinence 原则的介绍，我们略去不译。其第三、四个释义是这样的："3. 根据这种一般的意义，人们把 pertinence 理解为科学解释的一种规则（或是一个已经建立的符号学对象应该满足的条件），根据这种规则，在一个对象的可能的诸多限定因素（或区别性特征）中，只有那些对于穷尽其定义是必要的和充足的限定因素才可以得到考虑：于是，这个对象便不可以与同一层次的另一个对象相混淆，也不可以附带有为了成为有区别的而仅在更小等级层次上才可重新采用的限定因素。因此，我们对于 pertinence 提出的定义，是无限地与言语活动的层次概念（本维尼斯特）以及与被认为是一种等级制度的符号学的概念相联系的。4. 根据一种不太严格然而在教学上却是可以接受的意义，人们把 pertinence 理解为符号学家采用的道义规则，这种规则在于只以一种观点（罗兰·巴特）来解释被选定的对象，因此，为了解释，它只保留与这种观点有关的（intéressant）特征（对于符号学家来说，这就是意指的观点）。正是根据这种原则，人们最初或者（根据已知材料）提取被认为对于分析是 pertinent 的成分；或者相反淘汰被判定是非 pertinent 的东西"①。我个人认为，不管是第一个释义，还是第三个释义，甚至是与罗兰·巴特有关的第四个

---

① 格雷马斯、库尔泰斯合著：《符号学，言语活动理论的系统思考词典》(*Sémiotique, dictionnaire raisonné de la théorie du langue*, Hachette Livre, 1993)，p. 275-276.

释义，将其翻译成"相关性"都是比较合适的。此外，我还想提供该词的形容词在词源学上的意义和历史沿革情况，以增加我们对于 pertinence 一词的共同认识。《法语词源及历史词典》的注释是这样的："pertinent：（14 世纪）从表示"关系到、与……有关、针对……"之意的拉丁文 pertinens 一词借用而来，从中世纪开始在法语上用来表达'关系到、与……相适应'之意。20 世纪，其形容词被用来在语言学上表达'具有一种意蕴功能'//pertinence（14 世纪）；impertinent（14 世纪）从表示'与……无关'之意的拉定文 impertinens 借用而来，在法语上首先使用的是这个意义，随后又被用来表示'不相宜的'（15 世纪）、'粗鲁的'（17 世纪）之意。"①可见，这个词的"相关"意义早于其"适宜"意义（这后者与屠先生的"确切性"之义相近），并且在 20 世纪具有了其特定的、专用的语言学上的意义。至于屠先生说是李幼蒸先生最先译为"相关性"的，我为此与现在定居美国的李幼蒸先生进行了联系，他回复说："就此词而言，除一般读解外，我当初（70 年代末）曾参照《法国大百科全书》和托多罗夫等的语言学词典等大量参考读物来定译的。当然也包括大量日文习惯书籍字典。因时间关系，恕我不在此引用原文。您或可查考相关词条解释。不要说，如您所说，此译名在法汉字典中已有，我当初也一定在日文读物中验证过相同的或类似的译名。很可能 60 年代北京语言所的翻译资料中在介绍国外音位学的文章中已这样译过，现无暇查考。就音位学而言，这是一个普通的字。谈不到我的'首译'。只能说我在翻译罗兰·巴特时最早'选定'了这个译名。"可见，李幼蒸先生最先

---

① 博姆加内（Baumgarner E.）、梅纳尔（Ménard Ph.）合著：《法语词源及历史词典》（*Dcitionnaire étymologique et historique de la langue française*, Paris, Librairie générale Française, 1996），p. 584.

采用"相关性"这个译名是有根据的。其实，如果屠先生同意用"相关性"置换其"确切性"译名的话，他的《S/Z》译文就会更容易被理解一些，也就更符合语言学和符号学的用语，从而可以确保译文的正确性。

总之，我认为，对于同一个文本、同一种理论或同一位理论家（或作家）著述的翻译，一个概念应尽量采用统一的译名、专用的译名，这便是满足逻辑学上的"同一律"要求，它不能像"变色龙"一样变来变去，否则，那将有损于文本、理论和作家著述的内在严密性、系统性，也会为读者带来极大的阅读和理解困难。

二、关于"译名应以释义的面目出现"

屠先生的第二条准绳是"译名应以释义的面目出现。近二十年来，西学术语腾于众口，棘硬的名词渐趋熟软，对其意义却不甚了然。80 年代初期译名，许多现已成定名，然而当时有些译者对所译对象未必了解得十分深透而周全。如今学术有所进展，译名也应相应地重定。"如果说，有的译名（特别是在初译时是错误的译名、不当的译名）需要重定，我是不反对的，但若将"许多现已成定名"的译名都进行重定并均以释义的形式出现，我则认为应慎重行事。

屠先生在文章中介绍了他为好几个概念重定译名的情况。我们来看一下：

其一：屠先生说，"譬如张隆溪先生将 le scriptible 译为'可写的'，巴特这辞语原指文的编织方式或构成形式引动了人们想模仿的欲望，也跃跃然要依循它写出自身的文来，《S/Z》中译本中据此定名为'能引人写作者'。'可读的'则定名为'能引人阅读者'（lisihle）。"首先，这里涉及到对于形容词后缀"-ble"

（"可……的"）的正确理解，比如"mangeable"是"可食用的"意思；而如果按照屠先生的译法，那该是由动词的现在分词转换而来的以后缀"-ant"结尾的形容词的功能，它具有"主动性、及物性"之义，比如形容词"intéressant"是"能让人（令人）感兴趣的"。这两种后缀，前者是人对于事物的了解和判断，后者是事物本身传给人的及物能力。对此，我们还是来看一看罗兰·巴特自己是怎样解释这两个概念的吧：他说他在"《S/Z》一书中提出了一种对立关系：<u>可读的</u>/<u>可写的</u>。我不能重写的文本是<u>可读的</u>（今天，我还能像巴尔扎克那样写作吗？）；我阅读起来有困难的文本是<u>可写的</u>，除非改变我的阅读习惯"[①]。在《S/Z》一书中，对这两个概念的介绍是这样的："可以在今天被写（重-写）的东西：<u>可写的</u>。为什么可写的是我们的价值之所在呢？因为文学工作（作为工作的文学）的赌注，就是使读者不再是文本的消费者，而是文本的生产者。……可以被读、但不可以被写的东西：<u>可读的</u>。我们把任何可读的文本称为古典的文本"，"可写的文本，是一种永久的现在时，在这种现在时上，不能建立任何<u>后果性</u>言语（这种言语注定要将这种现在时转换成过去时）；可写的文本，在世界的永无完结的游戏（世界就像是游戏）被放弃了起始时的多元性、网系的开放性、言语活动的无限性的某种个别系统（意识形态、体裁、批评）所贯穿、所裁剪、所定格、所塑造之前，是我们<u>正在写作着</u>。可写的，是无小说的传奇性、无诗的诗意、无论述的笔论、无风格的写作、无结构的结构化、无产品的生产过程。但是，什么是可读的文本呢？它们是产品（而非生产过程），它们构成了我们

---

① 巴特：《罗兰·巴尔特自述》（*Roland Barthes par Roland Barthes*, Paris, Seuil, 1975），p. 122.

文学的巨大主体"①。恕我直言，我在这些文字中，看到的是罗兰·巴特对于两个概念的对立界定和在一定程度上对于"可写的"文本的偏好，而看不出有"能引人"的意思的加入。我认为，在加上屠先生认为是"释义"性的"能引人"三个字之后，两个概念的内涵就发生了变化，原作者所建立的对立之界限也就模糊了，因为"能引人写作者"不一定是不"能引人阅读者"，试问："朦胧诗"就不引人阅读吗？恰恰相反，朦胧诗是很能引人阅读、仔细玩味、从而也是很能引人重写的。

其二：屠先生在其文章中说："méta-langage 一般译为'元语言'，以此语言表述、解释彼语言，则此语言为释言之言，《S/Z》中译本就径直译为'释言之言'。méta-linguistique 也相应译作'释语言学之学'"。我认为，这种释义性译名首先增加了名称的语流障碍，极难与现代汉语相融合，其次，"释语言学之学"的译名也是不正确的。我翻看了《S/Z》的法文原文，méta-linguistique 一词都是以形容词的形式出现的，甚至在《符号学，言语活动理论的系统思考词典》一词中也没有该词的名词存在。结合屠先生的"释语言学之学的目的""释语言学之学的示指"的译文，我认为，屠先生没有真正理解这个词。其实，méta-linguistique 就是 méta-langage 的形容词，它就可以翻译成"元语言的"（由于我不同意屠先生的"释语言之言"的译名，所以仍采用已成定译的"元语言"之译名）。我们来看《符号学，言语活动理论的系统思考词典》对于 méta-langage 的注释："1. méta-langage 这个概念是由维也纳逻辑学派（卡普）而特别是由波兰学派引入的，他们都感觉需要清晰地'区分我们所谈论的语言和我们所说的语言'（塔尔斯基）。于是，这个概念便被创立了，随后被叶尔姆斯列夫在符号学上和被哈里斯在语言学

---

① 《S/Z》（S/Z, Paris, Seuil, 1970），p 10-11.

上所采用。语素 méta 用来区分两种语言层次，即对象语言的层次和 méta-langage 的层次。2. 只需观察自然语言的运作情况，就可以意识到，自然语言具有不仅可以谈论"对象"的特性，而且它们还可以谈论自身，按照雅各布森的观点，自然语言具有一种元语言的（méta-linguistique）功能"①。这样，屠先生上面的两句译文，就该翻译成"元语言的对象"（因为元语言只有"对象"，屠先生将 objet 一词翻译成"目的"，也与他对于 méta-langage 理解不全面有关）和"元语言的示指"。其实，结合我们的翻译工作，用汉语来翻译法语，汉语就是元语言，法语就是对象语言。

其三：屠先生说："至于 inter-texte 译为'文际关系'，则是符合汉语构词方式的名称。张智庭先生说'关联文本'是这概念'至今已经形成定名的译名'，就我闻见所及，并非如此，这个译名恐怕是张先生的首创"。需要说明的一点是，在我的文章中是将这个概念的两个译名（互文、关联文本）放在一起的，并且"互文"在先。由于我一时回想不起是在什么地方看到过"关联文本"这一译名的，所以，只好权且接受"首创"这一美言。但我想在此援引罗兰·巴特在《文本理论》一文中对于该概念的定义来证明翻译成"关联文本"在理解上的依据：他说"文本在重新分配语言（它是这种重新分配的领域）。这种破坏结构和重新结构的途径之一，就是对于围绕着被考虑的文本已经存在过或现时继续存在的一些文本、一些文本片段进行调换，而最终在文本上是这样的情况：任何文本都是一种 inter-texte；其他文本在它身上存在着，在不同的层次上存在着，并以或多或少可以辨认的形式存在着；先前文化的所有文本和周围文化

---

① 格雷马斯、库尔泰斯合著：《符号学，言语活动理论的系统思考词典》（*Sémiotique, dictionnaire raisonné de la théorie du langage*, Hachette Livre, 1993），p. 224.

的文本；任何文本都是众多过去语录的一种新的组织"①。此外，法兰克·内沃（Frack Neveu）的《语言科学词典》对于 inter-texte 一词做了明确的注释："该术语由热拉尔·热奈特确定为一个文本在另一个文本中的实际出现"②。可见，inter-texte 仍然是一种文本，是包含着多种"文际关系"的文本，而不是"文际关系"。基于对罗兰·巴特引文的理解和《语言科学词典》对于该词的这种注释，我想我可能无法独享"关联文本"这一译名的"首创"之誉。在我看来，倒是表示 inter-texte 之性状的 inter-textualité（一般翻译成"互文性"）一词可以从意义上理解为屠先生主张的"文际关系"。

其四：关于对于 Texte 一词的翻译。屠先生在援引了罗兰·巴特对于这个概念的意义的论述之后，说："而汉语词语'文本'之'本'，则蕴涵着'范围'、'界限'、'原本'、'依据'之类的意义，与巴特所称的 texte 不合。汉语内有一个字，其词源义也表示编织、交错，它就是'文'。《易·系辞》称：'物相杂，谓之文。'《国语·郑语》道：'物一无文。'《说文》解释为：'文错画也。'所以，用'文'来译 texte，是用古义来译古义，最为精确"。感谢屠先生从古汉语中找到了与法文 texte 的古代意义相对应的词语。但是，我还是不能同意屠先生将 texte 只翻译成"文"这个字的做法。原因是：罗兰·巴特介绍 texte 一词的概念时，是想借"挖掘"其词源意义来为该词在现在的通常意义上增加新的内容，是一种"充实"而已。我也来翻译一下屠先生已经翻译过的罗兰·巴特的那篇《文本理论》（屠先生译为《文论》，这与现代汉语对于该词的理解大相径庭）中对于 texte

---

① 罗兰·巴特《全集 II》（*Oeuvres complètes, tome II*, Paris, Seuil, 1994），p. 1683.
② 内沃（Neveu F.)《语言科学词典》（*Dictionnaire des sciences du langage*, Armand Colin, 2004），p. 168.

的定义。该文一开头就说："按照通常的看法，什么是 texte 呢？它是文学作品的现象表面：它是被使用在作品中的词汇的组织情况，并且这些词汇是按照能使作品具有一种稳定的和尽可能一致的意义来排列的。尽管这个概念不全面和浅薄（它首先仅仅是视觉可以感知的一种对象），但它参与作品的精神荣耀，因为它是作品的普通的但却是必要的助手。它基本上是与写作相联系的（texte，是被写出的东西），也许因为文字的布局（尽管它依旧是线性的）可以暗示言语、暗示一种编织的交织情况（从词源学上讲，texte 意味着'编织'），所以，它在作品中是起着被写出的事物的保证作用，因此它汇聚了所有的捍卫功能……"从这段引文中我们可以看到，罗兰·巴特的 texte 毫无取代其一般意义的考虑，而且，由于它具有"保证作用"和"捍卫功能"，这与通常的"文本"译名中"本"字如屠先生所说所包含的"原本"和"依据"的意思很接近。因此，屠先生只以一个"文"来翻译 texte 的做法和"用古义来译古义，最为精确"的信念，也就有点失于偏颇。

其五：屠先生在文章中发论最多的是对于法语中"langage""langue""parole"三个概念的译名问题。这三个概念现在通常的译名分别是"言语活动""语言"和"言语"，而屠先生则根据他的"释义"性原则，将它们重定为"群体语言""总体语言"（"整体语言"）和"个体语言"。屠先生为此援引了陈望道先生、许国璋先生几位前辈对于这几个概念的理解和德语、英语、西班牙语、意大利语、俄语等八种语言对于这三个概念的翻译情况。对于屠先生的论证，我想说两点意见：

首先，我认为没有必要重定这三个译名。理由在于：1. 汉译《普通语言学教程》中对于这三个概念的译名已经是我国语言学界多年尝试使用和总结的结果，它们已不属于屠先生所说的"译者对所译对象未必了解得十分深透而周全"的情况。我们看，岑麒祥先生在 1979 年这本书出版前夕写的《校后记》中说得很清楚："这本书是高名凯同志生前于 1963 年根据原法文第五版翻译的，1964 年交由我校订，并作了若干补充。校订时曾参照 1933 年苏霍廷的俄译本和 1960 年巴斯金的英译本，但遇到各版本中有出入处，都以法文原本为准，务求不失原意和保存原有的风格。书中所用概念和人名、地名，尽可能依照当前一般书刊上通用的，非有明显错误，不轻易改变，以求减轻读者负担，有些比较特殊的，也力求符合原意，浅显易懂。……本书自翻译以至校注本已完稿多年，原稿确定后搁置了十多年，直到现在才得和读者相见。在付印前由叶蜚声同志根据原文，参照英、俄、日文译本再行校订，作了补充和修改，最后由我审定"。岑先生在 1983 年版上又对《校后记》补写了几行字，他说："本书出版后，程曾厚同志逐句核对全书，提出修改建议，这次重印，我们参考他的意见，对译文作了一些更动，特志谢意"。可见，这本书的翻译，既是多人长时间呕心沥血的结晶，又是对于前人工作的综合。2. 屠先生在他的文章中也印证了这三个译名已被广为接受的情况。他说，"《普通语言学教程》的中译本虽是迟至 1980 年方出版，然而在建国前，陈望道、方光焘诸先生即已介绍索绪尔的语言理论。至五六十年代，高名凯、方光焘诸先生之间就索绪尔理论曾有过激烈的争论，'语言'、'言语'和'言语活动'也是当时讨论之际的共用概念"。3、这三个概念的译名或"语言"与"言语"之划分已被多种语言学教科书和研究文集所采用。且不说早在 1963 年由商务印书馆出版的高名凯、石安石主编的《语言学概论》（该书到 1979 年第四次再版时已印刷 222650 册），就我见到的其他教科书还有：上海外语教育出版社出版的王德春先生的《语言学概论》、北京师范大学出版社出版的《语言学概要》、中国人民大学出版社出版的《语言学概论》、北京广播学院出版社出版的《新编普通语言学教程》等；除此之外，还有冯志巩先生编著的《现代语言学流派》以及《索绪尔研究在中国》论文集等。要知道，这些书籍的讲授和印发已经影响了几代学人。在这样的情况下，我认为，由于原译名并无原则错误或重大不适，重定其译名，也就意义不大。

其次，采用"释义"性译名难以适应这几个概念的变化。"释义"性译名可以让人一眼就能猜想到其内涵，这是它的好处所在，但它同时也就因此限制了内涵和不适应内涵的变化。我要说的是，随着语言学和符号学的发展，这三个概念后来都出现了某种程度上的变化。请看，将 langage 翻译成"群体语言"，就无法涵盖其后来分出的"自然的言语活动"（langages naturels）和"人造的言语活动"（langages artificiels），这后者如作曲家个人创作的乐曲，我们总不能将其称为某某作曲家的"群体语言"吧；将 langue 翻译成"总体语言"（"整体语言"），也无法将其有时作为社会语言学的一个等级概念与"方言"和"土语"区分开来，因为一个地区广泛使用的方言难道就不是这个地区的"总体语言"（"整体语言"）吗？而 parole 一词"在索绪尔的二分法中是对立于语言的，但它却不是一个得到很好确定的概念。因为，由于这种二分法是索绪尔为了更好地界定语言概念才提出和阐述的，所以它从一开始就像是某种纷杂模糊的概念，其启示性力量在语言学后来的发展中是很大的。这个问题曾是隐蔽的，但后来骤然变成了一系列的概念，以至于 parole 这个概念在今天不再被使用了"①，那么代替这个概念或者可对它进行重新解释的概念是什么呢？它们是"过程"（procès）、"讯息"（message）、"话语"（discours）、"运用"（performance）、

---

① 格雷马斯、库尔泰斯合著：《符号学，言语活动理论的系统思考词典》（*Sémiotique, dictionnaire raisonné de la théorie du langage*, Hachette Livre, 1993），p. 269。

"心理物理学机制"（mécanisme psychophysique）、"风格"等。显然，"个体语言"是难以涵盖像"讯息"（讯息的发送者也可以是一个团体）、"话语"（话语这个概念正在与符号学过程概念趋同）这样的概念的。屠先生感慨"如今学术有所进展"，但他为这几个译名进行的"重定"却无法包容相关概念的内涵变化，自然是不可取的。

　　我还注意到，在屠先生的《文之悦》译文中，将现在已有定译的"现象文本"换成了"已然存在之文"，我觉得也没有太大必要，因为"现象"之谓就是"已然存在的"，而且"现象文本"的译名从构词上与和它对立存在的概念"生成文本"相一致，这便于理解、便于记忆。

　　在此，我想依据我的理解，顺便就"释义"性译名的本质谈一点自己的看法。我前面说过，根据"元语言"的定义，用汉语来翻译法语，汉语就是元语言，法语就是对象语言。不过，在具体翻译过程中，汉语这种"元语言"的使用将会出现两种情况。就概念的翻译而言，从其避免"直观性"的要求出发，它在被翻译成汉语之后，还应该具备概括性较强的特征，也就是说，它还应该能够得到进一步的"解释"。在我看来，为了使外来概念在汉语译入语中保留一定的概括性，采用汉语中属于"语言"的成分即现成的一套词汇进行翻译是比较恰当的，也就是说，外语的概念首先是汉语中"语言"部分的对象；而在对其译名可以进行的进一步"解释"之中，这具有一定概括性的"译名"就变成了"对象语言"，用来"解释"它的（口头的或书面的）言语活动就成了"元语言"。那么，什么样的言语活动可以充当"解释"呢？显然，采用属于"言语"范畴即现在称之为"过程""话语"和"运用"的表述是再恰当不过了，而在这时，"释义"便成为不可缺少的方式。但不管是作为"翻译"

时的元语言（语言），还是作为"解释"时的元语言（言语），
它们均属于"具有不仅可以谈论'对象'的特性，而且……还
可以谈论自身"的汉语这种自然语言。因此，一个外来概念进
入作为译入语的汉语之中，一般要充当两次"对象语言"，第一
次是作为"语言"的对象来被翻译，第二次是作为"言语"的
对象来得到解释。不言而喻，"释义"性译名，一上来就是采用
"言语"来"解释"外语概念。这种"一步到位"的做法，常常
会带来两种结果：1. 由于它已经是"释语言之言"，所以，它
便无法满足作为概念应该具备一定概括性的要求，它再一次被
"解释"的余地将会很小，甚至没有，而如果需要对其进行"解
释"，那就只会出现"同语反复"的定义情况，例如前面屠先生
对于 pertinence 译名（"确切性"）的"同语反复"式的强调便
是这种情况，再如"已然存在之文"就只能是"已经存在之文"，
而这等于是没有"解释"；2."释义"性译名的口语性特征是很
明显的，例如屠先生用"不显露出来"来翻译 suspension 一词，
就很难作为术语的译名出现。

当然，"释义"性译名，不可完全否定，因为有的时候非此
不可。但，这需要使用得当，才会对译文有帮助。

为了译事的健康发展，我就屠先生的观点提出了自己的看
法，不对之处，还望屠先生和读者给予斧正。

2007 年

见于《符号学论集》一书

《批评：方法与历史》再版后记

  感谢百花文艺出版社重印这部九年前出版过的拙译。这次重印，我想顺便介绍一下该书的出版情况、作者对法国文学批评后来的发展的看法和我个人的一些观察，也许是有益的。

  该书初版于 1965 年，当时只包括全书的前两编，到 1978 年第五次再版时，作者补加了第三编，即"文学文本的当代批评"部分。该书于 1984 年又出了第六版。应该说，一部理论著作，能在这么一段时间里六次印刷足以说明其价值。译者在法国工作期间，有幸见到了作者罗杰·法约尔（Fayolle R.）教授和他的夫人。那是 1993 年 5 月 29 日的中午，法约尔教授夫妇邀我在拉·罗东德饭店（La Rotonde）共进午餐。那里是拉丁区，他们夫妇是从郊区的住宅赶来的。法约尔教授患有严重的类风湿关节炎，行动很不方便。我把译本的四本样书送给他，他很是高兴。他随即将 1978 年版的 *La Critique* 即这个译本的原版书题上辞赠送给我。他书写赠辞时，右手动作艰难而抖动。赠辞是这样写的："谨向您有勇气翻译这本令人厌烦而困难的书表示祝贺"。我向他解释，我与其说是有勇气，倒不如说是有热情：80 年代，随着中国的改革开放，西方的学术著作陆续译介到我国。我由于选择了法国文学理论作为我的研究方向，便积极地涉猎这方面的书籍。鉴于法约尔教授的这本书比较系统地介绍了法国各个时代而尤其是 20 世纪的文学理论和批评思想，我从如饥似渴地阅读它，到决心将它翻译了出来。据法约尔教授说。1984 年的版本没有任何内容上的变化，他只是想对 1978 年版本的序言做些补充，但由于"补序"的某些提法与出版社看法不尽一致，最后也就未能加上去。这次重印，由于版权转让合同的约束，我们也无法考虑将"补序"加进去。不过，法约尔教授倒是与我谈了"补序"的主要内容，其中有两点我至今还记得很清楚。

首先，文学批评进入 80 年代以后越来越变成了与航天物理学和分子生物学同样特殊的一种"科学"领域，这是作者预想不足的。也就是说，文学批评已经完全失去了其作为作者与读者之间桥梁的作用。文学批评已经不是向读者介绍好书，或是为社会论定杰作，而是把作品当作验证分析方法和探索新的分析内容的基本素材。从此，推荐好书和论定价值，便只能靠报纸杂志或书店对销售量的统计，这种观念无疑是对传统意识的冲击。

其次，与上面情况有关的是，法约尔教授认为自己对法国文学批评后来发展的预测有些为时过早。他在书后"新的探索"一节中指出："在当前批评的众多形式中，特别引起我注意的，是两种对于文学的唯物主义的思考——亨利·梅肖尼克在诗歌理论方面的思考和克洛德·迪谢在'小说社会学'阅读方面的思考"，他预言，"把形式主义研究的全部成果与文学现象的更为广泛的成就结合在一起，而又不忽视它们的社会方面"，是文学批评今后的发展趋势。但现实却不是这样，或者暂时还不是这样。他注意到，形式主义批评还在发展，其影响"使得其他一些声音暗淡了下来，它们不是被完全消失了，而是被窒息了"。显然，这种情况与法约尔教授的预言有较大的距离。可是，我的理解是，法约尔教授并没有放弃自己的预言：既然不是被完全消失而是被窒息，那就总还可能有缓过来的时候。从发展来看，作者的预言也不能是说错了，只是时间上没有想到可能会来得更晚一些。

我还想把我观察到的一点补充在此，那就是"新批评"在文学教学上的普及。法约尔教授在这本书的结束语部分曾表示过一个热切的愿望："但愿批评探索不会被禁锢在只有少数专家才有共同语言的小圣堂里吧，但愿文学教学能够博采这种探索带来的新成果"。这一愿望，在80年代以后的法国文学教学中可以说是实现了：符号学和语言学的分析方法不仅已经广泛地用在了大学文学的教学方面，而且在中学的语文教学中也有所选择地应用了。这种结果，应该说是与法约尔教授在他这部有影响的著作中积极呼吁有密切关系的。可见，这些方法已经作为重要的文化内容积淀在法国整个文明之中了。

这次重印，书的译名由原来的《法国文学评论史》改为现在的《批评：方法与历史》。由于该书法文的名称只是 *La Critique* 一词，直译就是"批评"，加之我国在文学研究方面现基本采用"批评"这种术语，所以用《法国文学评论史》作为书名，既与原名出入较大，也与我国习惯大不相宜；更改后的书名增加了"方法与历史"几个字，这样做是为了使书名意义完整，也为了突出书中的内容。借此重印之机，我又审阅了一遍全文，对发现的译文不当之处和排版之误做了修改和更正。

我感谢法国外交部对这本拙译的重印提供版权资助，也感谢阿尔芒·科兰出版社（Armand Colin）在办理资助手续上给予的协助。法约尔教授得知他的这本著作能在中国再版，也很高兴，我愿借此机会向他致以敬意，并祝愿他战胜病魔，晚年幸福。

最后，敬请广大读者和法语界同行对拙译不吝给予批评指正。

2000 年 8 月

补注：罗杰·法约尔教授生于 1928 年，去世于 2006 年，是巴黎高等师范学院的文学教授。这本书是他的代表作。

《罗兰·巴尔特自述》再版译序

　　《罗兰·巴尔特自述》（此前译为《罗兰·巴特自述》）是作者罗兰·巴特写作和学术生涯第四阶段代表作之一。

　　关于这本书的成因，巴特在接受采访时说，那是在色伊出版社（Seuil）组织的一次工作午餐上，大家提议今后让作家们自己来写书评判自己的著述，并随后放进"永恒的作家"（Ecrivains de toujours）丛书之中。巴特本着这种精神，曾经想把书"写成插科打诨性的东西，写成某种我自己的仿制品"。但是，真正进入写作之后，"一切都变了，一些书写的理论和实践问题显现出来，使得最初的简单想法变得极为滑稽可笑"[①]。于是，他认为应该利用提供给他的这次机会，来阐述他与自己的形象也就是与他的"想象物"之间的关系。而且，作者认为，这种自己写自己的做法正是"镜像阶段"中的主体与其自己的想象物即镜中形象的关系。在译者看来，全书就是作者与其自我想象物之间的一种对话。全书经过了一年零 27 天的写作，于 1974 年 9 月 3 日脱稿，这样，巴特就成了这一丛书 100 多位作家中唯一在活着时就"永恒的作家"。

　　全书采用了片断的书写形式。按照作者的说法，一方面，他一直喜欢采用片断的书写方式，而对于长长的文章越来越无法忍受。另一方面，他必须采用一种形式来化解几乎要形成的

　　[①] 巴特，《全集 III》（*Oeuvres complètes, tome III*, Paris, Seuil, 1995），p. 315.

"意义"。他认为，不应该由他来提供意义，"意义总是属于别人即读者"。于是，他决定使这本书成为以"分散的整体"出现的书，就像他所喜爱的具有"散落"叶片的棕榈树那样。显然，这两方面代表了巴特关于写作的主张。首先，综观巴特的全部著述，他除了专题著述（《论拉辛》（*Sur Racine*）、《服饰系统》（*Système de la mode*）、《S/Z》等）之外，其余的书都是文章的汇编，而且即便是那几本专题著述，其内部结构也是零散的，有的甚至也是片断式的。巴特说过："对于片断的喜爱由来已久，而这，在《罗兰·巴尔特自述》中得到了重新利用。在我写作专著和文章的时候（这一点我以前不曾发现），我注意到，我总是按照一种短的写作方式来写的——在我生命中的一个阶段，我甚至只写短文，而没有写成本的书。这种对于短的形式的喜爱，现在正在系统化"①。其实，他的第一篇文章（1942）就是以片断的形式写成的，"当时，这种选择被认定是纪德式的方式，'因为更喜欢结构松散，而不喜欢走样的秩序'。从此，他实际上没有停止从事短篇的写作"②。其次，巴特坚持反对"多格扎"（doxa），即形成稳定意义的"日常舆论"，这也使他无法写作长篇大论。他说："一种多格扎（一般的舆论）出现了，但是无法忍受；为了摆脱它，我假设一种悖论；随后，这种悖论开始得以确立，它自己也变成了新的成形之物、新的多格扎，而我又需要走向一种新的悖论"③，"悖论是一种最强烈的令人着迷的东西"④。他之所以这样做，而且不得不这样做，是因为"价值的波动"引起的："一方面，价值在控制、在决定……

---

① 巴特《全集 III》（*Oeuvres complètes, tome III*, Paris, Seuil, 1995），318.
② 巴特：《罗兰·巴尔特自述》（*Roland Barthes par Roland Barthes*, Paris, Seuil, 1975 et 1995），p. 89.
③ 巴特：《罗兰·巴尔特自述》（同上），p. 71.
④ 巴特：《罗兰·巴尔特自述》（同上），p. 103.

另一方面，任何对立关系都是可疑的，意义在疲劳……价值（意义便与价值在一起）就这样波动，没有休止"[①]。为了做到这样，片断写作"可以打碎我定名的成形观念、论述和话语，因为这些东西都是人们按照对于所说的内容要给予最终意义的想法来建构的——这正是以往世纪中整个修辞学的规则。与所建话语的成形状态相比，片断是一种可喜的打乱，即一种断续，它确立句子、形象和思想的一种粉化状态，在这种状态下，它们都不能最终地得以'完整确立'"[②]。

　　此外，作者在书中主要采用了第三人称的写法，有意拉开"叙述者"与"作者"本人的距离，这在自传体中也是少有的。把片断写作与第三人称的叙述方式相结合，也有利于不使读者对作者产生"成形的"看法，即他一再反对的"多格扎"，足见作者为此是煞费了苦心。但是，"由于我过去的著述是一位随笔作家的著述，所以，我的想象物就是某种一时观念的想象物。总之，是某种智力的小说"[③]。这似乎告诉我们，虽然巴特在本书的开头就要人们把"这一切，均应被看成出自一位小说人物之口"，但由于他承认其"小说"是其"某种一时观念的想象物"，所以，它可以成为我们对于巴特的思想进行某种推测和研究的依据。

　　那么，片断式写作，会产生什么样的审美效果呢？对此，巴特早已形成了自己的审美观。他在《文本带来的快乐》一书中做过完整的总结："阅读的快乐显然源自断裂……文化及其破坏都不具色情特点；是它们之间的断层变成了色情的"，"快乐所需要的，是一种出现损失的场所，是断层，是中断，是风蚀"，

　　[①] 巴特：《罗兰·巴尔特自述》（*Roland Barthes par Roland Barthes*, Paris, Seuil, 1975 et 1995），p. 125.
　　[②] 巴特：《全集 III》（*Oeuvres complètes, tome III*, Paris, Seuil, 1995），p. 318.
　　[③] 巴特：《全集 III》（同上），p. 335.

"人体最具色情之处，难道不就是衣饰微开的地方吗？……间断具有色情：在两种物件（裤子与毛衣）之间、在两个边缘（半开的衬衣、手套和袖子）之间闪耀的皮肤的间断具有色情；正是闪耀本身在诱惑，或进一步说，是一种显现-消失的表现状态在诱惑"①。这不正是片断写作可以带来的效果吗？至于片断写作在本书中的情况，还有一个特点，那就是片断的排列。巴特没有按照自己的生活年代或者写作阶段的顺序来排列相关片断，而是大体上按片断名称的第一个字母进行了排列，有的甚至还是故意打乱这种排列。他自己这样说："他大体上想得起他写作这些片断的顺序；但是，这种顺序出自何处呢？它依据何种分类、何种连接方式呢？他就想不起来了"②。这样做的结果，便使得翻译成汉字之后的排列更是杂乱无章，阅读起来使人大有时间错位、事件凌乱、没有贯穿的内在逻辑关系的感觉。但是，巴特却认为"杂乱无章，也是一种享乐空间"。色伊出版社 1975 在出版本书时，封面上采用了巴特用各种彩色蜡笔绘画的在我们看来是"杂乱无章"的《对于茹安-雷-潘镇的记忆》的画面，也是很有寓意的。我们不妨可以说，巴特在片断写作方面的审美追求是系统化的。

巴特承认在其"道德观"这一写作阶段是受了尼采的影响。用他自己的话来说，就是"我曾经满脑子装满了尼采，因为我在此前刚刚读过他的著作"③，"他在为'道德观'（moralité）寻找定义。这个词，他把它与道德规范（morale）对了起来"④。但作者并没有告诉我们他到底接受了尼采的哪些方面。译者认

① 巴特：《文本带来的快乐》（*Plaisir du texte*，Paris, Seuil, 1973），p. 15-19.
② 巴特：《罗兰·巴尔特自述》（*Roland Barthes par Roland Barthes*，Paris, Seuil, 1975 et 1995），p. 131.
③ 巴特：《罗兰·巴尔特自述》（同上），p. 100.
④ 巴特：《罗兰·巴尔特自述》（同上），p. 66.

为，我们似乎可以从他对于尼采的总体了解来推断一下这种影响。尼采的哲学思想主要表现为通过对价值判断的解释来反对传统的价值，并主张人不是"完全实现的整体"，人具有总是更新的创造力，总是向着"他者"逃逸。而尼采对哲学进行解释的方式则是通过箴言和诗。所谓"箴言"即格言性的写作物，即片断。似乎可以说，尼采的哲学思想坚定了巴特不固守"多格扎"的主张，而其箴言式的解释方式无疑也是对"片断写作"的提前肯定。

《显义与晦义》导读

　　《显义与晦义》（*L'obvie et l'obtus*）是罗兰・巴特（Barthes R.，1915-1980）的第三部"文艺批评文集"。与他谈论文学方方面面的第一部、第二部和第四部文集不同的是，这第三部是有关多种艺术——概括说来是关于图像和音乐——的文章集结。像另外三部一样，符号学思想也贯穿这部书中，因此，也可以称其是作者对于艺术符号学方面的发声。不过，我们明显地看出，他对于艺术对象的分析没有脱离他对于符号学的整体运用。由于书中没有对相关符号学理论和罗兰・巴特的符号学思想有较为集中的论述，所以，这篇"导读"就打算在这两方面做一点粗线条的介绍和梳理，以利于读者阅读。

一

　　法国现代符号学思想，主要源于瑞士著名语言学家索绪尔（Saussure F. de，1857-1913）的语言学理论和后续一些学者的贡献。索绪尔在其《普通语言学教程》（高明凯译，商务印书馆，1982 年）中对于言语活动的科学做了完全创新的论述，并首次提出了对于社会生活中的符号生命建立符号学的可能性。本文下面对于该书的引述，均出自这一版，只在括号中标出页码，不再另做脚注。实际上，罗兰・巴特也正是依据索绪尔的相关论述建立起了自己的符号学构想。

　　首先，是对于言语活动的拆分。索绪尔在 1916 年由他的学生整理出版的《普通语言学教程》中将言语活动（langage）拆分为两个组成部分，即语言（langue）和言语（parole）。索绪尔认为，"在任何时候，言语活动既包含着一个已定系统，又包含一种演变"（29）。这个"已定系统"便是语言，它"是通过言语实践存放在某一社会集团全体成员中的宝库，一个潜存在每一个人的脑子里，或者说得更确切些，潜存在一群人的脑子里的语法体系"（35）；而那"演变"的成分则是言语，"个人永远是它的主人"（35）。"把语言与言语分开，我们一下子就把（1）什么社会的，什么是个人的；（2）什么是主要的，什么是从属的和多少是偶然的分开来了"（35）。用现在的话说得明白一些，语言是社会的人都可使用、但也都要遵守的一套表达规则，而言语则是个人对于这一套规则的运用；或者在我看来，这在一定程度上，就是人们所概括的一般与个别的关系。但是，语言与言语是不能完全相脱离的，语言是言语的基础，而言语则是语言发展的依据和渠道。由于语言是表达观念的一种符号系统，而它又比任何其他系统更适宜于使人了解符号学的问题，因此，在设想建立一种研究社会生活中符号生命的科学中，语言与言语的划分就是非常重要的：将社会生活中不同符号按照语言概念和言语概念来进行划分，无疑已经是一种内容丰富的符号学探索。这便是罗兰·巴特在分析服饰时（见《服饰系统》）多次为我们做出的范例。在这本《显义与晦义》中，语言与言语两个概念的出现频率非常之高，并且始终保持着索绪尔给出的定义。因此，在对这两个概念有所了解的前提下，获得对于它们在书中各种出现情况的正确理解，也就非常重要。

　　其次，关于符号性质。索绪尔认为，对于有声语言来说，符号是音响形象与概念的结合，"我们把概念与音响形象的结合叫作符号"（102），也就是说，两者缺一就不能构成符号。音响形象就是符号的"能指"（signifiant）部分，概念就是"所指"（signifié）部分。如果从有声语言扩大到书写语言，那么，符号就是书写标志与概念的结合。索绪尔认为，符号具有任意性特征，就是说，符号的能指与所指在最初结合时是任意的。但在结合之后，符号便具有了稳定性，也就是说，不能随意地改变这种结合。罗兰·巴特发展了这一论述，他总结，符号具有层递变化的特征，即一个能指与一个所指构成第一个符号，这第一个符号作为一个新的能指借助一定的修辞手段与另一个新的所指（概念）结合，构成第二个符号，而第二个符号所给出的意指就是内涵。他由此得出的结论是，文学文本属于"二级符号"。可以说，关于二级符号的论述，是罗兰·巴特为符号学做出的重大贡献，他也将其用在了多个领域的分析之中。从理论上讲，这样的结合还可以继续下去（可参阅其《神话集》一书，法文原版第 193-247 页"今日之神话"）。至此，我们明确地看到，罗兰·巴特的二级符号学理论，带有着明显的"符号三角形"的特征，即以"能指"为第一项、以"所指"为第二项和以"意指"为第三项组成的三角形关系，但它不同于美国符号学家皮尔斯在"表象""对象"和"解释"之间的三角关系。索绪尔在《普通语言学教程》中对于语言符号的"意义"（"signification"，现在多被翻译成"意指"）早有论述，但他是将这一概念放在"能指"与"所指"之外作为一种联系来论述的，而且他没有引进符号的层级概念。纵观罗兰·巴特的符号学论述，笔者认为，在不同的领域发现不同层级符号的能指与所指的结合方式，特别是对于在二级符号基础上寻找意指即内涵，占去了他大部分研究工作。读者可以在这部《显义与晦义》一书中看到作者对于摄影、广告、书写、绘画、音乐等领域的二级符号的意指或内涵所做的细致和精彩的分析，而这种分析有助于我们把握不同艺术类型的特征。

索绪尔有关符号的"形式"与"实质"的论述，对于理解符号的本质也是非常重要的。《普通语言学教程》告诉我们："在语言里，我们不能使声音离开思想，也不能使思想离开声音。……所以语言学是在这两类要素相结合的边缘地区进行工作的；这种结合产生的是形式（forme），而不是实质（substance）"（158），紧接着，他又强调说："语言是形式而不是实质"（159）。这一论点在语言学和符号学理论中意义重大。在西方传统哲学思想中，"实质"对立于"偶性"（accident）。实质指在一个有可能变化的主题中那种稳定的东西。亚里士多德就将实质看成生命存在的内在原因。但是，在《普通语言学教程》中，索绪尔却从否定的意义上引入了"实质"概念，并将其与"形式"相对立。那么，为什么语言是"形式"呢？索绪尔说："语言是一个系统，它的任何部分都可以而且应该从它们共时的连带关系方面加以考虑"（127），"在语言里，各项要素都由于它同其他各项要素对立才能有它的价值"（128）。可见"语言"是一种关系，是一种"组织机制"、是一套"语法规则"，因此也就是一种"形式"，而这种"形式"，格雷马斯将其说成"接近于我们的结构概念"[①]。在这一方面，后人做了这样的论断：既然"语言"是"形式"，那么，与之相对的"言语"，也就自然是"实质"。由于言语是对于语言的运用，也就是说，言语表现语言，那么，说"实质"表现"形式"也就顺理成章了。这样一来，"形式"反而是内在的、稳定的，而"实质"却是外在的、

---

① 格雷马斯、库尔泰斯合著：《符号学，言语活动理论的系统思考词典》（*Sémiotique, dictionnaire raisonné de la théorie du langage*, Paris, Hachette Livre, 1993），p. 155.

变化的了。我们似乎可以将"实质"理解为"外在的实际表现"（索绪尔将"意义"也包含在"实质"之中）。《显义与晦义》中的多篇文章，都谈到了在具体艺术表现中形式与实质的关系，希望读者能结合这里的介绍去理解它们。

最后，关于组合关系与聚合关系问题。这里涉及到语言符号的连接。索绪尔认为，"语言各要素间的关系和差别都是在两个不同的范围内展开的"（170），"一方面，在话语中，各个词，由于它们是在一起的，彼此结成了以语言的线条特征为基础的关系，排除了同时发出两个要素的可能性……另一方面在话语之外，各个有某种共同点的词会在人们的记忆里联成合起来，构成具有各种关系的集合"（170-171），于是，便形成了横向的组合关系（也翻译成"句段关系"）和纵向的聚合关系（亦称"联想关系"）。语言中的联想关系表现为多方面，例如同义、反义、近义、同音、同韵等。著名俄裔美国语言学家雅各布森（Jakobson R., 1896-1982）对于这两种关系的研究付出了巨大努力，他的结论是，组合关系轴是换喻轴，聚合关系轴是隐喻轴。罗兰·巴特也在这方面做出了自己的贡献，他结合不同艺术领域发现了不同的组合关系和聚合关系，也为确立艺术领域的符号学研究打下了基础。

这本书所收文章，起于1961年，止于1977年。从时间上来讲，它们横跨从罗兰·巴特第一个写作时期（神话写作时期）的后期起、中经符号学研究时期和文本性研究时期，最后至道德写作时期的十余年的时间，反映了他对于艺术符号的不断探讨和思考。但是，从总的情况看，他的符号学分析仍然属于索绪尔主张建立的结构论符号学（sémiologie），其所实践的是对于"不连续性"的分析，其分析对象是文本的"散在的单位"（他对于音乐的符号学分析已有所变化），这与分析对象为"连续体"的后结构主义和巴黎符号学学派有着明显的区别。

　　需要说明的是，就像理论符号学本身还处于百家争鸣和不断得到综合的过程中一样，有关艺术门类的符号学探索也正处于逐渐形成和发展过程中，许多概念和方法随着时间的推移也在变化。毋庸置疑，罗兰·巴特是艺术符号学探索的先驱之一。不过，艺术符号学在今天的发展，已经可喜地超越了罗兰·巴特当年的论述。

二

　　《显义与晦义》包括两大部分内容。第一大部分，是对于视觉艺术的符号学阐述。我们先来看这一部分。

　　首先，视觉艺术包罗范围广泛。罗兰·巴特在这一部分中就分析了摄影、多种形式的绘画，还有戏剧等。我们在此将着重介绍其关于摄影图像方面的符号学思考，因为他也是以基本相同的符号学思想论述了其他视觉艺术。

　　罗兰·巴特首先告诉我们，摄影（照片）是一种讯息存在方式。讯息（message）一词，在文中频繁出现，它指的是符号呈现状态中那个"能指"的部分，并不指符号所传达的信息（information）即"所指"。乍一看，这种讯息似乎是无编码（无规则）的，因为它被一般理解为是对于客观对象的一种复制。其实不然，这种讯息，在其类比性内容（场面，对象，景物）之外，都直接和明显地形成着被业内人士说成是摄影"风格"的一种"补充讯息"。那么，这种补充讯息作为一种新的能指与在原先所指基础上产生的新的概念的结合，便形成了第二层意义。显然，这还是罗兰·巴特"二级符号"的概念在艺术符号学研究上的应用。具体来讲，这种风格是什么呢？它就是摄影者（创作者）所运用的各种手段或各种"处理"方法。而这时的第二层意义，就是与各种手段相结合而形成的审美的或意识形态的观念，即某种社会"文化"。于是，我们可以说，包括摄影在内的所谓模仿性"艺术"或再现性艺术，"都包含着两种讯息：一种是**外延的**，即相似物本身，另一种是**内涵的**，它是社会在一定程度上借以让人解读它所想象事物的方式"①。

在这里，罗兰·巴特接受了丹麦语言学家叶姆斯列夫（Hjelmslev L.，1899-1965）的著名论述，即以表达平面和内容平面来分别代表能指与所指，使得这两个术语在变得更为通俗的同时，也更方便了进一步的分析。不过，叶姆斯列夫关于表达平面与内容平面完整的理论是：每一个平面又可分为"形式"与"实质"，并且表达之实质表现表达之形式，内容之实质表现内容之形式，内容之形式表现表达之形式，仍然是"实质"在外，"形式"在内。我们在罗兰·巴特对于艺术类作品的分析中，还没有见到对于这两个下位概念（在罗兰·巴特后来发表的《符号学基础》中，他全面接受了叶姆斯列夫的理论）之间关系的介绍和

运用。但是，罗兰·巴特的分析已经告诉我们，像语言类作品一样，艺术类作品也是可以承受"二级符号"的符号学分析的。

那么，摄影图像的内涵手段有哪些呢？罗兰·巴特为我们列举了特技摄影、姿势、对象选择、上镜头处理、审美处理和多幅照片组成的"组图"之间的连接"句法"；其实，这些手段，按照叶姆斯列夫的理论，就是"内容之形式"。这几项，在罗兰·巴特看来，都是摄影者（作者）依据一定的文化背景人为安排的。同样的情况还有，与摄影作品（照片）可能在一起的

---

① 巴特：《显义与晦义》（*L'obvie et l'obtus*, Paris, Seuil, 1982），p. 12.

配文，罗兰·巴特将其叫作文本，是由不同程度的言语构成的，"言语越是接近图像，它就越不大使图像具有内涵"，而且，文本与照片之间的关系，则是"词语讯息由于在某种程度上被肖像讯息所死死抓住，所以它似乎参与其客观性，而言语活动的内涵则借助于照片的外延来'自我辩解'"[①]。在这篇文章中，罗兰·巴特对于"意指"（即内涵）的论述值得我们去认真理解，他说："意指总是通过一种确定的社会和一种确定的历史来建立的；总之，意指是解决文化的人与自然的人之间矛盾的辩证运动"[②]。可见，照片（或泛指的图像）的意指，是不能只依靠在照片本身来寻找的，而是要联系社会、个人（但是，罗兰·巴特当时并不承认有个人[作者]的参与）和整体文化的背景（或关联文本）来寻找的，这也就为针对同一作品出现不同的解释提供了可能。作者在这篇文章的末尾对于图像符号学的未来做了预测，认为"技术越是在发展信息（尤其是图像）的传播，它就越提供可以掩盖以既定意义之外表来构成的意义的所有方式"[③]。现代摄影技巧的发展说明了这一点。

对于图像的修辞学的论述，是罗兰·巴特有关图像符号学的重要组成部分。他以"内涵特征性"为核心，结合一幅意大利食品面品牌（Panzani）的广告，从语言信息（专有名词的意大利语发音）、造型讯息（各种颜色）和像似讯息（代表社会文化的各种对象）出发，分析了该产品的"意大利特征"。罗兰·巴特在此采用的方法，"即从所指开始去寻找能指进而找出构成图像符号的方法"[④]，后来形成了从意义（内容之实质）出发去寻找产生意义之结构（内容之形式）的符号学研究方法，对于

---

① 巴特：《显义与晦义》（*L'obvie et l'obtus*, Paris, Seuil, 1982），p. 20.
② 巴特：《显义与晦义》（同上），p. 21.
③ 巴特：《显义与晦义》（同上），p. 37.
④ 巴特：《显义与晦义》（同上），p. 46.

巴黎符号学学派的研究起到了推动作用，从而使罗兰·巴特也成了后者形成的先驱者之一。

《第三层意义》一文，借对于爱森斯坦的几幅剧照的分析，进一步探讨了图像的特征。作者指出，图像（照片）由三个层次构成。第一个层次是信息层：也就是说前面说的"讯息"层或传播层所给出的东西，它只提供画面可以直观看到的东西。第二个层次是"象征层"，即"主题层""意指"层或"内涵"层，因为剧照中那从头上向下泼出的金子的意味就是财富和皇权。他明确指出，有关第二层次的符号学，不再向讯息科学开放，而是向象征科学（精神分析学，经济学，戏剧理论）开放。然而，这还不是全部，因为罗兰·巴特还感觉在"收到（甚至是首先收到）第三种明显的、游移的和固执的意义"①。他无法明确指出其所指，但是他"清楚地看到了组成这个今后是不完整符号的那些特征即那些意蕴活动变化：那便是两位朝臣面部施粉的厚薄状况，一个浓妆艳抹，一个轻淡致雅；那便是这一位有着'愚蠢的'鼻子，那一位有着细描的眉毛；这一位皮肤黄而暗淡，那一位皮肤白而无光——其发型平塌，看得出是假发，一直披到抹灰的皮鞋底处和盖到涂粉的鼻头上部"②。其实，这种一时间找不到其所指即第三层意义的符号，在符号学分类中属于我们称作"标示"或"指示"（indice）的一类。这类符号只有明显的能指，但是人们无法一下子找到其所指，更无法发现其进一步的内涵意义。这使我们联想到其他艺术实践中的情况。在诗歌创作中，在一篇诗歌文本中安排多种意象，就会带来"难以捉摸"的某种效果，"朦胧诗"创作采用的就是这种手法。"标示"的丰富性，为一篇诗作的多种解释和丰富联

① 巴特：《显义与晦义》（*L'obvie et l'obtus*, Paris, Seuil, 1982），p. 44.
② 巴特：《显义与晦义》（同上），p. 45.

想提供了可能。罗兰·巴特遂对于图像中"显义"与"晦义"给出了定义。"我建议把这种完整的符号称为**显义**（sens obvie）。**显义**意味着**来到面前**"①，根据他的论述，第二层意义即内涵意义也属于这种显义。而"晦义"则是"第三层意义，……它就像是我的理解力所不能吸收的一种多余的东西，它既顽固又琢磨不定，既平滑又逃逸，我建议把它称为**晦义**（sens obtus）"②。以《显义与晦义》作为书名，显然是告诉我们，这本书探讨的就是内涵意义与在这种意义之上某些"标示"符号所提示的可能意义。

　　罗兰·巴特对于图像符号的开拓性研究，在很长一段时间成为人们对于这一领域进行探讨的参照。法国著名图像符号学家玛丽娜·乔丽在总结罗兰·巴特的图像符号学思想时说：罗兰·巴特在"探索图像是否包含着符号、都包含着哪些符号的时候，他为自己发明了方法。这种方法在于假设。这些，需要找到的符号都具有与索绪尔指出的语言符号的结构相同的一种结构：一个能指与一个所指的连接"③。

　　在对于"视觉艺术"这一部分的分析中，作者还谈到了对于古希腊戏剧、字母艺术、绘画和总称为"艺术"的符号学探讨。不过，我们似乎可以说，这些论述都是作者对于其"二级符号"思想的进一步阐述。这本书中最后一篇文章是后来才发现的，因此作为"第一部分的补遗"放在了书末，名为《直盯盯地看着》，也还是关于视觉艺术符号学的。该文论述了目光与意指活动的关系，指出"目光不是一个符号，可是，它却有所意味。秘密是什么呢：这是因为目光属于其整体性不是（断续

---

① 巴特：《显义与晦义》（*L'obvie et l'obtus*, Paris, Seuil, 1982），p. 45.
② 巴特：《显义与晦义》（同上），p. 45.
③ 玛丽娜·乔丽（Martine Joly）：《图像分析》（*Introduction à l'Analyse de l'image*），中译本，怀宇（译），天津人民出版社，2012，45.

的）符号而是由本维尼斯特（Benveniste É，1902-1972）大体
拟定了其理论的意指活动的那种意指领域。与作为符号秩序的
语言相对立，艺术一般地属于意指活动"①。那么，什么是"意
指活动"呢？这篇文章的写作时间是 1977 年，可以看出，罗
兰·巴特有关艺术的符号学思考又得到了深化。关于意指活动
的概念，在这第一大部分中刚有所论及，不过我们在下面一节
将重点予以介绍。

三

　　该书第二大部分是对于音乐符号学的阐述，共收七篇文章，
我们在此就它们涉及的几方面问题做概括的介绍。

　　关于"听音乐"的符号学认识。罗兰·巴特首先把**听到**
（entendre）和**听**（écouter）做了区分，认为前者是一种生理现
象，后者是一种心理行为；听到可以借助于听觉的声学和生理
学来描述听力（audition）的物理条件（其机制）；但是，听只
能依靠被听的对象即其目标（visée）才可以得到确定。罗兰·巴
特就此提出了有关听的三种类型。他认为，属于"听到"的生
理学表现，都是一些**标示**，而标示尚未构成包括能指与所指在
内的完整符号，"在这个层次上，没有任何东西可以将动物与人
分开"②。"第二种听是一种**识辨**（déchiffrement）；我们通过耳
朵尽力接收的东西，都是些符号；无疑，人就是在此开始：我
听，就如同我阅读"③。最后，还有第三种听，它"并不针对
（或者并不期待）一些确定的、分出类别的符号：不是被说出的
东西，或者被发送的东西，而是正在说、正在发送的东西：它

---

① 巴特：《显义与晦义》（*L'obvie et l'obtus*, Paris, Seuil, 1982），p. 279.
② 巴特：《显义与晦义》（同上），p. 217.
③ 巴特：《显义与晦义》（同上），p. 198.

被认为形成于一种跨主观的空间，而在这种空间里，'我听'也意味着'请听我'；它所占有的以便进行转换和无限地在转移游戏中重新启动的东西，是一种总体的'意指活动'，这种意指活动在潜意识得不到确定的情况下是不可构想的"①。这里所说"跨主观的"，实际上是指至少两位主体之间的关系，所以，才有"我听"即意味着"请听我"。潜意识，是属于精神分析学研究的内容。"而这样被确定为是交付给精神分析者的听的主要成分，是一个术语、一个单词、一种指向一种身体运动的字母整体：即一个能指"②。因此，对于另一个人的欲望的辨认，就是"辨认这种欲望，要求人们进入欲望之中、在中摇摆、最终陷入其中"③精神分析学与符号学的结合，始于雅克·拉康（Lacan J.,1901-1981）的相关论述。他的名言是"潜意识也像是言语活动那样被结构的"④。由于言语活动也是建立在符号与符号之间关系基础上的，所以，对于潜意识的分析也是依据符号。但是，根据罗兰·巴特的符号学思想，这种符号只能是寻找内涵意义的"二级符号"。这样被说的东西，源自于一种潜意识知识，这种知识被转移到另一个主体上，而这个主体的知识又是被假设的，我们在相关文字中，会读到进一步的阐述。并且，精神分析的"听开向所有的多义形式、多因决定形式、叠加形式"⑤。

关于意指活动（signifiance），这是作者从朱莉娅·克里斯蒂娃那里接受的概念。克里斯蒂娃1965年来到法国后，不久就加入了《如此》杂志所聚拢的"新批评派"行列之中，她参加罗兰·巴特的研讨班，遂发表融苏联符号学家巴赫金的理论和

---

① 巴特：《显义与晦义》（*L'obvie et l'obtus*, Paris, Seuil, 1982），p. 218.
② 巴特：《显义与晦义》（同上），p. 225.
③ 巴特：《显义与晦义》（同上），p. 227.
④ 拉康：《文集》（*Écrits*, Paris, Seuil, 1966），p. 268.
⑤ 巴特：《显义与晦义》（*L'obvie et l'obtus*, Paris, Seuil, 1982），p. 229.

结构主义理论为一体的文章，逐步引起了人们的关注。1969 年她出版了《符号学：符义分析研究》一书，该书汇集了她到那时的全部文章，系统地介绍了她的符号学思想，而她的理论也影响了罗兰·巴特。她的符号学叫做"符义分析"（sémanalyse），是以"互文性"（intertextualité）和"复变性"（paragramme）等为核心内容、以"意指活动"为基础理论组织起来的一部著作。那么，什么是意指活动呢？克里斯蒂娃这样论述道："我们以意指活动来定名区分出层次和进行对比的工作，这种工作在语言中进行，并在说话主体的线上放置一条属于传播学的和在语法上是结构的意指链。符义分析将研究文本中意指活动及其类型，因此它需要借助能指、主体和符号，以及话语的语法结构"①。这样听起来有些复杂。她后来又写道："对于文本的研究属于符义分析，这意味着不再用符号来封锁对于意指实践的研究，而是把符号分解并在其内部开辟一个新的外部，'即一种新的可能进一步讨论和组合的场所空间，也就是意指活动的空间'（索莱尔斯）。在不忘记文本表现一种符号系统的情况下，符义分析在这一系统之内又打开了一个新的场面"②。朱莉娅·克里斯蒂娃很注重精神分析学的学习与研究，作为她的"符义分析"之核心的"意指分析"就包含着精神分析方法的运用。我们仅以她在分析马拉美《骰子一掷》一诗中的例证来说明一下，在谈到诗句中"N'abolira"（"永不消除"）时，他说道："abolir"（消除）一词在引起马拉美的注意，他似乎在把 abolir 与 bol（碗）、bassin（盆地）、récipient creux（空心器具）联在一起，作为义

---

① 克里斯蒂娃（Kristeva J.）：《符号学：符义分析研究》（*Semiotiké : Recherches pour une sémanalyse*, Paris, Seuil, 1969），p. 9.
② 克里斯蒂娃（Kristeva J.）：《符义分析与意义生产》（«*Sémanalyse et production de sens*»），见于格雷马斯主编：《诗学符号学论文集》（*Essais de sémiotique poétique*, Paris, Librairie Larousse, 1972），p. 210.

蕴微分的"abol"，带有"空""空心""深"之义素。因此，又
与全诗开头部分的"深渊"（abîme）相呼应。在对于相呼应。
在对于"abolira"（"消除"）一词的分析时，朱莉娅·克里斯蒂
娃说："Abolira"从构成成分上来讲，还包含 lira（rage：疯狂）、
ira（folie：癫狂），lyra（lyrique：抒情）几方面的联想。"该词
想必是指现存表面的空心底部，这里是能量的汇集之地，在这
个地方，疯狂地、当然是富有诗意地进行着意指活动的工作"①。
这样被分析的符号，由于可以为多种联想提供可能，因此克里
斯蒂娃借用了索绪尔研究过的 Anagramme（原意为"改变其中
一个字母就变为新词"）的同义词 paragramme 予以定名，笔者
将其翻译成"复变词"。那么，意指活动，显然就是在一个符号
上进行多种意义联想的活动，而多个符号的意指活动，便构成
克里斯蒂娃称之的文本"能产性"，这是读者参与意指活动的结
果。我们看到，这样的分析离不开语言学单位，离不开主体（即
作者）、离不开"互文性"（作者的其他作品与社会文化背景），
离不开词源学上的论述和精神分析学上的推论。罗兰·巴特
在对于音乐的符号学分析中，强调了听者的参与性。

　　关于嗓音的微粒。这本书中专门有一篇同名文章。乍听起
来，"微粒"一词很不好理解。作者是从总结此前的音乐批评说
起的。他指出，传统的批评都是对于音乐演出进行的"形容词
式的"批评。而他所希望的"最好是改变音乐对象本身，就像
这种对象自愿承受言语那样：变动它的感受或理解层面：移动
音乐与言语活动的接触边缘"②。他认为，"在这种空间中，一
种语言与一种嗓音相遇。我将立即赋予这种能指一个名称，在

---

　　① 克里斯蒂娃（Kristeva J.）：《符义分析与意义生产》（«Sémanalyse et production
de sens»），见于格雷马斯主编：《诗学符号学论文集》（*Essais de sémiotique poétique*,
Paris, Librairie Larousse, 1972），p. 231.
　　② 巴特：《显义与晦义》（*L'obvie et l'obtus*, Paris, Seuil, 1982），p. 237.

这个能指上，我认为，民族习性的意图可以被清除，因此，形容词也就没有了：那将是**微粒**（grain）：当嗓音处于语言和音乐两种姿态、两种生产状态的时候，就是嗓音的微粒"[1]。在这里，"语言"还是我们前面介绍的概念，即它是"形式"，换句话说，就是当我听歌曲演唱时，从歌者那里所感受到的是形式和音乐的结合体。"我试图对于'微粒'说出的东西，当然只能是我在听唱歌的时候连续感受到的属于个人享乐方面的那种表面上抽象的内容，即不可阐述的内容……嗓音的微粒并不是——或者不仅仅是——它的音色；它所开启的意指活动，恰恰只能借助于音乐与其他东西即语言（而绝不是讯息）的摩擦本身来得到更好地确定"[2]，至此，结合作者在其他地方的相关论述（例如，"不大带有一位的'微粒'的嗓音"）[3]，我们似乎可以给"微粒"换上一个比较通俗易懂的名称：本色。"为了从发声音乐的被人承认的价值中找出这种'微粒'，我将使用一种双重对立：从理论上讲，就是现象-文本和生成-文本"[4]。这里，罗兰·巴特又借用了克里斯蒂娃在进行符义分析时区分的"现象-文本"和"生成-文本"两个概念；前者指呈现在读者面前的文本，后者指经过对于"意指活动"分析获得多重可能意义的文本。而在随后的分析中，他把两个概念转换成"现象-歌曲"和"生成-歌曲"。他明确地指出，"**现象-歌曲**（phéno-chant）（如果我们确实想接受这种移用的话）涵盖着所有的现象，即关系到被唱出的语言的结构、体裁的规律、装饰音的编码形式、作曲家的个人习惯用语、演唱风格的所有特征：

---

① 巴特：《显义与晦义》（*L'obvie et l'obtus*, Paris, Seuil, 1982），p. 227.
② 巴特：《显义与晦义》（同上），p. 228.
③ 巴特：《显义与晦义》（同上），p. 242.
④ 巴特：《显义与晦义》（同上），p. 238.

总之，是在演唱过程中服务于沟通、再现、表达的全部东西"[1]，而**生成-歌曲**（géno-chant），"便是歌唱着的、有距离的嗓音的音量，即所有的意指'在语言的内部和在其物质性本身'得以萌生的空间"[2]，说得直白一些，就是嗓音依靠其本色容纳所有内容之形式的空间，也就是说意指活动的空间。在这里，我们又一次看到了对于符义分析的运用。需要说明的一点是，"意指活动"与"意指"（或"意指过程"）是有区别的。"意指"（或索绪尔称之为"意义"）是从结构语言学一开始就有的一个概念，它表明依据"能指"与"所指"之间的连带关系所产生的"内涵意义"或这种产生的过程。格雷马斯给出的定义是："意指可以有时指作为（意指就像是过程），有时指状态（即被意味的东西），因此它揭示了所涉及理论动态的或静态的概念。根据这种观点，意义可以被释义为或者像是'意义之产生过程'，或者像是'被产生的意义'"[3]。罗兰·巴特早期习惯使用其"意义之产生过程"的定义，而在他后期的符号学研究中基本上采用的是"意指活动"。这后一概念，正像我们前面说的那样，指的是在一个符号区域上进行多种可能意义探讨的活动。两个概念中程度不同地都有一种"动态"含义，这也揭示了为什么罗兰·巴特很快就接受克里斯蒂娃"符义分析"的原因。但是，前者基本表现为"组合"（横向）的特征，后者则基本属于"聚合"（竖向）的呈现。符号学家若赛特·雷-德博夫在她的《符号学词汇》一书中，对于在音乐方面的"意指活动"有过明确的阐述："在音乐上，指多元意指活动区域，即音乐陈述的区域，这种区域在

---

① 巴特：《显义与晦义》（*L'obvie et l'obtus*, Paris, Seuil, 1982），p. 238.
② 巴特：《显义与晦义》（同上），p. 239.
③ 格雷马斯（Greimas A.J.）、库尔泰斯（Courtès J.）合著：《符号学，言语活动理论的系统思考词典》（*Sémiotique, dictionnaire raisonné de la théorie du langage*, Paris, Hachette Livre, 1993），p. 352.

于借助于同时性和相续性来集中各种特征，而这些特征将间接地并相互独立地发展"[①]。

这部书的内容丰富，有些分析细致入微，充分体现了罗兰·巴特作为特殊随笔作家的

"描述"才华和作为符号学家入木三分的理解与分析睿智。概括说来，罗兰·巴特对于艺术作品的符号学分析，不脱他始终坚持的"二级符号学"理论，而在他借鉴了朱莉娅·克里斯蒂娃的"符义分析"理论和实践之后，又使自己的理论臻于完善。本篇"导论"结合书中例证不多，但尽力阐述了各种分析所使用的理论依据，它还需要读者的参与。若它能有助于读者阅读、理解和研究罗兰·巴特的艺术符号学思想，译者自欣然满足。

见于《显义与晦义》，

中国人民大学出版社，2018 年 1 月

[①] 雷伊·德博夫（Rey-Debove J.）:《符号学词汇》（*Lexique sémiotique*, Paris, PUF, 1979, p. 135.

呼唤文学的语言符号学研究之春天

——由藏策先生《超隐喻与话语流变》

一书所想到的

我与藏策可以说是忘年之交，说来我们正好认识 20 年了。记得我们第一次见面时他只有 20 几岁。后来，他送给了我一本他那时出版的介绍文学的精神分析学思考的小册子，我读后，觉得他很善于吸收和应用国外新的学术思想，便建议他读一些语言符号学的书籍。我的初衷，是让他把符号学理论与对中国文学的研究结合起来，他是学文学的，又有研究精神，有这个基础，也就有这种可能。不久，他对我说，他读了一些，但是没有怎么读进去。我后来去法国工作了几年，到我回来后与他见面时，发现他对符号学不仅有了浓厚的兴趣，而且所知甚多，并且在文学方面已有所思所想。他催促我将法国符号学著述的翻译工作继续下去。现在，我高兴的是，藏策在将符号学理论与中国文学研究相结合的道路上已经有了丰硕的成果。他的这本《超隐喻与话语流变》（天津人民出版社，2007）充分体现了他在这方面所做的有益探索与可喜收获，也让人们看到了我国文学理论和文学批评到目前尚需大力提倡和很有希望的一角：文学的语言符号学研究。但是，我觉得，只有很少的人来做这项工作是不够的，我呼吁更多的文学理论工作者和批评家都来尝试这样的一种实践。

　　一种新的学说或一种新的方法论，有一个被人接受的过程。20 世纪 50、60 年代，当以罗兰·巴特为首的少数法国文学批评家尝试以结构主义观点（即初期的符号学）来分析文学作品的时候，曾受到以皮卡尔（Picard）为首的学院派批评家的猛烈攻击与恶意指责。于是，双方展开了唇枪舌剑的对抗和较量。结果是，以语言符号学为代表的"新批评"在较量中不但站住了脚跟，而且得到了发展，从而形成了法国 20 世纪后半叶主流的文学批评。面对这一形势，法国著名文学批评史专家法约尔教授当时颇为感慨地劝诫人们，"我只能在此希望，我们每个人都不要因循守旧，不要妄自尊大而鄙视别人"①。他当时，发出了一项呼吁和做了一种预测。他呼吁，文学的某些语言符号学研究方法和结果，应该进入大学教学甚至中学教学，他说："但愿文学教学能够博采这种探索带来的新成果"②。这种愿望在 20 世纪 80 年代实现了。法国以出版大学教材为主的法国大学出版社（PUF）和阿尔芒·科兰出版社（Armand Colin）在后来的时间里都相继出版了《文学语言学》《文本分析》《风格符号学》等文学的语言符号学教材，再后来又有《文学符号学概论》等问世。与法国高等教育相比，我国高等院校的文学教学，目前尚无这种准备和安排，但相关翻译出版物已经有不少，比如天津人民出版社从法国引进的"128 丛书"，大多都是介绍符号学在各方面的应用的，藏策所说"俗套理论"就是其中一本书的论题。法约尔教授所做的预测是，"把形式主义研究的全部

　　① 法约尔（Fayolle R.）：《批评：方法与历史》（*La critique*, Armand Colin, 1978），怀宇（译），百花文艺出版社，2002，418.
　　② 法约尔（Fayolle R.）：《批评：方法与历史》（同上），428.

成果与文学现象的更为广泛的成就结合在一起，而又不忽视它们的社会方面"是文学批评今后的发展趋势。他当时认为，这种结合是不久之后的事情。可是，稍后的现实却不是他所希望的样子。到了 90 年代初，在他为其同一著述准备的再版序言中，不无惊奇地感叹道，形式批评（即语言符号学批评）还在发展，其影响"使其他一些声音暗淡了下来，它们不是被完全消灭了，而是被窒息了。"[①]

　　在已有大量国外成功经验的基础上，我国部分学者也已开始尝试采用语言符号学的理论和方法来分析和解释中国文学现象了。在中，藏策的努力和成果是有目共睹的。结合我在开始时说的话，我们可以得出这样的结论，那就是，语言符号学是可以学习到的，个人自学也是可以达到很好效果的。为了使这一学科能顺利地为我所用，我想，在我国的实际情况下，先要排除一种思想上的障碍，那就是，不要轻易地为其扣上"形式主义"的帽子。我个人的看法是，文学的语言符号学探索，确实是一种形式上的探索，但将其贬为"形式主义"，却理据不足。首先，文学作品是符号连接的产物，本身就是带有一定的形式，例如文学符号的构成方式、符号连接的组织形式等。应该承认，作品本身属于形式方面的东西过去没有得到过很好的发掘。现在，采用一定的方法将这种形式揭示出来，是作品研究与理解所必需的。其次，文学研究是一门社会科学，例如中国社会科学院中就有文学研究所和外国文学研究所。而包括社会科学在内的任何科学研究最终都必然实现形式化——数理逻辑已开先河，随后而来的就是语言符号学，那么，文学研究的一定程度的形式化，就自有其合理性，也是符合规律要求的。再其次，

---

　　① 法约尔（Fayolle R.）：《批评：方法与历史》（*La critique*, Armand Colin, 1978），再版后记。

按照法国著名符号学家格雷马斯的说法，在当前研究状态的情况下，符号学"还没有达到使其研究形式化的地步，它只不过刚刚到达一种前形式化阶段"[①]。既然符号学本身还远没有达到真正形式化的程度，那么，用它来研究和分析文学作品，又如何称得上就是"形式主义"呢？最后，文学现象是复杂和丰富的，仅靠目前语言符号学的成果远不能满足对于文学现象所有形式发掘的要求，而且各个国家和各个民族的文学更是相异有别的，虽然共性的东西不难找到，但个性的部分则需要更长和更认真的研究工作。其实，文学的形式研究并不是什么全新的东西，我们以往进行的作品的语言风格分析就已经是一种形式分析，而且语言符号学分析最为重要的方面也还是归为风格学的问题，只是传统的分析缺乏系统的理论基础。

这里自然涉及到正确认识形式与内容即能指与所指的关系问题。藏策在书中"自序"中总结自己对于两者关系的看法时说："内容的最深层其实是形式，而形式的最深层则正是所谓的内容"。我仅试举二例简单地对其说明一下，一是交通信号指示牌：那些带有"左转弯""右转弯""禁止停车""禁止通行"各种标志的指示牌，都既是内容，又是形式，因为对于指示牌内容的判定，只能通过牌子上的标志来进行；二是我们的汉字，它是一种象形表意文字，一个"人"字在其进入文本之前既是形式，也是内容。当然，这是属于符号学上被称作"单平面符号学"的单位的例子，而文学符号则属于"双平面符号学"的研究领域，其内容与形式之间的关系要复杂得多，应该做更深入的探讨，但它们相互依存是根本性的，因此从形式分析入手，

---

① 格雷马斯、库尔泰斯合著：《符号学，言语活动理论的系统思考词典》（*Sémiotique, dictionnaire raisonné de la théorie du langage*, Paris, Hachette Livre, 1993），p. 154，"形式主义"（«Formalisme»）条目.

最终实现对于内容的一定发掘，不能不说是一种途径。语言符号学就是更看重能指（表达）和通过对于能指功能的探讨来帮助加深对于内容理解的一门学科或一种方法，因为正是能指的"不稳定性"（列维-斯特劳斯语）亦即"无限变化的能指"（罗兰·巴特语）在构成文学与艺术。藏策在其书中对于"工人文学"在形式上的表现做了出色的分析，令人信服地告诉了人们形式分析对于内容理解的这种积极作用。不过，语言符号学不能解决文学所涉及的全部问题（可是，又有哪一种理论能够解决全部问题呢？）。那些不能在语言符号学上得到深入研究和探讨的其他问题，例如写作背景和作者心理状态等问题，仍然是文学的社会学研究和心理学研究的对象和场所。不过，需要指出的是，在今天的法国和欧洲，社会学研究和心理学研究也无不在某种程度上借鉴语言符号学的概念和术语，我似乎开始意识到，法约尔教授的预言正有望悄然地变为现实。总之，我认为，在我国，对于文学进行语言符号学方面的探索，是不可躲避和不应该躲避的。

藏策的研究成果，并不限于以文本为特征的文学，他的理论研究还拓展到以图像为文本表现的摄影理论。他在看到我翻译的罗兰·巴特的《图象修辞学》一文之前就提出过摄影手段中的快门是一种"提喻"，这是很有创意的提法。他书中的《关于〈摄影·批评·文化研究〉》一文当时发表后引起了文艺理论界强烈的反响，中国社会科学院外国文学研究所专门为其举办了研讨会。他对我说，他计划依据语言符号学理论写一部《摄影诗学》，可见，他已经锁定目标开始深入应用语言符号学了，而在这种应用中间，他肯定会有新的思考和新的发现。我殷切地盼望这一著述的出版。我呼吁有更多的文艺理论家、批评家参加到文学与艺术的语言符号学研究之中来。为繁荣我们自己的文学与艺术研究、甚至文学与艺术创作，为深入了解我们自己的植根于中国文化土壤中的文学与艺术作品的特色，自然也为使在这项国际性研究中有我们中国学者的一份功劳，让我们遵循鲁迅先生的"拿来主义"的主张，客观认识和积极学习语言符号学、正确应用和大力发展语言符号学！

2006 年 9 月 5 日

见于《符号学论集》，收入本书时有所删减。

令人费解的"超语言学"

——从两本书的书名谈起

随着国外一些社会科学术语的引入，我们国内近年来也常见把"超"字放在一个术语前面的用法，以建立自己的学说。这几年中，我见到过两本书，书名里都有一个"超"字，书中也不乏有关"超……"的论述。一本是藏策先生的《超隐喻与话语流变》（2006），另一本是董小英女士的《超语言学——叙事学的学理及理论的原理》（2008）。我在仔细阅读了两位作者各自对于使用"超"字所做解释的文字之后，认为一种可用，另一种则给人概念使用混乱的印象。

先看藏策先生的"超隐喻"之说。他在书中专门有一篇《关于"隐喻"与"超隐喻"的一点解释》的短文，谈了两个概念之间的关系和他采用"超隐喻"这一说法的根据。他说："超隐喻，是'超级'隐喻或'过分'隐喻的意思，而决不是'超出'隐喻或'超越'隐喻的意思"。我的理解是，他的"超隐喻"还属于隐喻，只是强度更大一些。他对该词做了举例说明，比如在"君臣如父子"这样的比喻中，"皇帝当学生的时候也是'父'，甚至是一个小儿的时候，还是父……把皇帝说成'龙'，说成'天子'，也都是一种比喻的说法，但也都当了真，这也是被'过分'（超）地隐喻了"。他又举了鲁迅采用讽喻（反隐喻）的手法对于故乡鲁镇的过分的赞誉，藏策认为这是"所谓的'故乡'的

'超隐喻'"。他说，这种"超隐喻"产生的根源则是中国的"传统文化"，它"携带着专制制度意识形态"，"其构成不容置疑不可追问"，并说这种超隐喻"是极其有害的，是需要彻底批判的"。这本书前面有赵毅衡先生为其写的一篇短《序》，言简意赅地用一句话点破了"超隐喻"的实质和判断依据："如果隐藏的原因是'天理人伦'之类，一个隐喻就变成'超隐喻'"，并且"超隐喻是不能点穿，不能'说白'的"。藏策在这本书中，收入了多篇他采用"超隐喻"理论分析古今中国文化现象的文章，读后让人觉得颇具说服力。

藏策说，他采用"超隐喻"这一说法，是受到了一些国外学者的理论和西方符号学中有"过分符号化"之说的启发而产生的。我不知道他是在哪位西方学者那里了解到这一表述的。我在我翻译过的法国学者罗兰·巴特的多部著述中查了查，没有找到这一表达方式，但却找到了不少类似于"过分隐喻"的说法，单就《文艺批评文集》一书中就有如下的表述："过分宽泛和走样的应用"（《序》）、"超-准确性""每当符号过分带有意指或意指过分匮乏时，符号就生病了""过分的不恰当""它有点像是一种超-言语（sur-parole），真实对于它从来仅仅是一种借口""我们的社会总是赋予充实符号一种过分的特权"等。不难看出，这种"超越"实际的观念即"过分"的观念，在西方世界文化中同样存在着，也许与我们有着程度上的不同，这需要去做研究。藏策的成功之处，就在于他结合中国的汉语文化实际和意识形态表现例证将这种观念做了恰当概括和提升。所以，在我看来，"超"字在藏策先生的理论中不是多余的，是用得很好的。

相反，董小英女士在她的《超语言学——叙事学的学理及理论的原理》一书中对于"超"字的使用，则引出我多个疑点，我想指出与之商榷。

　　作者这本40多万字的著述正文前有两个《前言》和一个《引言》，其中心意思是说作者坚持用三个标准来要求自己，"第一原创性，第二科学性，第三文学性"；作者为自己确定的研究对象就是"直接面对文本"，其目标就是"坚持建立体系的理论志向"。为此，作者在《引言》中说她从巴赫金那里借用了"超语言学"概念，她"把'超语言学'的概念做了简单的比较，并将有关语言的知识分类并形成系统"。紧接着，作者解释了从希腊语 Μετα 演变而来的 meta 这个前缀的含义。我记得，我最初看到这本书时，曾对书名中"超语言学"提法琢磨了好久，以为语言学领域又出现了什么新学科，可是当我注意到封面右下方有"Metalinguistics——Principe of Narratology and Understanding"的英文译名的时候，我明白了：哦，原来就是"元语言学"啊。这个词在现有翻译成汉语的语言学词典中，虽然最后大多也有"超语言学"的释义，但在我鲜为使用，所以未能很快联想到。可是，当我接着读下去的时候，却发现了不该出现的问题。作者说："我所使用的 meta 的语义，从'在……之后'和'超越'两个方面都可以说明：如果说'在语言学之后'的研究的科目，那就包括逻辑学和修辞学，包括叙事学和阐述学。如果说'元语言学'是研究语言之所以成为语言的本源性质，语言符号的符号则没有超出语言学的范围"，"所有这些超出单纯的语法研究之外的语言研究，就是超语言学的研究范畴"。这本书的封底文字说得更明确："'元语言学'作为研究语言基本理论的学科，还在语言学研究的范围之内，而'超语言学'，则超出了语言学研究的范围"。我不说她在"超语言学的研究范围"方面有什么不妥，而是说她把"超语言学"与"元语言学"做这种对立介绍是错误的，因为它们原本就属于同一个外文词，是同一个概念。试问：如果"超语言学"的英文单词是"meta-linguistics"，那么，有哪一个英文单词对应于"元语言学"呢？我们知道，从历史上讲，"元语言学"这个术语出现在 19 世纪，它"是由维也纳逻辑学派（卡普）而特别是由波兰学派引入的，他们都感觉需要清晰地'区分我们所谈论的语言和我们所说的语言'（塔尔斯基[Tarski]）。于是，这个概念便被创立了，随后被叶姆斯列夫在符号学上和被哈里斯在语言学上所采用。语素 méta 用来区分两种语言层次，即对象-言语活动的层次和元言语活动的层次"，并且自然语言中有"多种元语言学表达方式的存在"①；不难看出，董小英女士对于"元语言学"的上述确定，显然是在"元语言学"与"普通语言学"（尽管它也是一种元语言）两个概念之间画了等号，而这与元语言在自然语言中具有多种表达方式是矛盾的。恕我直言，我有时猜想，董小英女士在这里是否把"元"字作汉语中"初始""居首"之义去理解了。总之，她的提法给人一头雾水。概念不清，是立论之大忌。

在董小英女士的这三篇文字中，可以举出多处让我们把握不准的概念和提法。我们再举"所有这些超出单纯的语法研究之外的语言研究"这句话，它给人以语言学只研究语法的错误判断，如果是这样，那么音位学、语音学、语义学等又该属于什么学科的研究范围呢？还有，作者对于某些概念的外延或相互关系不是很清楚。比如，作者根据"原创性"的原则而选择了她认为可包括多种学科在内的超语言学（meta-linguistics），并明确指出，"原创性指的是理论原创和表述原创"，这就是说，作者自认为她的研究方法就是原创。但是，我们上面说过，自

---

① 格雷马斯、库尔泰斯合著：《符号学，言语活动理论的系统思考词典》（*Sémiotique, dictionnaire raisonné de la théorie du langage*, Paris, Hachette Livre, 1993），p. 224.

然语言中原本就有多种元语言（即"超语言"）的存在方式，自然语言只是一种载体。沈家煊翻译的《现代语言学词典》在"meta-linguage(meta-linguistics)"词条下也有这样的解释："这个术语在语言学还有一个较专门的涵义，有些语言学家，特别是本世纪 50 年代，用来指语言体系与相关文化中其他行为之间的总体关系。按照这一观点，只有这种总体关系才能对语言形式的意义做出完整的说明"①。可见，在距今 50 多年的时候，就有学者用"meta-linguistics"一词来包括多种学科了。这样，董小英女士把自己的研究纳入"超语言学"（元语言学），也就算不上是"原创"。还有，记得几年前，中国社会科学院外国文学研究所曾就图像分析理论组织过一次小型座谈会，会上，董小英女士在发言中说"叙述学不是符号学"，使当时在场的包括我在内的许多人大为吃惊。她在这本书的《引言》中继续重复了这一观点："在人们的认识已经进入到叙事学的层次，单独的符号学、语义学已经不能更准确地解释许多现象了"。这显然是说，叙事学是个范围更宽、包罗更广的学科，从层级关系上讲，叙事学是个"上位词"，符号学和语义学则成了"下位词"，一个上位词自然不能属于下位词。其实，恰恰相反，叙事学从一开始就是符号学研究的重要内容，是符号学研究最富有成果的分支。董小英女士在书中也承认叙事学是保加利亚裔法国符号学家托多罗夫首先提出的，怎么能想象，由一位著名符号学家提出的学科分支，竟然与他倾心研究的学科毫无关系呢？即便是董小英女士参照的巴赫金，在现时的法文词典中和"谷歌"外文网上也已把他列入对于"对话理论"和"互文性理论"研究做出卓越贡献的符号学家了。

---

① 《现代语言学词典》，[英]戴维·克里斯特尔（著），沈家煊（译），商务印书馆，2000，221

最后，我想顺便指出与上述情况并非有直接关系的一点，那就是董小英女士对于享有世界声誉的法国著名哲学家德里达建立的"解构论"给予了出言不逊的指责：说什么"那些宣称没有真理的'理论'，如解构，已经自我判定为非科学或伪科学了"；"直到有一天，我认定'解构'不过是只会乱叫的驴子，就轻松地吃掉了它"。德里达是在"结构主义"走向有点极端的时刻提出"解构"的，它是一种哲学思想和一种"纠偏"的实践活动，是有一定的合理性的。"结构"与"解构"是一种互补的关系，而且用"解构"方法分析文学作品，也是有一定成果的。我们可以不赞成他的学说，可以反驳他的观点，但不要损害他的人格。作为学者，应该尊重别人的研究思想和劳动成果，这是起码的学者风范和行为准则。

一个"超"字的使用，引出我这么多的话。我对于董小英女士在其著作中使用的某些概念谈出的看法，仅供她参考，不当之处，还请海涵与指正。

《中华读书报》，2011 年 11 月 2 日

法国符号学产生的社会与理论基础

　　符号学，作为人文社会科学领域一门新的认识论（最初是作为一种"新的方法论"被人认识的），在欧洲从 20 世纪 50 年代开始至今得到了广泛和深入的发展，已经走过了半个多世纪（当然，对于符号的初步阐释，早在古希腊时期就有了），并且，其作为独立学科的地位也正在确立。法国符号学是欧洲符号学最具有代表性的一支，也可以说，欧洲现代符号学研究就是从法国符号学起步的。那么，法国符号学研究的社会与理论基础是什么呢？

一、方法论基础

　　法国符号学的发展可分为两个时期：第一个时期为结构论符号学（sémiologie）时期（包括整个结构主义运动），第二个时期为巴黎符号学学派时期。两个时期有交叉，因为后期曾经作为前期研究的一个分支存在。但从总的方面说来，前期为后期做了铺垫，其研究成果亦构成后期的研究基础。因此，谈论法国符号学的方法论基础，自然是从结构和结构论符号学的产生说起。

　　多斯（Dosse F.）在《结构主义史》（*Histoire du structuralisme*）一书中说，"结构"（拉丁文：structura）一词最先指的是一种建筑学意义。1771 年出版的《特雷乌词典》（*Dictionnaire de*

Trevoux）对该词的解释为："建筑物赖以建筑的方式"。该词意义在 17-18 世纪发生了变化，并扩展到人的方面：在丰特内尔（Bernard Le Bovier Fontenelle, 1691-1757）看来，人的肉体就是一种建构；而在沃格拉斯（Claude Favre de Vaugelas, 1585-1650）看来，语言也是一种建构。于是，"结构"被用于越来越多的领域。对于一种存在物，描述其各个部分到整体的过程就成了对其结构的研究。"结构"真正进入人文科学领域是与 19 世纪的斯宾塞（Hebert Spencer，1820-1903）、摩根和马克思的著述分不开的，而它最终在人文科学中得到确立则见于杜尔凯姆（Durkheim É., 1858-1917）的《社会学方法规则》（Règles de la méthode sociologique, 1895）一书。"结构"一词被拉朗德（André Lalande，1867-1963）在《对于哲学的技术与批评词汇》（Vocabulaire technique et critique de la philosophie）一书中用来给 1900-1926 年出现的一种新的心理学学派命名——结构主义，以区别于 20 世纪初期占主导地位的功能心理学学派。

当然，"结构"概念被人越来越多地采用，以致被认为是一种科学方法，并导致结构主义运动的产生，则是人类社会寻求科学发展的倾向和批评意识在人类思想史中占据越来越重要位置这两个方面相结合的产物。19 世纪末，一个重要的历史背景是西方世界一定程度地表现出对于传统文化的拒绝和对于寻求新模式的现代主义的渴望，而结构论的严格方法学思想恰好迎合了这种要求。

二、语言学基础

法国的符号学研究，不论是在哪一个时期，其首要理论基础都是瑞士语言学家索绪尔（Saussure F. de，1857-1913）的语言学理论，以及在此基础上后来形成的欧美几个主要语言学学派的研究成果。索绪尔在《普通语言学教程》(*Cours de linguistique générale*，高名凯译，商务印书馆，1982)一书中，把言语活动(langage)分为语言(langue)与言语(parole)，认为语言学应该研究"语言"，而不是"言语"，他指出，"语言是一种表达观念的符号系统"。索绪尔把语言符号看作是"概念"与"音响形象"的结合体，把前者定义为"所指"(signifié)，把后者定义为"能指"(signifiant)，认为语言符号具有"任意性"，"语言是形式而不是实质"。需要说明的是，索绪尔在此颠覆了"形式"(forme)与"实质"(substance)的传统意义：既然语言是形式，那么与之相对的就是言语，而言语又是对于语言的运用和表现，因此，言语便是实质，于是，形式就变成了内在的，而实质则是外在的了。在语言的"共时性"与"历时性"之间，索绪尔认为语言学应该研究前者而非后者；他为语言符号的结合机制确定了横向的"组合关系"和纵向的"聚合关系"(或"联想关系")。虽然他在全书中只有三处使用了"结构"(structure)一词，但是，依据这些概念而形成的结构主义语言学则成了20世纪语言学研究的主流，致使最初的法国结构主义论者也将其奉为基本的理论基础和概念工具，而相关概念之间的关系则成了这些学者们的阐释对象，从而构成了主要的"结构主义活动"。

继索绪尔之后，对于法国符号学发展起了重大推动作用的几位语言学家是：俄裔美籍语言学家雅各布森(Jakobson R.，1896-1982)、丹麦语言学家叶姆斯列夫(Hjelmslev L.，1899-1965)、法国语言学家本维尼斯特(又译：邦弗尼斯特)(Benveniste É., 1902-1972)。

雅各布森尚在年少时就对诗歌的语言问题感兴趣，他于1915年(19岁)发起创立了莫斯科语言学学派，该学派致力于研究诗歌与语言学的关系，而特别是研究诗歌作品内在的结构连贯性。在此期间，他只是从他的朋友特鲁别茨柯伊（Troubetzkoy N.，1890-1938）亲王那里听到过有关索绪尔《普通语言学教程》的一些内容，而他真正读到这本书是他 1920 年在捷克首都布拉格的时候。在捷克，雅各布森与从维也纳来到布拉格的特鲁别茨柯伊一起参与创立了布拉格语言学学派（1926），并且担任了该学派的副主席。该学派从 1929 年开始将其研究工作的重心明确地放在结构语言学计划上："它[该学派]赋予了自己结构主义的名称，因为它的基本概念是被设想为一种动态集合的结构"①。该学派将自己的研究工作置于索绪尔语言学理论框架之内，在结构音位学研究（特鲁别茨柯伊）和语言功能及失语症研究（雅各布森）等方面取得了重大成果。特鲁别茨柯伊于 1939 年出版了《音位学原理》（*Principes de phonologie*），他根据一个音位在音位系统中的位置来确定这个音位，其方法就是在考虑四种区别性特征的同时，标记语音的二元对立情况，他说："音位学尤其带有着其结构主义的特征及其系统的普遍性"②。在此，我们看到了索绪尔在研究最小相关单位时所采用的方法。特鲁别茨柯伊的研究成果使雅各布森得以建立带有 12 种音位二元对立的图表，而这些对立被认为可以阐述所有的语言，他的这种研究方法也为后来法国符号学建立二元连对范畴提供了参考。雅各布森的另外两大贡献，还在于：第一，他制订了六种语言功能，它们是：表达功能或情绪功能、指涉功能、维系功能（寒暄功能）、意图功能、诗学功能、元语言功能，这些功能加深了人们对于语言符号的认识，并为

---

① 弗朗索瓦·多斯：《结构主义史 I》（*Histoire du structuralisme 1*, Éditions La découverte, 1992），p. 76.
② 弗朗索瓦·多斯：《结构主义史 I》（同上），p. 209.

传播学奠定了一定的理论基础；第二，他后来把音位学原理应用在了对于失语症的研究方面。他在言语活动的这种错乱之中区分出两种类型的变异情况，而这两种情况可以让人重新了解在失语症的情况下言语活动及其规律的获得机制。他把符号间的结合与词语间相互替代的选择加以对立，从而发现替代相当于隐喻的修辞格，而结合则相当于换喻的修辞格。这种发现极大地丰富了对于索绪尔横向组合关系与纵向聚合关系（联想关系）的认识与理解。雅各布森被认为是结构主义学说的"总指挥"，正是由于他 1945 年与列维-斯特劳斯在美国相遇和 1950 年与拉康在巴黎的相遇，使得结构主义在法国盛行了起来。

丹麦哥本哈根语言学学派对于法国符号学理论的发展之贡献也是很大的，该学派在继续对于索绪尔语言学理论做深入阐述的同时，也对于符号学基础理论提出了自己的主张，该学派由叶姆斯列夫和布龙达尔（Bröndal V.，1887-1942）于 1939 年创立。他们两人经常被邀参加布拉格学派的报告会，也许就是在这个时候，他们接触到了索绪尔的书籍、甚至是一些手迹，因为有学者研究发现，叶姆斯列夫 1943 年出版的《言语活动理论导论》（*Prolégomène à une théorie du langage*）（实际上是与乌达尔[Uldall H.J., 1907-1957]共同完成的）一书中对于索绪尔著述的引用，并非出自《普通语言学教程》，而是出自后来才由布凯（Bouquet S.）和恩格勒（Engler R.）进行整理和付梓出版的《普通语言学札记》（*Écrits de la linguistique générale*）。叶姆斯列夫把索绪尔的"语言"与"言语"的对立改为"系统"与"过程"的对立，把"能指"与"所指"的对立表述为"表达平面"与"内容平面"的对立，进而为每一个平面又分出了"形式"与"实质"。于是，便出现了：内容之形式与内容之实质、表达之形式与表达之实质、内容之形式与表达之形式三个方面，而三者之间有"一种类比关系"，他的结论是：表达之实质表现表达之形式，内容之实质表现内容之形式，表达之形式表现内容之形式（与前两者相比，后者是一种反向的关系）①。此外，叶姆斯列夫对于符号学的分类，也是比较科学的。叶姆斯列夫的符号学理论，既推动了结构论符号学的发展，也成了巴黎符号学学派的重要理论依据之一，从而构成了从索绪尔的符号学理论到巴黎符号学学派之间的一个重要中间环节。

　　法国语言学家本维尼斯特对法国符号学特别是巴黎符号学学派产生了重大影响。本维尼斯特是著名的法国结构语言学家，他有关主体性和陈述活动的论述突破了结构论符号学的种种束缚，使主体和其作用重新回到了符号学发展无法避开的言语活动的行为之中。我们注意到，本维尼斯特在其文章中，曾多次对于索绪尔的一些概念提出了自己的看法。例如，他根本不提"语言"与"言语"的对立，而是说"语言在各方面都表现出了二元性：作为社会机制，它由个人来应用；作为连续的话语，它由一些固定的单位来构成"②，这实际上是把"语言"与"言语"看成了一个整体。他还认为，"索绪尔的思想，过分肯定了语言与符号系统的关系，而不太明确语言学与作为符号系统的符号学（sémiologie）的关系"③。由于个体进入对于语言的使用之中，这自然就涉及到了主体性与主体的陈述活动。本维尼斯特早在 1958 年的一篇文章中就谈到了言语活动中的主体性问题，他指出："正是在言语活动之中和借助于言语活动，人才成为主体……我们在此谈论的'主体性'便是可看作'主体'

---

　　① 叶姆斯列夫（Hjelmslev L.）：《言语活动理论导论》(*Prolégomènes à une théorie du langage*, Paris, Les Éditions de minuit, 1971)，p. 67.
　　② 本维尼斯特（Benveniste É.）：《普通语言学问题 II》(*Problèmes de linguistique générale, 2*, Paris, Gallimard, 1974)，p. 48.
　　③ 本维尼斯特（Benveniste É.）：《普通语言学问题 II》（同上），p. 49.

的对话者的能力。"①关于陈述活动，他说："陈述活动是由个体的使用行为对于语言的运用……对话者对于语言的关系确定陈述活动的语言学特征。"②。正是这些论述启发了巴黎符号学学派的研究，也从而使法国符号学没有被封死在静态的结构论之中。此外，本维尼斯特有关 pouvoir（"能够"）、devoir（"应该"）、vouloir（"想要"）和 croire（"相信""认为"）几个"模态动词"的阐述，也为格雷马斯建立"模态理论"体系提供了初步参照。

法国功能语言学家马丁内（Martinet A.，1908-1999）有关"相关性"（pertinence）和"双重分节"（double articulation）的理论也极大地丰富了法国符号学的理论，美国语言学家乔姆斯基（Chomsky N.）的转换生成语法也推进了巴黎符号学学派的理论发展。当然，其他一些语言学家对于法国符号学的发展也做出了一定的贡献，他们的理论常常与一些符号学家的某些主张结合在一起。总之，源自索绪尔理论的各种语言学流派是法国符号学的首要理论基础。

三、社会学和现象学基础

法国符号学的产生与发展，还有着其他人文社会科学方面的基础。著名结构主义人类学家列维-斯特劳斯（Lévi-Strauss C.）1950 年写的《莫斯著作导论》（《 Introduction à l'œuvre de Marcel Mauss »）一文，使我们了解到，早在他之前，社会学研究领域就已经存在着有关结构的种种观点。莫斯（Mauss M.，1872-1950）被认为是法国人种学的奠基者和现代人类学的

———————

　　① 本维尼斯特（Benveniste É.）：《普通语言学问题 I》（*Problèmes de linguistique générale, 1*, Paris, Gallimard, 1966），p 259.
　　② 本维尼斯特（Benveniste É.）：《普通语言学问题 II》（*Problèmes de linguistique générale, 2*, Paris, Gallimard, 1974），p, 80.

先驱。他在对于社会现象的研究中，不大注重发生论方面的研究，而是尤其寻找个体所属关系和社会在深层次即在无意识方面确定人的各种决定性层次。他在对他称为"整体社会事实"的研究中，认为不能只依靠一种层次来看待社会生活的某些现象，因为这些现象"动摇着社会和其机制的整体性，它们既是司法方面的、经济方面的和宗教方面的，而且也是美学方面或象征方面的，它们是一些整体"①。他认为，社会生活构成一种系统，该系统的所有方面都是相互联系着的。早在 1924 年，他就把社会生活确定为具有诸多象征关系的一种世界。莫斯在多种人文社会科学之间建立起联系，以便表现"一种整体的人"，而这种人的各个方面组成一种具体的和个体性的统一体。他提出了"形态学"和"生理学"等观念，这些观念使得"习惯"成了社会现象的决定因素。他最著名的分析，见于他的著述《论赠品——古代社会中的交换形式与理据》（*Essai sur le don. Forme et raison de l'échange dans les sociétés archaïques*, 1923-1924），在书中他阐述了赠品的社会基础。他认为，馈赠就像是一种原则，该原则迫使个人或社会群体维持一种财富的循环，或者必须接受或者拒绝。即便在近现代社会，馈赠的社会基础也得到了验证，交流是象征性地通过多方面来决定的，而非只是功利性的。该书中阐述的相互性理论为列维-斯特劳斯后来研究亲属关系提供了模式。所有这些观念，都为列维-斯特劳斯的结构主义做了铺垫，而列维-斯特劳斯为莫斯著述撰写导论，则是因为他在莫斯的著述中看到了这位人类学结构主义精神之父的存在，并且，他这样做也被认为是借机在确定其个人的作为严格方法论的结构主义研究计划。

---

① 巴拉坎（Baraquin N）、拉菲特（Laffitte J.）合著：《哲学家词典》（*Dictionnaire des philosophes*, Paris, Armand Colin, 1997, 2007），p. 262.

　　迪梅齐（Dumézil C., 1898-1986）是法国著名语文学者和印-欧神话与宗教研究者。他很早（1938 年）就发现，许多印-欧神话叙事都是根据一些相似的叙述结构组织在一起的，而由这些叙事所表述的神话反映了根据三种功能组织起来的有关社会的一种概念，它们是：神圣与权威功能、战斗功能和生产与再生产功能。这一发现，使得他实际上成了结构主义研究的先驱者之一，因为他后来一直围绕着以这三种功能形式出现的被他称之为"周期""系统"和"结构"的组织图示，来解读西方的文化历史。迪梅齐被认为不曾有过索绪尔语言学理论的背景，他更属于历史比较语言学学派。这一学派从 19 世纪之初就设定在以印-欧语言为母体的所有语言之间存在着亲属关系，而迪梅齐正是根据这种设定获得了他的转换概念，而这种概念很快就成了大多数结构论著述的核心概念。但是，我们不能因此说他不了解现代语言学，他对于索绪尔后继者们的著述还是有所熟悉的，而尤其是对于梅耶（Meillet A., 1866-1936）和本维尼斯特著述的了解较为深刻。为了掌握模式的变化，他后来也使用了结构主义语言学经常使用的"区别""相似""对立"等概念，人们会比较容易地在他的著述中注意到依据这些概念确立的一些结构模式：相似性的建构、结构实体（三种功能）与其各种变体（史诗变体或历史变体）之间的对立、同时性与延续性之间的对立。虽然迪梅齐本人从来不承认自己是结构主义者，比如他说过"我不是、不需要是或者也不需要不是结构主义者"①，但人们还是把他归入了这一流派的开拓者之列。

　　20 世纪 50 年代，法国哲学研究中以现象学研究为主，这种研究承袭了胡塞尔返回"事物本身"和其相关方面、把哲学从

---

　　① 弗朗索瓦·多斯：《结构主义史 I》（*Histoire du structuralisme 1*, Éditions La découverte, 1992），p. 50.

意识形态过渡到科学的理论主张，注重事物的实际与具体性。不过，这种注重并非只是拘泥于事物的现象，而是探究在意识相对于其对象的各种接受可能性之中构成其基础的本质。梅洛-庞蒂（Merleau-Ponty M.，1908-1961）是这一时期的重要代表人物。他在自己的研究中，质疑纯粹意识的唯心论，越来越关心新的人文科学提供的各种意指结构。在他看来，这些意指结构，同样是作为主体的哲学家重建其意义时可以为己所用的本体论条件。梅洛-庞蒂 1960 年出版的《符号》（*Signes*）一书，让人们看到了现代语言学和人类学理论对于他的影响。这部著作，收录了他 1951 年在布鲁塞尔举行的第一届国际现象学研讨会上发表的文章《论言语活动的现象学》（《 Sur la phénoménologie du langage »），在这篇文章中，他表现出了对于索绪尔语言学理论的极大兴趣，他说："我们从索绪尔著述中所学到的是，单独的符号无任何意味，每一个符号并不表达一种意义，而是标志这个符号与其他符号之间的一种意义差异"[①]。在《符号》一书中，他论述了哲学与社会学之间的关系，探讨了将两者分开的界限。梅洛-庞蒂认为，哲学家应该界定所有可能性之领域，应该解释通过社会科学所获得的经验成果，通过阐释学为每一种实证性提供意义。他在书中第四章《从莫斯到列维-斯特劳斯》（« De Marcel Mauss à Claude Lévi-Straus »）又论述了人类学，他坚定地捍卫了列维-斯特劳斯 1950 年在其《莫斯著述导论》中制定的研究纲领："社会现象既不是事物，也不是观念，而是结构……结构不会从社会上去掉任何厚度和重量。它本身也是结构中的结构"[②]。梅洛-庞蒂的研究工作使得哲学与其他社会科学之间的关系发生了重大变化：在他之前，莫斯是参照哲学来定位人类

---

① 梅洛-庞蒂（Merleau-Ponty M.）:《符号》（*Signes*, Paris, Gallimard, 1960），p. 49.
② 梅洛-庞蒂（Merleau-Ponty M.）:《符号》（同上），p. 146-147.

学研究中的社会事实的，而梅洛-庞蒂则是参照人类学、语言学和精神分析学来定位其现象学的哲学研究。

　　综上所述，法国符号学是在一定历史条件下人文社会科学发展的结果。不同阶段的结构语言学理论在法国符号学的发生与发展中起着根本性的推动作用。其他人文社会学科与结构语言学的结合验证了"结构"学说的合理性，同时为符号学的发展提供了开阔的视野。从此，作为法国符号学初级阶段的结构论符号学得以发展，后来的巴黎符号学学派的兴起也因此有了坚实基础。

《语言符号学通讯》，2014 年第 2 期

巴黎符号学学派的先驱者与研究内容

巴黎符号学学派（École de Paris），曾经是结构主义运动中最初受到争议、但同时又被称为"最具科学性探讨"的一个分支，当时并没有受到人们很大的重视。该学派在 1968 年法国"红五月运动"之后沉寂了少许时间，随后便得到了快速发展，并从 1970 年开始采用 sémiotique 一词来冠名自己的研究工作。当然，这并不排除在此之后的很短时间内，该学派有的学者仍将 sémiotique 与 sémiologie 两个名词混同使用。我们下面将简要介绍这一学派的发展和研究情况。

一、先驱者

该学派重要的先驱者，其实也是结构论符号学的重要开创人，他们是列维-斯特劳斯和巴特。并不是他们的所有论述都启发了格雷马斯的研究，而是其一部分主张与尝试。

在巴黎符号学派看来，列维-斯特劳斯对于该学派的主要启示，在于这位社会学家"将语言与言语的对立——或者如格雷马斯所说——将叶姆斯列夫建立的系统与过程的对立应用在了社会事实上"[①]，因此，他"把妇女的流动'过程'有效地与亲属结构、财富的交换和对于经济结构的服务对立了起来。

---

① 科凯（Coquet J.-C.）：《符号学：巴黎学派》（*Sémiotique: École de Paris*, Paris, Paris, Hachette, 1982），p. 11.

或者按照梅洛-庞蒂的'马克思主义说法'将生产力与生产形式对立了起来"①。于是，列维-斯特劳斯的分析，很清楚地让我们看出了，作为"过程"的妇女流动、财富和服务交流、讯息交流的结果，便自然地产生了作为"系统"的亲属结构、经济结构和语言结构。列维-斯特劳斯进一步指出，"亲属术语就是意指要素；也像那些术语一样，意指要素只能在被整合于系统之中的条件下才获得这种意指"②。从这种观点出发，列维-斯特劳斯根据对应关系，将母系的高加索地区社会与父系的美拉尼西亚社会联系起来，并在一种协调体系内部将四种关系对立起来：即舅舅与外甥、兄弟与姐妹、父亲与儿子、丈夫与妻子。不仅如此，"为我们充当例证的两个组，它们都提供了对于可以进行如下转换的一种规则的应用：在这两个组里，舅舅与外甥之间的关系相对于兄弟与姐妹之间的关系，就像是父亲与儿子相对于丈夫与妻子之间的关系。以至于在得知一种关系连对之后，总是可以推导出另一种关系连对"③。在格雷马斯看来，这些论述可以使许多意指系统变得可以理解和预测。

在格雷马斯看来，巴特在其第一本著作《写作的零度》（1954）中就包含着对于巴黎符号学发展有用的论述。巴特在这部小书中，根据索绪尔"语言"与"言语"的对立原则，使"写作"对立于"风格"，并认为"写作是一种历史连带性行为"④。格雷马斯曾在自己的文章中，多次提到巴特的贡献，例如："按照叶姆斯列夫内容丰富的启示，人们可以根据一种完全被结构化的意蕴集合，来构建一种符号学系统，这种系统的被分析出

---

① 科凯（Coquet J.-C.）：《符号学：巴黎学派》（*Sémiotique: École de Paris*, Paris, Gallimard, 1982），p. 11.

② 科凯（Coquet J.-C.）：《符号学：巴黎学派》（同上），p. 11.

③ 科凯（Coquet J.-C.）：《符号学：巴黎学派》（同上），p. 14.

④ 巴特：《写作的零度》（*Degré zéro de l'écriture*, Paris, Seuil, 1953 et 1972），p. 24.

来的所有结构都将包含着一种自立的总体意指。将这种假设应用在对于文学元语言的描述（其功劳要归于巴特），可以更好地说明其重要性"①。再例如："巴特的贡献的新颖性在于：一方面肯定了文学言语活动的自立性，因为文学言语活动的符号不能被压缩为简单的语言学符号；另一方面，展现了一个时代的各种文学形式总体的意指过程。写作——这是巴特用来定名全部文学符号的名称，它独立于人们借助文本来传播的任何内容，其功能在于'突显了言语活动的一种外在东西，它既是历史，也是人们下定的决心'。这种（已经开始被用于文学批评的）概念，似乎让人们看到了文学方法的一种变革，甚至也许是一种全新的历史概念"②。至于巴特后来的一些符号学论述，例如"内涵"概念（1965）、叙事文的结构分析（1966）等，都曾为巴黎符号学学派的展起到了推动和参照作用。

　　在这两位先驱者之后，巴黎符号学学派形成了以格雷马斯为代表和以其理论为基础的较为强大的研究队伍。这方面的介绍，已经见于其他文章，我们在此不予赘述。下面，我们来看一下这一学派的研究领域。

二、研究领域

　　巴黎符号学学派的研究领域很广，我们在此仅简要介绍其中几个方面：

1. 神话与民间故事的叙事研究

　　在西方文化中，神话属于对于宗教中各种"神"，尤其是与宇宙起源说有关的神即文明创造者的历险叙事，神话研究就是探讨神话与社会文化之间的关系，并且由于神话更是可以根据

---

① 格雷马斯：《1830 年的时尚》（*La mode en 1830*, PUF, 2000），p. 376.
② 格雷马斯：《1830 年的时尚》（同上），p. 377.

一些文化碎片能够重构的对象，所以它属于符号学研究范围，列维-斯特劳斯在这方面开了先河。格雷马斯于 1963 年发表了《比较神话学》（《La mythologie comparée》）一文，又于 1985 年出版了对于他的祖籍立陶宛各种神的研究著述：《神与人》（*Des dieux et des hommes*）。民间故事，是指与宗教无关、以描述人的故事和场面为特征的叙事。格雷马斯在俄国形式主义文论家普洛普《民间故事形态学》的研究成果基础上，总结出的包含有六个行为者（actant）（另译："行动元"）的"行为者模式"为研究民间故事提供了重要的操作概念与工具。其中，最为重要的是"主体"与"对象"（或"客体"）之间的关系，它们之间的"合取"与"析取"可以构成故事叙事的主要"叙述行程"，其主体的"能力"则又表现出多种"模态"。在这方面的研究中，后来的新生代学者也做出了自己的贡献。

2. 宗教话语的研究

这里指的是对于《圣经》而主要是对于《新约全书》（*Évangile*）的研究与分析。《圣经》一般也被认为是一部文学作品，因此，对于它的分析从大的方面来讲无异于文学符号学。但是长时间以来，宗教话语也被认为是一种特殊领域。一方面，文人们对于宗教都有一种"敬畏"心理，不敢触及；另一方面，对于宗教文本进行分析，总会直接或间接地涉及到现有宗教社会内部的一些事件，这也可能带来麻烦。但是，第一批对于宗教文本的分析研究工作，在法国社会方面却带来了意想不到的正面反应，格雷马斯称之为"意外相遇"和"理性联姻"。造成这种结果的主要原因是，以往对于《圣经》的诠释已经步入了死胡同，而符号学的分析却带来了新的理解与成果，并把这种诠释推向了与文学科学的概念相一致的程度。实际上，符号学理论也表现为一定数量的诠释手段，并向神学家重新提出了意义问题和阐释目标的问题。

3. 文学符号学

对于文学进行符号学研究，是结构论符号学从一开始就涉及的领域，巴黎符号学学派自然继承了这一传统，格雷马斯1974年6月7日在《世界报》对于他的一次访谈录中说道："这是一个有着许多研究者都在研究的一个领域，它也是具有很大复杂性和有可能承受时尚影响的领域"。所不同的是，巴黎符号学学派的研究，已经不再考虑文学符号的特性，而是考虑整个文学言语活动。文学符号学先后探讨过文学性概念、各类文学符号学、文学文本或文学话语等。关于"文学性"，这是从雅各布森就确立的概念，他在 1921 年就将文学研究的对象确定为"文学性，也就是使其为文学作品的东西"。巴黎符号学学派曾有不少研究者致力于确定这种文学性，但到了今天，这种探讨已经部分地失去了其现时性意义，而被有关文本所包含的诸多概念和文本构成的一系列"叙述语法"所代替。此外，关于文本的概念，也逐渐扩展到了"话语"。由于"话语"被看作是由"言语"的接续所构成，所以更容易理解其开放性。从 80 年代开始的对于激情和随后对于"张力"的研究，进一步丰富了对于文学话语的符号学分析。

4. 关于权力话语

这类话语自然属于社会符号学范畴。自符号学研究于 70 年代开始过问社会话语以来，"权力话语"或"政治话语"就是很快被涉及的一个方面。这种话语指的是与"政治空间"即政治"场面"有关的所有类型的话语。符号学认为，有关政治话语的各种理论已经是理解这些话语的"元-话语"，而阐明这些话语的分类原则就等于是显示出辨认和确定"政治话语"的各种标准。法国符号学一般将政治话语分为"功利性话语"（或"政治学话语")和"自由话语"。这两种话语，其深层次的符号学组织机制，可以提供一整套形式方面的相似性和实质方面的区别性。概括地讲，两种话语中的每一种都看重一种确定的范围很宽的句法外形（通常只分为"斗争"形式和"契约"形式）和某些范围有限的属于语义构成成分的切分原则。在句法平面上，有一种"论争"逻辑，正是这种逻辑主导着对于政治的把握与阐述方式；对于这种通过矛盾方式来调节的句法，人们可以使一种契约句法与之对立，而后者主导着建立在意志一致性基础上的属于"代表性民主"的"自由"理论之司法-政治意识形态。需要说明的是，名词"权力"（le pouvoir）一词，正好与"模态动词"中的"能够"（pouvoir）具有相同的形式，所以，政治话语又与以"能够"为主的各种模态有关系，从而形成"权威性话语"和"职权话语"。当然，这些话语又都与其语境、陈述活动的"行为者"有着直接联系。顺便指出，在社会符号学范畴内，社会心理符号学的研究也得到了长足的发展。

5. "平面言语活动"符号学

"平面言语活动"指的是使用一种双维能指的言语活动。这种言语活动的平滑表面即图像被理解为一种意义的潜在性表现，而由此定名的视觉符号学则在于建立有关图像的表达编码和特定的视觉范畴，以便考虑它们与内容之形式之间的关系。这样一来，寻找平面的表达系统便在于借助于简化程序来制订可以产生各种外在形象的一种要素范畴总表，而这些外在形象透过图像的视觉表面使得意义的连接和表现成为可能。找出深层次（要素范畴层）与表面层（外在形象层）和建立两个层次之间的连接，就是平面言语活动符号学的研究内容。可以说，这种符号学研究的对象是一种形式，而非一种"实质"。

经过几十年的努力，巴黎符号学学派已经成为法国符号学研究的主流。格雷马斯于 1992 年去世。但是，巨星的陨落并没有使这一学派的研究工作停滞，他的志同道合者与弟子们仍在继续沿着他开辟的道路前进，并在各自领域做出了辉煌的成绩。

三、结论

巴黎符号学学派还有不少知名的早期开拓者，例如社会符号学家朗多夫斯基（Landowski É.）、张力图示符号学家齐贝尔伯格。随后的学者，如阿里韦（Arrivé M.）、巴斯蒂德（Bastide F.）、博尔德隆（Bordron J.-F.）、达罗（Darrault Y.）、阿马（Hamad M.）、拉图尔（Latour B.）、贝娅埃尔-热斯兰（Beyaert-Geslin A.）、布东（Boudon P.）、科斯坦蒂尼（Costantini M.）、达罗-哈利（Darrault-Harris Ivan）、法布里（Fabbri P.）、帕尼耶（Panier L.）、珀蒂托（Petitot J.）、若斯特（Jost F.）、乌德比娜-格拉乌（Houdebine-Gravaud A.-M.）等，都在各自领域为巴黎符号学学派的确立与发展做出了贡献。而今，活跃在符号学研究领域的新生代学者更是数不胜数。限于篇幅和资料，我们无法逐一介绍。

作为对于巴黎符号学学派研究部分的小结，笔者只想对于其宏观理论与其特征做一点概括：

1. 符号学应该是关于意指系统的一般理论，其研究对象是任何言语活动的"意指系统"和其组织形式，而不是符号本身的性质及种类。在该学派看来，符号是一种已经构成的对象，而不再是可观察的对象。

2. 符号学是一种有关"元语言"的等级系统。元语言是一种词语确定和单义的语言，它可以描述自然语言，也可以描述非语言事实。这种元语言一般可以分为三个层次：一是描述层，即运用符号学理论对言语活动对象进行理解和赋予其形式的层次；二是方法层，即对描写层采用一定的分析方法进行分析的层次；三是认识论层，即检验在第二层上使用的方法与模式是否具有"匀质性"和"一致性"的层次。当然，对于不同对象的分析，所采用的适宜层次也是有别的。但不论采用什么层次结构，这种分析都主要是对于"叙事"的分析，格雷马斯把巴黎符号学学派的研究称为寻找"叙述语法"，就是这个原因，这是以另一种面貌出现的"叙述学"。

3. 巴黎符号学学派认为，各类言语活动都是它的研究范围，而言语活动对象有两种能指整体：一种是自然语言构成的"词语世界"，另一种是由自然世界构成的"非词语世界或超语言世界"即人类社会生活的各种交流方式。因此，一种普通符号学应该能包括这两种言语活动对象。这时的符号学，已不再纠缠于"语言学属于符号学"还是"符号学属于语言学"，而是将两者融为一体并以人类社会生活方方面面的意指表达形式为对象的一门学科，所以，格雷马斯与其学生库尔泰斯合著的有关符号学的词典就名为《符号学，言语活动理论的系统思考词典》。

4. 普通符号学的研究材料是"文本"（texte），文本被看成是一种或多种意指系统，它可以是写出来的，也可以是口头的，甚至是空间的；它可以是词语性的，也可以是非词语性的。需要指出的是，近年来人们更喜欢采用"话语"一词来代替"文本"。再早一些时间，人们把"文本"只看作是"表达之实质"，因此它是"陈述"（即句子）接续的结果，是以文字形式出现的；而话语（discours）被看作是"言语"的产物，被看作等同于"过程"，格雷马斯说过："初步探讨时，我们可以将话语概念与符号学概念等同看待，并将位于言语活动组合关系轴上的所有符号学现象（关系、单位、操作）都看作是有关话语的理论"①；似乎，"文本"更表现为静态，而"话语"则表现为动态。但是，由于某些欧洲语言中并无"话语"这一单词，所以，便用"文本"来代替"话语"，同时保留着"话语"的概念，从这种意义上讲，两者又成了同义词。不过，从巴黎符号学学派来看，人们越来越多地使用"话语"这个词及其基本概念，因为它还可以构成"行动中的话语"（« discours en acte »），即它可以与"话语"之外的"语言外现象"联系在一起，是一种"无限的"符号学实践过程。

5. 如果说结构论符号学是以研究"不连续体"的语料为特征的话，那么，巴黎符号学学派的研究则是以"连续体"的语料、甚至是语料之外的背景为考虑对象。在这一点上，巴黎符号学学派部分地与后结构主义是一致的。如果说结构论符号学过分依附语言学概念和理论的话，那么，巴黎符号学学派的符号学研究则明显地与传统的语言学研究有所区别，或者说是对于传统语言学在全新领域中的拓展，这就使得符号学研究成为独立学科成为可能。

巴黎符号学学派最初是作为结构论符号学研究的一个分支出现的，后成为独立学派，至今已有 30 多年。在格雷马斯去世后的几年里，这一学派曾出现过"群龙无首"的局面，格雷马斯当时身边的合作者也分奔各处，一时让人对其未来感到担忧。但是，不久之后，这些合作者就在各自所在大学带起了一大批新的学员和研究者，形成了"遍地开花"之势，从而扩大了符号学研究的队伍和领域，使人们复燃了对于这一学派的希望。

---

① 格雷马斯、库尔泰斯合著：《符号学，言语活动理论的系统思考词典》（*Sémiotique, dictionnaire raisonné de la théorie du langage*, Paris, Hachette Livre, 1993），p. 102.

这一点，我们从埃诺主编的"符号学形式"丛书的出版规模不断扩大、研究领域不断增多、理论探讨不断深入之中可以看出。目前，这一学派已经出现了大有盖过结构论符号学的声势与影响，该学派以不同名目出现的研究中心几乎遍布法国各所综合性大学和研究机构。其中以巴黎第四大学、巴黎第八大学、利摩日大学、图卢兹第二大学和里昂第二大学的研究中心最为著名，成果也最为丰硕。

《符号与传媒》，2015 年秋季号

在收入本书时，有部分文字删除。

雅克·丰塔尼耶的符号学研究

　　丰塔尼耶（Fontanille J., 1948- ）曾经是格雷马斯的学生，也曾与格雷马斯一起工作过。他也许是巴黎符号学学派中出版物最多的符号学家，到 2012 年为止他共出版过 14 部专著和发表过 200 多篇文章，其中有的著述是对于符号学研究的重大贡献，如：《激情符号学》（与格雷马斯合著）、《视觉对象符号学：论光线领域》（*Sémiotique du visible. Des domaines de lumière*s，1995）、《话语符号学》（*Sémiotique du discour*s，2000）和《张力与意指》（*Tension et signification*，与 Zilberberg C.合著，1998）、《身体与意义》（*Le corps et le sens*, 2011）。他曾经担任过利摩日（Limoges）大学校长和法国高等教育科研部部长顾问。他是法国符号学学会（ASF）名誉会长、国际视觉符号学学会（AISV）名誉会长。丰塔尼耶的研究领域非常广泛，几乎涉及到符号学研究的各个方面，我们在此仅在几个方面做些介绍。

1. 早期研究活动

　　这要从丰塔尼耶的博士论文谈起。他于 1984 年获得了符号学"国家博士"（docteur d'État），随后将其博士论文分为两部分出版：第一部分名为《分享的知识》（*Le savoir partagé*, 1987），第二部分名为《主体性空间》（*Les espaces subjectifs*, 1989）。前者是结合普鲁斯特的系列小说《追忆流逝年华》对于模态动词"懂得"和认知理论的应用。按照作者的说法，第一部书出版后影响不大，被引用的情况也较少。第二部书出版后获得了极大成功，被人无数次引用，且出现在几十部博士论文引文之中，至今如此。

在第二部书中，他把"主体"看作是"行为者结构之效果"的组成部分。他承认，他是被行为者的转化和行为者之间关系的可逆性所吸引。行为者的各个方面与模态的和激情的结合规则之间的关系，实际上可以使人从"对象"过渡到"主体"，其中也包含着许多中间环节。如果要是参照"嘎达斯托夫理论"（théorie des catastrophes，亦称"灾难理论"）处理行为者之间关系的方式的话，那么，人们就会发现，主体与对象之间的区别严格地讲是与势能相关的，而不是与孤立的先前决定因素有关。

不久，他便参加了《激情符号学》的写作。根据丰塔尼耶的介绍，这本书是他根据格雷马斯连续两年在研讨班上的讲座和格雷马斯为写作此书所拟的提纲写成的。不过，丰塔尼耶也做出了自己的贡献。他介绍说，书中的第一章《关于激情的认识论》（«L'épistémologie des passions»）是他与老师经过多次讨论、甚至争论的结果，他自己曾多次完整地重写这一章，最后与老师达成了一致。关于"贪婪"的那一章，他是完全根据在格雷马斯的研讨班上所做笔记写出的，但增加了他个人的观察，并得到了老师的赞同。而占全书大约一半厚度的有关"嫉妒"的那一章，则完全是由他自己完成的，格雷马斯对此没有提出什么意见。他指出，"嫉妒"是出现在两个主体间的"竞争"与"爱慕"的复杂结合状态：主体 S1 的"应该-存在"和"相信-存在"与主体 S2 的"应该-不存在"是一种"排他的爱慕"，主体 S1 的"能够-不存在"和"不相信-存在"与主体 S2 的"能够-存在"之间是一种模糊的不信任，主体 S1 的"不能-不存在"

和"相信-不存在"与主体 S2 的"相信-存在"之间是一种嫉妒
的危机，主体 S1 的"想要-存在"和"想要-做"与主体 S2 的
"想要-不存在"之间是一种反应性爱情与仇恨^①。最后，格雷马
斯本人为此书写了"绪论"和"结论"。这部专著的出版正式开
启了对于人类情感的符号学研究，是一部划时代的著作。七年
之后，丰塔尼耶又在与齐贝尔伯格（Zilberberg C.）一起完成的
《张力与意指》一书中对于激情做了进一步的研究，明确地指出：
"激情首先是一种话语的外形表现，既带有句法特征——它是一
种话语组合体，又带有它所汇聚的各种组成成分的多样性：模
态、体态、时间性"^②。可以说，对于激情的符号学研究，是丰
塔尼耶符号学理论的重要组成部分。

2. 关于"张力符号学"

在写作《激情符号学》基础上，丰塔尼耶于 90 年代中期投
入了对于"张力符号学"（sémiotique tensive）的研究，他 1998
年与齐贝尔伯格一起完成了《张力与意指》一书，他 2003 年出
版的《话语符号学》也谈到了张力，他发表的一些零散文章也
对此有所涉及。作为其在这一领域的研究成果，那就是围绕着
建立"张力图示"制定的一系列基础概念。

在语言学上，最早提出"张力"概念的是法国语言学家吉
约姆（Guillaume G., 1883-1960），这一概念指的是在句法上由
动词的逐渐移动所引起的感觉，而该动词无法与这种感觉分离，
并且带领着这种感觉从一种完全的张力的最初位置到达张力全
无的一个终点，即达到放松的程度。因此，这样的张力属于叙
述行程。而在巴黎符号学学派看来，张力属于感知范畴，是同

---

① 格雷马斯、丰塔尼耶合著：《激情符号学》（*Sémiotique des passions*, Paris, Seuil,
1991），p. 255.
② 丰塔尼耶、齐贝尔伯格（Zilberberg C.）合著：《张力与意指》（*Tension et
signification*, Bruxelle, Mardaga, 1998），p. 224.

位素性概念的一部分，也是价值变化的一种表现，它尤其与激情有关。

丰塔尼耶与齐贝尔伯格引入的张力图示，说的是：一种已知价值是由两种"配价"（valence）（或"维度"）构成的，即强度（intensité）与广度（extensivité 或 étendue）。广度是强度得到运用的范围，它对应于各种现象的数量、变化和时空范围。强度与广度，各自都会因其力量的变化而变化，并且是在一种连续的比例上从力量为零到力量最大地变化着，这一点与吉约姆的确定不同。张力图示通常表现为一种坐标：强度位于纵坐标上，广度位于横坐标上。在这种坐标图上，一种已知现象会占据其中一个或多个位置。强度与广度具有两种类型的相互关系：如果两种配价中的一种在增加的同时伴随着另一种配价的增加，并且其中一种配价的减少也会引起另一种配价减少的话，那么，这种相互关系就被称作"直接的"；如果一种配价的增加伴随着另一种配价的减少或出现相反的情况的话，那么，这种相互关系就被称作是"相反的"。

张力度（tensivité）概念已经出现在《激情符号学》一书中，它首先表现为像是全部范畴所共有的领域：首先是过程的体态特征，也还有强度和数量（quantité），后两者是两种渐变的范畴，它们在激情和情绪的展开之中是很有用的。张力度也像是深层范畴之趋向的不可缺少的一个方面，而两者的结合使作者提出了"张力-趋向空间"（espace tensivo-phorique），亦即最小的感觉空间。

张力度可以根据两种处于竞争关系中的范畴来连接，是这两种范畴间的关系奠定了张力度本身，它们是属于强度的范畴（力量，能量，情感等）和属于幅度的范畴（数量，展开，空间与时间，认知等）。这些范畴之间的相互结合，可以将过程构成各种各样的形式，特别是构成各种类型的<u>体态</u>，而这种体态则沿着过程和<u>速度</u>的各个句子切割、清点和分配音调、转调和张力，而速度则管理着过程对于主体的本体感受所产生的作用。

强度与广度之间存在着诸多关联性，正是这些关联性在确定话语的<u>张力图示</u>（schéma tensif），从而表现为在各种情况下的一种强度变化与一种数量变化的结合方式。

张力度的变化仅仅形成强度变化与广度变化之间的一些相互关系，其外在表现，不论以何种形式或类别出现，都是一种激情作用的标志或"显露"。

各种"显露"在分析上是可以标记的，那是因为它们像符号那样在起作用，当然它们不是常见的符号，而是至少局部地构成系统的那些符号，丰塔尼耶将它们称之为"编码"。

丰塔尼耶遂为各种"显露"做了分类：身体编码、情绪编码、模态编码、视角编码、节奏编码、形象编码；为这六类编码做出确定，便使它们成了对于张力度的表达，而这种表达可以用于话语结构的各种维度。

丰塔尼耶还研究出了几种规范的张力结构图示。他告诉我们，只需进行简单的结合计算，就可以从坐标上看出位置之间有四种变化类型，也就是说价值之间具有四种类型的张力图示：

（1）在强度的一种退却与广度上的一种前进之间进行结合：张力图示是"下行的"（或者是"衰落的"）；

（2）在强度的一种前进与广度上的一种退却之间进行结合：张力图示是"升起的"（或者是"上升的"）；

（3）将两条轴线上的前进加以结合：张力图示总体上是前进的（或者是"膨胀的"）；

（4）将两条轴线上的退却进行结合：张力图示总体上是退却的（或者"减弱的"）。

在此之后，在一个已知话语中，所有价值位置的任何转换，都应该服从于这四种图示中的一种：衰落，上升，膨胀或减弱。至于在更为宽泛意义上考虑的话语句法，它将根据由体裁决定的一些结合方式，并根据激情运动和修辞与论证策略的要求，来把各种张力图示连接起来。

最为人所知的总体句法图示，是规则叙述图示，它使得各种张力在行为者品质上成为上升的，在运用上成为膨胀的，而在惩罚上成为衰落的。

但是，这些张力图示的最被人看重的应用领域，还是激情领域。实际上，一种激情序列的展开，服从于各种张力的诸多变化，这些变化勾画出被叫作"规则激情图示"的一种激情图示，我们在此只提及其主要的几条：

情感清醒阶段 → 就位阶段 →激情中心阶段 → 情绪阶段 →道德教化阶段

3. 关于身体与其意义的研究

丰塔尼耶 2012 年来华参加于南京师范大学举办的第 11 届世界符号学大会（10 月 5-10 日）时，送给了笔者他 2011 年出版的新作《身体与意义》。这本书代表了他在一个新的领域里所获得的研究成果。作者在《序言》中告诉我们："身体明显地返回符号学领域是在 80 年代，当时伴随着对于激情主体、符号化在感性经验中的感觉与固位的探讨"[①]。作者指出，20 年以来，身体以不同的方式出现在大多数人文社会科学研究领域。这本书认为，对于身体的符号学研究，应该确保一种常在的双重意义，而这种双重意义取决于身体在意蕴整体的生产过程中的两种地位：一是身体作为符号化过程的基础和理论依据；二是身体作为符号学外在形象或外形，即作为在文本中

---

① 丰塔尼耶：《身体与意义》（*Corps et sens*, Paris, PUF, 2011），p. 2.

或在一般符号学对象中的可观察的表现。在第一种情况里,身体参与符号学的"实质",而特别是参与对于行为者的确定,不论行为者是陈述活动性行为者还是叙述性叙述者;在第二种情况里,身体是一种外在形象,而尤其是时间性外在形象和空间性外在形象,它与陈述活动的施事者有着密切的关系,因此,身体的外在形象经常可以表现陈述活动的各种特征。

该书以全新的符号学视角分析了为我们所熟识的身体的各种表现,从而加深了我们对于自己的认识。这本书分为两大部分:第一部分谈的是作为行为者的身体,第二部分谈的是身体的各种外在表现。

在第一部分里,作者谈了身体与行为、口误、身体与感性领域。作者首先告诉我们,在符号化过程中,一种基本的符号学功能是在对于外部世界(即外感世界)的感知和对于内心世界(即内感世界)之间建立起来的,正是这两个方面分别构成了对于一种特定符号学对象的表达与内容;因此,应该承认,"基本符号学功能是与身体在'本身'和'非-本身'之间的区分密切相关的"①,于是,身体便成了操作者,即"行为者-身体"。在这种理解之下,"行为者"就不再仅仅是形式的,其在各种叙述转换中的角色便由身体的特征而主要是由身体的力量和能量等来决定。作者进而从各个方面分析了身体成为陈述活动阶段的一种行为者的过程与诸多条件。他指出,行为者-身体可分为三个阶段:一是肉体-自我,它是参照性阶段,它像感觉位置和源头那样总在变动;二是身体-自身,它是参照肉体-自我和参照感觉-运动性的阶段,这是在符号学实践中需要构建的成分;三是这后一阶段又可再分为自身-相似体(Soi-idem)即角色和自身-本体(Soi-ipse)即态度两个阶段。这三个阶段对

———————

① 丰塔尼耶:《身体与意义》(*Corps et sens*, Paris, PUF, 2011), p. 11.

应于符号学的三种基本操作：确定立场与参照阶段（对于肉体-自身而言）、理解阶段（对于自身-相似体而言）和关注阶段（对于自身-本体而言）。关于"口误"，作者介绍了不同学科对于口误的历史研究，在赞同以往语言学家将口误确定为一种"语言变化"的同时，指出了口误的一些基本要素：口误服从于语言及话语规则，口误属于陈述活动实践，口误是心理压力的结果，口误属于陈述活动操作的时空范围。也许，最让我们感兴趣的是，作者将张力坐标图示用在了分析口误方面：他把"口误"放在显示肉体-自我表现的纵向轴（即强度轴）端处，而把"生硬语言"放在显示身体-自身（即广度）表现的横向轴的端处；于是，两轴之间便是出现语音失误、结巴、鹦鹉学舌症、规范话语等的空间，而在规范话语之上，则是高兴与狂喜等，从而使"口误"也进入了感性领域。

在第二部分中，作者论述了行为者-身体的各种形象性外在表现或其表现的各种外在形象。但是，这些外在形象的作用不再是去说明行为者角色，而是根据其主导作用被看作是行为者-身体的类型。为此，作者根据现象学和精神分析学已有的论述，确定了"姿态图示"（schéma postural）和"表面图示"（schéma de surface）两个概念，并指出，在有关身体的符号学研究中，"唯有那些以这样或那样的方式来看待身体的符号学，才能从中显示典型的和复现的外在形象，它们一眼就让人看出是运动的肉体（chair en mouvement）和身体的外表（enveloppe corporelle）"[①]。由于这些外在形象会受到行为者-身体之间相互作用的影响，所以，它们将保留这些作用的痕迹，也就是说带有着它们的印记（empreinte），而这些印记则构成对于它们的记忆。作者随后用大量篇幅论述了印记概念和对于印记的形象记忆，指出印记概念"建立在一种很

---

① 丰塔尼耶：《身体与意义》（Corps et sens, Paris, PUF, 2011），p. 83.

特殊的符号学运作方式基础上，因此我们可以通过留在身体外表上的印记来探讨它们的关系。在这种情况下，印记取决于两个身体之间的接触，更准确地讲，在一种使用它们的力量的作用下，取决于它们的两种外表之间的接触；而为了在这种情况下出现印记，则要有多种条件"[1]。但是，作者告诉我们，由此"下结论说印记就是一种对象的表达或能指是不正确的；它也不是一种再现，而只是一种间接的表现……印记是一种过程的象征性的符号学外在形象"[2]，因此，印记可以被看作"对于其所指进行寻找的能指"[3]。这就告诉我们，在印记的情况里，其能指与所指之间的关系并非是直接的，因此"我们现在需要探讨的问题，便是对于各种印记进行解释的过程的问题"[4]。这种对于符号的能指与所指之间关系的非直接性看法，也许可以与索绪尔有关能指与所指之间具有"连带关系"（即意指过程）的论述联系起来，这无疑使我们对于相关问题有了更为深入和全面的理解，从而提升了我们的认识水平。这本书提出和确立了有关"印记符号学"的一些初步概念和理论，从而开启了符号学研究的一个新的领域。

　　丰塔尼耶对于符号学的贡献是多方面的。也许我们可以这样说，丰塔尼耶最为忠实地继承和发展了其老师格雷马斯的符号学理论，并在推动巴黎符号学学派在"后格雷马斯时代"的发展方面成果最为丰硕。他的多部著作已被翻译多国文字，深受国际符号学界的重视，我们期待着不久的将来也有其著作的中文译本的出版。

《语言与符号》，2016 年 6 月

---

① 丰塔尼耶：《身体与意义》（*Corps et sens*, Paris, PUF, 2011），p. 103.
② 丰塔尼耶：《身体与意义》（同上），p. 104.
③ 丰塔尼耶：《身体与意义》（同上），p. 105.
④ 丰塔尼耶：《身体与意义》（同上），p. 108.

安娜·埃诺的符号学研究

埃诺（Hénault A.），是巴黎第四大学（巴黎-索邦大学）语言科学名誉教授，法国著名符号学家，是法国符号学界除克里斯蒂娃之外的另一位知名女性学者。她早年毕业于巴黎高等师范学院，不久便进入了符号学研究领域。她于 1978 年与格雷马斯一起创立了"符号学发展与教学学会"（ADES），随后又一起创办了不定期出版物《符号学文件》（*Actes sémiotiques*）。1983 年，埃诺开始在法国大学出版社（PUF）主编"符号学形式"丛书（«Formes sémiotiques»）。她现在担任巴黎符号学学会会长、法国符号学学会（AFS）副会长和国际符号学学会（AIS/IASS）副会长。

1. 早期研究活动

埃诺的早期符号学研究活动集中表现在她的两部《符号学赌注》之中。第一部出版于 1979 年；第二部出版于 1983 年。第一部集中论述了"意指的基本结构"，第二部讲的是"叙述学，即普通符号学"。这两部书于 2012 年合为一部，仍以原书名出版，并被列入了法国大学出版社汇聚经典著述的"四马二轮战车"（Quadrige）丛书。由于我们无法弄到先前的两个版本，这个合辑本便成为我们了解作者当时符号学观念的主要依据。我们在合辑本中见到了格雷马斯早先为第一部所写的"前言"，格雷马斯的文字告诉了我们符号学在当时所处的境遇："这里所说的赌注，支持了这样一种信念，即符号学可以'被安排成游戏'，它既可以是一种娱乐练习，又可以是一种冒险的义务。……符号学方法，只有当其能够使人发现人们没有提前找到和没有预见到的东西时才有意义，这是其行程可以被模糊地看到、但其价值对象有待于构成的一种寻找，也是一种其出路尚不确定的检验"①。埃诺在为合辑本所写的"前言"中也说，"两部书写于很少有人知道'符号学'这个术语具有一种意义和理解在这种名称之下有什么意味的年代"，而且"两部书的写作之间相隔七年：第一部书的出版非常之晚，因为大多数巴黎的出版商都极力反对谈论意指的这种新的、因此也是颠覆性的方式"②。埃诺的第一部《符号学赌注》正好写于 1979 年出版之前的 1976年。这就告诉我们，在 70 年代和 80 年代之初，巴黎符号学学派主张的符号学是冒着风险和尚不被人看好的一种努力。正是在这种背景下，埃诺的这两部书就更具有开拓性意义。作者在合辑后的第一部分伊始，就明确指出"符号学不能被确定为有关符号的科学"③。这一命题自然是在挑战人们自索绪尔以来已经形成的观念，因为巴黎符号学学派的主张是把符号看作是既成事实，符号学的任务是研究符号之间的意指联系。埃诺的结论便是："在当前的符号学看来，研究各种意指，并不是建构有关符号的一种学说，并不是关心符号，而是从符号中解放出来"④。接着，作者对于围绕着意指的符号学的基本构成阐述了自己的看法。这些基本构成，一是对于意指的认识属于形式而不属于实质，二是关于义素的概念，三是类义素与同位素性，四是符号学矩阵。不难看出，埃诺的这种阐述没有离开格雷马

① 埃诺：《符号学赌注》（*Les enjeux de la sémiotique*, PUF, 2012），XIII.
② 埃诺：《符号学赌注》（同上），XVI.
③ 埃诺：《符号学赌注》（同上），p. 7.
④ 埃诺：《符号学赌注》（同上），p. 9.

斯《结构语义学》和《论意义 I》的基本思想。如果说，第一部主要涉及的是意指的形态学的话，那么，第二部则主要是谈及作为普通符号学理解的"叙述学"。与托多罗夫主张的叙述学不同，埃诺阐发的是基于格雷马斯的"叙述语法"上的叙述学。她谈到了转换、表层叙述句法、程序化、转化与再现等。可以说，合辑后的这本《符号学赌注》是学习符号学的很好入门教材。

2. 激情研究

继格雷马斯于 80 年代开始探讨激情之后，埃诺也为此做出了自己的贡献。她曾在连续七年当中对于主体的"感受"进行认真研究，最终以《能够就像是激情》(*Le pouvoir comme passion*, 1994)一书作为成果出版。她在该书《前言》中概述的基本方法是：面对表面上无感情的话语，找出不取决于情感词语化过程的一种激情维度和在"感受"(l'éprouver)的"内在颤动"于语言学上出现的地方，标记这些颤动。在埃诺看来，"'体验'一种事件，就要求有一种态度，而这种态度并非必须属于回顾和明确的意识，它尤其被'感受'所确定……它是一种纯粹的体验，因此它完全地受内心话语句法的最初安排所左右"[①]。为了进行这项研究，"我坚决地回到纸上的主体上来，并且另一方面，我认为必须从那些其激情构成成分不是张扬而是非常隐蔽、甚至是被克制的文本开始。这部专著是对于一种无人称和原则上是无情感表现的历史资料所进行的个人的和激情维度的研究"[②]。她为此规定了选择素材的三项标准：一是必须选择"那些表面上无情感表现、但是从感受上讲，却是（带有出现之

---

① 埃诺:《能够就像是激情》(*Le pouvoir comme passion*, Paris, Seuil, 1994), p. 4-5.
② 埃诺:《能够就像是激情》(同上), p. 7.

'香味')的文本"①；二是"必须寻找那些'被感受对象'
（l'éprouvé）只能通过推理才能标记出来的文本"②；三是"必
须汇集各种解读条件，以便使（被掩盖的、非暗语性的和个人
独白式的）激情维度成为可观察得到的"③。

　　按照这些条件，被作者选中的资料是 17 世纪法国国王亨利
四世的国家财政顾问罗贝尔·阿尔诺·当蒂伊（Robert Arnault
d'Antilly，1589-1674）写于 1614-1632 年间的多卷本日记。那
么，在这样一部编年史的历史事件日记中，如何进行有关激情
的符号学分析呢？或者说如何找到对于"被感受对象的"一种
"绝非是间接的观察"呢？作者采用了两种"途径"：一种是"历
时性的"，它在于在"如此长的日记中找出一个时代的发展速度，
找出直接地和忠实地记录下的历史人物在现场时的情绪与脾
气"④；另一种是"共时性的"，这一途径包括两个方面：一是
"陈述"平面，正是在这一平面上，展示着"主体"与"对象"
之间关系的一种新的变化，"对象被看作是具有引诱能力的，而
主体在某种程度上是被对象所钝化和吸收的"⑤；二是陈述活
动平面（"陈述"的组织过程），可是在路易十三时期，建立陈
述活动的个人激情的努力被认为是荒唐的，而按照对于符号学
的建立做出巨大贡献的语言学家本维尼斯特的标准，以历史事
件为主要记录对象的活动，所涉及的是历史陈述活动，它不属
于"被感受对象"，所以，作者的分析便集中在"陈述"（句子）
方面。依据"感受"，在无情感词语的情况下，继续可以识辨"激
情"，所靠的就是"能够"这种"现时中的模态"在情感表达中

---

① 埃诺：《能够就像是激情》（*Le pouvoir comme passion*, Paris, Seuil, 1994），p. 17.
② 埃诺：《能够就像是激情》（同上），p. 7.
③ 埃诺：《能够就像是激情》（同上），p. 18.
④ 埃诺：《能够就像是激情》（同上），p. 19.
⑤ 埃诺：《能够就像是激情》（同上），p. 21.

的"出现"和逻辑力量。作者最近告诉笔者，她在继续研究"感受"，并且正在撰写着两部相关著作。我们期待着尽快见到她的新的研究成果。

3. 《符号学简史》及其他

埃诺还做了大量推广和普及符号学研究的工作。她 1992 年写了《符号学简史》（*Histoire de la sémiotique*）。这本书介绍的主要是巴黎符号学学派的理论基础和发展情况，使人们对于索绪尔和叶姆斯列夫的理论对于格雷马斯的符号学理论的影响有了清晰的认识。

埃诺从 1983 年就在法国大学出版社开始主编"符号学形式"丛书，至今已出版 40 余种。这套丛书的作者，都是巴黎符号学学派在不同研究领域的代表学者。这一丛书是团结巴黎符号学学派研究者的纽带和展示他们研究成果的一种平台。此外，埃诺于 2002 年主编和参与编写的鸿篇巨制《符号学问题》（*Questions de sémiotique*）一书代表了她后来的努力成果。书中有她为各个领域符号学研究的理论基础和研究状况所写的"导言"，合计 100 多页。埃诺在第一篇导言中就指出，符号学研究至 今 所 进 行 的 实 际 上 就 是 对 于 莱 布 尼 茨 （ Leibniz G.，1646-1716 ） 在 17 世纪就提出的 " 表 达 关 系 "（ rapport d'expression）的研究："我们先大胆地断言，符号学首先是对于表达关系的研究。在做这种断言（assertion）的时候，我们觉得是在表达一种观点，在目前可以做到的情况下，这种观点似乎可以将各种符号学研究、而特别是将依据皮尔斯（C. S. Peirce）思想所做的全部符号学研究与源自索绪尔思想的全部符号学研究统一起来"①。这部书展示的就是源自索绪尔传统的符号学研究和源自美国皮尔斯传统的符号学研究在相同领域

---

① 埃诺：《符号学问题》（*Questions de sémiotique*, Paris, PUF, 2002），p. 1.

中各自的研究情况，埃诺还认为，这两大传统可以在音乐符号学研究方面实现汇合。

关于法国当今符号学研究

——访安娜·埃诺和德尼·贝特朗

2016 年 11 月 18 日至 2017 年 1 月 16 日，笔者在应法国国家图书中心（CNL）之邀于巴黎修改《罗兰·巴特传》译稿期间，曾三次与国际符号学学会副会长、巴黎符号学学会会长、巴黎第四大学教授安娜·埃诺（Anne Hénault）会面，也曾与法国符号学学会会长、巴黎第八大学教授德尼·贝特朗有过一次恳谈。我就法国符号学研究方面的几个问题请教了他们，的确，当面对话所获得的认识远比通过阅读印象深刻。

一、埃诺女士的热情回答

1. 关于她对 sémiologie（结构论符号学）与 sémiotique（巴黎符号学学派符号学）的看法。埃诺教授认为，前者是对于意义（或意指）之结构的初步探索，而且仅限于符号自身，尚未进入对于符号之间联系的探索；后者是对于符号之间联系的研究，因而话语和语言外联系是它的分析对象。

2. 关于结构主义。埃诺教授认为，符号学起始于结构主义运动，曾经有一段时间，人们过分地否定了结构主义，现在看来，巴黎符号学学派继承的仍然是结构主义传统。寻求结构（即形式）是符号学研究的最终目标。所以，索绪尔的结构语言学是不能放弃的。她正在为参加 2017 年在日内瓦举办的一次索绪尔学术会议做着准备。

3. 关于法国符号学当前的研究方向。她说，法国符号学正在对于各种文化现象进行着尽可能形式化的探索，尽力达到对其最为抽象的形式化理解，最终适用于大数据（Big data）的自动化处理。埃诺教授后来又通过电子邮件回答了笔者对于符号学与大数据的关系的问题。她说"这是由多个青年符号学家组成的小组正在进行的一种试验性研究，我们将局限于提供指导其研究方向的简单表述方式。在他们看来，由符号学所建立的极为代数性的和几乎是共有的句法模式（请参阅《符号学赌注》第 151-161 页），可以对于信息语言做最为经济的、最为适用的注解；因此，他们认为巴黎符号学学派的符号学正适合让他们有效地进行词语或可视对象大数据的自动化处理"

二、与贝特朗教授的恳谈

与贝特朗教授的恳谈，是在由埃诺教授和贝特朗教授安排的一次工作午餐过程中进行的。贝特朗教授的著述中，除了一部重要的《文学符号学概论》之外，其在符号学应用方面的著述在当代法国符号学著述中颇具影响。

1. 关于纪念格雷马斯 100 周年诞辰的纪念活动。他为我拿出了他与法国符号学学会名誉会长雅克·丰塔尼耶（Fontanille J.）一起起草的"今天的格雷马斯：结构的未来"的国际研讨会文字材料，其副标题是"纪念格雷马斯 100 周年诞辰（1917-1992）"，时间是 2017 年 5 月 30-6 月 2 日。我看到，这份材料把格雷马斯的研究仍然归为"结构主义"运动，并对其贡献做出了评价，指出，"格雷马斯至今未能享有媒体给予的声望。但是，他在其对于意指的分析中以最为稳定的方式展示了结构主义的原理与方法……，他的研究工作在于以这位学者特有的天真过问意义出现和塑造我们对于世界的感知的方式"，他的"符号学研究具体地表现为两个方向：一方面是理论的、概念的和思辨的研究，在这种研究中，符号学与有关言语活动和认知的科学、与人类学、现象学和其他人文科学之间的关系得到了论述；另一方面，是可操作性的研究工作，在这种研究中，符号学就像是对于各种社会意指的'具有科学天赋'的一种分析工具……当前，在对于社会话语的研究之外，符号学正致力于为理解 21 世纪的重大社会挑战提供分析和思考方式，随着涉及到气候变化的影响、新的不稳定性问题、健康问题和教育问题"。材料中提出了研讨会的思想讨论主题：一是"一项在时间延续中的科学计划：继承、后续和转换"，主要探讨 20 世纪 60 年代作为一项科学计划的结构主义的后续研究工作和对其作出评价；二是"一种扩展中的研究领域：各种学科与其学科符号学"，笔者惊异地看到，该材料对于单独学科的符号学仍然使用了 sémiologie（结构论符号学）一词，这说明现在以 sémiotique 来命名自己符号学研究方法的巴黎符号学学派已不像 20 世纪 70 年代那样在研究方法上尽力使自己与前者分开，而是也接受了前者、继承了前者；三是"今天经受考验的模式：有效性与弃置"，其中列举了在今天出现的一些新模式，它们是：张力模式、阶段模式、像似性模式、相互作用制度模式，这使我们看到了法国符号学今天的研究领域与成果；四是"对于符号学的社会蔑视：对于当代世界的介入"，其中特别提到了符号学对于思考当今重大问题（环境和持续发展、人权和种族歧视、教育等）方面的具体应用。我们期待以后看到这次研讨会的成果，这无疑会对于中国符号学研究具有一定的启发作用。

2. 关于符号学的应用。贝特朗教授在对于政治话语的分析方面是颇有成就的，他在这方面的符号学应用是出色的。他与别人合作写出的《说话是为了获胜：2007 年总统竞选话语符号学》(*Parler pour gagner. Sémiotique des discours de la campagne présidentielle 2007*, 2007)，就分析了后来成为总统的年轻的萨科齐（Sarkozy N.）最初接受媒体采访时的讲话，从中看出了他几年后成为法国总统的一些话语特征。2017 年，又是法国大选之年，我顺便问及他对于这次大选有何见解，他告诉我，他 2016 年 12 月 2 日在法国大报《回声报》(*Les Échos*) 上发表了一篇短文，分析了右翼联盟候选人维永（François Villon）的各方面特征。后来，他通过电子邮件将文章发给了我，他自己最初确定的标题是《维永：是神话还是假装伪善？》。而该文在发表时则由报社撤去了其中三段内容，并把标题改成《善于对立修饰法的弗朗索瓦·维永》(«L'oxymore François Villon)。该文通过维永生活的几个方面把他介绍成为具有对立关系（聚合关系）的两级特征、但却又是善于解决矛盾的人，而这样的总统也正好是法国社会所需要的。我们从中看到了多个符号学概念的应用。在笔者看来，这其实就是为维永参选总统进行造势，其结果如何，我们到 4 月份就会知道。①

　　3. 关于符号学的教学。贝特朗教授告诉笔者，巴黎第四大学已经与巴黎第十大学联合创办了一所"巴黎阳光大学"（UPL: Université Paris Lumières），其宗旨是推广各学科研究的新成果与新方法论。该学校中的一个重要部门便是"新政治研究学院"（Le Nouveau Collège d'Études politiques），他随即将一份资料给了我。该资料是这所学院的一份招生简章，介绍了入学条件、学科目标、教学学制、课程安排等，属于本科生的教学阶段。我注意到，在课程安排中，除了政治学、经济学、社会学等相关学科之外，重要的是设有三个学期的政治话语的分析，而符

---

① 后来，由于爆出维永的夫人"吃空饷"一事，维永落选。

号学的介入主要集中在这一课程之中。

　　根据上面的介绍,笔者认为,说法国在符号学的研究、应用和教学方面继续走在了世界其他国家的前头,并不为过。

　　下面是本文作者与两位符号学家中午工作餐照片:

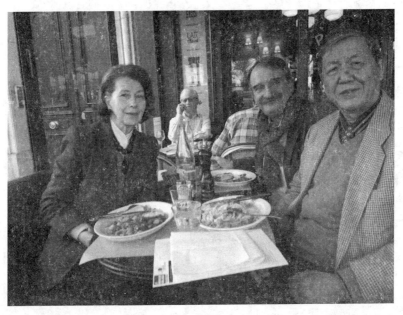

　　(左侧为安娜·埃诺教授,中右侧为德尼·贝特朗教授,右侧为本文作者)

2017 年

罗兰·巴特、格雷马斯与我们

罗兰·巴特（Barthes R., 1915-1980）与格雷马斯（Greimas A.J., 1917-1992），是法国符号学发展史上两位重要人物，他们的经历很不相同，但有一段时间里曾经在一起，并且成了好朋友。他们对于符号学探索的起点不同，但在不同的时期对于符号学的发展都起到了重大推动作用。2015 年曾是罗兰·巴特100 周年诞辰的纪念年份，明年即 2017 年将是格雷马斯 100 周年诞辰的纪念年份。本文拟结合两个人的不同学业背景，概述他们各自对于符号学理论建设和实践的贡献，并结合我们中国符号学发展的需要，就中国符号学研究学者当前的任务提出自己的看法。

一、罗兰·巴特的知识积累与贡献

我们现在知道，罗兰·巴特在他十八岁参加高中会考之前就因咳血而被查出患肺结核病，随后断断续续地有七年多时间在疗养院度过，他只勉强地获得了索邦大学本科学士的证书。但是由于他包括在住疗养院期间也继续关注文学及相关社会科学知识，所以，这使他早期的文学批评文章里就包含着文学与其他人文科学相结合的成分。他后来于 1947-1948 年在布加勒斯特法语学院执教期间就阅读过哥本哈根语言学学派创始人之一的维戈·布龙达尔（Viggo Brøndal，1887-1942）用法文出版的《普通语言学论集》（*Essais de linguistique générale*）及其他一些语言学家的书籍；1949-1950 年，他在埃及亚历山大大学与格雷马斯相遇，《罗兰·巴特传》一书的作者说"实际上，在亚历山大，一次对于巴特的生命具有决定性影响的相遇，是结识阿勒吉尔达·朱利安·格雷马斯。"①正是在与格雷马斯知遇的那一段时间，巴特阅读了索绪尔的《普通语言学教程》。巴特早在 1947 年 10 月就注册上了第三阶段（即博士阶段），博士课题是研究法国历史学家兼文学家米歇尔的著述与思想，但他在与格雷马斯接触以后，便想转向词汇学方面。他在 1950 年 4 月 7 日写给好友勒贝罗尔的信中这样说："在这里从教的一位年轻的立陶宛人格雷马斯，他具有博士学位，他强调我必须将我的博士课题改换为（他说这并不困难）词汇学研究——依靠词汇学，我就会应对我想进行的所有研究工作，并至少可以确保我很快就能在法国有一个讲座职位"②。他随后注册了乔治·马托雷（Georges Matoré）教授的词汇学博士学位，马托雷又建议他注册了布吕诺教授的词汇学博士。从此，巴特阅读了大量语言学著作，从而使他最初的文论结集《写作的零度》充满了符号学思想，在这本书中，他参照索绪尔的"语言"与"言语"之对立，把作家个人的写作风格与写作对立了起来，显然这既是继承，也是发展。在以后的时间里，他大量阅读了雅各布森、本维尼斯特的语言学著述，从而使他对于社会神话的符号学探讨具有了较为坚实的语言学基础。虽然他因首先满足生活之必需去做一点有收入的工作和忙于满足约稿而未能完成他的博士学业，但是，几年中的一部分时间在语言学上的苦读和在服饰词汇学搜集和整理方面的付出，使他进一步夯实了语言学基础。

① 萨莫瓦约（Samoyault T.）：《罗兰·巴特传》（*Roland Barthes*, Paris, Seuil, 2015），p. 235,
② 萨莫瓦约（Samoyault T.）：《罗兰·巴特传》（同上），p. 235.

正是由于他在语言学上的准备，他 1957 年出版的《神话集》和 1964 年发表的长文《符号学基础》，是他在符号学探索道路上的重要里程碑。

概括说来，罗兰·巴特对于符号学研究的贡献主要在以下几个方面：

1. 在早期的法国结构主义运动（或称结构论符号学阶段）中，罗兰·把从索绪尔到叶姆斯列夫再到本维尼斯特的结构语言学理论应用到了他对于社会神话、文学艺术即总体上被称为文化的研究之中，以探讨对象的"二级意义"即内涵为目的，从而深入了人们对于相关领域的认识，具有开拓性的意义；

2. 罗兰·巴特首次将索绪尔、叶姆斯列夫的符号学理论进行了系统的综合与扩展，初步建立了结构论符号学（sémiologie）的轮廓，他 1964 年的长文《符号学基础》是这种努力的成果。概括说来，他对于符号的理解是"三维"的，即能指、所指与意指，他特别强调意指（或意指过程），这种探索也使他与列维-斯特劳斯一起被称为格雷马斯后来建立的巴黎符号学学派的先驱者。我们今天看到，罗兰·巴特的符号"三维"思想，很像是美国符号学家的"表象、对象、解释"的"符号三角形"。关于"意指"，索绪尔在其《普通语言学教程》中把它确定为"能指"与"所指"之间的"连带关系"①，但作为符号的一个维度来进行明确的探讨，这不能不说是罗兰·巴特的独到贡献。

3. 罗兰·巴特从年轻时就谈及"中性"或"零度"，到了晚年专门设立了《中性》课程，他在几十年的符号学探索中对于"中性"概念给予了丰富与发展，成为在这一领域集大成的学者。从总体上来说，他的"中性"思想是动态的、积极的，具有巨大的思想启迪作用。

---

① 索绪尔：《普通语言学教程》，高明凯（译），商务印书馆，1982，160.

　　2015 年，是罗兰·巴特 100 周年诞辰，是他去世 25 年。为追悼这位 20 世纪法国最为重要的文艺理论家和符号学研究的先行者之一，法国组织了多种形式的纪念活动。首先是年初就出版了迄今最具权威的《罗兰·巴特传》（*Roland Barthes*）一书，从此拉开了纪念活动的序幕。7 月 7-10 日在著名的法国"阿尔勒国际摄影展"期间，在以"罗兰·巴特回来了"为题的研讨会上，来自世界各地的学者就罗兰·巴特的摄影理论在世界上的传播、运用和发展做了交流。在法国极富影响的《世界报》以"一个生命、一种创作"为题出版了 2015 年 7-8 月合刊"罗兰·巴特专号"，封面是全幅的罗兰·巴特惯有的吸雪茄的照片。"专号"在社论中指出他是一位作家、一位批评家、一位符号学家、一位神话学家后，明确地告诉我们"他尤其是一位形式创造者"。专号收录了多篇纪念文章，从不同方面探讨了罗兰·巴特思想对于当前和今后不同领域的继续存在的影响。其宗旨就是告诉我们，"罗兰·巴特，以其 100 周年诞辰是今年被隆重纪念的名字"。在我们中国，法国驻华使馆文化处很早就启动了纪念活动的筹划与安排工作，"中国罗兰·巴特周"于 5 月份"第十届中法文化之春"期间举办。5 月 8 日-10 日，受法国驻华使馆文化处的邀请，罗兰·巴特《全集》的编辑者埃里克·马蒂（Eric Marty）、"罗兰·巴特网站"的创建者马蒂厄·梅萨热（Mathieu Messager）和《罗兰·巴特传》一书的作者蒂费娜·萨莫瓦约（Tiphaine Samoyault）三位专家来到北京，并在中国专家的参与下，对由使馆文化处在互联网上组织的中国大学法语专业学生以"罗兰·巴特 15 句经典语录"为源泉创作的摄影作品做了评奖。5 月 11-13 日，使馆文化处还在北京法国文化中心组织了"罗兰·巴特作品翻译培训班"。6 月 27-28 日，北京外国语大学举办了"法国当代文学暨纪念罗兰·巴特 100 周年诞辰研讨会"。需要指出的是,在法国国内有关罗兰·巴特研究著述,这些年来一直不断涌现,根据笔者的初步统计,已近 20 种。

二、格雷马斯的知识基础与贡献

格雷马斯 1917 年出生于立陶宛,他曾在战前获得法国政府奖学金,于 1936-1939 年在法国格勒诺布尔大学学习,获得过文学学士学位。他返回立陶宛后,曾在一所大学担任过助教。1944 年,他的父母被当时的苏联政府驱逐,他便重新回到了法国。他于第二年注册上了巴黎索邦大学的博士学位,在著名语言学家布吕诺(Bruneau Ch., 1883-1969)的指导下,主攻服饰词汇研究,并于 1948 年进行了答辩。他的博士论文的核心内容是共时词汇学分析,题目为《1830 年的服饰:论当时时装杂志服饰词汇的描述》(*La mode en 1830*),这一论文于 52 年后的 2000 年才由法国大学出版社(PUF)正式出版。他曾在 1949 年受聘于埃及亚历山大大学,担任讲师,主讲法语史,就在这一年,罗兰·巴特也去了那里。他在这一岗位上一直干到 1958 年,随后,他到土耳其安卡拉大学和伊斯坦布尔大学主讲法语和语法。1962 年,他成了法国普瓦捷(Poitiers)大学的语言学教授。从此,他开始了真正的语言学教学与研究工作。在此期间,他于 1960 年加盟了由迪布瓦(Dubois J.)和谢瓦利耶(Chevalier J.-C.)创立的法语研究学会(Société d'étude de la langue française)。从 1966 年开始,他在列维-斯特劳斯的支持下,在由高等研究实践学院(EPHE)(后来该学院一部分改名为"巴黎高等社会科学研究学院",即 EHESS)和法兰西公学(Collège de France)联合设立的人类学研究室内成立了"语言符号学研究小组"(GRSL),并开设符号学"研讨班",该研讨班持续了许多年。他从 1947 年到 1965 年期间发表过 26 篇语言

学专论文章(不包括他的博士论文和辅助论文),我们从中看出,
他在这一段时间的研究,集中在词汇学、普通语言学理论和语
义学三个方面,而他 1956 年为纪念索绪尔《普通语言学教程》
发表 40 周年所写的《索绪尔主义现状》(《 L'actualité du
saussurisme》)一文,则被认为是他转向符号学研究的标志。
格雷马斯在这篇文章中,认为索绪尔的思想"超出了语言学的
范围,现在已被人文科学的总体认识论所采用"(Greimas A.J.,
2000: 372),而且"正是根据<u>语言</u>(这种事物具有两个面,被
构想为是'一种形式而非一种实质')观念的与<u>所指</u>(它只因为
有能指才被认识)密不可分的<u>能指</u>的语言学概念,从语言学过
渡到其他人文科学才得以进行——这便是对于索绪尔主义的方
法论上的推演,而且也正是据此,索绪尔有关可以根据其意指
来理解的一个被结构世界的假设才得到肯定"[①]。文章肯定了
叶姆斯列夫对于发展索绪尔的理论所做出的贡献,"索绪尔在语
言与言语之间所做的著名区分——这种区分假设相对于在实践
上延续的言语,对应着一种先前的和唯一使交流成为可能的一
种语言学系统。这种区分由叶姆斯列夫以更为一般的术语加以
了表述,他从一开始就假设支撑和一直要求一种系统"[②]。该
文还介绍了列维-斯特劳斯和罗兰・巴特在各自领域对于索绪
尔理论应用的实践。不难看出,这是一篇堪称介绍巴黎符号学
学派产生之背景和研究之大体方向的文章,同时说明格雷马斯
是结构语言学的忠实继承者。至此,格雷马斯的大体研究轮廓
与方向,"我们可以用三句话将其概述如下:1)语言是一种形
式对象,因为它是'形式'而不是'实质',它便具有均质特征,
并可以承受分析;2)语言是一种语义对象,它是'一种带有意

---

① 格雷马斯:《1830 年的时尚》(*La mode en 1830*, PUF, 2000), p. 372.
② 格雷马斯:《1830 年的时尚》(同上), p. 374.

义的形式建筑术';3)语言是一种社会对象,用索绪尔的话来说,语言的'社会机制'特征,通过'它只是根据在社会成员之间确立的某种契约来存在'而被证实"①。格雷马斯1966年出版了他积多年心血写成的《结构语义学》(*Sémantique structurale*),可以说,这本书奠定了巴黎符号学学派的理论基础。他的研究成果被认为在当时的结构主义运动中是"最具科学性的符号学"②。从70年代初开始,格雷马斯又以其多部里程碑性的著述开辟了巴黎符号学学派在 sémiotique 名下从事研究的广阔领域。

格雷马斯的主要贡献在于:

1. 成功地将俄国学者普洛普的民间故事叙事研究与列维-斯特劳斯的叙事研究在语言学上进行了概括,并把对于"结构"概念的继承引入到符号学领域。格雷马斯的符号学研究始终不脱离语言学,但在与文化对象的结构模式相结合的同时,又发展了语言学,所以,他的符号学研究亦被称为"符号-语言学"(sémio-linguistique)。他的学生安娜·埃诺对于他的研究做了这样的概括:"他一生都是语言学家,把符号学等同于语言学"③。

2. 格雷马斯的理论思考始终不脱离对于"意义"和其出现形式的思考,他的符号学研究始终坚持"确定意义出现的各种形式和其存在的各种方式、将它们解释成意指的横向的各个方面和纵向的各个方面、描述内容的移动和转换行程,这便是在今天已不再是乌托邦式的任务。在可预见的未来,唯独这样的

---

① 科凯:《符号学:巴黎学派》(*Sémiotique. L'École de paris*, 1982),p. 10.
② 弗朗索瓦·多斯:《结构主义史 I》(*Histoire du structuralisme 1*, Éditions La découverte, 1992),p. 139.
③ 天津外国语大学语言符号应用传播研究中心《语言符号学通讯》2015 年第 3 期,《埃诺教授访谈录》,第 40 页.

有关形式的符号学可以出现，可以像谈论意义的言语活动。因
为符号学只不过是意义之意义"① （Greimas J., 1970: 17）。

3. 在方法学上，格雷马斯采用了结构主义的观点，认为是
概念之间的结构关系网在起决定作用，因为正是这种关系网在
创造意义，正是这种关系网是意指出现的各种条件和理解符号
学对象的机制。依据这种方法学思考，格雷马斯创立了一系列
可操作的符号学模式和理论：行为者模式、符号学矩阵、模态
理论、激情理论等，从而构成了现在被称为"话语符号学"的
主要理论构架。格雷马斯的贡献极大地推动了符号学地位的确
定，其自立性已开始显现。

明年，即 2017 年，将是格雷马斯 100 周年诞辰和去世 25
周年。笔者特意向出版他著述的主要出版商和他的学生安
娜·埃诺女士做了了解。出版商告诉我，到目前为止，尚无任
何出版计划；安娜·埃诺告诉我，已计划有一、二次报告会和
可能有一、二本出版物。至今，我们还没有见到有关他的传记
书籍的出版，也没有专门研究他的专著问世。这与罗兰·巴特
100 周年诞辰的纪念活动相比，那似乎就有点寒酸了。但是，
在对这两位学者的情况做了整体比较后，笔者在以下几个方面
产生了多种联想。

三、对于我们的启示

其实，罗兰·巴特和格雷马斯的贡献，完全可以在符号学
理论贡献、符号学知识普及和推动符号学后续发展几个方面来
综合比较。

1. 在理论贡献方面：客观地讲，在法国符号学发展中，罗
兰·巴特与格雷马斯分别代表了两个不同的阶段，前者代表的

---

① 格雷马斯：《论意义 I》（*Du sens I*, Paris, Seuil, 1970），p. 17.

是结构主义阶段或结构论符号学阶段，后者代表了巴黎符号学学派阶段。从这种意义上，两个人的贡献都是重要的、伟大的。但若从当前符号学研究所依据的理论基础来看，格雷马斯的贡献显然是更大的，因为巴黎符号学学派的符号学研究已经成为法国符号学研究的主流，而 sémiotique 一词正在取代 sémiologie 成为"符号学"的统一称谓。2015 年春天，天津外国语大学语言符号传播应用研究中心主任王铭玉教授和副主任田海龙教授访问法国，会见了法国符号学名誉会长雅克·丰塔尼耶（Jaxques Fontanille）教授（他同时是国际视觉符号学学会会长）和巴黎符号学学会会长安娜·埃诺教授（她同时是国际符号学学会副会长），他们在介绍法国符号学时，都未主动谈到罗兰·巴特，而只是谈格雷马斯，可见，格雷马斯的理论在法国符号学研究界的地位和影响。

2. 在符号学知识的普及方面：我们从两人的出版物再版情况就可以看出。罗兰·巴特的著述在法国的出版情况：他有三卷本（1995 年出齐）和修订后的五卷本（2002）的《全集》，他的授课内容和多部书籍的初稿相继出版。他的多部著述成了现代理论著述再版次数最多和印量最大的作品，例如他的《神话集》一书就再版多次，并累计印数达到了 60 万册。可见，罗兰·巴特和其作品至今在法国和世界倍受欢迎的情况。相比之下，格雷马斯的出版物却没有受到如此的厚待。根据笔者的了解，在他的著述中，只有《结构语义学》、和《符号学:言语活动理论的唯理思考》（*Sémiotique, dictionnaire raisonné de la théorie du langage*）两书有过再版，并且印数也不多。这说明，法国大众读者尚未进入对于真正严密和科学的符号学的了解之中。但是，对于一般读者，有这种需要吗？自然，这便是专门从事符号学研究的学者们的工作。

3. 在推动符号学后续发展方面：罗兰·巴特在他所处的结构主义运动高潮时期，可以说，影响是很大的，他的部分理论阐释已经影响到意大利符号学家埃科的研究。不过，在结构主义受到 1968 年五月运动冲击之后，这种影响就小了下来；但是，我们可以说，他的符号学探索与实践作为阶段性成果已经融入了广大读者的知识结构之中，已经沉淀在人们的认知系统之中。格雷马斯的情况则与之相反，他的符号学理论与实践继续推动着法国符号学研究的发展，而且在今天，还看不到有新的理论可以取而代之。格雷马斯去世之后，他的弟子们分散开来，进入了法国各所大学和研究机构，当时曾引起人们对于巴黎符号学学派此后发展的担忧。但是，这些弟子继续进行着他的未竟事业，而且在他们的影响之下研究者越来越多，研究领域越来越广，汇集这些学者研究成果的"符号学形式"丛书已出版 40 余种，不同名称的符号学研究中心遍及所有综合性大学。这里，我们仅举由格雷马斯的亲授弟子丰塔尼耶在法国利摩日大学建立的符号学研究中心的情况为例：这个研究中心成立于 2000 年，规模较大，由多位语言学家和相关研究课题的学者组成，它的研究场域是从文本到社会相互影响的各种"话语"，它所从事的是对于广阔的意义生产领域的分析，因此，符号学的对象是非常多样的。其当前的研究课题是：符号学、言语活动理论、传播学理论、话语、陈述活动、工业设计、图像、传媒、写作等。它的出版物极为丰富，2015 年的出版物就有：《生活形式》（*Formes de vie*）、《机制与环境中的意义》（*Le sens au coeur des dispositifs et des envrironnements*）、《英-法翻译：实用翻译学教材》（*Traduction anglais-français. Manuel de traductologie pratique*）、《间接言语活动行为的介绍与处理》（*Présentation et traitement des actes de langage indirects*）、《向传播学求助：在继承与当代转换之间的结构主义》(*Appel à la communication——le structuralisme entre héritage et transformation contemporaine*)。

笔者在参与编写介绍世界符号学研究概况的一部书籍的法国符号学部分过程中，注意到一个有意思的现象：在结构论符号学阶段，除了列维-斯特劳斯和拉康外，其他几位代表性人物如罗兰·巴特、福柯、德里达、托多罗夫，他们均未把符号学研究进行到底，大体都是在 1968 年五月运动之后进行了转向。我认真地想了想，发现有一点他们是共同的，那就是他们都不是语言学家（包括列维-斯特劳斯和拉康）。这好像就在告诉我们，如果研究者没有坚实的语言学基础，符号学研究大体能够进行到什么程度。

这似乎就给中国的符号学研究者提出了双重的任务：

1. 在结合总结我国古代符号学思想的同时，认真做好引进与普及符号学基础知识的工作。近些年来，我们的符号学研究者同仁做了大量借用西方现代符号学理论挖掘中国古代符号学思想的工作，出版了许多有质量的研究成果；在普及不同领域基础符号学知识方面，也有不少著述相继出版，赵毅衡先生2014 年出版过一本《趣味符号学》，是向大众普及符号学基础知识的大胆尝试。我希望，今后有越来越多的符号学基础读物出版，使得我国读者也逐步进入对于符号学具有初步 ABC 知识的认知阶段；

2. 我认为，结合法国符号学发展和格雷马斯的实例，中国的符号学学研究者似乎应该在语言学研究上有自己的专项、自己的领域。如是，大家的共同努力，肯定会推动我国符号学研究在坚实的语言学基础上得到健康的发展。我们要不满足于引进和应用，要顺应我国进入创新型国家发展战略的需要，结合我们自己的文化，创立自己的富有中国特色的符号学理论。在这一方面的努力，可能不会像做介绍和普及工作那样成效快、也许不会带来很大的影响，但只要对推动符号学发展有益，我们就是义不容辞的。

中国符号学学者的任务是艰巨的，但只要我们坚持不懈，一定会做出出色的成绩。

解读"罗马柱"

改革开放 30 多年来，不少外国文化进入了我国，它们在一定程度上使国人开阔了眼界，丰富了日常文化生活，也引起了社会面貌和人们思想、观念等多方面的变化。总的来说，有交流，就会增进不同文化之间的相互了解，最终促进世界的共同进步与融合。但是，也有一些引进就不是那么很容易让人理解和被人接受的。在一座大城市的一个行政区管辖内的标志性建筑物——"罗马柱"——就让人颇感错愕，不得不对之进行挖掘式思考。

"学府园"向北展示的图像

"学府园"入口处图像

一、"罗马柱"描述

从这个大城市向南出外环线走一段路程，远远就见一排突兀而起的柱子，它们便是被誉为当地市镇标志性建筑物的"罗马柱"：前面是一片空旷，后面可见探出几块高地之上的这个市镇西北部的楼宇轮廓。待比较靠近的时候，看出这排"罗马柱"是由瞬间难以数清的高大立柱组成的，中间有一座建立在十几根立柱之上的近乎圆形的大型建筑物，其每一侧沿东西方向排列的立柱通过连梁曲折地连接起四座形式相同、高度相同的建筑体，端部建筑体旁边还有一座与之相同但却脱离连梁的并行建筑体。而真正从西北面进口走入，我一下子就被这排庞大的建筑群惊呆了——雄奇壮观，气势压人：上百根几十米高、带有竖槽的立柱拔地而起，核心之处是一座大型的六边形穹顶，其每一个角都由两根立柱支撑，其顶部每一面都还有浮雕。这排罗马柱，虽有折线，但从整体上看呈弧状向北弯曲；立柱的北面是湖泊，湖泊北边是一条宽敞的东西向大道。待对它们瞻望赞叹之后，我才注意到入口处不远有一块长方形石碑，石碑的正面镌刻着从右向左的手书"园府学"三个描红大字。我一时不禁脱口而出:"原来这个地方叫'学府园'啊!"。石碑下方没有落款,背面刻有说明文字,让人不无兴致地俯身去看:

由于担心照片可能不清楚,我也把文字抄录了下来:

学府园

　　建成于二○○二年七月,占地 130 625 平方米,其绿地面积 72000 平方米,湖面积 40000 平方米,硬化面积 18625 平方米。该园以柱廊为中心,南侧为大型起伏绿地。柱廊东西向折线布于湖中,由 100 根罗马柱和高 37 米、跨度 26 米的穹顶组成。穹顶内部、外部及柱廊的柱顶、连梁、烽火台均有浮雕,穹顶内为"爱神"的大型油画 874 平方米。×××区政府二○○四年立既然已经身在其中,不向里边走一走是可惜的。从西边向东走去,首先是迎面的柱廊端部那两座形式相同、高度相同、均由四根立柱支撑的建筑体，它们的不同之处就是只有右边的建筑体与其他立柱之间有连梁。我不明白它们分立的原因，但我注意到，如果在两者之间也架起连梁的话，那么这座建筑体则与柱廊之间形成一个向内的钝角。它们应该就是碑文中所说的烽火台。从右边的烽火台开始向东，便进入由单排罗马柱连接起的柱廊。只有这时方可近距离地观看罗马柱：只见每根柱子均矗立于圆形石头底座之上，底座直径足有两米甚至更多；再看柱子本身，粗大得两人难以张臂和围，它们都由像是花岗岩的石头分层次雕刻而成（但也不排除按照现在的工艺，其内里是钢筋混凝土），上下竖槽整齐一致，那做工之细腻、嵌砌之精准，堪比真正的罗马柱。我注意到，每隔五根直线排列的立柱就有一座烽火台，烽火台之后的立柱则改变了方向，经过三座烽火台即三折之后便到了核心处的穹顶；穹顶是由外侧的十二根立柱和内侧的六面拱形大门支起的庞然大物，而穹顶之后又是三折四排的罗马柱。

跨度 26 米的穹顶外视图

我进入穹顶内部，去看那幅 874 平方米的油画：可能是由于阴湿和 10 年来从未有过修复的缘故，油彩已经变质，画面模糊得辨不出非常确定的图案；加之我本人丝毫没有绘画方面的素养和历史知识，真不知这幅《爱神》应该是个什么样子。

穹顶内油画《爱神》

我注意到，穹顶外边的六个面上确实有浮雕，由于拍照角度够不着，我只照下了两幅。我不知它们的底样是意大利的什么画作，但见其构图基本上都是母亲与孩子的画面，所以我猜想，它们也应该属于《爱神》的主题：

穹顶外的浮雕

　　我第一次注意到，在穹顶的每两个顶面交接之处，重复出现一尊我猜想也是爱神的浮雕，她持站立姿势，怀中似有所抱（由于是远距离拍照和天气的原因，没有拍清楚，虽有遗憾，但并不影响说明问题）：

穹顶侧面之间的浮雕

以上，便是这排罗马柱的基本情况。限于自己的知识，我无法观察到更为细致的方面，因此也就难于做更为详尽的描述。不过，在瞻观的过程中，我始终没有忘记寻找哪怕是一点与学府有关系的东西，比如可供坐下来读书的长椅或是凉亭等，这些，我一样都没有见到，包括穹顶之下也无可依坐就读的地方。所见，只是湖边有不少闲者在垂钓，不时爆发出有所捕获的欢声笑语。

这就是我在有一年秋季的时候实地见过的"学府园"。但是，每当与人谈起这个地方的时候，我几乎不能马上想起它的真正名字，而总是代之以"罗马柱"。

二、古罗马柱与"爱神"

既然是"学府园"，总该有与高等学府有关的东西吧。不错，"学府园"北面那条宽广的大道就叫"学府路"，路北面有几所市区大学在此设立的分校，而且以前我就曾在其中一所分校中教过四年书。但是，从碑文上明确的面积来讲，它们并不包括在这个"学府园"之中。

那么，罗马柱与高等学府有什么关系呢？那烽火台又意味着什么呢？难道一见罗马柱和烽火台就会让人想到这里是个学府园吗？每当我过往这里时，我总是想到这些问题。由于我喜欢刨根问底，最终还是想从罗马柱在意大利的蕴意寻找突破口，于是我便把意大利的罗马柱作为参照文本来开始我的解读。我虽然不曾在意大利常住，但我保留着对于几次去过意大利的比较清晰的记忆和所带回的照片及画册。现在的罗马城内到处都有外露的作为古迹保护的柱子。我们从下面古罗马的一处广场的遗址照片中可以看到：高与低的柱子大多都呈一定几何形状组合在一起，让人想到它们过去是一座建筑物的支撑部分：当然，也有独立的立柱；从高矮上分，矮的柱子是一般建筑物的遗迹，高的柱子都是神殿的遗迹（我从图下的文字注释中，未发现一处与高等学府有关的建筑物名称）：

Le Forum Romain

1 - Temple de Saturne
2 - La Voie Sacrée
3 - Temple de Vespasien
4 - Les Rostres
26

5 - Arc de Septime Sevère
6 - La Curia
7 - Basilique Aemilia
8 - Basilique de Maxence

9 - Temple D'Antonin et de Faustine
10 - Colline
11 - Temple Circulaire de Romulus
12 - Colonne de Phocas

13 - Temple de Jules César
14 - Temple de Venus et Rome
15 - Arc de Titus
16 - Temple de Vesta

17 - Maison des Vestales
18 - Temple de Castor et Pollux
19 - Eglise S. Maria Antiqua
20 - Le Palatin

21 - Temple D'Auguste
22 - Basilique Julia

27

　　现在罗马市内一些广场中还有完好的独立的高大罗马柱，那则是一些个人功绩纪念碑，例如特拉让广场上的纪念碑，那是为意大利古代一位战功卓著的皇帝 M. U. 特拉让（Marcus Ulplus Trajan，52-117 在位）建立的。其实，作为纪念碑，意大利水城威尼斯市马可（Marc）广场上的两座纪念碑是很著名的：一座叫马可纪念碑，另一座叫泰奥多尔（Théodore）纪念碑：前者与附近的马克教堂及马可运河同名，后者则是为当时非常受人尊敬的一位主教而立。

罗马特拉让广场上的纪念碑

威尼斯马可广场两尊纪念碑

当然，罗马柱的原型似乎可以推到更远的时间，因为，古希腊乃至古埃及的高大石柱也很多。我想，在眼下中国大地上建立的这排罗马柱，从其高度来讲，其原型该是古罗马神殿或纪念碑的立柱，而不会是一般建筑物的立柱。

至于爱神，这可要从古希腊神话说起，并且有小爱神与大爱神之分。在奥林匹斯山的众神中，最叫人无可奈何的，就是小爱神厄洛斯（Eros），他一直被人们喻为情欲的象征，他的这个名字后来也成了多种西方语言中表示"色情"的单词的词根；他是爱情和美丽的女神阿芙罗狄忒（Aphrodite）与战神阿瑞斯（Ares）所生的小儿子。而到了古罗马神话中，小爱神被叫作丘比特(Cupid)，他的母亲

小爱神丘比特

阿芙罗狄忒（爱情的维纳斯）

阿芙罗狄忒就是后来一般被称之的爱情的维纳斯即爱神。

"爱神"或"爱情的维纳斯"（法文：Venus de l'amour），是"爱情、诱惑、美丽、情欲"之神，她最早以一尊雕塑出现，到了中世纪才以不同形式或名称出现在绘画之中，代表着"美、生命、生育"。我不是搞美术的，在这方面不太了解更多的情况。我从网上搜罗到我们中国人认为是《爱神》的一幅油画，那是瑞典画家佐恩（1860-1920）画的，被称为"第一名画"：画面的中心位置是一位裸体女神，其身后树下见两、叁个小孩子，后景是一些植物，呈一派生机盎然的景象。我在穹顶侧面看到的一幅浮雕，所呈现的画面与佐恩这幅《爱神》的画面有点相像。

佐恩画的《爱神》

那么，按照"爱神"的寓意，她与高等学府有什么关系呢？我想了好久，还是无法搭得上边。

三、"罗马柱"的推测意指

既然，罗马柱不能代表高等学府，那么，这排罗马柱放在这里，会有什么寓意呢？我认为，标志性建筑物应该是一个地方历史、文化的集中体现或升华。这个地方与古代罗马有什么关系呢？我联想到我曾在一份晚报上看到的一条转载消息，说是古代有一支罗马军队战败后来到了中国，到了甘肃一带。我当时没有做剪报，完整的信息也就记不清了。前不久，在一次学术会议上，我结识了西北师范大学的曹进教授，向他谈起了这件事，他回去后热心地为我寄来了相关几篇文章的复印件。我从其中兰州大学历史系汪受宽所写《驳古罗马军团安置骊靬城说》一文引述的 1998 年 9 月 25 日《兰州晚报》上的文字中了解到："公元前 53 年，即西汉甘露年，罗马帝国的执政官克拉苏所率侵略安息（即今伊朗）的大军，在卡尔莱遭到安息军队的围歼，克拉苏被俘斩首。其第一军团首领、克拉苏的长子普布利乌斯率领 6000 余众拼命突围，后来失踪……从《汉书·陈汤传》得知，普布利乌斯率领的逃亡大军流迁中亚，投奔郅支单于，公元前 36 年陈汤率军攻灭郅支，将这支罗马残兵收降，带回中国。"[①]我记得，在那份晚报转载的信息中还说，在我国甘肃省发现了一个村镇，那里的人鼻子都大，眼睛也有些蓝灰色，有学者开始推测这些村民就是那支罗马军队的后人。但是根据我的浅薄见识，意大利属于南部欧洲，南欧人大多都是黑眼睛。现在看来，我可以延伸这样的猜想，那支军队会不会最终来到了沿海这座大城市的这个市镇呢？答案显然距离真实更远，因为我观察过，这里的人既没有大鼻子，也没有蓝灰色的眼睛。

至此，也许我们可以得出一个结论：这种引进是盲目的，偌大一个学府园，花了那么多的钱，作为中心建筑物的罗马柱

---

① 《甘肃社会科学》1999 年第 6 期，第 34 页。我在此向曹进教授和原文作者致谢。

却与当地历史、文化甚至与中国的历史、文化无任何联系，即没有任何可在稍加思索之后就能悟出的寓意。然而，我确信，作为标志性建筑物即具有代表性符号来建造的这排罗马柱，肯定是有其一定用意的。

那么，我们能否从符号学上找出一点解释来呢？符号学是关于符号及其相互关系的学科，也是研究产生意指的内在结构的方法论。

我们还是从学府园入口处的石碑说起吧。石碑上有两处是可以做些探讨的。首先是"学府园"三个字的书写顺序：按照我们现在的书写习惯，凡是构成"组合体"的文字都是从左向右写起，而这里的顺序却是从右向左。对于上了点年纪的我来说，这种顺序立即产生了符号学上叫作"时间固位"的意义效果，因为它立即把我拉回到了1949年之前和想到了孙中山先生的横幅牌匾题词《公为下天》。但由于这里仅仅是几年之前的题词，这样的顺序便产生了另外的意指：一是它让人联想到题词人具有超越当今的文化素养与意识；二是设计者在利用这种时间固位所带来的追溯以往的意义效果，让人进入这里后瞬间就会产生一种怀古的情思，因为这里是古代的罗马柱嘛。但不论是哪一种，都是一种有意安排。其次，依据中国的现时做法，在题词后有落款的，要么是知名书法家，要么是国家领导人。这种不加落款的做法，就将题词人划定在了地方文人或地方官员之列。

至于"罗马柱"这个符号，其能指即它的表达平面，显然就是这排雄伟、高大的立柱，那么，我们能否尝试从其表达平面开始做些探讨呢？人类很早就懂得垂直维度具有发生学上的作用，高与低很早以来就在不同的文化中各自确立了可以说大致稳定的意义：高在上，低在下；高贵不分，低劣相伴。从高度上讲，越高便越高贵。我们上面说过，这排如此高大的罗马柱其原型应该是古罗马的圣殿立柱或独立的纪念碑。从两个文本之间的联系上讲，它们应该具有"互文性"；它们在表达平面上总体上相似（我无法进入它们的细节之中），即基本上处于能指"同构"的状态，因此一般说来它们应该包含着意大利罗马柱原有的所指即内容平面，也就是"高贵""神圣"和"伟大"（当然，这并不包括"旧瓶装新酒"或符号学上称之的"伪装"等情况）；如果不是这样，那么，我们就应该按照罗兰·巴特的"符号层级"理论，把原先的罗马柱作为"一级符号"，再为它加上新的所指（概念），使之成为"二级符号"那样去理解。然而，新的概念是什么呢？我想来想去，也还是无法脱离意大利罗马柱原有的所指，因为竖立在这里的罗马柱只有意味着"神圣"与"伟大"才能讲得通。并且，如果从同样属于表达平面的高度上来讲，罗马市内的特拉让立柱高 29.78 米，而这里的罗马柱高 37 米（它们与穿顶高度相同），后者高出前者近 8 米，应该说其在内容平面上更"神圣"和更"伟大"。但是，罗马柱原有的所指能够如此机械地移用到这里来吗？要知道，这个地方无任何与宗教圣地和圣人有关的历史与文化。不过，我们知道，符号之间完全可以借助隐喻手段而达到相互指涉。结合这个地方的发展历史，我要说，用罗马柱这个喻体来说明这个地方之"伟大"是当之无愧的，因为在这个原先是海边沼泽和滩涂的不毛之地建立起了现在模样的市镇，确实是件很不容易的事情。我的老家就在这个市镇南边 100 华里的地方，记得小时候随母亲经常乘烧木炭的汽车经过这里到这座大城市里来，那时的这里水泽连天，芦苇无边，张着白帆的小船似乎不用划桨就悠然地依靠风的推动穿行在芦苇荡之中，令我至今记忆犹新（我现在甚至有时为这一景象不能再现而略感遗憾）。后来，政府组织移民，包括从我老家那里动员了许多人来到这里，治水开荒，建村立镇，终于成了现在的规模；30 多年前，这里又发现了石油，经济上有了大发展；几年前，这里的政府要求家家户户把居住的土坯房、砖瓦房都改建成楼房，从硬件上向着城镇化大跨了一步，可谓旧貌彻底换了新颜。这能说不伟大吗？而这样的事业与成就又能说不"神圣"吗？毛泽东主席在"六亿神州尽舜尧"一句诗中把战天斗地的中国人民比作舜尧，而舜尧在中国历史上就是"圣人"。所以，我认为，"罗马柱"的寓意是完全地搬到了这个地方，以一百根罗马柱来代表在这块土地上建功立业的大众百姓并不是不可以的。所不同的是，意大利的罗马柱有的是为个人立的，而在这里是为多数人立的。沿着这种理解，那座位处核心的穹顶与一百根罗马柱之间的关系也似乎明朗了一些：它给人以一统百之寓意。

关于那总共八座的"烽火台"，我只能从其现在的构成形状来谈，因为我在手头现有的罗马资料中找不到冠以这个名称的建筑物，但我又不能肯定其在古代罗马就不存在。在我看来，它们通体更像是门，因为只有顶部才有点像是中国的古代烽火台。我认为，这完全可能是设计者想象出来的造型和特意安排的中文名称，它们是一种艺术构思的产物。不过，这个名称在我们的语言习惯中却不是多余的，因为"烽火台"是与"战役"相联系的：它们在古代是真正战役的标志和警示，现在则可以比作打响经济发展战役的动员令或号召书。从形状上讲，我说它们更像是门，或者更像是意大利和法国都有的"凯旋门"。将一种对象改造成像是两种对象的结合体，并用其中一个对象的名称来称谓改造后的对象，这就等于是整合或掩盖了另一种对象，即是将一个能指同时用在了两个所指上，这样做是有其特殊意义效果的：能指是烽火台，所指却同时是战争信息和凯旋门；既在警示又在标志胜利，这似乎是在透露某种意志。我记得，我当年开车从巴黎去罗马旅游，去的时候没有怎么注意，到后来从罗马返回巴黎的途中，我看到了不少凯旋门，而且越向北它们的体形越大，我当时真觉得是在重走古罗马征战之路；到了巴黎的凯旋门，则高 50 米。凯旋门，就是胜利之门，是一种阶段性胜利的标志，巴黎的凯旋门就是拿破仑攻占巴黎之后所建。那么，沿着这一思路，把眼下这几座高 37 米的"凯旋门"与这个地方经济发展的不同阶段联系起来，似乎也就是顺理成章的事。这样一来，穹顶两侧曲折连起的柱廊，也应该在这一方面具有一定的寓意，它们是否意味着在前进道路上"百折不挠"和"步步凯旋"呢？

长城烽火台

意大利蒂图斯（Titus）

巴黎的凯旋门

"学府园"的烽火台

那么，油画《爱神》在这里的寓意又是什么呢？当然，这里现在变得比从前美丽多了，这无疑可以与"爱神"之美联系起来。至于"爱神"后来有关"生育"和从前有关"诱惑""情欲"等寓意自然与这里仍在坚持的"计划生育"政策和一直提倡的社会主义核心价值观、道德观相抵触。但是，我却想到，可能由于《爱神》这个名称（能指）的翻译不当，在我们的文化中产生了另外的所指。由于翻译上的原因，在译入语中产生新的"所指"，在各种文化中都是屡见不鲜的。正如我们所知道的，马克思和恩格斯1847年为德国共产主义者联盟写的《共产党宣言》的准确译名似乎应为《共产主义宣言》；法国诗人波德莱尔的诗集《恶之花》（*Fleur du mal*），很容易让我们理解为诗集中都是对于"恶"的赞美，但实际上，"mal"一词理解为"痛苦"更为贴切，更符合诗集的整体内容。不过，人们已经习惯于这些译名，也就不便更改了。正如我前面所说，"爱神"的原文名称翻译过来应该是"爱情之神""情爱之神"，所以她首先有爱情、诱惑、情欲等所指，至于其后来在艺术创作中的寓意，也是建立在其最初寓意基础上的一种扩张。由于汉语这种译入语的安排和人们的理解习惯，现在的译名很容易让人想到是"爱人之神"、是"把爱撒向人间的神"；特别是结合浮雕和画面中都是母与子的图像和穹顶身处罗马柱整体中心的位置，人们产生这种理解也是可能的。如果情况真是这样，我觉得那倒是可以有所解释的：中国的地方官员自古以来就有"一方父母"或"父母官"的称谓，这是否正是设计者把这幅油画放在这里所安排的用意呢？

这个"学府园"的说明文字，很值得一提："该园以柱廊为中心，南侧为大型起伏绿地"。我在文章开始时也介绍过，这排罗马柱的南面是突出于几块高地之上的这个市镇西北面的楼宇轮廓，这说明，这个园地或者说这排罗马柱并不是向南敞开的，因为其南边的楼宇和大型起伏的绿地会阻挡或干扰从南边来的人或者说从附近省份来的人的视线，他们不能立即看到罗马柱的全部，不会对其倾注最大的注意力。用一个符号学上的术语，那就是，从南边来的人都身处一种被"剥夺"的位置，他们与这排罗马柱始终处于"析取"的状态。结合这排罗马柱的北面是一片开阔之地，我们可以说，这排罗马柱或者说这个园地主要是给这座大城市的人们看的，城里的人对其具有"获得"的权利，也可以说，这个市镇的人通过这排罗马柱一心要与这座大城市维持着一种"合取"的关系。可以说，这种设计和布局，潜在性地暗示了"想要合取"和"想要被合取"的模态。说明文字中还有"柱廊……布于湖中"的提法，我甚至想到，该罗马柱的设计者是否参照了意大利威尼斯马可广场上的那两尊纪念碑，因为威尼斯市本身就是座水城，两尊纪念碑可以说就立于水面之上。

我们再来看这排罗马柱的折线形状，它们虽是折线，但总体上呈弧形向北弯曲，如果稍加注意，罗马柱西端和东端连梁的延长线正好包容了这座大城市的整体范围；而如果将两端没有连梁的两座烽火台接起来的话，那将是一个半径更小的弧线，形如一个凹形镜面。据此，如果为这个小半径的弧线寻找圆心或将这个凹形镜面进行聚焦连线的话，其圆心或焦点正在市中心。还不要忘记穹顶两侧立柱所呈现的折线数量，我要说它们可能还具有让人进一步联想的寓意：每一侧都有四条折线，两侧加在一起是八条，而"四"与"八"合在一起，正与中国的成语"四平八稳"相啮合，用在这里似乎含有企望"吉利""顺达"之意。

"学府园"石碑上注明的时间点，也似乎可以让人有所联想：

"建成于二〇〇二年七月"，而立碑则是在 2004 年，这不同于其他建筑物在建成之后就立即刻上铭文的习惯。据说，"学府园"建成之时，这个地方正好完成了领导换届，而在此几个月之后，也就是来年之初，原先的领导便进入了这座城市的领导层。稍加思索，大脑中出现了一个令人不敢相信的闪念：这排罗马柱似有借修建"标志性建筑物"为领导歌功颂德之嫌。歌颂人民的伟大与神圣，自然无可厚非，但若借以张显个人或小集体则有悖于党的宗旨和优良传统。如果真是这样，这里采用的基本上是符号学上叫作"嵌入"（或"嵌套"）的一种手法，即把一种义素（或叙事）加入到并不属于其自己的一种外在表现之中。格雷马斯在论述叙述符号学上的嵌入时说："嵌入这个术语有时被用来指一个叙事插入另一个更为宽泛的叙事之中，而不需要为此去明确微观叙事的本质或准确的功能"①，这似乎指出了这种操作的特征。至于为什么没有在"学府园"建成之初而是在过了近两年之后才刻碑说明，根据"时间性"的不同意义效果，推迟可以产生淡化前事或提醒后人的作用。

最后，再说一说"学府园"这个名称。按照索绪尔的理论，符号是由能指（声音形象）与所指（概念）结合而成的，缺一就不为符号。他又说符号是任意的，即能指与所指的最初结合是人为的。但是，符号一经确定，它就具有相对的固定性。关于能指与所指之间的关系，列维-斯特劳斯的研究告诉我们，能指是"不稳定的"，由此为艺术创作提供了广阔空间。然而，根据格雷马斯的理论，当一个能指脱离原先的所指被用于（即通过隐喻手段）另一个所指的时候，其原先的所指与后来的所指之间一定要具备某种程度的"语义等值性"。依照上述分析，"学

① 格雷马斯、库尔泰斯合著：《符号学，言语活动理论的系统思考词典》（*Sémiotique, dictionnaire raisonné de la théorie du langage*, Paris, Hachette Livre, 1993），p. 123.

府园"与"罗马柱"之间并不满足这种条件。那么，这是一种
什么样的符号学操作呢？不难看出，根据这里"罗马柱"的多
重寓意，它们显然是对于学府园这个名称的否定，即所指对于
能指或信息对于载体的否定，而这种否定在符号学"诚信模态"
矩阵上所呈现的，则是"显现"与"不存在"两项归一的"谎
言"（或"伪装"）。说得直接一点就是，这里并不存在能够冠以
"学府园"的真正的学府园。这便是为什么人们很少提及或者难
以记住这个名称的根本原因。反之，对于"罗马柱"来说，它
们是实际的、显赫的"存在"，但其名称却不正式地被"显现"，
而是被代之以"学府园"，根据"诚信模态"矩阵的推断，这其
中由一种"秘密"在主导着。那么，是什么秘密呢？

　　时代变了，歌功颂德的方式也在变。中国古时候是修庙宇、
立牌坊，但那大多都是后人为前人所建。我想，"学府园"的设
计者和知情人对于采用罗马柱这种形式和其在整体布局上的安
排用意肯定是清楚的。符号的寓意，一般都涉及到符号的使用
主体即发送者与观看主体即接收者：使用主体在这里自然是当
地政府，观看主体则包括当地百姓和外来观看者。我们不能要
求符号的隐喻功能必须提供非常明确的寓意（意指），但作为当
时区政府的一个投资项目，如此大方地使用纳税人的钱搞了一
个名实不符的"学府园"，如此不吝地让他人去费力解码，却是
不应该的。如果我的分析有点在理的话，"学府园"更名为"功
德园"也许更合适些。

　　符号学是描述性的，其根据描述结果所得意指是推测性的，
而不是严格意义上的"判断"或"结论"。我怀疑我的解码是否
"中的"，因此邀读者一起来讨论，我也欢迎另有推测甚全是完
全否定的推测，因为符号学分析本身是开放性的；如果当年的
设计师能出面指点迷津的话，自然是求之不得的好事。

莫言闪小说《狼》的符号学解读

2012年12月9日，北京时间21时，获得该年诺贝尔文学奖的中国作家莫言在瑞典斯德哥尔摩大学发表了演讲。期间，他朗诵了自己的闪小说[①]《狼》和长篇小说《生死疲劳》中的片段。我当时在电视上看到，他的演讲引起听众不断的笑声。于是，我随后也满怀兴致地阅读了网易网上转载的《狼》这篇小说：

那匹狼偷拍了我家那头肥猪的照片。我知道它会拿到桥头的照相馆去冲印，就提前去了那里，躲在门后等待着。我家的狗也跟着我，蹲在我的身旁。上午十点来钟，狼来了。它变成了一个白脸的中年男子，穿着一套洗得发了白的蓝色咔叽布中山服，衣袖上还沾着一些粉笔末子，像是一个中学里的数学老师。我知道它是狼。它俯身在柜台前，从怀里摸出胶卷，刚要递给营业员。我的狗冲上去，对准它的屁股咬了一口。它大叫一声，声音很凄厉。它的尾巴在裤子里边膨胀开来，但随即就平复了。我于是知道它已经道行很深，能够在瞬间稳住心神。我的狗松开口就跑了。我一个箭步冲上去将胶卷夺了过来。柜台后的营业员打抱不平地说："你这个人，怎么这样霸道？"我

---

① "闪小说"译自应为"flash fiction"，指自述一般在600字以内的极微型小说。这种体裁虽然短小，但仍适合进行符号学方面的结构研究。

大声说："它是狼！"它装出一副可怜巴巴的样子，无声地苦笑着。营业员大声喊叫着："把胶卷还给人家！"但是它已经转身往门口走去。等我追到门口时，大街上空空荡荡，连一个人影也没有，只有一只麻雀在啄着一摊热腾腾的马粪。

等我回到家里时，那头肥猪已经被狼开了膛。我的狗，受了重伤，蹲在墙角舔舐伤口。①

全文只有 400 余字，但讲了一个非常有趣和完整的故事。我试着在网上搜寻相关评论，发现人们大多都说不太理解这篇文字，甚至还有人发帖"求解"；后来，我也读到一则赏析文字，认为这篇闪小说就是借杜撰人与兽的斗智故事来喻人与人之间的关系。我对此是赞同的。不过，在反复阅读中，我在这样一个很短的故事中，却看到了一幅几乎涉及叙事符号学全部重要概念的网络图，而从符号学上做点分析即进行描述，就可以挖掘出更多字面所掩盖的东西：不是内涵，而是带有意义的结构方式。

一、句法描述

首先，我们从表现层面来看一下这个故事的句法结构。句法结构，指的是陈述活动的句法组织形式。句法结构在这篇文字中涉及到以下几个方面：

1. 变指结构。在符号学上，变指成分指的是叙事过程中改变叙述空间和时间的成分，它们可以是表明时间和空间的指示词，也可以是人称代词等。这种改变又可分为"接合"与"脱离"两个方面。前者指进入某一时间与空间，后者指离开某一时间与空间。

① http:new.163.com/12/1210/10/81C009LQ00011229.html

在《狼》这篇叙事中：

1）接合："**那匹狼偷拍了我家那头肥猪的照片**"，这是故事的第一句，"**那匹狼**"相当于由一个指示代词"那"引导的确定成分，由此进入了整个故事；"**等我回到家里时**"，即"我"从"照相馆"返回到了"住所"，这等于改变了时间和地点，由此进入了故事的第二部分。这两次接合，使全篇故事分成了两个部分，也可以将其看作是两个相对独立、但又是因果相续的部分。

2）脱离：故事中有两处可以看作是脱离：一是"**我的狗松开口就跑了**"（相当于狗离开了现场）；二是"**等我追到门口时，大街上空空荡荡**"（指"我"离开了现场），由此结束了上一段故事，并为下一段故事的时空和语义变化做了铺垫。

在这么短的故事中，有总共四次的"接合"与"脱离"，而且"接合"与"脱离"之间有的就相差一、两句话，这说明叙事的紧凑和关系变化之快，为缩短故事打下了句法结构基础。

2. 叙述频率。在符号学上，叙述频率是其叙事符号学理论的重要概念，它指的是同一个陈述（句子）所陈述的事实在文本中的复现情况。著名符号学家热拉尔·热奈特对于这一现象做过详细研究，并为其分出了类别，其中，他援引法国作家马塞·普鲁斯特《追忆似水年华》一书中"一周中的每一天，我都睡得很早"一句话，总结出"一次性讲述 n 次发生的事情"[1]一类。莫言这篇微型故事的第一句话，就近似于这种频率类型："**那匹狼**"一语，说明叙述者"我"已经与这匹狼彼此相遇过多次，虽然狼不一定每一次都是为了给肥猪偷拍照片，但这一次是成功地"偷拍了"。这种频率的使用省去了许多需要交代的话，从而保证了故事的简短。

---

① 热奈特：《修辞格 III》（*Figure III*, Paris, Seuil, 1972），p. 147.

3. 叙述程式。叙述程式是一篇文本中的最小叙事单位，而整篇叙事便是由此通过各种转换所实现的展开，它从叙事模式上表现为"使-做"；当然，一篇文本中也可以根据不同人物、从不同角度而具有两个叙述程式、甚至多个更小的微型程式。我们在《狼》这篇故事中可以从两个方面来看。从作为猪的主人和"叙述发送者"的"我"来看，他的叙述程式概括起来就是"使我的肥猪不被狼吃掉"这样一句话，后面的情节便是据此扩展而成的："**我知道它会拿到桥头的照相馆去冲印，就提前去了那里**"，是空间和时间的转换；"**我一个箭步冲上去将胶卷夺了过来**"，是由"状态主体"到"作为主体"的转换。当然，若从狼的角度来看，它的叙述程式则是"想方设法吃掉肥猪"，它的叙述程式的展开则是偷拍照片（以作为主体出现）、去照相馆洗照片（以先是作为主体后是状态主体出现）、变成了"**一个白脸的中年男子……像是一个中学里的数学老师**"（象似手段，以状态主体出现）、"**转身往门口走去**"、后来又咬伤了狗、咬死了猪和叼走了猪的内脏（均为作为主体）。不难看出，从叙述程式的展开手段来讲，狼的作为手段远比肥猪的主人"我"多，结果不言自明。

4. 叙事的"对话"。这篇短文中有两句对话："**你这个人，怎么这样霸道？**"我大声说："**它是狼！**"。前者是营业员对于场景中一方行为的判断和评价，据此，表明了他站到了"我"的对立面即狼的一侧，成了狼的助手；在这种背景下，"我"说出的"它是狼"丝毫没有改变营业员的态度，这是狼的成功和"我"的失败，从而部分地预示了后面的结果。

二．语义分析

语义分析可在三个层次上进行：

1. 形象层。该层次是通过我们的感官对于文本中在线型连接上具有感知特征的成分（组合体）进行划分，而这种划分则依据语义分析的一个重要概念——"同位素性"。同位素性可以借助于罗列叙事形象层上两个或多个具有至少一个共同义素的组合体来获得，同位素性也就是"类义素"。我们看：

1）"我"，营业员，由狼变成的"中学数学老师"，他们都具有"人形"这个义素，其同位素性便是"人类"；

2）狼，狗，马，麻雀，它们都属于"动物"；

3）照相馆，大街，家，它们虽然都没有生命，但都属于人的活动场所，也就是人们生活与建立各种关系的空间；

4）上午十点来钟和晌午时分：人的活动时间。

不难理解，建立"同位素性"，基本上就是寻找"上位词"的过程。

从以上可以看出，这是一篇由人与动物共同作为其人物、并以人的社会活动场所为"场景"和涉及社会中多种关系的故事。而这种故事，就我所知道的体裁来讲，属于寓言、传说、民间故事、神话。

2. 主题层。这里的主题，并非是我们习惯上理解的"中心思想"，而是文本让我们所理解的概念总体。这种主题可分为"种属主题"和"特定主题"。在这篇故事中，种属主题表面上是人与动物（或人与自然）之间的关系，其特定主题表面上是食肉动物与其食物之间的关系。但是，由于这是一篇在我看来属于寓言、传说、民间故事、神话之类的故事，所以，它应该被理解为是一种"类比"借用。从符号学上讲，这类故事的特点，"似乎在深层次上为两种相对异质的语义范畴建立起

了相关性"①。所以，对于这类故事的解读，常常是不顾形象
层的表面实际，而是进行纵向的聚合关系的"内容组织"的探
讨。那么，这类故事是在建立一种什么样的关联性呢？我要说，
它就是借助于"拟人化"为表现人类社会而创新写作手法和拓
展写作空间。

3. 价值层。与主题层密不可分的是价值层。一般说来，文
学作品中的价值可以有道德价值、审美价值、生命价值、对象
价值等多种。它们常常体现在主体与对象之间的关系上，而故
事中主体所表现出的情绪，则是反映价值转移与变化的重要方
面。符号学根据"二元对立"原则将人类情绪从总体上划分为
"惬意"与"不悦"两大范畴，其他情绪表现均可归纳在这两个
范畴之中。在《狼》这个故事中，同样表现出"惬意/不悦"的
情绪范畴。这个故事的主要价值对象是"肥猪"，而在第一段中，
直接的价值对象则是拍有肥猪照片的"胶卷"。在对于胶卷的争
夺中，猪的主人"我""一个箭步冲上去将胶卷夺了过来"，显
然是一种"愤怒"表现，属于"不悦"。关于"愤怒"，格雷马
斯根据模态理论把其分析为是从"期待"（想要"合取"或想要
"被合取"）到"不高兴"（因为一直处于"非合取"即"析取"
的状态，文中"提前去了那里，躲在门后等待着"便是这种状
态）、再到"报复"（对于感受到"侵犯"的反应）的过程。另
有学者将"愤怒"总结为"它表明的是一位主体相对于一个对
象的被剥夺状况（该主体失去了这一对象），而他又'认为有权
享有'这一对象，因此，愤怒在强化析取状态"②，故事中猪

---

① 格雷马斯、库尔泰斯合著：《符号学，言语活动理论的系统思考词典》
（*Sémiotique, dictionnaire raisonné de la théorie du langage*, Paris, Hachette Livre, 1993），
p. 241, p. 230.

②贝特朗（Bertrand D.）；《文学符号学概论》（*Précis de sémiotique littéraire*, Paris,
Nathan Université, 2000），p. 227.

的主人的判断与动作基本符合这种概括。而狼的化身"中学里的数学老师"则"无声地苦笑着"。对于"苦笑",我们没有看到符号学家对其进行过分析,我国《现代汉语词典》中的注解是"心情不愉快而勉强做出笑容"①。但结合这篇故事,我们似乎可以将其概括为本应受人尊敬的老师失去尊严(与价值对象"析取")、但又无法申述(听任"析取"情况持续存在)时的一种难堪表现。在这个故事中,狼的这种人形蜕变显然是一种伪装,其结果便是赢得了同情和帮助(道德价值),并为最终实现与其真正的价值对象(肥猪)的"合取"增加了有利条件。

在语义层方面,我们还要看到其深层的语义逻辑结构,我们尝试借助于"符号学矩阵"在狼身上做点演示。建立语义逻辑矩阵,首先要确定贯穿整篇文本语义发展的一种语义轴,然后为语义轴两端词项找出其各自下相反项,以此建立起矛盾关系、对比关系、互补关系。《狼》故事的语义轴在狼的方面可以设定为:从狼以前多次寻机偷吃肥猪到这一次的成功,而它们的下相反项分别为非寻机和非成功。于是,我们结合"懂得存在"的"诚信模态",便得到了下面的矩阵:

①《现代汉语词典》,商务印书馆,1983,654.

在这个矩阵中，"寻机"与"成功"是对比关系；"寻机"与"非寻机"和"成功"与"非成功"都是矛盾关系；"寻机"与"非成功"和"成功"与"非寻机"是互补关系。我的解释是：狼在这一次出现之前，一直处于"寻机"和"非成功"的藏匿状态（秘密），经历过多次失败之后，它终于想出了办法，制造了这一次行动中的"胶卷"事件，把猪的主人骗出了家门，并以变成中学老师的模样骗得了营业员的信任为其充当助手，从而创造了机会，终于在经过了这种"谎言"（或"伪装"）过程后，实现了从"寻机"到"成功"的"真实"结果。这种"谎言"，从狼**"装出一副可怜巴巴的样子"**一语中可以得到印证。

这里描述的狼**"变成了一个白脸的中年男子，穿着一套洗得发了白的蓝色咔叽布中山服，衣袖上还沾着一些粉笔末子，像是一个中学里的数学老师"**，需要多做一点分析。这是符号学上叫做的"象似"的一种手段。通过这种象似，我们看到了故事作者对于生活的观察与价值判断。首先，在这几个分句中，一连出现了三处与"白色"有关的情况："一个白脸的中年男子""洗得发了白的蓝色咔叽布中山装""一些粉笔末子"（一般也是白色的）。白色，在汉语文化中有表现"文弱"的意义效果，例如"白面书生"的称谓；至于衣服，在严重退色之后也就接近被扔掉了；"咔叽中山服"给人以改革开放前一般干部和知识分子装束的形象，是正派与保守的标志，距离今天也相去远矣；数学是科学中最为抽象、最为严谨的学科，中学老师该算得上以"桥头"为商业活动网点的一个不大的人类生活区域中最高的知识分子，而"中年的"定语更给人以"成熟"的认可。概括来说，这一象似给了人以行为拘谨、敬业勤奋的可敬形象和遇事无以应对的可怜作态，而具有这种形象和作态的人自然是可信和容易获得同情的。若不是**"它的尾巴在裤子里边膨胀**

开来", 包括作为读者的我也几乎认为猪的主人的判断可能有误, 这是陈述发送者 (注意: 此时为狼) 对于陈述接收者 (照相馆营业员和读者) 具有超凡"说服作为"的体现, 它说明狼的"欺骗"是非常成功的。至于**"无声地苦笑着"**, 我作为读者即陈述接收者还有另外一种解读 (接收者应该具有自己的"解释作为"的能力)。首先, 我认为这是猪的主人的一种主观判断, 多少带有其因夺过胶卷而暗自庆幸的表现, 而在这种心态支配下, 他可能会低估对手。其次, 我认为这种**"苦笑"**就是出自狼一侧的一种"冷笑", 按照《现代汉语词典》的释义, "冷笑"是"含有讽刺、不满意、无可奈何、不屑于、不以为然等意味或怒意的笑"[①], 毋庸置疑, 这该是狼此时的内心活动。我们可以对比一下这同一部汉语词典对于"苦笑"和"冷笑"两种状态的注解, 其中, "不愉快"和"不满意"是基本相同的义素, 也就是说, 这两种注解之间具有一定同位素性的关系, 所以, 我将作者说的"苦笑"理解为是"冷笑", 这在语义分析上也是有依据的。从符号学模态上来讲, 我们似乎可以结合这个故事对"冷笑"做这样的概括: "冷笑", 是狼在看到对手因中了自己设下的圈套 (对象与圈套"合取") 从此失去了正确判断和施展能力的手段 (与潜在能力和运用能力"析取") 后, 从内心对于对方之无能的一种讽刺或蔑视的外在表现 (对方缺乏对于圈套的足够的"解释作为"), 它是"智慧"与"愚昧"的较量结果。

三、人物关系及模态分析

我们首先说一说人物。

符号学中的人物, 并不局限于人形范畴, 所有参与故事发

---

① 《现代汉语词典》, 商务印书馆, 1983, 690.

展的人与事物都是人物。

于是，这篇故事中的人物，除了我们已经列举的"我"、狼、肥猪、狗、营业员、"中学里的数学老师"、鸟之外，还应该增加上"胶卷"和"**热腾腾的马粪**"。

按照格雷马斯的理论，文本中的人物都可归入符号学上的六个"行为者"，即六个"符号学主体"，并组成"行为者模式"。我们来看：

发送者（或陈述发送者）与接收者（或陈述接收者）：在这则故事中，总的来说，发送者就是作者，它与文中的主体"我"化为了一体，这便是第一人称叙事的特点；陈述接收者是广大读者（包括我）和莫言演讲时的听众。

主体与对象：显然，以"我"出现的猪的主人是文中主体，我们称之为 S1；以狼出现的主体为 S2。他们的对象都是猪。前者要保护猪不被狼吃掉，后者则想方设法把猪吃掉。我们也可以将这一对主体称为主体与反主体。

助手和对手：它们根据在 S1 一侧还是在 S2 一侧而选边：在 S1 一侧，助手有狗（"**我的狗冲上去，对准它的屁股咬了一口**"）；在 S2 一侧，助手有照相馆营业员（他在"我"夺过胶卷后为狼"抱打不平"）；而这些助手又都是对立面主体的对手。表面上看，由于每一侧都只有一位助手，而且能力上难以比出什么高低，他们便处于势均力敌的状态。但是，符号学理论又告诉我们，助手实际上是主体个人"潜在能力"和"运用能力"的体现。正是在这一点上，两位主体表现出了较大差异。在 S1方面，助手"狗"表现出的是一种本能；而在 S2 方面，在营业员成为狼的助手之前，胶卷和"中学里的数学老师"份相起到了特殊的作用：胶卷里面有猪的照片，它首先可以在冲洗后让狼时刻惦记着猪，其次它也许就是狼为了把猪的主人从家里引出而施展的"调虎离山计"的诱饵或道具，以此削弱猪的主人的警觉意识并使其失去在家中可依仗的各种条件；而在关键时刻，营业员的表现起到了否定他的同类"我"的作用。这样一来，狼一侧的助手从数量和作用上又比猪的主人高出了不少；助手多、作用大，主体的运用能力就大，这也预示着故事的结局。

这里，狗在咬了狼的屁股一口之后，**"松开口就跑了"**，非常耐人寻味，我们一时不知道它跑开的原因或动机，在这种情况下，这一举动属于符号学上叫作"标示"的一类符号，它最初表现为一种"能指"，其"所指"需要随后的逐步确定或经过"推测"才能知道。那么，它为什么不待在主人身边继续帮助主人与狼恶斗呢？我们都知道，狗的嗅觉是非常灵敏的。我的推测是，狗在与狼这样接触之后，很可能判定这并非就是主人所熟悉的那只狼，而它立即想到的是，很可能有其他的狼这时进入了主人的家门，于是，便赶紧跑了回去。我们都有这样的常识，同类之间是好分辨的（狗是狼驯化而来的），异类之间则难于相互判断，正是在这一点上，猪的主人显示出了"能力"之低下，从而未能根据狗**"松开口就跑了"**这一提示及时做出恰当理解，最终导致不可挽回的后果。我的结论是，狗作为其主人"我"之助手，充分发挥了它应该发挥的作用，错误在于"我"未能充分运用这位助手的作用。后来，狗被狼咬伤了，这也印证了狗的动机和其主人的失误。我们不禁要问，狗是被"那只狼"也就是猪的主人认定的那只狼咬伤的还是被包括那只狼在内的两只或多只狼咬伤的呢？我认为是后者，因为狗是先于"那只狼"而跑回家中的，在有准备的一对一的恶斗中，狗不一定败阵；那么，狼是否有成群攻击猎物和"分工协作"的本事呢？这一点从科学知识方面加以印证也许是有益的。

在第一段故事结束之后，出现了"只有一只麻雀在啄着一摊热腾腾的马粪"的句子。读（或听）到这里，没有人不会开怀一笑，按照我的理解，这种笑似乎就该是歌德所说的界于"真实"与"非真实"之间的一种戏谑之笑；而在刚才的略有紧张之后，也应该让读者（听者）笑一笑了。我要补充的是，麻雀和马粪虽然都没有参与照相馆里的场景，因此它们便不是其中的人物，也就无法将其归入哪一类行为者，但是，它们同样属于"标示"符号。通过它们，我们首先可以推测故事发生的季节和时辰。如果说"穿着一套洗得发了白的蓝色咔叽布中山服"已经基本告诉我们，故事发生在一个不冷不热的季节即春季或秋季的话，那么，麻雀啄食马粪则进一步明确，那是一个春季，而且是在接近中午的时分。我小时候在农村老家，常在清晨去田里放驴，晌午前回来，吃饱了肚子的驴在回村的路上常拉下粪便，由于外部空气温度不高，所以还会有热腾腾的气象；文中说的"上午十点来钟"，我的理解不是"还不到十点钟"，它在北方的用语中应该是"十点钟前后"这个时间区段，这与农村中习惯上称的"晌午"已经很接近，这大体告诉了我们照相馆景所经历的时间。而如果是在秋季，麻雀是不会啄食牲畜粪便的，因为那是个农作物收割后到处留下穗粒的季节。只有在冬天和春天，因谷物缺乏，麻雀才会饥不择食。当然，在春天这个季节的牲畜，由于白天还要忙于干活，主人也多会在每天傍晚给它们的草料中拌上一些粮食，以抚慰和壮身，而没有被嚼碎的颗粒也就成了麻雀们后来的美食。其次，通过联觉的作用，当我读到"一摊热腾腾的马粪"时，除了刚才的戏谑之笑，那"摊"和"热腾腾"的描述还使我产生了嗅觉上的一种"拒绝"反应，似乎真有一股马粪的臊臭气味袭来，不禁有一种立即卒读和大体预知结果的感觉，而这种反应会不会就是作为陈述发送者的作者所期待达到的一种意义效果呢？我想，可能就是这样，因为，他在第二段只用了一句话就表明了结局。可见，我的"拒绝"正与作者准备"放弃"讲述联系在了一起。在符号学上，"放弃"表明的是"当一个状态陈述之主体失去了价值对象的时候"其所处的位置，而这种位置是"自我析取"的位置。我认为，也正是在这里，作者与文中猪的主人的"我"（此处的"我"这一人称被看作是陈述发送者利用的"价值对象"）实现了"分离"。

这个故事中的叙述模态，当然主要是体现在主体与反主体身上。在符号学上，"模态"指的是"改变一个陈述之谓语的东西"[①]，它主要依靠一些特殊动词与"作为"动词和"状态"动词之间的肯定与否定结合而构成对于人的各种行为与状态的表述。根据格雷马斯的模态理论，叙述模态主要体现在"想要""应该""懂得"（或"知道""会"）、"能够"和"相信"（或"认为"）这几个法语中叫作"半-助动词"、现在也称为"模态动词"和与之相近的一些动词性表达方式上。这些动词与我们汉语中的"能愿动词"大体相当。我们来看，在猪的主人一侧，他很想保护他的猪，也应该保护他的猪，他在助手狗的帮助下也能保护猪，他也懂得保护猪（知道狼偷拍了肥猪的照片，"**提前去了**"照相馆，"**躲在门后等待着**"，随后把胶卷夺了过来）。但是，他的错误，就在于把夺了胶卷（实现了与胶卷的"合取"）就认定能够保住他的猪的这种潜在的"相信"模态上，而没有考虑到其他风险。狼，则是很想吃掉猪，由于饥饿和猪就在它的食物链上它也有理由以猪为充饥对象，由于它比猪的主人更富有智慧而通过把猪的主人骗出家门（即骗取了猪的主人的"相

---

① 格雷马斯、库尔泰斯合著：《符号学，言语活动理论的系统思考词典》(*Sémiotique, dictionnaire raisonné de la théorie du langage*, Paris, Hachette Livre, 1993)，p. 230.

信"）和获得了更多的助手，从而得机独自或与其他同类先对付
狗，然后再咬死猪（或者两者相反，因为中间有个时间差），最
终叼走了猪的内脏。经历了这样的过程，狼这个反主体，反而
成了整个故事的主体，而猪的主人因其判断失误则变成了协助
狼成功的助手。可见，这则故事展现的主要是不同主体在"懂
得"这种模态方面的多方较量。这种"模态"便是对于"智取"
或"斗智"操作的概括，它常常构成作品中最为精彩的情节，
而读者或听众的期待往往也就在这一方面。

　　这则故事的"主体特征"，也是需要一谈的。首先，这是一
篇以第一人称"我"为叙述主体的短小故事。以第一人称出现
的陈述活动多有"判断"（**"我知道它会拿到桥头的照相馆去冲
印"**，**"我于是知道它已经道行很深，能够在瞬间稳住心神"**），
而这种人称无法实现与第三人称的直接言语沟通，它们之间的
"沟通"只能是第一人称对于第三人称行为的评价和对其在过程
中的检验，《狼》中的"我"始终处于评价和检验第三者的地位，
也符合这一规律。但是在寓言、传说、民间故事、神话故事中，
第一人称的判断常常是错误的或与实际不符的，否则便无故事
可讲；这则《狼》的故事也是这种情况，因此，说其具有寓言、
传说、民间故事与神话成分便不是没有根据。其次，根据符号
学家科凯有关主体的理论，文学作品中的主体，在其参与陈述
活动之"过程"的时候，是主体，而在其"没有模态动词"[①]的
情况下就是"非主体"。贝特朗概括说："有三种标准确定着非
主体：没有判断、没有历史、他作为执行者的过程之次数也不
多。寓言故事中的狼被分析为像是一种非-主体，该非-主体……

---

① 科凯（Coquet J.-C.）：《话语与其主体》（*Le discours et son sujet*, Paris, Klincksieck, 1984），p. 63.

服从于其捕食性本质的机械性的安排"①，并且主体与非主体两者之间的关系则是主体确保对于非主体的控制。在《狼》这则故事的第一段，作为"主体"的"我"始终处于支配"非主体"狼的地位。但是，主体与非主体之间的关系又是辨证的，他们可以互相转换。《狼》的第二段的主体当然是狼，因为是它结束了整个叙事，而不是猪的主人"我"。我们进一步说，即便在第一段中，"我"也不是纯粹的主体，因为他已经落入了狼布置的整个圈套之中，在大范围的陈述活动中，是狼所安排的"过程"在支配着猪的主人"我"，而到第一段结束时，"我"已经开始向着"非主体"转变，所以狼成了整个故事的真正主体。莫言《狼》故事中的狼，正是在其能够转变为"主体"的能力上，不同于一般西方寓言故事中以"捕食性本质"出现的狼。最后，这则故事在介绍叙事主体的叙述模态时，更为强调的是"我"对于狼的"懂得"（见文中的三次"我知道"），而在"人"与"动物"之间实现心理沟通的情况下，是人被"动物化"的一种表现。在我看来，主体的这些特征，或许就是有的评论家说莫言的小说"人鬼不分、人物和动物不分"②的内在基础，而这些特征在莫言于斯德哥尔摩大学演讲时紧随《狼》之后朗诵的《生死疲劳》片段中也不难看出。我甚至说，《狼》这则闪小说同样印证了诺贝尔文学奖评奖委员会对于莫言的授奖词："他将魔幻主义与民间故事、历史与当代社会融合在一起"。③

　　当然，符号学分析不是一成不变的，不止有一种模式，它会根据被分析对象和分析者的着眼点不同而表现为多种情况。对于《狼》这篇闪小说的符号学分析，我们还可以从"共时性"方面分析其与作者同时期其他作品之间的多方面联系，也可以

---

① 肯特朗（Bertrand D.）：《文学符号学概论》（同前），p. 227.
② 见《作家通讯》2012 年第 8 期，总第 176 期上李洱的发言.
③ http://new.qq.com/a/20121011/001858.htm

从"历时性"方面分析其在作者整个创作生涯中的地位，还可以从"互文性"方面分析其与作者所喜爱的整部《聊斋志异》或其中某篇故事的各种连带性等。但，那些不属于本篇拙文的解读任务。

结束语：一则开放的虚构故事

法国著名文艺符号学家罗兰·巴特在他的著作《S/Z》中，"提出了一种对立关系：**可读的/可写的**。我不能重写的文本是**可读的**（今天，我还能像巴尔扎克那样写作吗？）；我阅读起来有困难的文本是**可写的**，除非完全改变我的阅读习惯"[①]。既然相当一部分读者不理解《狼》这则故事，说明它具有一定的理解难度，因此，它应该属于**"可写的"**一类。而可写的，也就是"开放的"。

我认为，《狼》是一则开放的故事。从上面的解读来看，它有许多可以展开、可以续写的地方：文本第一句话的"那匹狼"，我们就可以为其增加几次与猪的主人相遇的介绍与描述；为什么是偷拍照片而不是别的呢？狗跑回到家里与狼恶斗是一种什么惨烈场景呢？猪的主人是以一种什么精神状态和速度回家的呢？"我"是否对自己的表现悔恨莫及了呢？到底是同一只狼还是几只狼咬死了猪？等等，都可以大做文章。一般意义上的"改编"，就是建立在文本原有"能指"给出的和其内在结构预留的开放性基础上的，而好的作品就应该具有这种开放性。

《狼》，借助于特殊手法和相宜叙事结构博人会心一笑，并颇有余味，这与批评界对于莫言非常"会讲故事"的评价是一致的。借助于文学符号学这种元语言，将"会讲"的各种要素

---

① 巴特：《罗兰·巴尔特自述》(*Roland Barthes par Roland Barthes*, Paris, Seuil, 1975，1995)，p. 108.

展示出来，是叙事符号学描述的最终目的。而根据这种描述所获得的理解，是以文本内在结构为基础并联系历史与文化而进行推测的结果，而且通常也不是只有一种结果。所以，我在阐述《狼》这则故事"生成文本"之结构的同时，也是在继续讲着我个人依据《狼》的内在组织机制而演绎的多方面故事。在西方寓言故事中，最后都总结有一种"寓意"，它其实就是对于文本的语义"主题"的概括和深化。结合这则故事，我给出的是：

> 人兽结缘说尘世，
> 点滴寓意笑中识。

2012 年 12 月 31 日草稿

2015 年 5 月 25 日定稿

《文艺研究》，2015 年 8 月号

附录：张智庭（怀宇）著译一览表

（按出版时间排序，至 2018 年）

一、著述：

1.《欢乐的手鼓》，诗集，1977，天津人民出版社

2.《近观法国》，法国研究论文集，2001，百花文艺出版社

3.《外交诗情》，诗集，2002，百花文艺出版社

4. 为汝信主编的《西方美学史》第四卷编写的第十二章《结构主义美学》（全章），2008，中国社会科学出版社

5.《怀宇域外诗选》，诗选集，2010，天津人民出版社

6.《符号学论集》（选收 30 年来所发表符号学论文和所参与编写的书籍的文章 30 篇），2012，天津人民出版社

7.《论法国符号学》，专著，2016，南开大学出版社

二、译作：

1.《铁面人疑案》，1985，辽宁人民出版社

2.《符号学概论》，1985，四川人民出版社

3.《列维-斯特劳斯的美学观》，1990，中国社会科学出版社；2003，天津人民出版社再版

4.《法国文学评论史》，1992，四川文艺出版社；后改名为《批评：历史与方法》，百花文艺出版社再版，2002

5.《波德莱尔散文选》，1992，百花文艺出版社，2005 年再版

6.《罗兰·巴特随笔选》，1995，百花文艺出版社，获 1997 年国家外国文学图书二等奖，2005 年再版

7.《跨国公司的大亨们》（小说），1996，百花文艺出版社

8.《第一口啤酒》（散文诗），1999，百花文艺出版社，当年再版

9.《结构精神分析学》，2001，天津社会科学院出版社

10.《叙述与话语符号学》，2001，天津社会科学院出版社

11.《情有独钟的人们》（小说），2002，百花文艺出版社

12.《十九世纪艺术》，2002，吉林美术出版社

13. 罗兰·巴特《罗兰·巴特自述》（包括《自述》《作家索莱尔斯》《偶遇琐记》），2002，百花文艺出版社，2006 年再版

14.《被打扰的午睡》（散文诗），2004，天津人民出版社

15.《符号学简史》，2005，百花文艺出版社

16.罗兰·巴特《显义与晦义》，2005，百花文艺出版社，2017 年中国人民大学出版社再版

17.《精神分析学导论》，2008，天津人民出版社

18. 程抱一《卢浮宫朝圣》，精装版，2008，百花文艺出版社

19. 罗兰·巴尔特《文艺批评文集》，2010，中国人民大学出版社

20. 罗兰·巴尔特《如何共同生活》，2010，中国人民大学出版社

21.《罗兰·巴尔特自述》（修订版），2010，中国人民大学出版社

22. 罗兰·巴尔特《哀痛日记》，2011，中国人民大学出版社

23. 罗兰·巴尔特《中国行日记》，2011，中国人民大学出版社

24. 波德莱尔《巴黎的忧郁》（原为《波德莱尔散文选》的一部分，现独立出版），2011，新星出版社

25.《图像分析》，2012，天津人民出版社

26.《罗兰·巴尔特最后的日子》，2012，中国人民大学出版社

27.《作家索莱尔斯》《偶遇琐记》（修订版），2012，中国人民大学出版社

28.《视觉艺术符号学》，2014，四川大学出版社

29.《第一口啤酒》（修订版）（内含《被打扰的午休》[修订版]和另一译者的译文《狄更斯，棉花糖》），2014，上海文艺出版社

30.《诗学》，2016，商务印书馆

31.《符号学，言语活动理论的系统思考词典》，2018，百花文艺出版社